KAS

광고지성총서

06

# 디지털 시대의 광고 크리에이티브

윤일기 · 남고은 · 김규철 · 이희준 · 구승회
이선구 · 최승희 · 이경아 · 한규훈 · 김소연 · 황보 현우 공저

ADVERTISING
CREATIVE
IN THE
DIGITAL AGE

학지사

# 발간사

## 광고지성의 향연

지난 1989년 10월 14일, 한국광고학회 창립총회를 개최한 이후 2019년에 접어들어 학회 창립 30주년을 맞이했습니다. 사람으로 치면 서른 살입니다. 그동안 한국광고학회는 한국 사회에서 광고의 중요성을 환기하는 데 크게 기여했습니다. 지나온 날들의 성과는 분명 눈부셨지만, 미디어 환경이 급변함에 따라 광고와 광고학은 잠시 멈칫거리고 있습니다. 창의성, 인공지능, 블록체인이 인류의 미래를 결정한다는 전환기에 서서, 이제 우리는 광고의 새로운 방향을 모색해야 합니다. 이런 상황에서 한국광고학회 30주년을 기념하는 『광고지성총서』는 광고학계와 광고업계에 새로운 방향성을 제시할 것으로 기대됩니다.

이 총서는 '체인지(Change, 체력, 인화, 지성)'의 가치를 지향하는 제24대 한국광고학회에서 야심 차게 준비한 기획물입니다. 이 총서를 통해 한국광고학회의 체력(體力)을 증진하고, 회원들 사이의 인화(人和)를 촉진하며, 광고지성(知性)이 나아갈 새로운 좌표를 찾기를 기대합니다. 일찍이 플라톤은 『향연(饗宴)』에서 좋은 것(아름다운 것)을 소유하려는 욕망을 에로스라고 정의하고, 정신적인 출산을 추구하는 것도 에로스의 뜻이자 아름다움의 이상향에 도달하는 길이라고 설명했습니다. 정신의 자식을 분만하는 과정에서 105명의 필자가 자주 산통(産痛)을 느끼며 광고의 오늘과 내일을 고민했다는 점에서, 이 총서는 모름지기 집단지성의 플랫폼이자 광고지성의 향연이라 할 수 있습니다.

제1권 『한국 광고학연구 30년과 전망』(편집책임 한상필)에서는 한국광고학회의 창립 30주년을 맞이해 지난 30년 동안의 학회 활동을 분석하고 광고학 연구의 발자취를 돌아보았습니다. 제2권 『한국의 광고산업과 광고제도』(편집책임 김봉철)에서는 광고산업을 구성하는 단위들이 어떻게 발달해 왔고 어떤 기능을 해 왔는지 체계적으로 분석하고 정리했습니다. 제3권 『광고와 사회 그리고 광고비평』(편집책임 이희복)에서는 급변하는 환경에서도 결코 변하지 않는 광고와 사회에 대한 본질을 비평적 관점에서 탐구했습니다. 제4권 『소비자심리와 광고 PR 마케팅』(편집책임 이병관)에서는 소비자심리학의 여러 개념을 알기 쉽게 설명하고 광고와 PR 및 마케팅 현장에 적용하는 방안을 제시했습니다. 제5권 『광고와 마케팅의 새로운 세계』(편집책임 나준희)에서는 마케팅에서 광고가 어떻게 작동해야 하는지에 대한 이론적 기반을 제시함으로써 광고 활용의 새로운 세계를 모색했습니다.

제6권 『디지털 시대의 광고 크리에이티브』(편집책임 윤일기)에서는 디지털 융합 시대에 적합한 광고 크리에이티브의 새로운 차원을 살펴보고 실무적으로 유용한 지침을 제안했습니다. 제7권 『광고 미디어의 현재와 미래』(편집책임 박현수)에서는 급변하는 미디어 환경을 살펴보고 광고와 미디어가 나아갈 미래의 방향과 시각을 전망했습니다. 제8권 『스마트 광고 기술을 넘어서』(편집책임 김현정)에서는 우리 시대의 스마트 광고 기술에 대해 살펴보고 기술이 광고의 미래를 어떻게 바꿀 것인지를 여러 각도에서 조망했습니다. 제9권 『빅데이터의 분석방법과 활용』(편집책임 정원준)에서는 학술적 · 실무적인 사례를 바탕으로 광고와 PR 영역에서 두루 활용할 수 있는 다양한 빅데이터 분석방법에 대해 설명했습니다. 제10권 『광고 지성과 철학의 지평선』(편집책임 강승구)에서는 광고의 개념과 본질을 철학적으로 분석함으로써 광고지성의 가치를 환기하는 동시에 광고철학의 가능성을 탐색했습니다.

상당한 비용이 들어가는 10권의 총서가 출판되기까지 정신적으로 그리고 재정적으로 여러분의 도움을 받았습니다. 한국언론진흥재단의 민병욱 이사장님, 제일기획의 유정근 대표님, 이노션의 안건희 대표님, HS애드의 정성수 대표님, 대홍기획의 홍성현 대표님, TBWA의 이수원 대표님, 나스미디어의 정기호 대표님, 메조미디어의 이성학 대표님께 감사드립니다. 이분들의 후원이 없었다면 『광고지성총서』는 결코 세상에 나오지 못했을 것입니다. 이 지면을 빌려 다시 한 번 감사드립니다. 한국광고학회 회원들은 이 총서가 출판되기까지 도와주신 분들에 대한 고마움을 앞으로도 오래오래 기억할 것입니다.

광고지성을 모색하느라 수고하신 105명의 필자는 우리에게 새로운 비전과 깊은 통찰력을 제시하셨습니다. 갈수록 어려워지는 출판 여건에도 불구하고 10권의 책을 기꺼이 출판해 주신 학지사의 김진환 사장님과 최임배 부사장님께 감사드립니다. 편집부 관계자들께서는 난삽한 원고를 손보고 책의 구성을 갖추어 정말 빛나는 총서로 만들어 주셨습니다. 총서를 기획하던 첫 순간부터 끝마무리까지 수고하신 연구이사 김현정 교수님과 편집책임을 맡은 10명의 교수님께도 고마운 마음을 전합니다. 아인슈타인은 “지성의 참된 모습은 지식이 아닌 상상력에서 드러난다.”라고 했습니다. 독자 여러분께서는 이 책을 통해 지식만을 얻지 마시고 상상력을 확장하시기를 바랍니다. 우리가 진정으로 추구해야 할 것은 지식보다 상상력이기 때문입니다. 바로 이 점이 『광고지성총서』를 기획하던 순간에 떠올랐던 저의 처음 생각이었습니다.

2019년 12월 5일<br>한국광고학회 제24대 회장 김병희 삼가 적음

# 머리말

세상의 모든 것에서 크리에이티브의 중요성은 굳이 강조하지 않아도 될 정도로 소중한 개념이 되었다. 많은 상품과 서비스의 수준이 평준화되어 가는 이 시대에 소비자에게 더 주목받고 그들을 설득할 수 있는 길은 그리 많지 않으며, 특히 광고분야는 크리에이티브 없이는 존재하기 힘들어졌다. 그렇다면 모든 광고가 크리에이티브할 수 있는가? 당연히 그러하기는 힘들다. 어제는 크리에이티브했던 광고가 오늘은 식상할 수 있고 그렇다고 매일 이 부분에만 투자할 수도 없는 게 현실이다. 따라서 주어진 예산과 한정된 에너지로 가장 효율을 낼 수 있는 크리에이티브야말로 최고의 가치라고 할 수 있다.

이러한 문제의식을 가지고 기획한 『디지털 시대의 광고 크리에이티브』는 제목처럼 지금 우리가 맞닥뜨린 디지털 시대에 가장 경쟁력을 갖출 수 있는 크리에이티브의 해법과 실무적 방법론을 제시한다. 광고의 현장에서 몸소 광고를 기획하고 만들다가 이제는 대학에서 광고를 가르치는 학자의 입장에 선 저자 11명이 나무가 아닌 숲까지 보는 차원에서 심사숙고하고 예리한 통찰을 쏟아 냈다. 예비광고인이나 산업현장의 광고인, 마케터 또는 기업을 운영하는 CEO에게 충분한 인사이트를 줄 수 있는 대목이 여기저기에 있다.

우선 제1장 '광고 크리에이티브'(남고은)에서는 크리에이티브의 개념부터 다양한 관점에서의 크리에이티브, 중요성, 디지털 시대의 크리에이티브와 크리에이터를 다루었다. 이에 흩어진 개념을 중요한 관점 특히 디지털 시대에 초점을 맞춘 크리에이티브 이해의 기회를 제공한다.

제2장 '상황분석과 크리에이티브 브리프'(김규철)에서는 모든 광고기획 시 초기단계의 필수 과정이라 할 수 있는 제품, 경쟁, 소비자를 분석하는 상황분석과 광고팀 내에서 모든 일원이 질서 있게 소통할 수 있는 광고 표준매뉴얼 크리에이티브 브리프를 다루어 실무적 이해를 돕는다.

제3장 '디지털 시대의 광고 인사이트'(이희준)에서는 요즘 들어 더욱 사용빈도가 많아진 인사이트를 다룬다. 사물의 외면을 보고 읽고 판단하는 것은 그리 어렵지 않지만, 내면을 읽어 내는 것은 특별한 능력을 가진 사람이 아니면 쉽지 않다. 그러나 상당수의 사물이나 대상은 외면 못지않게 중요한 내면의 의미와 내용을 담고 있다. 광고인들에게 소비자의 인사이트를 얻는 방법론까지 제시해 줌으로써 실무적 이해를 돕는다.

제4장 '콘셉트 추출'(구승회)에서는 광고인의 영원한 갈증인 콘셉트의 정의부터 추출하는 방법, 그리고 다양한 사례를 제시함으로써 콘셉트 추출에 대한 이해를 깊게 하였다.

제5장 '디지털 콘텐츠 크리에이티브'(이선구)에서는 광고를 '콘텐츠의 하나'라는 관점에서 다루며 새로운 기술 및 미디어와 동행하게 된 광고인들, 특히 크리에이터들이 그 변화를 깊이 들여다보고 더 즐겁게 받아들일 수 있도록 광고산업과 관련된 몇 가지 키워드를 탐색한다.

제6장 '광고아이디어 발상법'(최승희)에서는 광고아이디어 발상법 중 사용 빈도가 높고 중요하다고 인정되는 발상법을 체계적으로 제시한다. 특히 저자는 아이디어 발상법을 '전통적 아이디어 발상법' '전략 중심 아이디어 발상법' '표현 중심 아이디어 발상법'으로 나누어 설명하고, 마지막으로 '스토리텔링 광고기법'도 소개한다.

제7장 '광고아이디어 발상 모델과 적용 사례'(윤일기)에서는 광고아이디어 발상법 중 저자가 실무 시절과 광고교육 현장에서 가장 아이디어 발상 효율이 높았다고 판단되는 네 가지 기법에 대해 방법론적인 모델화를 시도한다. 아이디어가 산출된 사례를 소개함으로써 어느 정도 수준의 광고인이나 관련 종사자라면 마치 프로그램처

럼 대략 적용만 해도 아이디어가 나올 수 있는 방법론을 제시한다.

제8장 '크리에이티브 제작과 표현'(이경아)에서는 융복합 환경에 맞춰 변화된 광고 시장의 흐름과 크리에이티브 과정에 필요한 전략적 구성요소, 아이디어를 구체화할 다양한 크리에이티브 표현 형식, 표현의 완성도에 영향을 줄 수 있는 디자인 요소 등을 저자의 탄탄한 교육과 실무 경험을 토대로 설명한다.

제9장 '모바일 광고의 이해와 크리에이티브'(한규훈)에서는 모바일 광고의 개요와 성장 배경, 주요 유형, 핵심 속성의 주제로 나누어 설명한다. 이어 모바일 광고를 기획하고 제작하는 데 있어 지침이 될 크리에이티브 가이드라인과 주목할 만한 모바일 광고 캠페인의 사례들을 추려서 제시하고, 말미에는 모바일 광고의 미래에 대한 전망도 소개한다.

제10장 '크리에이티브의 미래 인공지능'(김소연, 황보 현우)에서는 인공지능 광고의 출현 배경을 밝히고, 창의성과 인공지능의 관계에 대한 기존 연구 및 인공지능의 창작 사례를 살펴본다. 또한 광고분야 전반에서 활용되는 인공지능 유형 및 사례를 소개한다.

이 책에서는 크리에이티브의 개념부터 더 스마트해진 소비자를 꿰뚫어 볼 수 있는 인사이트, 문제를 하나의 빅아이디어로 해결할 수 있는 아이디어 발상법, 그리고 어느새 우리 삶에 들어와 영향력을 발휘하기 시작한 인공지능 광고까지 다루었다. 우리는 자주 한 개인의 능력이 오롯이 발현된 저서를 본다. 그러나 이 책은 각기 다른 컬러를 가지고 각각의 디테일한 능력을 가진 여러 전문가가 힘을 모아 깊이와 전문성을 극대화시켰다. 그리고 각 장은 독립된 장으로도 설명하지만 광고기획의 일반적인 순서로 볼 때 제1장부터 적어도 제8장 '크리에이티브 제작과 표현'까지는 유기적인 광고기획 순서로 활용해도 되며, 전문직인 지식이 없이는 이해하기 힘든 인공지능을 적용한 광고까지 다루어 약간의 무지로 인한 막연한 두려움도 어느 정도 해결해 준다.

더욱 스마트해져 가는 소비자, 하나하나 성격과 메커니즘을 이해하기엔 너무나 다양하고 많아진 광고 미디어 환경, 아무리 많은 세월이 흘러도 변하지 않는 것과 어쩔 수 없이 적응해야 하는 또렷한 현실에서 변하는 것을 함께 이해하고 적용해 볼 수 있는 기회를 제공하고자 했다. 이러한 시대에 이 책이 흔들리지 않는 광고원칙과 보이지 않는 소비자의 마음까지 꿰뚫어 볼 수 있는 인사이트를 줄 수 있기를 모든 저자와 함께 고대한다.

2019년 12월

필자들을 대표하여 윤일기 적음

# 차례

제1장

# 광고 크리에이티브

**남고은**(계명대학교 광고홍보학과 교수)

1. 크리에이티브란 무엇인가
2. 광고 크리에이티브란 무엇인가
3. 디지털 시대의 광고 크리에이티브
4. 디지털 시대의 광고 크리에이터

◈◇◈

크리에이티브는 이 시대의 중심 화두이다. 정치, 사회, 기업, 문화, 예술, 교육을 막론하고 크리에이티브를 중시하는 의견은 끊이지 않고, 무엇이 크리에이티브한가, 어떻게 하면 크리에이티브할 수 있는가에 대한 고민과 탐구는 현재진행형이다. 일반적으로 크리에이티브는 기존에 것과는 다른 무엇, 또는 전혀 새로운 무엇을 만드는 것 정도로 이해되고 있으나, 어떻게 하면 다르거나 새로울 수 있는지, 그 실행의 과정은 녹록치 않다. 그래서 우리는 이 애매하고도 모호한 개념을 크리에이티브한 인물들을 통해 이해하곤 한다. 시대와 분야별로 천재적 인물들의 창의성과 그 결과물들은 심심치 않게 등장하는 이슈이지만, 최근에 국내외에서 크리에이터로 주목받고 있는 방탄소년단(이하 BTS) 이야기로 크리에이티브의 화두를 열어 보고자 한다.

BTS는 데뷔 이래 현재까지 이룬 연평균 생산 유발 효과가 약 4.1조 원으로 우리나라의 경제적 효과와 문화적 가치의 위상을 높이는 예술문화 콘텐츠의 성공 사례라 할 수 있다. 이들의 성장과정은 마케팅 활동을 통해 제품이 고객에게 사랑받는 브랜드로 성장해 나가는 모습과 유사하다. 데뷔 초기부터 남들이 중요하게 생각하지 않았던 '팬 콘텐츠'를 개발하고 다양한 플랫폼에서 팬들과 공유하며 자신들을 하나의 브랜드로서 발전시킨 노력은 시대가 필요로 하는 크리에이터의 역할을 함축적으로 보여 준다. 결국 이러한 노력과 소통의 결과는 글로벌 팬덤, Adorable Representative M.C for Youth(이하 A.R.M.Y)의 적극적이고 자발적인 홍보를 만들어 내고 빌보드 차트의 신화를 창출하기에 이른다. BTS의 성공요인은 이 외에도 많겠으나, 어떻게 하면 고객들에게 가치 있는 콘텐츠를 제공할 수 있을까를 생각하고, 그들이 무엇을 원하는지 어떤 생각을 가지고 있는지 또 그런 과정에서 어떤 경험을 만들어 낼 수 있는지를 항상 고민한다는 빅히트(BTS 소속사) 대표의 이야기는 광고 크리에이티브의 핵심과 맥락이 크게 다르지 않다.

다시 크리에이티브의 논점으로 돌아가 무엇이 크리에이티브이고 어떻게 하면 크리에이티브한가에 대한 답은 BTS 사례만으로 풀어내기엔 여전히 어려운 문제이다. 다만, 광고의 관점에서 크리에이티브는 '기존의 것과는 다르게' '고객이 원하는 커뮤니케이션 방식을 찾아가며' '고객에게 가치를 전달할 수 있는' 무엇을 만들어 내는 것임은 틀림없다.

거시적인 **크리에이티비티**의 개념부터 광고 크리에이티브의 이론적 정의를 본격적으로 살펴보기에 앞서 현재 광고 크리에이티브의 함축적 의미를 가장 잘 표현한 이야기로 이 장을 시작하고자 한다. 광고와 크리에이티브 영역에서 가장 주목받는 행사 중 하나인 칸 라이언즈 크리에이티비티 페스티벌(Cannes Lions International Festival of Creativity)은 2011년 광고제 이름에서 'Advertising'이라는 용어를 'Creativity'라는 용어로 변경했다. 60년 동안 지켜 온 이름을 변경하면서 광고를 포함하는 다양한 영역의 확장성을 고려하고 업계가 나가야 할 방향성을 상징적으로 제시한 것이다. 이 시대의 광고는 크리에이티브 그 자체이며, 미디어, 기술, 아이디어, 문화 등을 종횡하며 가로지르는 오픈 개념이다.

## 1. 크리에이티브란 무엇인가

### 1) 크리에이티브의 어원

사전적 의미로 '창조적인, 창조력이 있는, 창작적인, 독창적인' 등의 뜻을 지닌 형용사 '**크리에이티브**(creative)'는 그 명사형인 '**크리에이티비티**(creativity)'를 대신하여 명사적 개념으로 일반화되어 사용되고 있으며, 영문으로 Creativity, Creativeness, Creative thinking, Creation, Originality, Invention, Intuition, Imagination,

Insight 등의 의미를 포함한 단어로 사용된다.

크리에이티비티의 어휘는 라틴어 용어 creare에서 'to create; make'에 어원을 두고 있으며, 수세기 전 고대 그리스로부터 유래되었다. 그리스인들에게 크리에이티비티를 직접적으로 표현할 만한 단어는 없었으나, 그들에게 독창적이고 창조적인 행위의 개념은 facere('make')로 설명되어 왔으며, 당시 빈번히 사용되던 천재성(Genius)의 개념이 창조적 재능을 묘사하는 데 가장 유사했을 것으로 예상된다. 기독교 시대의 크리에이티비티는 종교적인 해석을 중심으로 예술은 창조성의 영역이 아니라 공예라는 고대의 견해가 지속되었고, 보다 근본적인 변화는 르네상스 시대에 미켈란젤로(Michelangelo), 라파엘(Raphael), 레오나르도 다빈치(Leonardo da Vinci)와 같은 천재 예술가들과 발명가들이 자유와 창의성에 대한 감각, 그리고 독창성에 대해 논의하면서 시작되었다. 마침내 17세기 폴란드의 '마지막 라틴 시인'으로 알려진 이론가 마치에이 카지미에슈 사르비에프스키(Maciej Kazimierz Sarbiewski)는 '발명한다, 새롭게 창조한다(de novo creat)'라고 쓰며, '창조'라는 단어를 처음 사용했다. 18세기와 계몽주의 시대에 이르자, 창조의 개념은 예술 이론에서 자주 등장했고, 크리에이티비티는 상상력과 연결되어 과학, 심리학, 비즈니스와 같은 인간 활동의 다른 영역에 출현하기 시작했다. 창의성에 대한 과학적 연구는 1950년에 조이 폴 길퍼드(J. P. Guilford)의 APA(American Psychological Association) 연설을 시작으로 대중화되기 시작하였으며, 그 이후 다양한 분야의 연구자들이 과학적 관점에서 창의성의 본질을 연구하고 있다(New World Encyclopedia).

국내에서 크리에이티브는 '창의성'이라는 용어로 번역되어 사용되고 있다. 국문 '창의성'은 독창성 또는 상상력 외에 발명, 혁신, 통찰력, 창의적인 사고, 직관, 새로움 등의 용어들로 표현되기도 하나, 크리에이티브가 포함하고 있는 여러 요소 중 하나인 독창성의 의미를 강하게 내포하고 있다. 이는 크리에이티브가 가지고 있는 다양성의 의미를 축소시킬 수 있으므로 이 장에서는 원어 그대로 크리에이티비티와 크리에이티브를 주 용어로 사용하여 표기하기로 한다. 또한 크리에이티비티와 크리에이티브는 광고학의 여러 연구에서 혼용하여 사용하고 있으나 정의와 활용 영역에서 다소 구분되는 개념이다. 크리에이티비티가 광고 창작물의 속성을 의미하는 개념이라면(Moriarity, 1991), 크리에이티브는 상대적으로 제작 혹은 표현(물) 등 실무와 밀접한 개념이므로(김운한, 심성욱, 이현우, 2013), 각 개념에 맞게 혼용하여 표기하기로 한다.

### 2) 크리에이티브의 관점과 정의

크리에이티비티 혹은 크리에이티브가 이 시대의 화두임에는 틀림없으나, 누구나 크리에이티브가 무엇인가라는 질문에 명확한 답을 하기는 쉽지 않다. 크리에이티비티는 초창기에 예술적, 심미적 현상으로 간주되었으나, 최근 연구자들은 수학과 자연과학은 물론, 건축이나 공학 등 다양한 분야에서 크리에이티비티를 탐색함으로써 창의적 영역을 확장시키고 있다(Cropley, 2004). 그러나 다양한 업계와 학계의 관심과 활용에도 불구하고, 분야마다 크리에이티비티 개념에 대한 합의는 불분명하며, 그 본질을 한마디로 정의하기엔 어려움이 많다. 즉, 광고의 크리에이티브가 무엇인지 논의하기 이전에 광고 패러다임과 관계를 맺고 있는 선행 연구들을 살펴보고 거시적인 관점의 크리에이티비티가 함의하고 있는 개념적 이해가 선행되어야 하겠다.

1950년 길퍼드(Guidlford)가 APA 연설에서 크리에이티비티의 중요성을 강조한 시점부터 현재까지 크리에이티비티에 관련된 견해는 일반적인 설명부터 엄격한 조작적 정의까지 다양하게 연구되어 왔다. 그러나 가장 보편적으로 받아들여지고 있는 크리에이티비티의 정의는 다음과 같다.

크리에이티비티란,

새롭고(즉, 독창적이고),

적절한(즉, 유용하고 과제에서 요구하는 바를 충족시키는) 산물을 생산해 내는 능력이다

(Baer, 1997; Hennessey & Amabile, 1988; Lesner & Hillman, 1983; Lubart, 1994; Sternberg & Lubart, 1996).

진정한 의미의 크리에이티비티는 새로움 이상의 요소를 필요로 하며, 문제에 대한 해결책을 제시해 주는 데 있다(Cropley, 2004). 즉, 크리에이티비티란 독창적으로 발현된 무엇이 그 목적과 의도에 맞는 유용한 가치를 수반하고 있어야 하는 것이다. 그러나 새롭고 적절한 창의적 능력을 포괄한 정의는 크리에이티비티의 일반적 속성을 명쾌하게 설명하고 있는 정의임은 틀림없으나, 무엇이 새로운 것이고, 어느 정도로 적절해야 하는가와 같은 하위 질문에 대한 답을 쉽게 유도해 내지는 못한다. 이러한 딜레마를 해결하기 위해 학자들은 크리에이티비티에 대한 여러 가지 이론과 관점을 제안하고 논의하며 정의를 내려 왔다.

로데스(Rhodes, 1961)는 개인의 크리에이티비티 특성을 중요시한 Person(사람) 관점, 발현 과정에 중점을 둔 Process(과정) 관점, 결과물 평가에 대한 Product(제작물) 관점, 어떤 환경적 요소들이 영향을 미칠 수 있는가에 대한 논의 중심의 Press(환경) 관점 등 4P 관점을 제시하였으며, 버쉬와 맨스필드(Busse & Mansfield, 1980)는 정신분석학적 관점, 인본주의적 관점, 행동주의적 관점, 인지론적 관점, 행태주의적 관점을 제시했다. 또한 루바트(Lubart, 1994)는 심리학적 접근방법에 따라 신비주의적 접근, 심리역동적 접근, 인지적 접근, 사회심리학적 접근, 통합적 접근으로 분류하여 연구했으며, 보든(Boden, 1991)은 크게 심리적(개인적) 관점과 역사적(통합적) 관점으로 분류했다. 보든의 심리적 관점은 개인에게 있어서 독창적이고 새로운 것은 사회 평가나 기존의 존재 유무와 관계없이 창의적일 수 있는 것이며, 역사적 관점은 새로운 발견이 사회적인 평가를 거쳐 개인과 사회에 필요한 가치로서 그 유용성을 인정받아야 한다는 견해이다. 심리적 관점이 미시적이며, 개인적 특성에 중심을 둔 크리에이티비티의 정의를 표현한다면, 역사적 관점은 거시적이고, 통합적이며, 사회적인 개념을 포괄하고 있다. 이러한 보든의 관점은 개인 창의성 중심이었던 초기 연구와 개인의 특징뿐만 아니라 사회 및 환경조건들과 상호작용하는 결과로서의 크리에이티비티 개념을 중시한 최근 연구들을 설명하기에 유용하다. 또한 로데스의 4P 관점도 개인의 특성과 사고과정에 관한 정의는 심리적 창의성, 산출물과 평가 등 환경적 요인은 역사적 창의성의 부분이라 볼 수 있다. 결국 크리에이티비티의 개념은 크게 심리적 관점과 역사적 관점으로 양분하여 논의할 수 있다(최인수, 1998).

### (1) 심리적(개인적) 관점

크리에이티비티를 개인의 특성으로 간주하는 입장에도 다양한 견해가 있으나(Boden, 1994), 인간의 사고 없이 단순히 나타나는 창의적 결과는 상상하기 어렵다. 즉, 인간적 요소는 크리에이티비티를 구성하는 필수 요인임에는 틀림이 없다. 널리 알려진 인간적 요소를 강조한 오스본(Osborn, 1963)은 개인의 사적인 창의적 능력을 잘 묘사하였는데, 크리에이티비티란 인간 모두가 가지고 있는 보편적인 능력이며 새로운 아이디어의 창출 능력만을 의미하는 것이 아니라, 일상생활에서 당면하는 문제를 개인 나름의 새롭고 특유한 방법으로 해결해 나가는 활동을 포함한다고 하였다. 그와 유사한 맥락에서 개인의 사적 창의성에 무게를 실은 정의는 다음과 같다.

> 크리에이티비티란,
>
> 개인의 독특성에서 나온 사람이 가지고 있는 내부의 힘이다(Gowan & Olson, 1979).
>
> 새로운 사고를 생산해 내는 것이다(Guilford, 1950).
>
> 새로운 시각으로 문제를 보는 것이다(Torrance, 1965).

그러나 개인의 창조적 행위나 활동은 결국 개인의 지각, 경험, 지력, 인성 등의 요소들의 조합을 통해 대상 간의 새로운 연결을 만들어 내는 것을 의미한다. 즉, 인간적 요소에는 개인의 특성뿐 아니라 문제를 찾아 해결해 나가는 창의적인 사고의 과정이 필수적이라는 것이다. 개인의 사고과정을 강조한 정의들은 다음과 같다.

> 크리에이티비티란,
>
> 기존에 있는 요소들 간에 새로운 결합이나 관계를 찾아내는 능력이다(Hallman, 1963).

관련 없어 보이는 생각의 조각들을 연결시키는 것이다(Koestler, 1967).

새롭고 혁신적이며 지속적인 문제해결과정이다(Newell, Shaw, & Simon, 1958).

크리에이티비티는 하나의 과정이며, 여기에는 몇 개의 필수적인 단계들이 포함되지만, 이 단계들이 개별적으로 작용하는 것이 아니라 오히려 각 단계는 상호작용하여 서로를 촉진시킨다(Mansfield & Busse, 1981). 즉, 개인이 문제를 창의적으로 해결하려면, 먼저 적절한 지식이 필요하며, 이 지식들은 여러 가지 새롭고 상이한 조합으로 변형되고, 가장 적절한 아이디어가 선택되어 실행될 수 있어야함을 강조한다(Basadur, Graen, & Wakabayashi, 1990). 이렇듯 연합능력과 산출능력에 중점을 두어 창의적 성과를 크리에이티브로 보는 관점은 창의적인 사고와 사고의 연합을 통해 기존과는 다른 새로운 것을 만들어 내는 개인의 능력을 강조하고 있다(Oldham & Cummings, 1996).

(2) 역사적(통합적) 관점

현재까지 많은 크리에이티비티 연구는 개인의 창의적 능력을 중심에 두고 '크리에이티비티란 무엇인가'라는 질문에 답하기 위해 애써 왔다. 그러나 크리에이티비티의 역사적 관점은 창의적 산물이 생성되는 과정에서 개인의 능력은 여러 요소 중 하나이며 사회 및 환경의 영향과 깊은 연관이 있기 때문에 개인의 능력 자체만으로는 크리에이티비티를 논의할 수 없다는 견해이다(Amabile, 1988; Csikszentmihalyi, 1988; Woodman, Sawyer, & Griffin, 1993). 특히 사회심리학자인 칙센트미하이(Csikszentmihalyi, 1988)는 '크리에이티비티는 어디에 존재하는가'라는 문제를 새로운 관점으로 제시하며, 개인의 창의적 산물은 사회 및 문화의 영향을 고려해야 하기에 크리에이티비티는 관중과 생산자 사이의 상호작용을 통해 만들어지는 심리적 또는 사회문화적 현상이라고 했다. 그는 개인(individual), 영역(domain), 분야(field)의 아이덴티티로 구성된 체계모형(systems model)을 제안하여 크리에이티비티에 관한 다양한 이론과 관점을 종합적이면서도 쉽게 이해할 수 있는 중요한 통찰을 제공해 주었다.

크리에이티비티를 역사적 관점에서 바라본 학자들의 정의는 크리에이티비티가 한 개인의 창의적 결과물 이상이며, 사회 및 문화에 유용한 가치를 담보하는 독창적인 결과물로 논의하고 있다. 그들의 주요 정의를 살펴보면 다음과 같다.

크리에이티비티란,

독창적이고, 한 문화나 분야에서 가치 있고 유용한 완성으로 이끄는 아이디어나 산출물이다(Csikszentmihalyi, 1996).

뛰어나고 사회적으로 가치 있는 제품의 산출물이다(Mumford & Gustafson, 1988).

자신과 타인의 행복을 위하여 사회와 문화에서 가치를 부여할 수 있는 물건이나 아이디어를 만들어 내는 것뿐만 아니라, 문제를 해결하기 위해 새로운 의견을 생각해 내는 능력과 그것을 기초화하는 인격적 특성으로 창의(조)적인 능력(creative ability)과 창의(조)적인 성격(creative personality)을 포함한다(전경원, 2006).

어떤 사회적 상황 속에서 새롭고 유용하다고 판단되는 산출물을 생산하는 개인이나 집단의 적성, 과정, 환경 간의 상호작용이다(Plucker, Beghetto, & Dow, 2004).

## 2. 광고 크리에이티브란 무엇인가

광고 비즈니스는 크리에이티브에 기반을 두고 있으며, 광고대행사가 고객에게 제공하는 귀중한 상품이 크리에이티비티이다(Griffin & Morrison, 2011).

광고 크리에이티브는 광고 활동의 복잡한 과정 중에서 가장 창의적인 부분이며,

아이디어의 개발과 광고물 제작에 직접 관련되는 활동을 의미한다. 쉽게 말해 고객을 가장 측근에서 만나는 광고제작물, 그리고 이를 만들어 내는 제작 과정을 포함한 활동이다. 그러나 '광고 크리에이티브가 단지 소비자의 기억 속에 오랫동안 남는 카피인가 또는 비주얼인가? 구체적으로 어떤 기준들을 충족시켜야 하는가?' 등의 질문들에 명확한 답을 내긴 어렵다. 광고 크리에이티브의 중요성이 한없이 강조되고 있는 현재까지도 '광고 크리에이티브를 어떻게 정의할 수 있는가? 광고 크리에이티브를 향상시킬 수 있는 요인들은 무엇인가? 광고 크리에이티브를 어떻게 측정하고 평가할 수 있는가?' 등의 연구주제는 여전히 기초적인 이해에 머물고 있는 실정이다. 따라서 이 장에서는 이러한 광고 크리에이티브의 정의를 다양한 관점에서 바라보고, 그 중요성을 논의해 보고자 한다.

### 1) 광고 크리에이티브의 관점 및 정의

광고에서 크리에이티비티란 소비자의 시선을 끌 만큼 참신하고 적절하게 결과를 창출하는 능력(Sternberg & Lubart, 1996)이라는 것이 일반적인 견해이다. 그러나 광고 크리에이티브라는 용어는 너무 광범위하게 쓰이고 있을 뿐만 아니라(White, 1972), 학자들 사이에서도 본질적 개념에 대한 이해와 정의가 명확히 공유되지 못하고 있다(이영희, 1995). 따라서 이 장에서는 김병희(2002a) 연구의 종합적 논의를 바탕으로 다양한 광고 크리에이티브의 개념을 수렴하여 재정리하였다.

#### (1) 일반적 크리에이티비티와 유사한 개념

광고 크리에이티브를 일반적인 크리에이티비티와 유사한 개념으로 해석하는 관점은 기존의 크리에이티비티 연구의 독창성(originality), 유용성(usefulness) 그리고 적절성(appropriateness)이 현실적 적용가능성이나 유익함을 추구하는 광고 크리에이티브 분야에도 그대로 적용할 수 있다는 견해이다(Amabile, 1996; 유창조 외, 2001).

### (2) 일반적 크리에이티비티에서 확장된 개념

광고 크리에이티브를 일반적인 크리에이티비티와 다른 관점으로 바라보는 견해는 광고 크리에이티브가 소비자의 공감과 설득을 전제로 한다는 점에서 일반적인 크리에이티비티 개념과 다르다는 주장이다(김병희, 2002a, 2002b; 김병희, 한상필, 2006; El-Murad & west, 2004). 김병희(2002a)는 연상과정, 문제해결, 판매유발이라는 세 가지 관점에서 다양한 광고 크리에이티브의 정의를 종합하여 논의했다.

첫째, 연상과정의 맥락에서 광고 크리에이티브에 접근하는 관점은 기존 요소들의 조합과 새로운 조합의 연결을 위한 사고 과정을 중요시한다. 이 관점에서 광고 크리에이티브는 '기존의 요소들을 새롭게 조합하는 것(Young, 1975)' '과거에 익숙한 것을 새롭게 재정리하여 전혀 무관한 사물 사이의 관련성을 제시하는 능력(Dichter, 1970; Baldwin, 1982)', 그리고 '생산자는 새로운 생각을 창조하기보다는 이미 존재하는 생각들을 새롭게 조합하는 것(Osborn, 1953; Reid & Rotfeld, 1976)' 등 독창성이 강조되는 전혀 새로운 것을 창조하기보다는 기존 요소들의 조합과 연결의 과정을 통한 관계 창출을 중요시한다. 유사한 맥락으로 마라(Marra, 1990)는 광고 크리에이티브란 '새롭고 관련이 있는 아이디어를 생산하기 위해 다른 것과 연결하는 것'이라고 보았으며, 드보노(DeBono, 1992)는 '사고의 다른 면이나 사물을 다르게 표현하는 것'으로 정의했다. 마지막으로, 이 관점의 통합적 정의는 고객과 브랜드 그리고 그 사이를 연결해 주는 광고 크리에이티브 역할의 중요성을 강조한 버넷(Burnett, 1968)의 정의에서 가장 잘 묘사하고 있다.

> 광고 크리에이티브란,
>
> 이전에는 상관없었던 것들에게 새롭고 의미 있는 관계(relationship)를 성립시키며, 그러한 관계를 만드는 방식에서 상관성(relevance), 믿음성(believability), 호감(good taste)이 있되 제품을 새롭고 신선한 관점으로 제시하는 재능이다(Burnett, 1968).

둘째, 창의적인 문제해결의 맥락에서 광고 크리에이티브는 아이디어를 통해 문제를 찾아내고 해결하는 제작과정을 의미한다.

> 광고 크리에이티브란,
> 문제와 해결을 제시하고, 그것을 표현하는 방식과 아이디어이다(Dillion, 1975).
>
> 경쟁적 편익을 독특하게 드라마화하거나 실현하는 아이디어이다(Schultz & Tannenbaum, 1988).
>
> 제품에 대한 기대에 부합하고 문제를 해결해 주는 것이다(White & Smith, 2001).

문제해결의 관점은 광고 크리에이티브가 단순히 눈에 띄는 독창적인 표현방법이나 메시지만을 추구하는 것이 아니라 브랜드가 가지고 있는 궁극적인 문제점을 해결해 나가는 과정, 브랜드가 가지고 있는 강점을 극대화시키는 방법 그리고 브랜드가 소비자에게 가치 있는 의미를 부여할 수 있는 능력을 포함하고 있다는 견해이다.

셋째, 판매 유발의 맥락에서 광고 크리에이티비티는 제품 판매에 기여하는 광고가 크리에이티브한 광고임을 강조한다. 이 맥락에서 광고의 아버지라 불리는 오길비가 남긴 명언은 현재까지도 광고의 마케팅적 역할과 기능을 강조할 때 종종 언급되곤 한다.

> 제품을 팔지 못하는 것은 크리에이티브가 아니다. 광고주들이 우리에게 돈을 지불하는 이유는 우리의 독창성과 천재성이 표현되는 것을 보기 위함이 아니라, 자신들의 제품을 팔기 위함이다. 종이에서 빨리 튀어나와 제품을 팔아야 하는 것이 크리에이티브이다(Ogilvy, 1985).

유사한 의미에서 '소비자들이 제품을 선택하는 데 광고가 기여해야 한다(Bell, 1992).' '광고 크리에이티브의 본질은 구매를 유도하는 것이다(Flandin, Martin, & Simkim, 1992).', 그리고 '제작팀은 반드시 자신들의 아이디어와 비즈니스를 고객 서비스 부서나 시장 지배적 대행사와 고객들에게 판매해야 한다(Bilton, 2014).' 등의 정의를 통해 실제적으로 광고의 크리에이티브가 상업적 창작활동에 근간을 두고 있음을 확인할 수 있다.

마지막으로 김병희(2002a) 연구의 세 가지 관점에는 포함되어 있지 않으나, 사회적 가치충족의 맥락에서 광고 크리에이티브를 바라보는 관점을 추가하고자 한다.

최근 Meaning(신념)과 Coming Out(커밍아웃)의 합성 신조어인 '미닝아웃'이라는 용어가 유행이다. 사람들이 자신의 신념, 취향, 사회 · 정치적 견해를 소비 행위로 표출하는 현상이다. 예를 들어, 전 세계인들이 #prayforparis라는 해시태그를 달아 파리의 테러 희생자 추모에 동참하는 등 자신의 생각과 상태를 SNS상에서 표현하는 것이다. 이제 사람들은 가성비 중심의 소비보다 자신의 신념과 가치관을 대변해 주는 소비문화를 지향하고 있음을 알 수 있다. 결국 이와 같은 변화는 고객의 도덕적 만족감을 충족시켜 주기 위한 기업의 노력이 중요해졌음을 시사한다. 기업이 사회공헌 활동의 일환으로 광고를 통해 고객과 소통하고 있는 많은 CSR 캠페인 사례들이 이를 뒷받침해 주는 방증이기도 하다.

이러한 관점에서 광고 크리에이티브는 가치창출이나 산출물의 유용성을 강조하지 않을 수 없다. 유용성은 앞서 언급한 창의활동의 가장 기본적인 요인이기는 하나, 단순히 아이디어의 유용함에 의해 평가되는 문제로 이해하기보다는 사회 전체에 기여할 수 있는 담론 형성과 변화를 야기할 수 있는 역할로서 이해할 수 있다. 즉, 광고 크리에이티브가 광고 목표 달성을 위한 전술임을 부정하지는 않으나, 사회의 가치관과 법규를 존중하고 윤리적인 기준을 지향하여 사회적 가치를 충족해야 한다는 견해가 그 어느 때보다 중요하다는 것이다. 이러한 의미를 담고 있는 광고 크리에이티브의 정의는 다음과 같다.

크리에이티비티는

사람들의 삶에 값진 기여를 하고, 이기적인 목적으로 사용되지 않는다(Griffin & Morrison, 2011).

이처럼 광고 크리에이티브에 대한 개념적 정의와 관점은 다양하고, 어느 한 견해만으로 광고 크리에이티브의 본질을 설명할 수는 없다. 또 광고 크리에이티브는 광고의 제작과 관련된 활동과 결과물을 통해 발현되는 것은 틀림없는 사실이지만, 더 광의한 범주에서 광고 크리에이티브는, 광고산업의 작업 흐름을 관리하는 방식에서, 광고를 뉴미디어와 같은 새로운 매체에 집행하는 것에서, 브랜드를 강화시키는 방식에서, 그리고 데이터를 아이디어와 적절하게 혼합하는 방식에서도 찾을 수 있으며, 개별적인 부분이 아니라, 비즈니스 전체 흐름에 개입하는 많은 관계를 조율하는 데 존재한다(Bilton, 2014).

## 2) 광고 크리에이티브의 중요성

번벅(Bernbach, 1970)은 "광고가 얼마나 자주 나오는지를 중요하게 생각하는 소비자는 없다. 그들은 다만 그 광고가 주는 인상이나 느낌만을 기억할 뿐이다."라는 말을 남겼다. 광고의 첫인상, 즉 광고 크리에이티브의 본질과 중요성을 강조한 말이다.

광고의 창의적 활동이 다소 주관적이고 비과학적인 특성을 포함하고 있음에도 불구하고, 크리에이티브는 좋은 광고물을 생산하기 위한 보편적인 요소임을 반론할 수 없다(Reid & Rotfeld, 1976; El-Murad & West, 2004). 많은 선행 연구는 다양한 측면에서 광고 크리에이티브의 중요성을 연구해 왔으며(Dillon, 1975; El-Murad & West; 2004; Reid & Rotfeld, 1976), 이들 연구는 대체로 '설득 커뮤니케이션의 도구'와 '정보제공의 도구'의 관점에서 설명되고 있다(이화자, 2002). 이 장에서는 광고 크리에이티브의 기본적 역할과 더불어 '관계 형성의 도구'를 첨부하여 광고 크리에이티브의 중요성을 논의하고자 한다.

첫째, 설득 커뮤니케이션의 도구로서 광고 크리에이티브의 역할을 강조하는 견해는 광고효과의 중심이 광고 크리에이티브에 있다는 해석이다. 이는 광고 크리에이티브의 중요성을 논의하는 데 가장 고전적인 관점으로, 광고를 브랜드 이미지 창출의 중요한 도구로서 바라보기 시작한 1960년대 버넷(Burnett, 1968), 번벅(Bernbach, 1970) 등의 광고 크리에이터들을 통해 제시되었다. 그들의 관점에서 광고 크리에이티브란 광고효과가 발생하기 위한 가장 기초적인 요인이며(White & Smith, 2001), 소비자의 주의를 끌고 광고 기억을 높이며 궁극적으로 잠재고객의 소비행동에 영향을 주는 역할을 한다(Heiser, Sierra, & Torres, 2008).

둘째, 정보제공의 도구로서 광고 크리에이티브의 중요성을 설명하는 관점은 광고의 가장 본질적인 역할에 대한 논의라 할 수 있다. 광고를 극단적으로 회피하는 현상이 있음에도 불구하고, 사람들은 여전히 광고를 통해 제품을 배우며, 브랜드와 친숙해지고, 트렌드를 알아 간다. 예컨대, 1984년 애플 매킨토시 컴퓨터(Apple Macintosh Computer)의 광고는 애플이라는 기업의 이미지를 각인시키고, 2007년 여름 갓 출시된 iPhone의 광고는 스마트폰이 무엇이며 어떻게 사용할 수 있는지에 대한 지식을 사람들에게 전달하며 일상을 변화시키는 역할을 했다. 현재는 어떠한가? 최근 광고들 역시 다양한 기술의 발전을 통해 야기되는 제품과 서비스들의 정보를 제공하는 데 여전히 경쟁적이다. 광고 크리에이티브는 단순한 정보전달의 기능을 넘어 그 시대의 가장 중요한 기술 · 문화 · 사회 트렌드를 반영하는 매개체이다.

셋째, 관계 형성의 도구로서 광고 크리에이티브의 중요성을 강조하는 관점은 크게 유희적 역할과 사회적 역할로 구분하여 논의할 수 있다. 광고제작물에 표현된 크리에이티비티는 브랜드를 더욱 매력적으로 보이게 하며 주목과 설득력을 높이는 원동력으로 의심의 여지가 없다. 그러나 방대한 사전작업을 거쳐 탄생한 광고는 그 노력에도 불구하고 노출된 광고제작물로 평가되고(Henke, 1995), 이제 기업은 쌍방향적 커뮤니케이션이 가능한 미디어의 선택과 그에 맞는 콘텐츠의 생산이 중요해졌다.

그 과정에서 탄생한 것이 바로 브랜디드 엔터테인먼트인데, 브랜디드 엔터테인먼트는 TV 프로그램, 음악, 영화 또는 게임 등의 엔터테인먼트와 브랜드의 결합을 의미하며(Kim, 2006) 광고와 엔터테인먼트의 융합 콘텐츠라 할 수 있다(Belch & Belch, 2011; Hudson & Hudson, 2006). 브랜드에 대한 스토리텔링을 다양한 엔터테인먼트 요소에 담아내다 보니 단순한 광고에서 더 나아가 소비자에게 놀거리와 볼거리를 모두 제공하는 새로운 콘텐츠로도 주목을 받고 있다(전종우, 2016 재인용). 이처럼 광고 크리에이티브의 새로운 역할은 고객에게 참여와 소통을 통한 즐거움을 제공할 의무가 생겼으며, 자발적 공유와 상호작용을 통해 고객과의 관계 형성에 기여할 수 있다.

두 번째 관계 형성의 관점에서 광고 크리에이티브의 역할은 앞서 언급한 사회적 가치충족 개념과 일맥상통한다. 광고의 사회적 역할이 고객과의 관계 형성에 큰 영향을 미친다는 의미이다. 최근 한 TV 광고는 12세 여성 아동 모델이 립스틱을 바른 입술로 아이스크림을 떠먹는 영상을 내보낸 후, '아동 성상품화'의 논란에 몸살을 앓았다. SNS와 언론의 비판이 심화되자 해당 기업은 광고 논란에 대한 사과와 함께 방송을 중단하기도 했다. 앞서 광고를 인상과 느낌으로 기억한다는 사람들은 그 느낌이 자신이 추구하는 윤리적 · 도덕적 · 사회적 역할에 충실할 때 브랜드와의 좋은 관계를 유지한다. 광고 크리에이티브가 의식과 생활양식을 공유하는 한 사회의 보편적 현상과 변화의 흐름을 읽을 수 있는 사회문화적 코드로서 그 역할에 충실하며, 크리에이티브의 기획과 실행에 있어 다수의 만족을 위한 융통성의 탄력적 적용(김철호, 2012)이 그 어느 때보다 민감한 시점이다. 이처럼 광고 크리에이티브는 광고의 기본적 임무인 정보 제공, 설득, 기억 상기에 중요한 역할을 수행할 뿐만 아니라, 광고가 시대적 흐름에 따라 인구에 회자되고, 유행을 창출해 내는 것과 같은 필수 사회적 · 문화적 요인이다(이화자, 2002).

## 3. 디지털 시대의 광고 크리에이티브

1996년 MIT 미디어렙의 창설자인 네그로폰테(Negroponte)가 『디지털이다(Being Digital)』에서 디지털 시대의 장밋빛 미래를 소개한 지도 이십여 년의 시간이 지났다. 디지털 시대에 관한 예언은 이제 모두 현실이 되어 우리의 삶 속에 보편화된 개념이 되었고, 디지털 기술의 발전은 새로운 산업, 직업, 관계, 라이프스타일 등을 만들어 내는 데 일조하고 있다. 그러나 디지털 시대의 광고산업은 이 풍요로운 변화를 낙관론적으로만 바라볼 수 없는 입장이다. 기존의 4대매체라 불리던 전통 미디어들의 역할은 축소되고, 온라인과 모바일을 중심으로 새로운 플랫폼들이 그 자리를 채우고 있다. 적은 비용, 빠른 작업시간, 그리고 투명한 광고비 사용 등으로 기존 전통 매체 광고가 가지고 있는 한계를 극복한 디지털 기반의 광고는 이제 거스를 수 없는 대세가 된 것이 사실이다.

그렇다면 디지털 광고란 무엇인가? 본격적인 디지털 광고는 월드 와이드 웹이 대중화되고 소비자들이 인터넷을 보다 쉽고 편하게 이용하면서 시작되었다. 소비자와 인터랙션이 가능한 디지털 광고는 1992년 최초의 웹사이트가 개설된 이후 2년 뒤인 1994년 10월, Hotwired에 배너형태로 시작되었다. 1994년 9월, 미국의 통신서비스 기업인 AT&T가 'You will'이라는 광고 캠페인을 TV를 통해 진행할 때 동시에 Youwill.com이라는 웹사이트로 소비자의 방문을 유도하는 캠페인을 진행하면서 탄생하게 되었다. Hotwired.com(현재 wired.com)이 AT&T를 설득해 최초로 온라인 배너 광고를 유치하였으며, 이 최초의 배너광고에는 'Have you ever clicked your mouse right HERE'라는 문구를 삽입해 클릭을 유도하였고, 이는 당시로서는 획기적인 아이디어였다. 즉, 디지털 광고란 광고주가 자신 또는 재화 등에 관한 사항을 정보통신망을 통하여 이용자, 그 밖의 다른 사람에게 널리 알리거나 제시하는 행위 또는 그 정보를 말한다(이시훈, 권오윤, 2017에서 재인용). 이 절에서는 이러한 디지털 환경에서 다양한 플랫폼을 활용한 광고 크리에이티비티의 패러다임을 소개하고자 한다.

### 1) 미디어 간의 융합, 분야 간의 융합

2018년 칸 광고제(Cannes Lions)에서 'Cyber section'이 사라졌다. 모든 것이 디지털로 연결되어 있는 세상에서 인터넷 분야의 크리에이티비티를 평가하는 것은 의미가 없다는 것이다. 이와 같은 맥락에서 이화자(2019)는 이 시대의 크리에이터들에게 있어 시급한 것은 과거처럼 4대 매체 중심의 미디어 간 우열적 시각이 아니라 미디어 간 평등적 시각의 전환이 필요함을 강조했다. 즉, 광고 크리에이티브에서 어떤 특정 미디어의 틀 속에 아이디어를 넣을까 고민하기보다는 어떤 미디어가 이 아이디어에 가장 적합할까를 고민하고 그 미디어들 간의 융합을 고려해야 한다는 의미이다.

2018년 2월 23일 영국의 KFC는 더 선(The Sun), 메트로(Metro) 등 대표 일간지에 'KFC' 대신 'FCK(f*ck)'라는 욕설을 의미하는 알파벳을 재배치하고, '치킨 없는 치킨 레스토랑은 이상적이지 않다. 고객들에게 사과드린다.'는 내용을 담은 지면광고를 게재했다. 이 광고는 KFC가 새로운 식자재 업체와 계약하면서 주력 상품을 제시간 안에 공급하지 못해 생긴 고객들의 항의에 재치 있게 대응한 사례이다. KFC 사례는 기업의 위기관리 측면에서도 우수한 사례이지만, 전통적인 미디어인 인쇄광고 한 편이 얼마나 많이(실제로 2억 명) 공유되고, 얼마나 빠르게 확산될 수 있는지, 그리고 어떤 영향력을 미칠 수 있는지의 관점에서 바라보게 해 준다. 즉, 광고 크리에이티브의 미디어 활용은 전통 미디어와 디지털 미디어를 이분법적으로 나누어 바라보는 시각에서 탈피하여, 이들의 융합적인 활용이 얼마나 중요한가를 다시 한번 상기시켜 준다. 다시 말해, 디지털 미디어를 어떻게 활용해야 하는가보다 캠페인의 메시지를 전달하기에 가장 적합한 미디어를 중심으로 매체 간의 융합 플랜이 중요하다는 것이다.

[그림 1-1] KFC의 'FCK'와 루브르 아부다비의 'Highway Gallery'

2018년 2월 루브르 아부다비(Louvre Abu Dhabi)는 박물관 개관을 앞두고 'Highway Gallery' 캠페인을 통해 박물관을 대대적으로 홍보하는 초대형 프로젝트를 진행했다. 고속도로 위의 박물관이라고 불릴 만큼 엄청난 스케일의 광고는 두바이에서 아부다비에 이르는 약 100km 고속도로 구간에 레오나르도 다빈치의 〈라 벨 페로니에르(La Belle Ferronière)〉, 반 고흐의 〈자화상(Self Portrait)〉, 마네의 〈피리 부는 소년(The Fife Player)〉 등의 대표적인 명작들을 9미터 대형 빌보드에 배치해 자동차가 빌보드에 접근하면 라디오 채널에서 명작을 소개하는 30초 분량의 오디오 가이드를 전송해 준다. 이를 위해 루브르 아부다비는 태양광 패널로 충전이 되는 FM전송기를 빌보드에 설치하고 협업을 진행한 세 개의 라디오 채널 주파수를 통해 오디오 가이드를 들을 수 있도록 했다. 이 캠페인은 전통적인 미디어로 인식되는 라디오와 옥외광고 등의 매체들이 최신 기술들과 접목되었을 때 어떻게 활용될 수 있는지, 기술, 예술 또는 문화와 같은 광고 외의 분야와의 접목이 어떠한 시너지를 가져올 수 있는지 등을 보여 주는 사례로, 광고 크리에이티브의 미디어 융합과 상생의 플랜이 중요한 화두임을 시사하고 있다.

### 2) 디지털 플랫폼과 스토리텔링

최근 엠브레인 트렌드모니터(trendmonitor.co.kr)가 '2019 유튜브 관련 인식조사'를 실시한 결과, 미디어 이용 습관은 스마트폰을 중심으로 급변하고 있으며, 그 가운데 유튜브 방송 시청이 이미 생활습관이라는 응답이 43.6%에 이르렀다. 이처럼 사람들은 자신이 원하는 시간에 자유롭게 시청할 수 있는 유튜브를 중요한 미디어 채널로 인식하며 콘텐츠 생성과 소비에 적극적으로 참여하고 있다. 디지털 광고 플랫폼으로 유튜브가 가지는 장점은 정교한 타기팅 등 다양하지만, 그중 동영상을 기반으로 공감을 만들어 내기 위한 스토리텔링이 가능하다는 점이 가장 매력적인 요소라 할 수 있다.

2018년 9월 삼성전자 자체 제작으로는 최초의 웹드라마 작품인 '고래먼지'가 삼성

[그림 1-2] 삼성전자의 웹드라마 <고래먼지>

전자 유튜브 채널과 네이버 TV를 통해 공개되었다. 2053년 미래, 과학 문명의 발달에도 난제를 해결하지 못해 상실감에 빠진 인류를 배경으로 AI와 인간이 교감을 나누며 살아가는 SF장르의 이야기이다. 어느 영화 못지않은 웅장한 스케일과 탄탄한 스토리로 브랜드와 엔터테인먼트 콘텐츠 사이의 조화를 잘 이루고 있는 사례이지만, 콘텐츠 제작에 많은 비용과 정성을 들여야 하는 광고 아닌 광고를 통해 기업이 소비자에게 던지고 싶었던 메시지는 무엇이었을까? 웹드라마 제작 동기는 동영상 형태의 콘텐츠를 선호하는 젊은 고객층과 가깝게 소통하려는 취지였다고 하지만, 궁극적 목적은 동영상 콘텐츠에 담긴 스토리를 통해 기업의 가치관과 철학을 전달하고 싶었던 것이 아닐까 유추해 볼 수 있다.

이처럼 1분을 넘기지 말아야 한다는 동영상 콘텐츠 제작의 법칙을 깨고 때로는 몇 분 그 이상의 러닝타임에도 불구하고 소비자들이 동영상 콘텐츠를 소비하는 이유는 '스토리'에 있다. 이제 광고 크리에이티브는 공감을 불러일으키는 이야기꾼이 되어 브랜드의 지속적인 성장과 차별화에 기여해야 하는 것이다.

## 3) 데이터와 크리에이티브

2018년 광고전문잡지 『Ad Age』는 'AGENCY OF THE FUTURE: SURVIVAL OF THE FITTES'라는 기사를 통해 광고대행사가 미래에 살아남기 위해 갖춰야 할 요인들을 소개했다. 그중 가장 먼저 언급된 조건은 데이터 중심(Data reigns supreme)을 고려하는 것으로, 많은 기존의 대행사가 여전히 크리에이티비티에 치중하고 있다고 꼬집으면서, 이제 크리에이티비티와 데이터의 결합이 중요함을 강조했다. 즉, 창조적인 방식으로 데이터를 분석하고 인사이트를 발현하는 데이터 중심의 크리에이티브 실행 능력이 필요함을 강조한 것이다.

구글(Google)의 'Know What Your Data Knows' 캠페인은 구글 클라우드의 AI 머신러닝 기술을 활용해 미국대학농구 플레이오프(NCAA March Madness)의 광고를 진행한 사례이다. 광고는 복잡한 데이터를 빠르게 처리할 수 있는 클라우드 컴퓨팅 서비스의 능력을 통해 '5만 팔로워를 가진 선수가 덩크를 더 잘할까'와 같은 유머러스하지만 답하기 어려운 질문들의 답을 제시해 주거나, 실전경기에서 AI를 활용해 NCAA의 80년간 경기 기록을 분석하고 전반전 경기 동안 리얼타임으로 후반전 결과를 예측하는 데이터 기반의 세계 최초 예측광고를 선보이기도 했다.

또 타임즈(Times)의 'Find our voice' 캠페인의 일환으로 진행된 'JFK unsilenced'

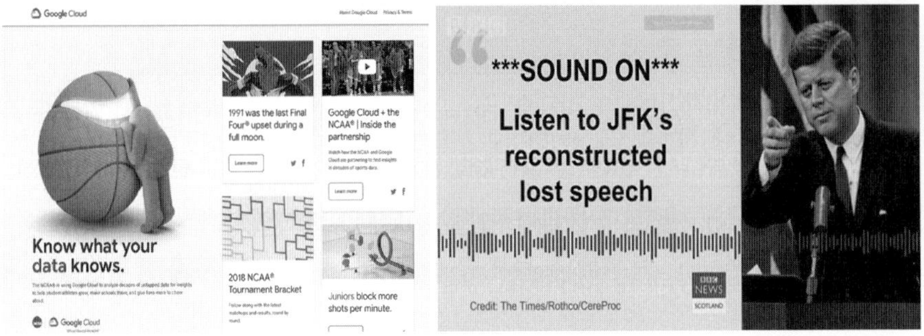


[그림 1-3] 구글 클라우드의 'Know What Your Data Knows'와 타임즈의 'JFK unsilenced'

의 사례는 케네디(J. F. Kennedy) 대통령이 살해당했던 1963년 11월 22일 예정되어 있던 연설문을 재탄생시키기 위해 영국의 오디오 테크놀로지 회사인 세레프록(CereProc)과 협력하여 800개가 넘는 케네디 연설 기록을 분석하고 데이터베이스를 구축한 사례이다. AR(or Mixed reality) 오디오 기술과 광대한 데이터의 분석이 만들어 낸 혁신적인 사례라 할 수 있다.

데이터 중심의 광고 사례가 많아질수록 광고대행사가 설 자리가 점점 좁아질 수 있다는 우려의 시각도 존재하지만, 전문가들은 기술이 분석적 사고는 가능하지만 인간의 직관적이며 확산적인 사고 능력을 활용한 문제해결은 불가능하다고 말한다. 즉, 기술이 해결해야 할 문제의 '왜'를 찾아내고 해석해 주지는 못한다는 것이다. 이는 데이터가 주도하는 환경에서 광고 창작활동은 분석과 직관의 능력을 이용해 데이터가 함의하고 있는 의미와 문제를 창의적으로 해석하는 방법에서 접근할 수 있음을 시사한다.

### 4) 사회문화적 가치 추구

이제 소비자들은 스스로 느끼는 브랜드에 대한 고유한 이미지와 감성적 가치를 자신의 소비의 기준으로 삼고 있다. 기업은 이러한 소비의 기준을 충족시키기 위해 스스로 사회적, 환경적, 경제적 문제점들을 해결하기 위한 적극적인 활동을 하고 있으며, 광고는 사회적 가치를 충족시키는 선한 의지와 실행력이 이 시대의 크리에이티비티가 가져야 할 주요 역할임을 최근 다양한 캠페인을 통해 시사하고 있다.

1964년에 출시된 루마니아의 초콜릿바 롬(ROM)은 95%의 높은 브랜드 인지도에 비해 14%라는 낮은 브랜드 호감도를 갖고 있는 제품이있다. 한창 미국문화에 열광하는 영타깃들에게 올드하고 익숙한 루마니아 국기 디자인의 롬 초콜릿 패키지는 선호 대상이 아니었다. 이 난관을 해결하기 위해 롬은 패키지 전면을 성조기로 변경하고 '아메리칸 롬(American ROM)'을 출시했다. 이 대담한 노이즈 마케팅의 결과는 불매운동, 바이럴, 탄원서, 공개토론, 플래시몹(flashmob) 등의 자발적인 마케팅 효과

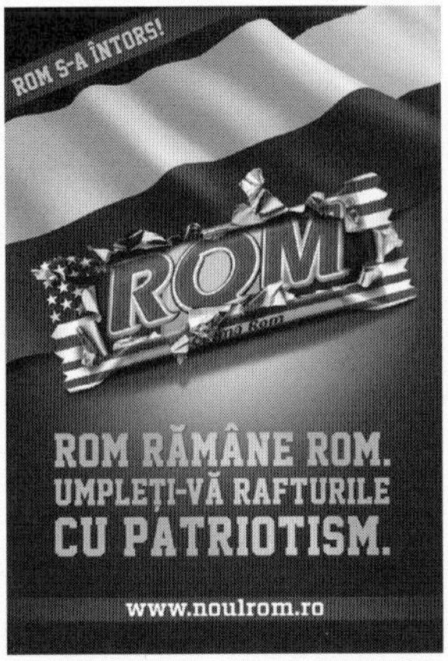


[그림 1-4] ROM 초콜릿의 'American ROM'

를 창출하며 루마니아에서 가장 호감도 높은 초콜릿 브랜드로 입지를 굳히게 되었다. 그 후 롬은 루마니아를 알리는 인공지능 대사 롬봇(ROMBot)을 만들기도 하며 애국심 마케팅을 활용한 다양한 시도를 하고 있다.

롬의 사례는 사람들은 자신이 구매하는 물건을 통해 자신의 가치관을 드러내며, 소비의 이유에 의미를 더해 가는 현상을 극단적으로 보여 준다. 또 지난 5년간의 국제광고제에서 화자가 된 주요 캠페인들 대다수가 공익이나 사회공헌의 목적인 것을 감안하면 사회나 문화적 가치를 추구하는 광고 크리에이티브의 역할은 이제 필수적이라 할 수 있다. 즉, 이 시대의 광고 크리에이티브는 고객에게 도덕적 · 사회적 · 문화적으로 소비의 이유를 충족시킬 수 있는 만족감을 제공해야 할 의무가 더 중요해진 것이다.

### 5) 모든 중심은 소비자

트라이슈머, 앰비슈머, 모디슈머, 마켓슈머, 프로슈머, 리서슈머, 메타슈머, 큐레이슈머, 크리슈머, 소셜슈머 등 소비행태의 다각화를 묘사하는 수많은 합성어가 생겨나고, 이제 소비자들은 기존의 수요와 공급의 체계를 자유롭게 넘나들며 자신의 존재감을 스스로 드러내고 있다. 기업은 이제 능동적이며, 때로는 주도적이기까지 한 소비자들의 소비 경험을 구체적으로 제안하고 제공해야 할 의무로부터 자유롭지 않다. 즉, 소비자에게 선택받고 시장에서 살아남기 위해 소비자의 다양한 라이프스타일을 관찰하고 해석하여 맞춤 경험 모델을 설계하는 것이 필수적이라는 것이다.

삼성전자의 '프로젝트 프리즘(ProjectPRISM)'은 빛을 갖가지 색으로 투영하는 '프리즘'처럼 밀레니얼 세대를 포함한 다양한 소비자의 라이프스타일과 취향이 반영된

'맞춤형 가전' 시대를 열겠다는 삼성전자 생활가전사업부의 새 비전이다. 최근 다양한 매체에서 눈에 띄는 맞춤형 가전 비스포크(BeSpoke) 냉장고가 프로젝트 프리즘의 첫 제품이다. 이 제품은 색, 소재, 용량 등을 선택하여 2만 2,000여 개의 조합을 만들어 낼 수 있으며, 고객이 추구하는 라이프스타일에 맞추어 디자인할 수 있다는 장점이 있다. 프로젝트 프리즘은 제품 콘셉트에 맞추어 다양한 이벤트 프로모션을 진행하고 있는데, 매주 수요일 오직 인스타그램을 통해서만 이벤트를 공개하고 당첨자에 한해 오프라인 공연, 콘서트, 토크쇼, 다이닝 등 다양한 이벤트를 경험할 수 있는 기회를 제공한다. 철저히 밀레니얼 세대를 공략하고 고객의 취향과 경험을 중시하는 트렌드를 반영한 브랜드가 되겠다는 의지로 해석할 수 있다.

또 다른 사례로 2016년 마이크로소프트(Microsoft)의 엑스박스(Xbox)는 사용자가 원하는 색으로 게임 컨트롤러를 직접 디자인하고 구매할 수 있는 온라인 커머스 숍 '엑스박스 디자인 랩(Xbox Design Lab)'을 론칭했다. 그러나 일반 컨트롤러보다 50% 정도 비싼 엑스박스의 게임 컨트롤러의 매출은 매우 저조하였고, 팬차이즈 모델(Fanchise Model)을 기획하기에 이른다. 팬차이즈는 팬과 프랜차이즈의 합성어로 소비자가 만든 디자인 소유권과 영업권을 인정해 판매수익을 배분해 주는 모델이다. 영화나 정치인 그리고 사회적 이슈를 담은 디자인은 단순히 색 조합을 넘어 유저 자신의 정체성과 가치관을 표출하는 계기가 되었고, 유저들은 자발적인 홍보 활동을

[그림 1-5] 삼성전자의 'ProjectPRISM'과 Xbox의 'The Fanchise Model'

통해 자신이 디자인한 제품의 수익률을 높였다. 이후 유저들이 디자인한 컨트롤러를 소재로 TV, 잡지, 옥외광고, 인플루언서 홍보, 매장 내 홍보까지 다양한 매체를 활용한 광고 집행이 이루어졌고, 이는 자연스럽게 엑스박스 전체의 광고효과로 연결되어, 매출이 350%나 증가하는 쾌거를 기록했다. 이 캠페인은 기업이 고객에게 디자인과 마케팅에 관한 소유권을 완전히 양도하고, 전통적인 공급자와 수요자 간의 관계를 동등한 관계로 새롭게 정의했다는 점에서 기존 커스터마이징과 구분될 수 있다.

필립 코틀러(Philip Kotler)는 "진정성 있는 마케팅은 만든 것을 파는 기술이 아니라 무엇을 만들지 아는 것"이라고 말했다. 다시 말하면 소비자가 궁극적으로 원하는 것을 이해하고 니즈를 충족시켜 줄 해결책을 창조하는 것이 그 어느 때보다 중요하다는 것이다. 이제 광고 크리에이티브 역시 기존의 공급자와 수요자 관계에 얽매이지 말고 소비자의 삶 속에서 의미 있는 가치를 찾아 그들과 만나는 모든 접점에서 능동적인 경험 창출 설계를 리드해야 할 때이다.

## 4. 디지털 시대의 광고 크리에이터

광고는 크리에이티브에 핵심을 둔 비즈니스이다. 소비자의 이익과 이해를 증진시키기 위한 최종적 광고물 제작과 관련되는 총체적인 과정으로 마케팅, 리서치, 미디어, 기술, 제품, 디자인을 전공한 전문 팀원들이 모여 협업을 통해 이루어진다. 그 중 광고 크리에이티브의 중요성을 가장 강조하며 직접적인 생산자의 역할을 하는 이들을 **광고제작자**, 즉 **광고 크리에이터**라 부른다. 이들은 크리에이티브 디렉터(creative director: CD), 아트디렉터 또는 디자이너(시각적 표현을 다루는 사람) 그리고 카피라이터(언어적 표현을 다루는 사람)의 협업체제 아래 있으며, 크리에이티브 디렉터는 전체 제작을 총괄하는 팀의 리더 역할을 한다. 이들이 만들어 낸 아이디어는 마케팅, 기획 그리고 미디어 팀들과 공유되며, 광고주에게 선택된 최종 결과물은 고객과 만나게 된다.

창의적인 산출물은 창의성을 격려하는 조직문화 속에서 창의적인 개인이 모여 팀 협업을 통해 완성된다. 이처럼 광고 크리에이티브를 위해서는 개인, 팀, 조직의 창의성이 모두 중요하지만 이 중에서 가장 기본이 되는 것은 개인의 창의성이다. 광고 크리에이터는 특히 개인의 영감이나 사고과정이 기본 역량으로 필요한 직업이다. 오길비(Ogilvy, 1985)는 『Ogilvy on Advertising』에서 개인의 훌륭한 심리학자의 소질, 높은 수준의 의지와 능력, 전략적 사고를 할 수 있는 능력, 리서치 중심의 사고, 열정적으로 일할 수 있는 능력, 공적은 나누어 가지고 잘못에 대한 책임을 질 수 있는 마음가짐, 훌륭한 프레젠테이션을 할 수 있는 능력, 뛰어난 인재를 끌어모을 수 있는 능력 등 광고 크리에이터가 갖추어야 할 자질들을 논의하기도 했다. 버스너(Versner, 2016)는 『광고 크리에이터 성공백서(How to Make it as an Advertising Creative)』에서 직관(intuition), 열망(desire), 광고에 대한 관심(A strong interest in advertising), 주도적(hustle), 철면피(think skin), 다름(different) 등이 광고 크리에이터의 특성이라고 강조하기도 했다. 시대를 막론하고 훌륭한 광고 크리에이터의 조건은 다양한 기술과 특정한 재능을 필요로 하는 전문성을 기반으로 폭넓은 감성과 분석적 역량을 갖추고 있어야 함에는 변함이 없다. 이와 같은 크리에이터의 역량을 극대화시키기 위해 최근 강조되고 있는 두 개의 필수적 자질을 논의하며 디지털 광고 크리에이티브의 이론적 개념 이해를 위한 글을 마치고자 한다.

첫 번째 광고 크리에이터의 필수적인 자질은 '지적 호기심을 통해 문제를 발견하는 것'이다. 최근 창의적으로 문제를 발견하고 해결하는 것이 화두인 가운데, 게첼스와 칙센트미하이(Getzels & Csikszentmihalyi, 1964)의 실험 연구는 '문제의 발견'이 내포하고 있는 의미와 중요성을 쉽게 이해할 수 있도록 도와준다. 연구는 시카고 미술대학의 전공반 학생들을 대상으로 정물화를 그리는 실험을 진행하였고, 학생들의 작품 생성 과정이 개인의 창의적 역량과 깊이 관련 있음을 입증했다. 연구자들은 정물을 있는 그대로 잘 그려 내기에 집중한 전공자들의 그룹과 관찰을 토대로 어떤 그림을 그릴까에 집중한 전공자 그룹으로 크게 분류하였으며, 전자를 문제해결자로 후자를 문제발견자로 정의했다. 5년 후 문제발견자 그룹이 창의성과 관련된 직업군에 소속되어 있음을 추적조사를 통해 확인하였으며, 문제를 발견해 가는 과정이 개인의 창의성 발현과 밀접한 관계가 있음을 입증했다. 광고 크리에이터도 별반 다르지 않다. 풍부한 지식과 전문적 기술을 통해 문제를 해결해 나가는 것도 중요한 역량이지만, 브랜드의 고민은 무엇인지, 어떤 문제를 가지고 있는지, 어떤 측면에서 논의할 수 있는지 등 문제를 발견하고 새롭게 재해석하는 것이 현 시점에서 광고 크리에이터에게 강조되어야 할 자질임에는 틀림이 없다.

두 번째 자질은 '다양성을 수렴한 연결고리로서의 역할'이다. 앞서 디지털과 신기술의 활용이 광고업계의 큰 지각변동을 일으키고 있음을 다양한 사례를 통해 확인할 수 있었다. 이러한 격변의 시기에 광고 크리에이터는 어떠한 역할을 해야 할까? 2018년 글로벌 광고시장 내 변화의 흐름을 짚어 보기 위해 『Ad Age』가 발표한 '2018 에이전시 리포트(Agency Report)'의 글로벌 광고회사의 순위를 살펴보면, 톱 10 내에 액센츄어 인터랙티브(Accenture Interactive), PwC 디지털, 딜로이트 디지털(Deloitte Digital), 코그니전트 인터랙티브(Cognizant Interactive), IBM iX 등 IT · 컨설팅 회사들이 차지하고 있음을 확인할 수 있다. 광고시장이 디지털 중심으로 재편되면서 IT기업과 컨설팅 회사들이 시장을 주도하기 시작했으며 광고업계의 새로운 경쟁상대로 부상하고 있다는 증거이다. IT · 컨설팅 분야는 광고 크리에이터들에게는 다소 생소한 분야일 수 있으나, 제일기획이 제품 기획부터 광고 집행까지 모든 과정을 총괄하는 컨설팅형 광고회사를 설립하거나, 2013년 칸 광고제에 이노베이션 부문이 신설되면서 새로운 기술들을 적용해 기업과 사회가 직면한 다양한 문제를 해결해 나가는 혁신적 크리에이티브 사례들의 등장은 어제오늘의 일이 아니다. 분명한 것은 크리에이터가 알고 배워야 할 분야는 더 광범위해졌지만, 직관과 분석적 사고가 가능하고 열정적인 추진력을 통해 문제를 찾고 해결할 수 있는 자질을 겸비한 광고 크리에이터라면 변화를 적극적으로 수렴해 나가는 다양한 분야의 연결고리가 될 수 있을 것이다. ■

제2장

# 상황분석과 크리에이티브 브리프

**김규철**(서원대학교 광고홍보학과 교수)

1. 광고주의 문제해결
2. 광고주의 문제해결을 위한 상황분석
3. 크리에이티브 브리프
4. 크리에이티브 브리프 작성 사례

◈◇◈

광고에서 크리에이티브는 부분이지만 알고 보면 광고의 전부라고 할 수 있다. 이 과정에서 상황분석의 중요성을 간과하는 경우가 많다. 하지만 광고주의 문제를 해결해야 하는 크리에이터는 마케팅 부서에서 정리한 상황분석을 살펴볼 능력이 있어야 한다. 하지만 크리에이터의 데이터분석은 마케터나 기획의 시각과는 달라야 한다.

그들이 데이터를 통해 소비자를 설득할 수 있는 요소를 찾아낸다면, 크리에이터는 그 요소들을 이용하여 소비자와 대화할 요소를 찾고, 공감하는 아이디어를 도출하여 광고주의 문제를 해결해야 한다.

소비자와 대화하고 공감하기 위해 크리에이터는 크리에이티브 브리프를 작성한다. 브리프의 작성은 쉽지 않지만 이 과정에서 크리에이터는 문제의 본질을 파악할 수 있다. 한 줄로 말하면, 브리프는 설득 정보에서 감성적 공감메시지(ESP)를 발견하기 위한 것이다.

혹자는 이 크리에이티브 브리프를 기획팀이 제작책임자(CD)와 합의하는 것이라고 잘못 알고 있는데, 그것은 잘못이다. 크리에이터는 무조건 크리에이티브 브리프를 작성할 수 있어야 한다. 작성하지 못하면? 그냥 시키는 대로 해야지. 뭐, 별 수 있겠나!

## 1. 광고주의 문제해결

디지털 시대의 광고 크리에이티브는 디지털 환경의 특징을 잘 파악하고 그 바탕 위에서 이루어져야 한다. 이른바 상황파악이 잘 되어야 한다는 것이다. 디지털 시대, 그리고 소셜미디어 시대의 특징은 한 사람의 생각을 널리 확산시킬 수 있는 강력한 힘을 가지고 있다는 것이다. 즉, 혼자 외따로 떨어져 있는 개인이라 할지라도 기존 거대 미디어의 도움을 받지 않고도 회사의 명성에 치명상을 입히거나, 만족감을 널리 확산시킬 수 있는 많은 기회를 갖고 있는 세상이다(McConnel & Huba, 2007). 실로 엄청난 변화라고 할 수 있다. 또한 소비자는 더 이상 광고주에게 설득당하지 않는다. 소비자는 그들이 공감하는 것에만 반응한다. 그렇지 않으면 사정없이 관심을 꺼 버린다.

브랜드는 항상 제품에 값어치를 더해 왔다. 물론 제품 사양에 의해서 이루어진 것이었다. 그러나 이제 브랜드들은 자신감과 공유된 감성, 의미 그리고 비합리적인 종류의 가치 등에 의해 값어치가 더해져야 한다. 이제는 성분 중심의 브랜드(ingredients brand)에서 해결책 중심의 브랜드(solution brand)로 변하는 것이 세계의 흐름이다(Newman, 2004). 즉, 트레이드마크(Trade marks)의 시대에서 러브마크(Love marks)의 시대로 전환된 것이다.

그러므로 더 이상 그들을 설득하려 해서는 실패를 보장받는 것이나 다름없다. 오늘날은 광고주의 문제도 훨씬 복잡해졌고 해결방법도 까다로워졌다. 당연히 광고 크리에이티브도 까다로워졌다.

도대체 광고주의 문제란 무엇인가? 다음의 몇 가지 장면을 통해 생각해 보자.

**장면 1** 여기 영국철도의 사장이 아무도 없는 대행사 로비에서 한참을 기다린 유명한 이야기가 있다. 그곳엔 커피기계와 손톱 손질을 하고 있는 안내직원밖에 없었다. 그런 말도 되지 않는 대접에 화가 나서 사장이 떠나려는 순간, 대행사의 사장이 한 구석에서 나오더니 그를 맞이했다. 그는 바로 이것이 수백만 명의 승객들이 영국철도에 대해 매일 느끼는 감정이라고 말했다(Newman, 2004). 이것이 광고주의 문제이다.

**장면 2** 1984 애플광고는 1984년 1월 22일, 슈퍼볼 경기 중계시간에 단 1회 방영되었다. 이 광고는 사람들이 슈퍼볼 경기보다도 애플과 스티브 잡스를 더 기억하게 만드는 이변을 낳았다. 광고내용은, 열변으로 사람들의 정신을 빼놓고 있는 빅브라더를 향해 한 여인이 달려와 해머로 빅브라더가 나오는 스크린을 산산이 부숴 버린다. 그리고 카피가 나온다. "1월 24일, 애플컴퓨터가 매킨토시를 소개합니다. 당신은 1984년이 왜 '1984년'과 같지 않은지 알게 될 것입니다."(김병희, 2018) 이 장면은 이름도 없던 애플이 골리앗 IBM PC에 대항하여 살아남아야 하는 애플의 문제를 깔끔하게 해결하고 광고 크리에이티브의 전설이 되었다.

**장면 3** 1950년대에 출시된 박카스는 우리나라 대표 장수브랜드이다. 핵심고객은 격무에 시달리는 샐러리맨의 피로회복제였다. 시간이 지나면서 브랜드는 노후화되어 아저씨들이 마시는 음료가 되었다. 매출은 감소했다. 1993년 재기를 꾀했지만 실패했다. 그러던 중 1998년부터 '젊음은 나약하지 않다'는 콘셉트로 재기에 성공했다. 이제 박카스는 젊은이의 드링크를 넘어 현대인들 누구나가 '나를 아끼는 드링크'로 자리 잡고 승승장구하고 있다. 박카스의 리론칭의 문제를 해결하는 데는 핵심타깃을 기성 아저씨에서 젊은 청년으로 바꾸어 청춘을 으쓱하게 해 주는 젊음이라는 가치전달로 해결되었다(박성혁 외, 2004).

**장면 4** 1956년 미원, 1957년 미풍 출시. 1년 차이로 출시된 미원과 미풍은 시간이 갈수록 차이가 벌어져 10년 후에는 마켓 셰어가 7:3으로 차이가 벌어졌다. 제일제당은 고농축 미풍100, 알비티씨 미풍, 아이미 등을 개발하여 총력전을 폈으나 실패했다. 20여년 후 1975년 천연조미료 '다시다'를 출시하고 난 뒤 제일제당은 천연조미료 시장의 왕좌를 차지했다. 화학조미료 시장에서 천연조미료 시장으로 전장을 바꾼 결과였다. 이후 다시다는 '고향의 맛'이라는 단어를 소유하게 되었고 '그래, 이 맛이야!'를 통해 어머니의 손맛의 대명사가 되었다. 시장을 바꿈으로써 오래된 광고주의 문제를 해결한 것이다.

광고주의 문제는 광고주의 수만큼 존재한다. 아니 그 2배, 3배, 아니 그 이상의 문제가 존재한다. 광고에서 크리에이티브는 그 문제들의 최종적인 해답을 찾아내는 일이다.

### 1) 광고에서 크리에이티브는 광고주의 문제를 해결해야 한다

'문제'란 목표와 현상의 차이(gap)로서 결과적으로 발생하는 상황 중에서 해결을 필요로 하는 '사항'을 말한다. '문제점'이란 문제를 발생시킨 '원인' 중에서 개선이나 조정이 가능한 요소를 말한다. 개선이나 조정이 가능하지 않은 것은 문제점이라고 할 수 없다. 다시 말해 좋은 제품을 팔리게 해 달라는 것은 문제점을 찾아서 문제해결(팔리게)을 할 수 있다. 하지만 나쁜 제품을 잘 팔리게 해 달라는 것은 광고로 해결할 수 없는 일이다. 그러므로 그것은 문제가 아니다. 문제가 아니므로 문제점을 도출할 수 없는 것이다.

문제해결이란, '어떻게 되면 좋을까'라는 과제에서 우선 목표를 정하고 '지금은 어떻게 되어 있는가'라는 현재의 상황을 파악하며, '목표와 현상의 차이는 왜 발생하였는가'라는 원인분석에 따라 목표와 현상의 차이를 해소하기 위한 대책을 말한다(이성구, 1999).

광고주의 문제는 여러 가지 형태가 있다. 제품에 빗대어 이야기하면 다음과 같이 말할 수 있다. 광고주의 제품이 단순히 '제품' 상태에 머물러 있는 단계라면 그 제품을 소비자가 구매할 수 있는 상품으로 만들어야 하고, 광고주의 문제가 '상품' 상태에 머물러 있다면 소비자가 갖고 싶어 하는 의미 있는 브랜드로 만들어야 하고, 광고주의 문제가 '브랜드' 상태에 머물러 있다면 소비자가 의미를 넘어 브랜드에 인격을 부여하여 그것이 아니면 안 된다고 고집할 수 있는 '러브마크'의 상태로 만들어야 하는 문제이다.

세상에는 팔리지 않는 좋은 제품이 너무 많다. 팔리지 않는 제품은 존재하지 않는 것이나 다름없다. 이처럼 존재감 없는 제품을 팔리는 상품상태로 만들어 존재감을 부여하는 것이 광고이다. 물론 상품을 브랜드로 만드는 것도 광고이다. 브랜드에 인격을 부여하여 러브마크로 만드는 것도 광고의 역할이다. 광고 크리에이티브는 광고주의 문제를 현재보다 더 나은 상태로 해결하는 결정적인 해결책이다.

광고주의 문제해결을 위해 **'무엇을 말할 것인가**(what to say)'라는 질문에 대한 해답을 찾는 것이 광고전략이다. 그 무엇을 **'어떻게 말할 것인가**(how to say)'라는 답을 찾아내는 것이 크리에이티브 전략이다. 결국 크리에이티브 목표 설정은 광고목표라는 광고주의 문제를 해결하기 위해 소비자로부터 공감을 획득하기 위한 것이다. 그렇게 보면 광고목표와 크리에이티브 목표는 다른 것이 아니라, 동전의 양면처럼 같은 것이다. 중요한 것은 동전의 앞면이건 뒷면이건 그것이 누가 봐도 동전이라는 것이다(김규철, 2013). 단, 광고목표가 소비자 설득을 위한 요소를 찾는 과정이라면, 크리에이티브 목표는 그것을 소비자가 공감할 수 있는 구체적인 아이디어로 광고주가 당면한 문제를 해결하는 것이라고 말할 수 있다.

광고주의 문제는 대체로 두 가지이다. 하나는 광고주로부터 주어지는 문제를 해결해야 하는 경우이고, 다른 하나는 광고주로부터 문제가 주어지지 않고 광고회사에서 광고주를 진단하여 문제를 만들고 문제점을 찾아서 해결점을 제시해야 하는 경우이다.

'주어진' 문제를 해결해야 할 경우에는 '어떻게(how)'의 측면이 중요하고, 문제가 주어지지 않고 크리에이터가 광고주의 문제가 무엇인지 찾아서 스스로 문제를 만들어서 그 문제를 해결해야 되는 경우에는 '왜(why)'에 주목하여야 한다. 광고 크리에이터 앞에 놓인 모든 문제는 이 두 가지밖에 없다. 그리고 앞의 두 가지 문제 중 크리에이터의 일은 주어진 문제를 해결해야 하는 경우가 훨씬 더 많다. 문제를 해결하기 위해서는 많은 사례를 분석할 필요가 있는데, 사례를 분석할 때는 '무엇(what)'에 주목해야 한다. 즉, 그 사례의 핵심이 무엇을 위한 것이었는지 아는 것이 크리에이터의 근육을 키우는 공부 중 하나가 될 것이다.

### 2) 광고주의 문제해결을 위한 광고목표의 사례[1]

신규고객 유인, 사용빈도 증대 유도, 새로운 용도 제안, 새로운 사용 기회 제안, 신규고객 창출, 판매증대, 대체구매 빈도 제고, 구매시즌의 연장, 브랜드 스위칭 유도, 브랜드 통합관리, 단점의 장점화, 새로운 세대의 고객유인, 우위 이미지 창출,

1 이 절의 내용은 김규철, 2013을 바탕으로 함.

우위 이미지 제고 유지, 새로운 요소 소개, 낡은 요소의 일신(renewal), 회사탄생 소개, 프로모션 지원, 관련 산업의 성장 촉진, 영업팀 지원, 새로운 사명 소개, 리포지셔닝(repositioning), 경쟁사 추월, 전문가의 승인이나 추천 획득, 전문가의 승인이나 추천 유지, 사내임직원 사기 앙양, 영업 생산성 증대 독려, 판매 우위점 개발, 연구조사 수행, 새로운 시장 진출, 브로슈어와 보고서의 제공, 어떤 주장에 대한 뒷받침, 어떤 주장에 대한 반대, 비우호적인 언론기사에 대한 대항, 신속한 발표 등이다.

상기 문제들은 구체적일수록 좋다. 여기서는 간략하게 표기하였지만 해당목표를 설정할 때는 가능한 한 구체적인 수치를 이용하여 정리하는 것이 해결책을 찾기가 쉽다. 구체적이지 않으면 좋은 답을 찾기 어렵다.

## 2. 광고주의 문제해결을 위한 상황분석

광고 크리에이티브에서 상황분석은 선행된 마케팅전략을 재확인하고 크리에이티브의 올바른 방향을 잡기 위해 필요하다. 마케팅전략에서 수립된 제반사항들, 즉 기업 환경, 마케팅 4P 환경, 소비자, 경쟁 상황 등을 크리에이티브 관점에서 검토 · 분석하여 어디에 문제점이 있고 그것을 어떤 기회를 통해 문제를 해결해 나갈 수 있는가를 발견하기 위함이다.

이를 통해 소비자의 시각에서, 우리가 가야 할 시장은 무엇이 필요한지, 소비자의 머릿속에는 무엇이 자리하고 있는지, 시장을 움직이기 위해 해결해야 할 과제는 무엇인지, 제품의 어떤 요인이 시장에서 성공을 가져올 수 있는지를 파악하게 된다.

정리하면, 상황분석의 시장분석을 통해 문제점을 점검하고, 경쟁분석을 통해 문제점을 찾고, 자사제품분석을 통해 소비자 혜택을 찾은 다음 마지막 고객분석을 통해 **소비자 인사이트**(insight)를 추출하게 된다. 상황분석의 결과는 자료수집의 확인에 거쳐서는 안 되고, 소비자 입장에서 자료가 갖는 소비자 문제의 해결책을 마련하는 시사점을 도출할 수 있어야 한다.

### 1) 시장분석: 문제점 점검

**시장분석**은 먼저 전체 시장규모와 추이를 알아보고 고객(customer), 경쟁(competitive), 자사(corporate) 등 **3C 분석**에 중점을 두어야 한다(조용석 외, 2007). 크리에이티브 전략과 관련하여 문제점과 기회를 발견하기 위한 시장상황의 리뷰이기 때문이다. 시장분석의 첫 단계는 매출 자료를 근거로 하여 전체시장 규모에 대한 예상을 포함하여 도입기, 성장기, 성숙기, 쇠퇴기 등 제품수명주기(Product Life Cycle) 중에서 어느 단계에 속하는지를 판단하여 크리에이티브 전략의 방향에 대한 시사점을 도출한다. 각 수명주기에 따라 크리에이티브 목표가 달라지기 때문이다.

이 밖에 제품의 형태별, 소재별, 유통별 하위시장의 크기와 추이에 대한 분석도 필요하다. 또한 제품 간 경쟁이 심한 경우에는 상위시장에 대한 분석도 추가해야 한다(조용석 외, 2007). 이러한 과정은 업계의 전반적인 동향이나 업계에 영향을 미칠 만한 환경요인 등 시장의 일반적인 경향 등을 파악하고, 광고하려는 대상 제품이 어디에서 어떻게 팔리고 있는지를 제대로 살펴 시장의 큰 흐름이 어떤 방향으로 전개될 것인가를 분석하는 기초 자료가 된다.

시장 환경에서 중요한 세분시장의 구성과 특성을 파악하고 동종 제품의 시장규모를 분석한다. 동종업계에서 과거에 크게 히트한 제품과 실패한 제품은 어떤 것이 있었나? 대상 제품이 속해 있는 시장의 최근 몇 년간의 전체 규모, 각 기업 매출액과 점유율의 추이는 어떠한가? 제품의 라이프사이클은 현재 어디에 있는가? 업계에 영향을 미칠 수 있는 거시적 관점에서 국내외 사회, 경제, 문화, 정치적 주요 동향은 어떠한가? 기업의 역사나 내부 환경(경영철학, 사회적 가치, 인적 · 물적 자원, 기업의 비전 등)은 어떠한가? 시장은 세분된 유형으로 나타나고 있는가? 세분된 시장이 있다면 어떤 시장이 가장 규모가 크며 그 원인은 무엇인가?

시장 환경 분석을 통해서 시장을 움직일 소비자들의 핵심 이슈가 무엇인지, 제품의 어떤 요인이 광고주의 문제를 해결할 수 있는지 문제점을 점검할 수 있다.

## 2) 경쟁분석: 문제점 찾기

**경쟁분석**은 경쟁자가 누구이고 경쟁상황은 어떠한지, 경쟁브랜드들의 시장점유율 및 브랜드 파워는 어떠한지, 그리고 경쟁자들의 커뮤니케이션 전략 및 활동은 어떻게 전개되어 왔고 그 성과는 무엇인지 등 경쟁과 관련한 제반 사항을 포괄적으로 다룬다.

경쟁분석의 출발은 경쟁사의 확인으로 시작한다. 일차적으로 동일제품 범주의 경쟁하는 브랜드에서 시작하고, 향후 시장에 참여할 가능성이 있는 잠재적 경쟁자도 고려해 보아야 한다. 특히 요즈음처럼 제품 간의 경계가 허물어지고 있는 상황에서는 다른 제품군도 고려할 필요가 있다(조용석 외, 2007). 즉, 나이키의 경쟁자가 닌텐도가 될 수도 있다는 가능성을 확인하는 것이다. 경쟁자를 확인한 후에 일반적으로 다루게 되는 경쟁분석 관련 내용은 다음 〈표 2-1〉과 같다(조용석 외, 2007).

**표 2-1** 경쟁분석의 주요내용

| 구분 | 주요내용 | | |
|---|---|---|---|
| 경쟁자 확인 | 경쟁 참여 현황 및 추이, 대체제품과의 경쟁 | ➡ | 현재 경쟁구도<br>경쟁자의 강/약점<br>경쟁의 핵심요소<br>향후 경쟁 시나리오 |
| 시장점유율 | 시장점유율 현황 및 추이(전체시장 및 세분시장) | | |
| 기업자산 | 자본, 시설, 인력, 기술, 사업영역, 기업이미지 등 | | |
| 브랜드파워 | 브랜드 연상, 이미지, 태도, 포지셔닝 등 | | |
| 마케팅전략<br>4P믹스 | 마케팅 전략 및 활동, 4P 전략, 성과 및 문제점<br>(제품, 가격, 유통의 특성 및 강/약점) | | |
| 커뮤니케이션 | 커뮤니케이션 기본전략, 브랜드 전략 및 BI, 커뮤니케이션 수단별 전략 및 실행방법, 예산, 크리에이티브, 커뮤니케이션 성과 및 문제점 | | |

〈표 2-1〉을 이해하기 쉽게 요약하면 다음과 같다.

① 경쟁브랜드의 매출 및 시장점유율(Market Share)을 파악한다.
② 커뮤니케이션 측면의 소비자의 마음의 점유율(Mind Share)을 확인한다.
③ 브랜드 인지, 연상, 선호, 충성도, 포지셔닝 등 브랜드 파워를 다각적으로 분석한다.
④ 경쟁자의 커뮤니케이션 전략 및 성과에 대해 정리하여 분석한다.
⑤ 그 외 필요하다고 생각되는 경쟁자에 관한 기업현황 및 이미지 등을 파악한다.

크리에이터가 현재의 경쟁상황을 파악하는 것은 광고주가 주장하고자 하는 문제를 소비자 입장에서 공감하는 메시지를 도출하기 위한 것이다. 광고주는 자신의 특·장점으로 소비자를 설득하고자 하지만 요즘 세상에 광고주에게 설득당할 소비자는 없다고 봐야 한다. 소비자들은 너무 똑똑하고 정보 또한 많이 갖고 있기 때문이다. 그러므로 소비자와 어떻게 공감할 것인가에 초점을 맞추어 문제점을 찾아야 한다.

### 3) 자사제품분석: 소비자 혜택 찾기

**자사제품분석**은 기본적으로 경쟁분석과 특별히 다르지 않다. 해결해야 하는 문제(제품이든 브랜드든)에 대해 경쟁분석에서 다루었던 내용보다 심층적으로 분석하는 것이다. 이 과정을 통해 문제점을 발견해 내고 소비자 혜택을 도출할 수 있어야 한다.

자사 브랜드의 제품이 1위일 때와 2, 3위일 때에 따라 소비자가 무엇을 원하는지에 대한 파악이 달라질 것이다. 다시 말해 제품분석이란 지금 '내가 팔려는 것이 무엇인가'를 정확히 아는 것이다. 이 제품이 다른 제품과 무엇이 다르며, 소비자에게 왜 이 제품이 필요한지, 어떻게 좋은지, 어떤 혜택이 있는지를 파악해야 한다.

그러기 위해서는 제품 디자인의 특징, 패키지, 색깔(의미, 기호적), 가격, 만들어지는 과정(원료, 성분, 제조기술, 물리적 성질), 사용법, 편리성, 기능적 특성(성능, 용도), TPO(Time, Place, Occasion), 감성적 특성(브랜드 이미지, 브랜드명, 역사), 유통 등을 다양하게 분석해야 하며, 소비자의 마음을 움직일 강력한 특징이나 해당 제품만이 갖고 있는 장점, 아직 소구하지 않은 장점 등이 무엇인지를 소비자의 입장이 되어 찾아내야 한다.

데이비드 오길비는 '제품을 팔기 위해서는 그 제품을 진심으로 사랑해야 한다.' '훌륭한 광고아이디어는 제품에서 나온다. 또한 그것이 무엇이든 목표 소비자와 관련성이 있어야 한다.'라며 광고에서 제품 분석의 중요성을 강조하고 있다(강두필 역, 2008).

### 4) 고객분석: 소비자 인사이트 추출

소비자를 알기 위해 기본적으로 해야 할 일은 고객 세분화에 따른 세분시장 및 시장의 움직임을 예측하는 일이다. 즉, 제품과 관련된 인구 통계적, 사회 경제적, 심리학적(라이프스타일), 소비자 행동적 특성을 분석하여 그것을 토대로 숨어 있는 소비자의 욕구(Wants)를 발견할 수 있어야 한다.

크리에이터의 고객분석은 마케팅전략에서 이미 파악된 고객의 욕구(needs)가 무엇인지, 또 어떻게 변화하고 있는가에 대한 전반적인 분석을 기반으로, 고객의 욕망(wants)을 찾아내어 크리에이티브 전략의 방향설정과 아이디어 개발에 이용할 수 있어야 한다.

무엇보다 **고객분석**은 구매와 사용 측면 두 가지를 고려해야 한다. 먼저, 누가(who), 언제(when), 어디서(where), 무엇을(what), 어떻게(how), 왜(why) 제품을 구매하고, 사용하는가에 대해 육하원칙에 맞게 기술할 필요가 있다. 소비자 문제를 제대로 파악하기 위해서이다. 그렇다면 제품의 구매와 사용 두 가지 중에서 어느 쪽에 초점을 맞추어야 하는가? 결론적으로 실질적인 관점에서는 구매 측면에 중점을 두고 분석하는 유리하지만, 사용 측면을 보완하는 것이 효율적이다. 제품 구매 및 사용에 대한 분석은 시장세분화의 기준이 되고, 목표고객을 설정하는 근거를 제공하며, 새로운 시장 기회를 발견하는 계기를 마련해 준다(조용석 외, 2007). 더 나아가 목표 집단의 인사이트(insight)를 추출하는 모티프가 된다.

크리에이터에게 소비자 분석은 어떠한 방식으로 소비자들과 '대화'할 것인지 결정하기 위한 과정이다. 소비자를 설득하기 위한 것이 아니다. 즉, 광고를 믿지 않는 소비자들의 마음을 열기 위해 그들의 생각과 행동, 그들의 진심과 허심을 찾아 그들의 관심사와 어법으로 대화할 수 있는 메시지를 찾기 위한 과정인 것이다.

거칠게 이야기하여 마케팅 측면에서의 소비자 분석이 소비자 설득을 위한 요소를 찾기 위한 과정이라면, 크리에이티브 측면에서의 소비자 분석은 설득을 위한 요소를 이용하여 소비자와 대화하고 공감할 수 있는 인사이트를 찾는 과정이라고 말할 수 있다.

강조하면, 크리에이터가 소비자 분석에서 가장 중요하게 생각해야 할 점은 소비자의 입장에서 생각해야 한다는 것이다. '역지사지(易地思之)' 하지 않으면, 소비자에 관한 어떤 문제도 해결할 가능성이 낮아지기 때문이다. 이 말을 모르는 사람은 없을 것이지만 일에 몰입하다 보면 가장 많이 잊어버리는 사실이기도 하다.

### 5) USP와 ESP 그리고 이해와 공감

여기서 이성(reason)과 감성(emotion)에 대해 정리할 필요가 있겠다. 이성은 추론능력, 즉 상상능력이고 감성은 공감능력이다. 이성은 상상을 통해 이해를 가져오지만, 감성은 느낌을 통해 공감을 불러일으킨다. 이 장에서의 USP(Unique Selling Proposition)는 이성적 특성의 독특한 판매 제안을, ESP(Emotional Selling Proposition)는 감성적 측면의 독특한 판매 제안의 의미로 사용되고 있다.

상품의 USP를 ESP로 바꾸는 것이 크리에이터가 해야 할 일이다. 상품의 USP는 단지 USP일 뿐이다. 그것은 분명 혜택이지만 기업에서 주장하는 혜택이지 소비자가 공감하는 혜택이 아니라는 것을 인식해야 한다. 그러므로 그 자체만 가지고는 좋거나 나쁘다고 말할 수 없다. USP가 소비자와 감성적으로 공감할 수 있는 ESP로 전환되지 못하면 아무리 좋은 혜택이라 하더라도 그 역할을 다하지 못할 것이다.

크리에이터는 이런 특징 또는 USP를 고객이 공감할 수 있는 혜택(ESP)으로 전환시킬 수 있어야 한다(Altstiel & Grow, 2007). 공감할 수 있는 혜택이라는 것은 고객이 광고를 보거나 메시지를 보고 '아~ 이거, 나에게 좋겠구나.'라고 고객 스스로 판단하게 하는 것이다. 예를 들어, 상품의 어떤 장점 때문이 아니라, 그 상품이 내 마음에 들기 때문에 내가 사기로 결정하는 것이다. 이 정도면 공감이라는 의미에 대해 이해할 수 있을 것이다.

모든 상품에는 혜택이 있다. 다음은 그 혜택을 공감하는 메시지로 바꾸었다고 생각되는 예들이다. 딤채는 김치냉장고가 아닌 김치를 맛있게 해 주는 '발효과학'이라는 혜택, 다시다는 천연조미료가 아니라 '고향의 맛'을 느끼게 해 준다는 혜택, 그 외에도 오리온 초코파이의 '정(情)', 오리온 예감의 '튀기지 않은 감자칩', 011의 '때와 장소를 가리지 않는', 후라보노의 '입 냄새 제거 껌' 등은 모두 소비자 혜택이다. 인사이트 확인의 핵심은 표적 수용자인 소비자가 무엇을 원하는지(wants)에 귀 기울임으로써 확인할 수 있다.

윌리엄 번벅(William Bernbach)은 "우리의 직업은 죽은 사실에 생명을 불어넣는 것이다."라고 말했듯이, 타인이 수행한 조사를 어디부터 조정하여 표면적인 자료이상의 것을 통해 죽은 사실에 생명을 불어넣는 방법이 있을까? 없다. 하지만 다음을 참고하면 조금은 도움이 될 수 있을 것이다(Altstiel & Grow, 2007).

① 상점을 방문하여 자사 상품이 어떻게 진열되어 있는지를 보라. 경쟁상품을 점검하라. 진열대에 있는 상품들은 각각 어떻게 호소하고 있는지 비교해 보라.

② 상품을 판매하는 판매상, 소매업자, 그리고 여타의 사람들과 대화해 보라. 그들은 상품에 대해 소비자에게 어떻게 말하는가? 그들은 그 상품이 시장의 어디에 위치하고 있다고 인식하고 있는가?

③ 가끔은 공장 견학도 도움이 된다. 견학을 하되 그 상품이 어디에 어떻게 쓰이는지에 주목하라.

④ 자사상품을 구매한 사람들과 이야기해 보라. 그들은 왜 그것을 샀는지? 그들이 다시 살 것인지, 만약 아니라면, 왜 사지 않는 것인지에 대해 숙고하라.

⑤ 자사상품을 구매하려고 했다가 사지 않은 사람들과 이야기해 보라. 왜 사지 않았는지, 무엇으로 그들의 마음을 바꾸게 할 수 있는지.

### 6) 정리

상황분석은 시장분석, 경쟁분석, 자사제품분석, 고객분석으로 이루어진다. 시장분석을 통해 시장사이즈 등을 확인하여 문제점을 점검하고, 경쟁분석을 통해 문제점을 찾게 된다. 그다음 제품분석을 통해 소비자혜택을 찾는 과정을 거친 다음 고객분석을 통해 소비자 인사이트를 추출하는 기반을 마련하고, 주어진 사실에 생명을 부여하게 된다.

재차 강조하면, 여기서 주어진 사실이 USP라고 한다면 이를 ESP로 전환하는 것이 생명을 부여하는 것이라고 말할 수 있다. 여기서 USP에 대한 논쟁이 있을 수 있는데, 여기서 말하는 USP가 이성적으로 주장할 수 있는 혜택이라면, ESP는 이것을 감성적 혜택으로 바꾸어 소비자와 공감할 수 있도록 바꾸는 것이라 이해하면 쉽다.

필자는 기본적으로 USP와 ESP를 따로 구분하지 않고 이성적 USP, 감성적 USP로 구분하여 사용한다. 바로 감성적 USP가 여기서 말하는 ESP라고 생각하면 오해가 없을 것이다.

이제 문제의 본질인 크리에이티브 브리프를 통해 문제에 보다 더 직접적으로 들어가 보자.

## 3. 크리에이티브 브리프

### 1) 크리에이티브 브리프란

브리프는 광고주와 마케팅, AE, 제작 등 프로젝트에 참여한 모든 스태프가 구체적인 크리에이티브 작업에 들어가기 전에 광고의 목표와 전략을 서식으로 작성하여 공유함으로써 같은 방향으로 가고자 약속하는 하나의 룰이다(김규철, 2013).

> 부정확한 브리프는 광고제작에서 결코 용서받지 못하고 비싼 대가를 치를 수밖에 없는 치명적인 실수이다. 그러나 놀랍게도 이런 실수는 어디서나 반복적으로 일어나고 있다. 광고회사와 광고주 간에 브리프에 대한 합의가 이루어지기까지는 절대로 제작에 착수하지 말라. 브리프를 작성할 때에는 가능하면 크리에이터도 참석하게 하여야 한다. 기대하는 소비자의 반응을 미리 정해 놓고 브리프를 작성하는 것이 크리에이티브의 목적을 달성하기에 가장 쉬운 접근방법 중 하나이다(Andrew Cracknell).

거리의 꽃장수가 '밸런타인데이'에 시드니의 '서큘라 퀘이'에서 꽃을 팔고 있는 것을 보았다. 그녀 앞에는 '낮에는 꽃을, 밤에는 불꽃놀이를'이라고 분필로 적혀 있는 광고판이 세워져 있었다. 그녀는 전문 광고인들보다 훨씬 전문적이고 정통한 마케팅 방법을 보여 주었다. 꽃장수는 사람들이 오늘 같은 날엔 상품 이상의 것을 필요로 하고 있다는 것을 알고 있었다. 그것은 바로 사람과 사람을 연결하는 감성적 아이디어였다. 대단한 의미를 전달하기보다 고객들의 머릿속에 미미한 전기 충격을 주는 듯한 기쁨과 그저 입가에 미소를 짓게 할 수 있는 것, 그리고 당신의 브랜드로 고객들을 향하게 만들 수 있는 것이다(Newman, 2004). 꽃장수는 꽃의 장점을 이야기한 것이 아니라 꽃이 주는 근본적인 소비자 혜택에 대해 약속한 것이다. 크리에이티브 브리프(Creative brief)는 이를 위한 것임을 전제로 출발해야 한다.

시대가 바뀌어도 여전히 광고의 핵심은 약속이다. 그 약속이 감성에 부합하면 커다란 약속이 된다. 마케팅 전략도, 크리에이티브 전략도 브리프가 아니다. 크리에이티브 브리프에는 '광고의 필요성' 뒤에 숨은 광고주가 당면한 문제를 해결할 수 있는 내용이 담겨야 한다. 크리에이티브 브리프가 단지 정보에 관한 것이라면 곤란하다. 오히려 영감에 관한 것이어야 한다(Newman, 2004). 브리프를 만드는 목적은 광고물이 광고주의 문제를 확실하게 해결할 수 있는 확신을 심어 주는 첫 번째 과정이다.

이런 이유로, 브리프에서 광고전략은 단순하게 표현되어야 한다. 브리프는 짧고 직접적이어야 한다. 단순함은 혼란 상태를 해결하는 가장 효과적인 방법이다. 바로 브리프는 창작기술과는 달리 이해를 도와야 하는 것이기 때문이다(Newman, 2004). 그것은 ESP, 즉 감성적 판매제안의 관점에서 작성되어야 한다. 이미 설득의 시대는 지나가 버렸으므로.

부언해서 말하면, 문제가 무엇인가? 그 문제는 왜 일어났나?(원인) 그래서 우리는 어떻게 그들과 공감할 것인가에 대해 말하는 것이다. 브리프의 초점은 광고를 통해 광고주의 문제해결을 위해 소비자와 무엇으로 '공감해야' 하는지에 맞추어야 한다.

세계의 광고회사에는 각각 나름대로의 크리에이티브 브리프가 있다. 각기 표방하는 이름은 다르지만 각각의 브리프는 기획자나 제작자들이 광고전략을 입안하거나 크리에이티브로 발전시키는 데 나침반 역할을 한다는 점에서 공통된다.

## 2) 크리에이티브 브리프 세부설명

이 절은 사치 앤 사치사(Saatchi & Saatchi)의 크리에이티브 브리프를 기본으로 필자의 생각을 더해, 좀 지나칠 정도로 자세하게 설명하고자 한다. 지금까지 전통적으로 많은 광고는 제품의 '기능'과 '혜택' 등을 내세워 그 제품이 왜 좋은지를 소비자에게 말했다. 이는 '제품의 기능적 능력'에 기반 한 철학에서 나온 것이었다. 그것으로 충분하던 때가 있었다. 하지만 이제 소비자의 욕망인 '원츠(wants)'에 대한 고려는 필수적인 요소가 되었다.

### (1) 일자, 광고주, 브랜드명

주어진 광고주의 문제해결을 위한 광고의 기본적인 요소를 기록하는 난이다. 날짜는 브리프를 배포하는 날짜를 기록하며 광고주의 회사명과 상품명을 잘못 기재하는 일이 없도록 유의하여 정확하게 기록하여야 한다. 별것 아닌 것처럼 보이지만 이 난에서의 오기 때문에 낭패를 부르기도 하는 경우가 가끔 있다.

### (2) 담당자

AE, 제작, 마케팅, 매체담당, 프로모션 등 이들 모든 팀의 담당자 이름을 전부 기록하기는 어렵겠지만 이 브리프가 관련부서에 공유되기 전까지는 담당자가 모두 결정되고 그 사람들의 이름이 기록되어 있어야 한다. 정확한 담당자의 기재는 중간에 의문이 생겼을 때 누구에게 문의해야 되는지 알 수 있게 해 준다.

### (3) 광고조건 및 주요사실(key fact)

상황분석을 통해 파악된 시장, 경쟁, 제품, 소비자에 관한 기본적인 사실들 중 광고주의 문제해결을 위해 의미 있다고 생각되는 주요사실을 기술한다. 즉, 앞으로 제작팀이 해결해야 할 광고주의 문제는 무엇인가, 그리고 제작팀이 만들어 내야 할 광고는 어떤 것인가, 이번 광고에서는 어떤 요소들을 함축시켜야 할 것인가 등 광고주의 문제해결을 위해 의미 있다고 생각되는 사실들을 선택해야 한다.

또한 주어진 문제에서 요구되는 광고의 형식에 대해서도 기술한다. 캠페인인가, 단발광고인가, 한 편의 TV 광고인가, 아니면 연계될 시리즈인가, 신문광고인가, 디지털 광고인가, 캠페인은 장기적인 캠페인인가, 단기적인 캠페인인가 등에 대해서 구체적으로 기술한다.

정확한 주요사실과 광고조건에 대한 기술은 크리에이터가 옆길로 새지 않게 해 주는 나침반 역할을 한다.

### (4) 목표고객(target audience)

누구에게 이 광고를 할 것인가에 대한 정의는 매우 중요하기 때문에 목표고객의 제품에 대한 태도 등을 요약 기술한다. 이 부분에는 흔히 습관적으로 '25세의 직장인 여성' 등으로 무책임하게 기술하는 경우가 있는데 이것은 광고전략이나 표현에 아무런 도움도 주지 못하고 오히려 혼란을 가중시킨다.

물론 목표고객을 연령, 성별, 수입 등 인구통계학적 특성으로도 분류하여야 하지만, 사용자의 라이프스타일과 관련하여 묘사하는 것이 스태프들에게 도움이 된다. 그들은 어디에 살며, 어떤 직업을 가진 사람들인가, 통상적인 것을 추종하는 사람들인가, 아니면 혁신적인 사람들인가 등을 구체적으로 기술하는 것이 좋다.

여기서 가장 핵심적인 것은 목표고객을 제품과 관련하여 정의하는 일이다. 그들은 이 제품을 어떻게 보고 있으며, 어떻게 사용하고 있는가를 알아내어 정확한 목표고객의 라이프스타일 속에서 아이디어의 출발점으로 잡을 수 있는 요소들로 활용해야 한다.

목표고객은 경쟁제품의 사용자일 수도 있고, 사용자는 아니지만 제품구매에 영향력을 가진 사람일 수도 있다. 예를 들어, 남편의 속옷은 주부들이 구입하고 있다는 점, 아기의 기저귀는 엄마가 산다는 점을 고려해야 하는 것과 같다.

소비자 프로파일(target profile)의 작성은 아이디어 발견에 많은 도움을 준다. 핵심 타깃의 표적이 정확할 때 표적의 중심을 제대로 맞힐 수 있다. 또한 뚜렷한 기준을 갖게 되고, 공통된 방향도 갖게 된다. 광고아이디어를 판단하는 일도 더욱 쉬워진다. 예리함이 단호함을 이끌어 낸다(Newman, 2004). 브랜드의 약속과 진짜 소비자를 연결시키는 것을 돕기 위해 소비자의 겉모습을 그냥 주저리주저리 늘어놓지 말아야 한다. 너무나도 분명한 말처럼 생각되지만 피상적인 묘사로는 아무것도 파악할 수 없다.

목표 소비자에 대해 개인적인 관계처럼 알아야 한다. 당신이 알고 있는 누군가에 대해 상상하라. 그들의 입장이 되어 그들의 신발을 신고 1km를 걸어 보고 생활해 보라. 그들과 공감하려고 노력하라. 그런 다음 당신이 묘사한 그 사람들의 행동이나 인식, 혹은 브랜드의 이미지 안에서 어떤 변화를 노리고 있는지 명확하고 짧게 진술하라(Newman, 2004). 크리에이터 자신이 핵심 소비자가 되어 '이것이 나에게 어떤 혜택을 주는 거지?'라고 질문하면서 작성해야 하는 것이다.

### (5) 광고목표

광고주의 문제해결을 위해 광고인들은 광고주에게, 광고가 모든 문제를 다 해결할 수 있는 것처럼 믿게 하려고 애를 쓴다. 어떠한 확신이건 지나칠 정도로 낙관적인 사고를 하는 경향이 있다는 것이다. 물론 광고를 유치하기 위해서이다. 그러나 사실은 시장을 움직이고 소비자를 움직이기란 그리 쉬운 일이 아니다.

광고목표를 정할 때는 이 광고가 어떤 일을 해낼 수 있는지를 명확하게 해야 한다. 즉, 이 광고를 통해 어떠한 소비자 행동을 유발할 것인지 구체적으로 기술하는 것이다. 예를 들어, 광고는 이미지 문제나 인지 문제에 대해서는 해결할 수 있다. 그러나 광고로서 해결할 수 없는 부분이 있기 때문에, 광고로서 실현 가능한 것을 설정해야 한다. 광고목표의 내용들은 현실적이어야 하고 이 목표들이 가능한 예산으로 성취할 수 있는 것인가에 대해서도 생각하여야 한다.

흔히 쓰이는 광고목표는 다음과 같다. 브랜드 고지, 상표 인지율 또는 회사 인지율 제고, 상품 이미지 제고, 신규고객 유인, 새로운 용도 제안, 새로운 사용 기회 제안, 판매 증대, 낡은 요소의 일신, 리포지셔닝, 구매 시즌의 확대, 경쟁사 추월, 가격 인하, 상품 권유율 상승, 편견 해소, 목표고객의 교체 등이다.

광고목표는 구체적일수록 좋고, 수치를 곁들이면 더욱 좋다는 것을 잊지 말아야 한다.

### (6) 단일 집약적 제안점(single minded proposition)

크리에이티브 브리프의 지침은 길게 나열되어 있지만 사실은 매우 간단하다. 이 제안점을 기록하는 항목 외에는 거의 사실적인 기록을 하거나 사실을 토대로 하면 되는 사항들이기 때문이다. 제안점은 단순한 '한 문장'으로 기술되지만 크리에이터로서는 매우 신중하게 설명해야 할 이유가 있는 부분이다.

앞서 목표고객 항목에서 누구에게 말할 것이며, 그들로부터 어떤 생각, 어떤 행동을 하는가를 기록하였다. 이제 모아진 모든 정보를 분석해서 '사람들이 광고를 통해 얻기를 바라는 것'을 하나의 메시지로 정리해야 한다. 광고의 임무는 소비자가 도저히 거부할 수 없는 단일 집약적인 제안을 만들어 내는 것인데, 이것은 USP가 아니라 ESP의 측면을 고려하여 이 항목을 작성하는 것임을 앞에서도 강조했다. 이 항목은 우리가 흔히 말하는 (표현)콘셉트라고 이해해도 무방하다.

왜 제안점은 단일 집약적이어야 하는가? 그것은 한 가지 생각을 표현할 때 가장 분명하고 효과적인 아이디어가 되기 때문이다. 그래야 복잡한 시장상황에서 알려질 기회의 발판을 기대할 수 있기 때문이다. '단일 집약'이란 용어는 광고에 관련된 서적이나 세미나 등에서 누구나 주장하는 흔한 용어이지만 사실 가장 중요한 말 중의 하나이다. 크리에이터에게 영감을 제공하는 역할을 하기 때문이다. 그러나 실제로는 너무도 쉽게 간과하는 용어이기도 하다.

한 가지 제안이 여러 가지의 제안보다 낫다는 점을 확실한 근거가 있어도 광고주를 이해시키는 것은 쉽지 않은 것이 현실이다. 그래도 고집스러울 정도로 강력하게 주장되어야 한다. 왜냐하면 광고는 물건을 사게 하든지, 브랜드를 기억하게 하든지, 또는 브랜드에 대한 인식을 바꾸게 하는 것이기 때문이다.

따라서 제안점은 생생해야 한다. 만약 그렇지 못하면 그 메시지는 목표고객으로부터 외면당한다. **단일 집약적 제안점**(SMP)은 헤드라인이 아니다. 그 단어가 아무리 좋더라도 광고의 헤드라인으로 올라가기에는 충분하지 않다. 영감이지 아직 아이디어는 아닌 것이다. 크리에이터의 관점에서는 그 단어가 실제 광고에는 나올 필요가 없을 수도 있다는 것이 중요하다. 그것은 전략적 본질과 느낌을 찾고 발전시키기 위해 필요한 것이다. 한 단어는 브랜드의 목소리 톤에 스며들어 제품의 독특한 개성을 발전시켜 주는 길잡이이다. 한 단어 이미지는 변함없는 브랜드 구축에 필요한 마지막 단어이다(Newman, 2004).

크리에이터의 임무는 소비자와의 공감을 획득하여 최종적으로 광고주의 문제를 해결하는 데 있다. 마지막으로 한 번 더 강조하면, 공감하는 아이디어라는 것은 고객이 광고를 보고 '아~ 이것, 나에게 좋겠구나.'라고 생각하게 하여 고객이 스스로 구매를 결정하게 되는 아이디어이다. 단일 집약화를 하는 일은 매우 어려운 작업이지만 크리에이터라면 누구나 해결해야 할 과제이다.

#### (7) 제안에 대한 입증

어렵게 제안점을 찾아냈으면 이제 그 사실들을 입증할 근거(reason why)들을 찾아서 제시해야 한다. 그래서 제안점에 소비자가 신뢰할 수 있는 사실들을 명시하여야 한다. 제안과 동떨어진 사실들은 쓰지 말고 다른 추가적 제안들도 여기에 기록할 필요가 없다. 그리고 소비자들이 입증 요소들을 기억할지, 말지에 대해서도 관심을 가질 필요도 없다. 이 요소들은 수단이지 결코 그 자체가 목적하는 메시지가 아니기 때문이다. 소비자들은 때때로 매스컴을 통해서 접하는 유명브랜드가 주장하는 메시지는 여과 없이 그대로 믿어 버리는 경향이 있다. 이처럼 유명브랜드는 브랜드의 명성만으로도 신뢰를 얻을 수 있지만, 그렇지 못한 회사나 브랜드의 경우에는 보다 강력한 근거를 제시해야 할 것이다.

입증자료들은 어디까지나 적절한 논거들을 제시하는 것이지만 크리에이터가 이 사실적 증거들을 모두 다 활용하도록 요구받는 것은 아니다. 때로는 그중 한 가지도 쓰지 않으면서 훌륭한 소비자 인사이트(insight)를 찾아낼 수 있다면 그것으로 충분하다. 근거는 그 자체로 인사이트가 될 수도 있고, 인사이트의 모티프가 되는 디딤돌의 역할만 해도 충분하다.

#### (8) 광고주 요구사항

사치사의 브리프에는 별도의 미디어 부분이 없지만, 요즘에는 어떤 미디어를 선택하느냐도 매우 중요해졌다. 미디어에 따라 아이디어 도출의 방향이 달라지는 경우가 많아졌기 때문이다.

현 상황에서 필요한 광고의 양과 현재 작업하는 광고가 추후 다른 매체, 다른 지역, 또는 매장이나 패키지 등의 다른 아이템에 연결될 것인지를 밝힌다. 이 부분에서는 캠페인 광고인가, 단발광고인가, 길이, 지면의 규격, 컬러 또는 단색 등을 지정하여야 하지만 여기서도 크리에이터에게 가능한 많은 재량을 주어야 한다.

만약 이 중에서도 광고에 꼭 설명이 필요한 요소가 있으면 입증요소에 '필수포함사항'이라고 표시하고 그 밖의 입증요소들을 광고에 활용할 것인지의 여부는 크리에이터에게 선택권이 있으므로 때로는 이 난에 '필요 없음'이라고 쓸 경우도 있다. 만약 제안이 순전히 감성적인 것일 경우 이 난을 '연관되는 이미지'로 항목을 바꾸어 사용해도 좋다.

### (9) 필수 포함사항

주로 정형적인 세부사항을 쓰는 난이다. 예를 들면, 회사명, 쿠폰, 가격, 주소, 전화번호 등을 적는다. 혹은 기존의 로고나 슬로건일 수도 있고 때로는 합의된 주의사항도 기록한다. 이 난은 광고주와의 협의에 의해 세부내용이 결정된다.

### (10) 의도하는 브랜드 이미지

브랜드 에센스와 같은 의미이다. 브랜드 에센스는 속성과 특성(Attributes), 혜택(Benefit), 감성적 가치(Value), 의인화된 이미지(Personal)로 정리되는 것으로 그 브랜드만이 지속적으로 나타낼 수 있는 브랜드의 핵심가치를 말한다. 언제 어디서나 누구나 언급하여 진부하게 느껴지지만 이 부분은 의외로 중요하다. 왜냐하면 이 부분은 사람들이 광고를 보고 나서 그 브랜드에 대하여 어떤 느낌을 갖게 되기를 원하는가를 규정하기 때문이다. 또한 브랜드 이미지를 형성하는 결정적인 역할을 하는 항목이기 때문에 매우 신중하게 작성해야 한다. 여기에서 향후 제작될 광고물의 톤 앤 보이스(tone & voice)의 결정에 직접적인 영향을 미친다.

예를 들어, 이미지가 '세련된' '현대적인' 것이어야 한다고 기록된다면 크리에이터는 세련되고 현대적인 이미지를 찾기 위해 홍대입구나 압구정으로 나가야 할 테고, '고전적'이라고 기술하면 고궁이나 한옥마을에 가서 아이디어를 탐색할 수도 있는 것이다. 사치사는 이 부분을 브리프 중에서 가장 중요한 부분으로 생각하고 있으며, Y&R(영앤루비컴)도 마찬가지로 브랜드 에센스를 가장 중시하고 있다.

여기에서 전달되는 이미지는 소비자와의 공감과 직결된다. '산뜻하다' '밝다' 등과 같이 감성적인 이미지도 편익이 될 수 있음은 분명하다. 다만, 이성적 편익이 아닐 뿐이다. 전달하려는 것이 무엇인지 알았다면, 이제 그것을 어떻게 말할 것인지를 구상해야 한다. 형식적인 느낌(tone)의 진술문을 작성하든, 그것에 대해 단지 생각만 하든, 크리에이티브 결과물에 대한 느낌을 정의할 필요가 있다.

그 느낌은 '배달의 민족'에는 맞지만, '요기요'에서는 사용할 수 없는 것이어야 하고, '다시다'에는 어울리지만, '맛나'에서는 사용할 수 없는 것이어야 한다. 다음은 그 느낌이 무엇인지 이해하는 데 도움이 될 것이다.

물보다 흡수가 빠른 게토레이, 벌레 잡는 세스코, 당신의 봄–삼성화재, 얼굴 테두리를 줄여 주는 마스크팩, 얼굴미인은 다음 생에 피부미인은 이번 생에, SK–연결의 무전여행, SK–See you tomorrow, GS칼텍스–I am your energy, 물 쉼표–웅진코웨이, 자연을 담는 큰 그릇–풀무원, 유쾌하고 재미있는–배달의 민족 등으로 이해하면 쉬울 것이다.

현실적으로 이미지에 의존하는 광고일 때에는 제안점에 대해 충분하게 생각하지 않고 크리에이터의 감각에 의존하는 경향이 많다. 그것은 잘못이다. 어쩌다 재수 좋게 답을 찾을 수는 있지만 크리에이터의 운에 광고주의 돈을 낭비하는 것은 범죄이다.

### (11) 크리에이티브 작업시점

중요한 캠페인일수록 제작팀에게 충분한 시간을 벌어 주기 위해 시간을 안배하여야 한다. 그리고 광고주를 만나기 전에 프레젠테이션을 준비할 시간적 여유도 고려해야 한다. 바로 그런 이유 때문에 기획팀이 제작물을 받을 시점과 광고주 제시시점을 기록하는 두 부분이 있다. 이 시간 차이는 제작팀이 제작할 시간여유를 주기 위한 것이 아니고 기획팀이 프레젠테이션 준비를 할 시간을 갖기 위한 것이다. 바로 이 짧은 시간적 여유를 갖지 못해서 수 주일의 작업이 물거품이 되는 경우도 있다.

이제 전부 기록된 브리프에 대해서 기획팀과 제작팀원과 검토하는 일이 남았다. 정확하게 기록하였는지, 빠진 것이 무엇인지를 찾아내고 이상 없이 브리프를 작성하였다면 아이디어 탐색 작업에 대하여 자신감을 갖게 될 것이다. 이제 소비자와 공감할 수 있는 아이디어를 찾는 일만 남게 된다. 이것으로 크리에이티브 브리프의 마지막 단계가 끝났다.

### 3) 크리에이티브 브리프에서 고려해야 할 핵심사항

앞의 크리에이티브 브리프에 대한 설명이 너무 길었다. 전체를 요약할 필요가 있다고 생각된다. 전체를 다섯 가지 요소로 축약하여 다시 설명하면 다음과 같다.

첫째, 광고배경 및 광고의 형태 등 광고조건을 확인하는 일이고, 이 과정을 통해 문제가 무엇인지를 알게 된다.

둘째, 목표고객을 제품과 관련하여 정의하고 그 타깃 프로파일을 작성하는 일이다. 대부분의 아이디어는 이 과정에서 발견된다.

셋째, 광고가 어떤 일을 해야 하는지, 해낼 수 있는지 광고목표를 명백하게 확인하는 일이다. 광고목표는 광고주의 문제를 해결하는 일의 핵심이기 때문이다.

넷째, 단일 집약적 제안점의 도출을 통해 소비자의 흥미를 유발할 수 있는 인사이트 발견의 기초를 마련하는 일이다. 이 과정은 설득이 아닌 소비자 공감의 요소를 발견하는 기초가 된다는 점에서 크리에이티브 브리프에서 가장 중요한 과정이다.

다섯째, 제안점에 대한 입증이다. 마지막으로 광고를 보고 나서 그 브랜드에 대하여 어떤 느낌을 갖게 되기를 원하는가에 대해 규정하는 일로 톤 앤 보이스를 결정하는 일이다. 이 과정에서 광고의 캐릭터(character)가 만들어진다.

이를 종합해서 더욱 간단하게 요약하면 다음과 같다.

① 광고배경 및 조건: 광고주의 문제가 무엇이고, 어떤 광고를 만들 것인가?

② 핵심 소비자: 그 문제를 누구를 통해 해결할 것인가?

③ 광고목표: 광고주의 문제를 어떻게 해결할 것인가?

④ 단일 집약적 제안점: 핵심 소비자를 행동하게 하는 요소는 무엇인가?

⑤ 근거: 그 이유는 무엇인가?

⑥ 의도하는 브랜드 이미지: 최종적으로 핵심 소비자에게 무엇을 남길 것인가?

## 4. 크리에이티브 브리프 작성 사례

여기에 몇 가지 사례가 있다. 다음에 보여 주는 사례들은 모두 광고주의 문제를 훌륭히 해결한 광고이거나 캠페인들이다. 원래 브리프는 광고를 시작하기 전에 작성해야 하는 것이지만, 여기서는 그럴 수 없어 성공 사례라고 생각되는 몇 개를 고른 것이다.

사례들은 이해를 돕기 위해 첫 번째 광고배경 및 조건 부분에 대해서만 최소한의 설명을 곁들이고 나머지 항목은 간단하게 한 줄로 정리했다. 그리고 여기에 제시된 각 사례의 결과에 대해, 어떤 문제의 무엇을 찾아내어 어떻게 해결되었는지 개인적으로 찾아보기를 권한다. 그것으로도 많은 공부가 될 것임을 확신한다.

① 광고 배경 및 조건: 광고주의 문제가 무엇이고, 어떤 광고를 만들 것인가?

② 핵심 소비자: 그 문제를 누구를 통해 해결할 것인가?

③ 광고목표: 광고주의 문제를 어떻게 해결할 것인가?

④ 단일 집약적 제안점: 핵심 소비자를 행동하게 하는 요소는 무엇인가?

⑤ 근거: 그 이유는 무엇인가?

⑥ 의도하는 브랜드 이미지: 최종적으로 핵심 소비자에게 무엇을 남길 것인가?

## 1) 제일제당: '고향의 맛' 다시다

[그림 2-1] 다시다 '고향의 맛' 봄여름가을겨울 외 캠페인 종합

① 광고 배경 및 조건: 1957년 이래 화학조미료 시장에서 미원에 참패해 왔던 제일제당이 1975년 시장의 반전을 위해 천연조미료 다시다를 출시함. 화학조미료 시장에서의 열세를 딛고 천연조미료 시장에서 우위를 확보하는 계기를 마련하고 우위를 유지하고자 한 광고 캠페인

② 핵심 소비자: 가족의 음식을 책임지는 대한민국 가정주부

③ 광고목표: 천연조미료 시장에서의 다시다의 우위 선점 및 유지

④ 단일 집약적 제안점: '고향의 맛'

⑤ 근거: 천연조미료, 어머니의 손맛

⑥ 의도하는 브랜드 이미지: 어머니의 손맛을 낼 수 있는 천연조미료

## 2) 오리온: 초코파이 '정(情)'

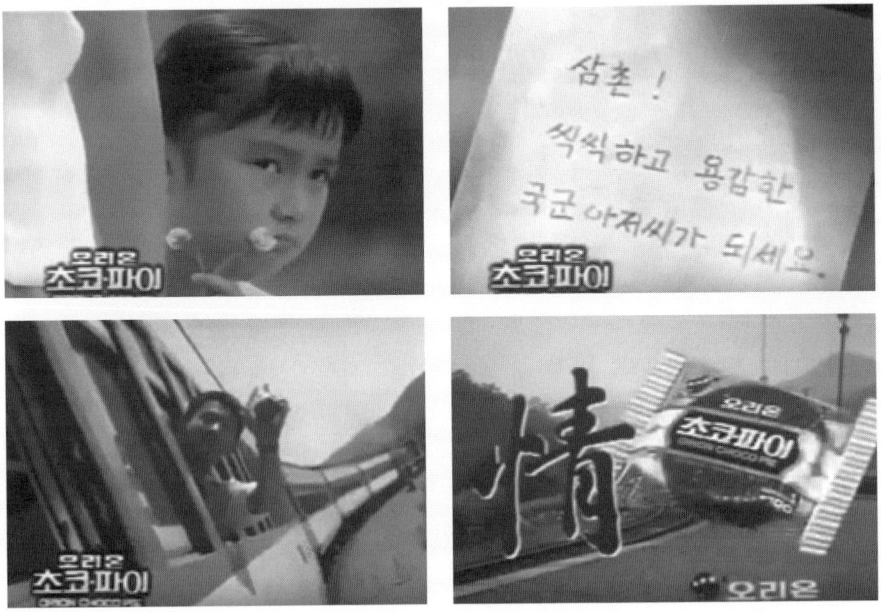


[그림 2-2] 오리온 초코파이 정(情) 시리즈 캠페인

① 광고 배경 및 조건: 1970년대 초에 개발된 초코파이는 국민브랜드가 되었다. 하지만 세월이 지나면서 경쟁사들이 무차별적으로 시장에 진입해 오리온은 보통명사 '초코파이' 싸움에서의 주도권을 상실하고 1989년에 들어서는 생사의 기로에 있었다. 이를 타개할 수 있는 광고가 필요하였다.

② 핵심 소비자: 초코파이를 먹는 대한민국 사람 누구나

③ 광고목표: 제품 싸움이 아니라 인식의 싸움으로 초코파이의 주도권 회복

④ 단일 집약적 제안점: 마음을 나누는 정(情), 오리온 초코파이

⑤ 근거: 고단백 고칼로리 영양식, 대한민국 사람들은 정(情)이 필요함

⑥ 의도하는 브랜드 이미지: 정(情)이 필요할 땐 언제 어디서나 오리온 초코파이

## 3) (주)옥시(구 동양화학): 물먹는 하마

[그림 2-3] 동양화학 물먹는 하마 인쇄광고

① 광고 배경 및 조건: 1986년 가정용 제습제 '물먹는 하마'가 출시될 당시의 조사에 따르면, 주부들의 89%는 습기로 인한 불편함을 전혀 느끼지 못하던 상태였다. 이러한 상태에서 습기와 곰팡이의 문제점을 인식시켜 가정용 제습제 시장이라는 새로운 영역을 창출해야 하던 상황이었다.

② 핵심 소비자: 집안일을 도맡아 하고 있는 대한민국의 가정주부

③ 광고목표: 장롱 등 집안에 습기가 찰 경우의 심각성 전달

④ 단일 집약적 제안점: 캐릭터 하마를 통한 "습기 잡으러 왔습니다."

⑤ 근거: 무수(無水) 염화칼슘으로 습기와 곰팡이를 제거해 줌

⑥ 의도하는 브랜드 이미지: 습기 제거엔 물먹는 하마

## 4) 삼성전자: 한국 지형에 강한 삼성 애니콜

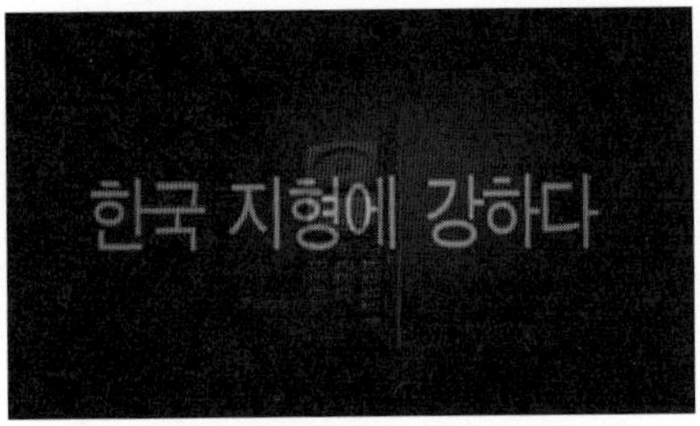

[그림 2-4] 삼성 애니콜 '한국 지형에 강하다' 캠페인

① 광고 배경 및 조건: 1994년 당시 휴대전화 시장의 80%를 점유하고 있던 모토로라에 대항하여 삼성전자는 모든 능력을 동원하여 휴대전화 시장의 점유율을 높이고자 하였다. 통화품질 등 모든 것이 비슷하였지만, 통화성공율 측면에서는 경쟁사대비 1% 남짓 우위를 보이고 있었던 상황이었다.

② 핵심 소비자: 휴대전화를 사용하는 오피니언 리더 비즈니스맨

③ 광고목표: 삼성 애니콜의 점유율 상승(모토로라와의 점유율 격차 줄이기)

④ 단일 집약적 제안점: 한국 지형에 강하다.

⑤ 근거: 평야와 산악 지형(70%)에서 쓰는 휴대전화는 달라야 한다.

⑥ 의도하는 브랜드 이미지: 한국 지형에서 가장 잘 터지는 삼성 애니콜

## 5) 조선맥주: 암반천연수로 만든 하이트맥주

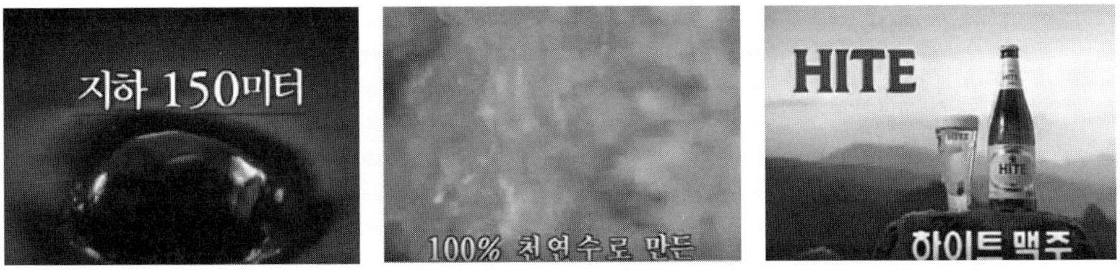


[그림 2-5] 조선맥주 하이트맥주 '암반천연수' 론칭 광고

① 광고 배경 및 조건: 70년 동안 크라운맥주는 OB맥주와 경쟁이 되지 못했다. 시장 점유율은 2:8, 3:7이었다. 그것도 OB맥주가 점유율을 조절해 주어서 가능했던 점유율이었다. 1991년 두산 페놀유출 사건이 있었다. 그리고 1993년 조선맥주는 암반천연수로 만든 하이트맥주를 출시하여 성공적으로 시장에 진입하기를 원했다.

② 핵심 소비자: 맥주를 즐겨 마시는 30~40대 성인남자

③ 광고목표: 깨끗한 맥주 하이트의 성공적인 론칭

④ 단일 집약적 제안점: 지하 150m 암반천연수로 만든 깨끗한 맥주

⑤ 근거: 지하 150m 암반천연수의 깨끗함

⑥ 의도하는 브랜드 이미지: 깨끗한 맥주

## 6) 삼성화재: 당신의 봄 캠페인

[그림 2-6] 삼성화재 '당신의 봄' 캠페인

① 광고 배경 및 조건: 삼성화재의 수입보험율은 2010년 26.4%, 2015년 24%로 하향세를 긋고 있었다. 게다가 보험 전체 시장 사이즈도 줄어들고 있었다. 삼성화재는 그동안 시장이 작아 상대적으로 등한시했던 20대 이전과 60대 이상의 신규시장을 개척하고자 하였다.

② 핵심 소비자: 20대 및 60대를 포함한 보험이 필요한 모든 사람

③ 광고목표: 당신이 누구든 보험은 당신을 위해 존재한다.

④ 단일 집약적 제안점: 당신의 봄

⑤ 근거: 당신의 불확실한 미래를 위해 준비하는 삼성화재

⑥ 의도하는 브랜드 이미지: 당신(나)의 봄을 응원하는 삼성화재

## 7) 배달 앱 '배달의 민족': 브랜드 고지

[그림 2-7] 배달의 민족 브랜드 고지 캠페인(TV · 인쇄 · 옥외광고 등)

① 광고 배경 및 조건: 배달의 민족은 '배달을 잘한다'는 배달의 본질보다 무조건 재미있어야 한다는 것으로 배달 앱 '배달의 민족' 브랜드를 고지하고자 하였다. 다시 말해, 재미있고 웃긴 모습으로 즐겁게 일하는 모습을 보여 주는 것을 통해 광고를 보는 것 자체로 재미를 부여하여 소비자에게 다가가고자 했다.

② 핵심 소비자: 배달음식을 많이 주문하는 20~30대 젊은 층

③ 광고목표: 쉽고 명확하고 위트 있게 배달 앱 '배달의 민족'의 브랜드 고지

④ 단일 집약적 제안점: 우리가 어떤 민족입니까? 배달엔 배달의 민족

⑤ 근거: 바로결제 서비스, 수수료 0% 등 여러 가지

⑥ 의도하는 브랜드 이미지: 즐겁게 일하는 배달의 민족 ■

## 크리에이티브 브리프

<table>
<tr><td>광고주:</td><td>브랜드:</td><td>일자:</td></tr>
<tr><td colspan="2">관련 스태프:</td><td>담당자:</td></tr>
<tr><td colspan="3">광고조건 및 중심사실<br>관련자료 중 의미 있는 자료 선택</td></tr>
<tr><td colspan="3">목표고객<br><br>소비자 프로파일<br>고객처럼 생각하기</td></tr>
<tr><td colspan="3">광고목표<br>구체적이고 명확하게 한 문장으로 정리해야 함(중요)</td></tr>
<tr><td colspan="3">단일 집약적 제안점<br>구체적이고 명확하게 한 문장으로 정리해야 함(중요)</td></tr>
<tr><td colspan="3">제안에 대한 입증<br>구체적이고 명확하게 한 문장으로 정리해야 함(중요)</td></tr>
<tr><td colspan="2">광고주 요구사항</td><td>필수 포함사항</td></tr>
<tr><td colspan="3">의도하는 브랜드 이미지<br>구체적이고 명확하게 한 문장으로 정리해야 함(중요)</td></tr>
<tr><td colspan="3">크리에이티브 작업시점</td></tr>
</table>

* 본 브리프의 항목 중 면적이 넓을수록 많은 내용을 필요로 하고, 중요하다.
면적의 넓이만큼 작성자가 생각해야 할 내용이 많아진다는 것을 알기 바란다.

[그림 2-8] 크리에이티브 브리프의 예시

## 크리에이티브 브리프

<table>
<tr><td>광고주:</td><td>브랜드:</td><td>일자:</td></tr>
<tr><td colspan="2">관련 스태프:</td><td>담당자:</td></tr>
<tr><td colspan="3">광고조건 및 중심사실</td></tr>
<tr><td colspan="3">목표고객<br><br>소비자 프로파일</td></tr>
<tr><td colspan="3">광고목표</td></tr>
<tr><td colspan="3">단일 집약적 제안점</td></tr>
<tr><td colspan="3">제안에 대한 입증</td></tr>
<tr><td colspan="2">광고주 요구사항</td><td>필수 포함사항</td></tr>
<tr><td colspan="3">의도하는 브랜드 이미지</td></tr>
<tr><td colspan="3">크리에이티브 작업시점</td></tr>
</table>

[그림 2-9] 연습용 크리에이티브 브리프

# 제3장

# 디지털 시대의 광고 인사이트

**이희준**(대구가톨릭대학교 언론광고학부 교수)

1. 인사이트란 무엇인가
2. 광고 인사이트
3. 소비자 인사이트와 광고
4. 디지털 광고와 소비자 인사이트

◈◇◈

누구나 한 번쯤 '인사이트(insight)'란 말을 들어 본 적이 있을 것이다. 사실 인사이트란 말은 일상생활 속에서도 몇 번쯤은 들어 봤을 만큼 친근한 단어이며, 그리고 만약 여러분이 기업의 마케팅 전략이나 광고홍보 부서의 업무를 담당하고 있다면 인사이트라는 단어를 더 자주 사용해 왔을 것이다. 예를 들어, "이 팀장의 말 속에 인사이트가 있어!"라거나, "이번 광고 콘셉트는 인사이트가 약하다."라는 식으로 말이다.

이번 장에서는 인사이트의 개념이 무엇인가를 생각해 본다. 특히 광고산업에서 의미하는 인사이트, 즉 광고 인사이트란 정확히 무엇이며, 광고의 제작 과정에서 인사이트가 어떠한 중요성을 지니는가에 대해 살펴보기로 한다.

## 1. 인사이트란 무엇인가

**인사이트**(insight)를 풀어서 쓰면 'In+Sight', 즉 어떤 대상의 이면을 들여다보는 것을 의미한다. 그 대상은 사람일 수도 있고, 사건일 수도 있으며, 그 외 다양한 현상들이 들여다보는 대상이 될 수 있다. 다시 말해, 인사이트란 사람이나, 사건, 현상 등을 깊이 들여다보고 해석하는 것이라고 할 수 있다. 그래서 우리는 인사이트를 말할 때 관점이 아닌 어떤 해석이자 발견이라고 말한다. 한편, 인사이트를 우리말로 번역하면 '통찰력' 정도가 된다. 그리고 통찰력의 사전적 의미는 '사물이나 현상을 예리한 관찰력으로 꿰뚫어 보는 능력'으로 해석된다. 그러므로 사전적 의미로의 인사이트란 '통찰력 있게 문제점과 기회 요인을 찾아내는 것' 정도로 말할 수 있다.

그러나 비즈니스 상황에서라면 인사이트는 조금 더 복잡한 의미를 담게 된다. 게다가 이 단어를 사용하는 사람마다 떠올리는 인사이트의 정의는 다를 것이기 때문에 한마디로 정의하기란 더더욱 쉽지 않아 보인다. 그렇다면 우리는 인사이트를 어떻게 이해해야 할까? 우선, 인사이트의 대상과 범위를 좁혀 볼 필요가 있다. 막연하게 모든 사물이나 현상을 대상으로 통찰력 있게 관찰한다는 의미, 즉 넓은 의미로서의 인사이트가 아니라, 광고 혹은 마케팅 커뮤니케이션에서 말하고자 하는 인사이트의 개념에 집중하여 심도 있게 살펴보자는 뜻이다. 이 장에서는 마케팅 하위 단위로서의 마케팅 커뮤니케이션, 그리고 마케팅 커뮤니케이션의 가장 대표적 형태인 광고 영역에서의 인사이트에 관해 설명하고자 한다.

## 2. 광고 인사이트

좋은 광고, 성공한 광고가 탄생하기 위해 필요한 것들은 무엇일까? 우선은 광고 기획자와 플래너 간의 숙고를 통해 도출된 예리한 광고 콘셉트가 필요할 것이다. 그리고 광고 콘셉트를 바탕으로 창의적인 크리에이티브 콘셉트를 수립하고, 이어서 소비자의 눈길을 사로잡는 광고 크리에이티브와 그러한 크리에이티브를 소비자에게 전달하기 위한 매체운용 전략이 필수적이다. 또한 설득력 있는 프레젠테이션으로 광고전략과 크리에이티브를 클라이언트에게 파는 기술에 이르기까지 훌륭한 광고가 태어나기까지 요구되는 것들은 수없이 많다. 어느 단계 하나도 덜 중요한 것이 없으며, 각각의 단계는 그다음 단계로 넘어가기 위한 필수 불가결의 중요성을 지닌다.

그러나 어떤 광고를 어떻게 실행해야만 하는가 등의 기본적 의사결정을 가능하게 해 주는 것은 **광고 인사이트**(advertising insight)라고 해도 과언이 아니다. 실현 가능한 마케팅 목표를 바탕으로 뛰어난 광고전략을 수립하는 과정에는 반드시 훌륭한 인사이트가 필요하다. 가령, 광고 콘셉트를 도출하기 위해 체계적으로 소비자를 조사하고 데이터를 확보하였을지라도 그 데이터로부터 소비자를 제대로 읽어 내지 못한다면 훌륭한 광고가 만들어질 수 없다. 한마디로 좋은 광고, 성공한 광고는 모두 브랜드의 본질과 소비자에 대한 깊은 통찰을 기반으로 탄생하기 마련이다.

물론 성공한 광고란 무엇인가에 대한 정의는 보는 관점에 따라 다양하게 달라질 수 있다. 클라이언트에게는 직접적 매출 증가에 기여하는 광고가 성공한 광고가 될 것이며, 광고회사의 관점에서는 칸(Cannes) 광고제[1]와 같은 유명한 국제광고제에서 수상하는 광고가 성공한 광고일 수 있다. 그러나 변할 수 없는 성공한 광고의 전제는 소비자의 심리를 꿰뚫는 메시지와 이를 바탕으로 독창적 크리에이티브 아이디어를 갖춰야만 한다는 점일 것이다. 즉, 광고 실무자들이 흔히 광고전략을 말할 때, 과연 그 전략이 훌륭한 것인지 아니면 그렇지 못한 것인지를 판단하는 기준이 해당 '광고의 전략이 소비자 인사이트(consumer insight)를 반영하고 있는가?'가 되어야 한다는 점은 논쟁의 여지가 없다. 그리고 무엇보다, 광고가 성공한 광고로 평가받지는 못할지라도 모든 광고는 반드시 광고 속 제품과 서비스를 이용하게 될 소비자에 대한 심도 있는 이해가 담겨 있어야만 한다. 그렇게 해야만 소비자의 마음이 움직일 것이고, 제품이 팔려 나갈 것이며, 브랜드의 자산도 증가하게 될 것이다. 광고가 단순히 제품의 정보를 전달하는 데 그치는 것이 아니라, 소비자를 설득하고, 소비자의 태도 변화에 영향을 미치며, 더 나아가 사회적 반향을 불러일으키는 마케팅 커뮤니케이션이 되기 위해 인사이트가 강조될 수밖에 없는 이유가 여기에 있다.

이제부터 광고 인사이트란 정확히 무엇이며, 어디에서 발견할 수 있는지, 다른 유사 개념들과의 차이점은 무엇이고, 그렇게 발견한 인사이트는 어떻게 광고아이디어로 발전되는가에 대해 살펴보기로 하자.

### 1) 광고와 소비자의 심리 타점

광고는 소비자의 **심리 타점**(sweet spot)을 향해 활을 당기는 고도의 커뮤니케이션

1 1953년 창설되어 매년 6월 칸 국제영화제로 유명한 프랑스 칸(Cannes) 지역의 팔레 드 페스티벌(Palais des Festivals)에서 개최되는 세계 최대의 광고 페스티벌

이다. 그리고 우리는 타깃 소비자의 심리 타점에 광고 메시지가 정확히 꽂힐 수 있기를 소망하며 모든 광고를 만든다. 문세는 소비자의 심리 타점에 활시위를 겨누기가 쉽지 않다는 데 있다. 이는 고정된 타깃을 향해 활을 쏘는 연습이 아니며, 고정되지 않고 매 순간 움직이는, 그것도 매우 변덕이 심한 소비자의 심리를 향해 메시지의 활을 겨누는 행위이다. 이 명제는 매우 상식적인 것처럼 보이지만, 역설적으로 대다수의 광고가 소비자의 관점이 아닌 클라이언트 혹은 광고회사의 관점에서 기획되어 제작되고 있다는 것을 의미한다. 이러한 관점에서 볼 때, 필자는 '광고가 크리에이티브하다'는 것은 반드시 광고 표현의 독창성만을 의미하지 않는다고 강조하고 싶다. 광고가 크리에이티브하기 위해서는 필연적으로 소비자 마음을 움직여야만 한다. 다시 말해, 소비자가 어떤 광고를 크리에이티브하다고 느꼈다면 그것은 소비자의 마음 한구석, 즉 심리 타점을 때렸기 때문이다.

소비자의 마음을 움직이는 크리에이티브는 단순히 우리의 상상을 초월하는 특수효과와 낯설게 만들기 식의 소구 방법만을 의미하지 않는다. '광고가 어떻게 타깃 소비자의 마음을 울릴 수 있을까? 더 나아가 광고제품과 브랜드에 호감을 느끼는 충성고객으로 만들 수 있을까?' 등에 연결지어 탄생한 광고 크리에이티브일 때 비로소 소비자가 주목하는 광고가 된다. 광고에 대한 소비자의 주목과 설득 여부는 클라이언트 혹은 광고회사의 역량에 달려 있지 않으며, 전적으로 소비자에게 달려 있다고 해도 과언이 아니다. 스스로 마음을 열어 주목하는 광고, 그리고 그렇게 주목한 광고의 설득 메시지를 받아들일 것인가 말 것인가는 오로지 소비자의 판단에 달려 있다. 요컨대, 소비자의 눈길을 한 번 끄는 광고가 아니라, 소비자의 마음을 끄는 광고가 크리에이티브한 광고이다. 반대로, 훌륭한 크리에이티브를 갖춘 광고임에도 목표했던 성과를 거두지 못했다면, 일반적으로 우리는 제일 먼저 해당 광고의 콘셉트가 잘못되었던 것이 아닌가를 되짚어 보게 된다. 이는 곧 '소비자 인사이트를 잘못 해석한 것은 아닌가?'라고 질문해 보는 것과 같다. 실제로 이 개념은 바로 광고 실무에서 매우 중요하게 언급되는 광고 콘셉트와 제작물 사이의 연관성(relevance) 개념이기도 하다.

그렇다면 소비자의 심리 타점을 때렸다는 말은 정확히 무엇을 의미하는 것일까? 우선, 심리 타점의 뜻부터 알아보자. 심리 타점이라는 용어는 영어의 '스위트 스폿(sweet spot)'을 소비자 심리, 광고 및 마케팅 영역에서 번역한 용어이다. 원래 스위트 스폿은 스포츠 분야에서 사용되던 말인데, 야구 배트 혹은 테니스 라켓 등에 공이 맞았을 때 가장 멀리 날아가는 부분을 의미하는 용어이다. 야구 배트나 테니스 라켓의 중심에 공이 정확히 맞으면 큰 힘을 가하지 않더라도 공을 더 멀리 보낼 수 있다. 마케팅 커뮤니케이션의 관점에서도 소비자의 심리에 이와 같은 지점이 있다고 본다. 광고의 메시지를 날아오는 공이라고 할 때, 이 공이 소비자의 마음속으로부터 공감을 불러일으켰다면 이는 소비자의 스위트 스폿을 정확하게 맞힌 것으로 설명할 수 있다(문영숙, 김병희, 2015). 다시 말하자면, 소비자 심리 내면의 어느 한 부분에 적중하는 지점이 바로 심리 타점이다. 만약, 광고의 설득 메시지가 소비자 마음속의 심리 타점을 정확히 맞힐 수만 있다면 해당 광고의 목표를 쉽게 이룰 수 있을 것이 자명하다.

소비자의 심리 타점은 개념적으로 소비자 인사이트와 브랜드 인사이트(brand insight)가 교차하는 지점을 의미한다. 혹자는 이 개념을 심리 타점(sweet spot)=소비자 인사이트(consumer insight)+브랜드 인사이트(brand insight)라는 공식으로 설명하기도 한다(Fortini-Campbell, 2001). 소비자와 브랜드의 인사이트가 정확히 만나는 접점이 소비자의 심리 타점이라는 의미인데, 여기서 브랜드 인사이트란 특정 브랜드가 소비자에게 어떻게 인식되며, 어떤 핵심 가치를 제공해 줄 수 있는지에 관한 가치적 개념을 뜻한다. 브랜드가 제공할 수 있는 가치와 소비자 내면의 숨어 있는 진심, 즉 인사이트가 만나는 지점이 바로 소비자의 심리 타점이라는 것이다. 이제부터는 소비자 인사이트 혹은 광고 인사이트에 관해 조금 더 자세히 살펴보기로 하자.

## 2) 소비자 인사이트의 구성요소

우리는 앞서 성공한 광고란 소비자의 심리 타점을 때린 광고이며, 소비자의 심리 타점을 정확히 맞힌 광고는 타깃 소비자 인사이트에 기초한 광고이어야만 한다고 말했다. 이 말은 광고 인사이트와 소비사 인사이트의 의미가 결국 같은 의미라는 것을 뜻한다. 즉, 소비자의 마음을 통찰력 있게 꿰뚫어 본 결과를 광고의 빅아이디어로 연결하는 것, 그 과정이 광고 인사이트의 도출이다. 광고 인사이트의 도출을 한마디로 정의하면 소비자의 욕구(desire)를 비즈니스의 기회로 전환하는 것이다. 여기서 말하는 비즈니스의 기회란 광고를 제작하고 집행함으로써 얻어지는 기업의 성과, 다시 말해 마케팅 목표 달성에의 기여를 의미한다. 비즈니스 기회로 전환할 수 있는 인사이트가 되어야 한다는 말은 곧 해당 브랜드의 실행 가능한(actionable) 마케팅 활동(특히 마케팅 커뮤니케이션)으로 이어질 수 있어야만 함을 의미하는 것이기도 하다(Fortini-Campbell, 2001). 요컨대, 기업의 성과 창출에 기여될 수 있는 소비자 통찰이 바로 광고 인사이트라는 것이다. 따라서 이 책에서는 광고 인사이트와 소비자 인사이트를 동의어로 함께 사용하고자 한다.

그렇다면 소비자 인사이트는 어떠한 요소로 구성되어 있을까? 통찰력 있는 좋은 소비자 인사이트는 다음과 같은 세 가지의 요소를 갖춰야만 한다. 첫째, '어떤 것 또는 현상을 말하고 있는가(What)?'이다. 즉, '우리가 찾아 낸 소비자 인사이트는 무엇에 관한 것인가? 그것은 명확하게 규정되었는가?'라는 질문에 자신 있게 대답할 수 있어야만 한다. '인사이트가 명확하다'는 것은 그것이 누구나 다 알고 있는 명백한 사실(obvious facts) 또는 논쟁의 여지가 없는 사실이라는 것에 그쳐서는 안 된다는 의미이다. 가령, 광고회사의 어느 어카운트 플래너(Account Planner: AP)가 '서울에 사는 30대 중반의 맞벌이 부부는 평일보다 주말에 식료품을 더 많이 구매한다.'라는 소비자의 인사이트를 찾았다고 가정해 보자. 이것은 인사이트가 될 수 있을까? 혹은 얼마나 좋거나 좋지 않은 인사이트일까? 안타깝게도 이와 같은 인사이트는 좋은 인사이트가 될 수 없다. 그저 명백한 사실을 재확인한 것에 그칠 뿐이다. 왜냐하면 일반적으로 직장생활을 하는 모든 맞벌이 부부라면 피곤한 평일 퇴근 이후보다는 주말 여유 있는 시간에 마트에 들러 식료품을 포함한 쇼핑을 한다는 것쯤은 누구나 다 알고 있는 사실이기 때문이다.

소비자 인사이트는 너무 피상적이거나 추상적인 것 또는 막연한 것이어도 안 된다. 예를 들어, '남자들은 자동차를 좋아한다.'라거나 '여자들은 파란색 계열의 옷보다는 빨간색 계열의 옷을 좋아한다.'라는 것 역시 인사이트가 될 수 없다. 이들 예는 너무나 막연하며 통찰의 깊이가 깊지 않고, 게다가 피상적인 현상을 말하고 있기 때문이다. 따라서 여기에는 소비자 내면의 심리와 관련된 어떠한 깊은 이해도 담겨 있지 않다.

또한 공식적으로 확인되지 않은 개인의 의견이나 주관적인 판단에서 비롯된 인사이트도 멀리해야만 한다. 예를 들어, '우리나라에서 반려견을 키우는 소비자들의 대다수는 여성이다.'라든가 '비가 오는 날에는 소비자가 활어 식품을 회피하는 경향이 있다.'라는 것 등은 확인되지 않은 속설이거나 개인의 주관적 견해에서 비롯된 것이기 때문에 인사이트로 보기 힘들다. 좋은 인사이트와 그렇지 않은 인사이트를 조금 더 설명하기 위해 앞서 예로 든 맞벌이 부부의 장보기 행태를 다시 한번 생각해 보기로 하자. 만약 '서울에 거주하는 30대 중반의 맞벌이 부부는 주로 주말에 마트에 들러 식료품을 구매하지만 신선식품을 제외한 가공식품 혹은 냉장식품만을 구매하는 경향이 있다.'라는 사실을 발견했다면 어떠할까? 여기에는 앞서 예시한 인사이트보다 조금 더 의미 있고 깊은 소비자에 대한 이해가 깃들어 있다. 곰곰이 생각해 보자. 일반적으로 맞벌이 부부는 바쁜 회사 업무로 인해 가사에 할애할 수 있는 시간적 여유가 적고, 집에서 함께하는 가족 식사보다는 직장에서 끼니를 때울 때가 많다. 이러한 맞벌이 부부의 생활 특성상 한번 사 두면 오래 저장해 놓고 먹을 수 있는 가공식품과 냉장식품의 구매가 빈번할 것이다. 그러나 사실 이러한 구매 성향은 소비자의 숨어 있는 진심과 일치하지는 않는다. 맞벌이 부부도 신선한 채소와 여러 식재료로 만든 반찬과 샐러드 등의 신선식품에 대한 소비 욕구는 여전히 존재할 것이기 때문이다. 다만, 장을 보러 갈 시간과 조리할 여유가 없기 때문에 구매하고 싶지만 못 사는 것 뿐이다. 그것이 30대 중반 맞벌이 부부의 실제 속마음이다.

이처럼 소비자들이 좀처럼 알려 주지 않거나, 심지어 소비자 자신도 잘 모르기 때문에 마케터가 찾아내야만 하는 니즈를 소비자의 잠재적 또는 **암묵적 니즈**(implicit needs)라고 한다. 소비자의 니즈는 크게 두 가지로 나뉜다. 먼저, 겉으로 쉽게 드러나 있어서 명쾌하게 정의되는 니즈를 **표면적 니즈**(explicit needs)라고 부른다. 이러한 니즈는 사람들이 느끼는 불편함과 관련이 있으며, 표면적 니즈가 빨리 충족되지 않으면 생활의 유지가 매우 어렵다고 느끼기까지 한다. 예를 들어, 여러분이 사는 아파트의 수돗물에서 한 달이 넘게 불순물이 섞여서 나오는 경우를 생각해 보자. 우리는 당장 깨끗한 물을 식수나 생활용수로 사용할 수 없는 커다란 불편함을 느끼게 될 것이다. 그러던 어느 날 지역뉴스를 취재차 나온 TV 기자와 인터뷰를 하는 상황을 맞이했다면 어떠했을까? '지금 가장 크게 느끼는 불편함은 무엇인가요?'라는 기자의 질문에 당신은 아마도 하루라도 빨리 맑은 수돗물을 공급받고 싶다고 대답할 것이다. 이것이 표면적 니즈이다. 소비자의 입장에서 쉽게 표현할 수 있는 욕구라고 할 수 있다. 한편, 잠재적 니즈는 당장 필요한 것은 아니지만 언젠가는 해결되었으면 하는 미충족의 욕구 상태로 남아 있는 니즈를 의미한다. 그래서 우리는 이것을 잠재적 니즈와 동의어로 **미충족된 니즈**(unmet needs)라고도 부른다. 우리가 주목해야만 하는 것은 겉으로 쉽게 드러나는 사람들의 표면적인 니즈가 아니라 본인조차 쉽게 인식하지 못하는 미충족된 니즈이다. 겉으로 보이는 현상이 아니라 내면의 심리, 원인에 집중해야만 깊이 있는 통찰과 그에 따른 솔루션을 제시해 줄 수 있다. 좋은 인사이트란 바로 소비자의 미충족된 니즈에 솔루션을 줄 수 있는 것이어야만 한다.

둘째, 좋은 소비자 인사이트는 '왜 그러한가(Why)?'라는 질문에 답할 수 있어야만 한다. 통찰력 있는 좋은 소비자 인사이트가 되기 위해서는 의미 있는 사실의 발견만으로는 부족하다. 그렇게 발견된 사실에 대한 깊은 이해가 필요하다. 여기서 말하는 깊은 이해란 앞서 발견한 현상(What?)에 대하여 '아하, 그래서 그랬구나!'라고 무릎을 칠 수 있을 만큼의 이해를 말한다. 통찰력을 지닌 좋은 인사이트는 소비자의 특정한 생각과 행동에 대한 깊은 이해를 토대로 만들어져야만 한다. 그렇다면 그만큼 소비자를 이해하기 위해서 우리는 무엇을 해야만 할까? 우선, 끊임없이 질문을 던져 보는 것이다. 왜 우리의 소비자는 그런 행동을 하는 것일까? 왜 우리가 만나는 소비자는 그렇게 생각을 할까? 우리의 소비자가 저런 말을 공통적으로 하는 이유가 뭘까? 이렇게 끊임없이 왜(why?)라는 궁금증을 갖고 소비자에게 질문하는 것이다. 때로는 소수의 몇 명을 대상으로 하는 심층 인터뷰를 통해서, 혹은 전국 규모의 설문 조사를 통해서 우리는 우리가 찾아낸 무엇(what)을 행하는 소비자의 이유를 발견해야 한다. 이렇게 감춰진 채 드러나지 않은 소비자의 목소리를 이해하는 과정이 반드시 필요하다. 발견한 특정 현상 속에서 타깃 소비자의 속내를 깊이 이해할 때에만 비로소 비즈니스 기회로 연결할 수 있기 때문이다. 이러한 과정을 거치면서 무엇(what) 뒤에 숨겨진 이유(underlying reasons)가 드러나게 된다. 그 이유를 명쾌하게 설명할 수 있는 인사이트가 바로 진정한 인사이트이다. 비록 오래 두고 먹을 수 있는 식료품을 주로 쇼핑하긴 하지만, 방법만 있다면 간편하게 신선식품을 먹고 싶은 바람이 있었던 맞벌이 부부의 속내를 읽어 낸 인사이트처럼 말이다.

셋째, 통찰력이 있는 소비자 인사이트는 결국 비즈니스 기회로 이어질 수 있어야만 한다. 그래서 좋은 인사이트가 되기 위해 세 번째로 요구되는 요소는 '그래서 무엇을 비즈니스 기회로 만들 것인가(So what)?'이다. 예를 들어, 서울에 사는 30대 중반 맞벌이 부부의 평범한 주말 쇼핑 습관을 인사이트라고 믿고 있다고 가정하자. 이미 설명한 것처럼 일반적으로 출퇴근을 하는 맞벌이 부부라면 평일에 퇴근한 이후에 피곤한 몸을 이끌고 장을 보려 하기보다는 토요일이나 일요일에 시간적 여유를 갖고 식료품을 사거나 필요한 물건들을 구매하기 마련이다. 이는 누구나 예상할 수 있는 일반적 소비자 행동이며, 따라서 이는 좋은 인사이트가 될 수 없다. 다시 풀어서 말하면, 좋지 않은 인사이트로부터는 새로운 비즈니스 기회를 모색하기는 어렵다는 뜻이기도 하다. 그러나 만약, 맞벌이 부부도 신선한 채소와 샐러드, 그리고 금방 만든 반찬 등의 신선식품에 대한 소비 욕구가 있다는 것을 인사이트에서 담아냈다면 어떠했을까? 그러한 소비자 욕구를 숨긴 채 어쩔 수 없이 오래 저장해 두고 먹을 수 있는 식료품만을 구매해 왔다는 것을 알아챘다면 어땠을까? 아마도 상황은 아주 달랐을 것이다. 좋은 소비자 인사이트가 비즈니스 창출로 연결된 사례를 들어 보기로 하자. 통찰력 있는 인사이트로부터 출발하여 비즈니스 기회를 창출한 대표적인 사례가

[그림 3-1] SSG닷컴의 새벽배송 서비스(좌)와 마켓컬리 광고(우)
출처: 중앙일보.

바로 최근 유통업계에 새바람을 몰고 온 신선식품의 새벽배송 서비스이다([그림 3-1] 참조).

새벽배송은 대개 그 전날 자정까지 고기, 야채, 생선, 육류, 베이커리, 반찬류와 분유 등의 신선식품을 주문하면 다음 날 오전 3~6시 사이에 집으로 배달해 주는 서비스이다. 이와 같은 새벽배송 서비스는 장 볼 여유가 없는 맞벌이 가정과 간편식을 선호하는 1인 가구 소비자의 숨어 있는 속마음을 읽어 낸 결과라고 할 수 있다. [그림 3-1]의 우측 사진에서 보는 것처럼 해당 광고의 내용 역시 아침 일찍 신선식품을 배송받고 기뻐하는 소비자의 만족스러움을 보여 주고 있다.

요컨대, 소비자 인사이트는 단순하고 명확한 현상(사실)을 의미하는 것이 아니며, 그러한 현상에 대한 깊은 이해를 바탕으로 도출되는 것이다. 그리고 그렇게 도출된 인사이트이어야만 비즈니스 아이디어로 연결될 수 있다. 지금까지 설명한 통찰력 있고 좋은 인사이트가 비즈니스 아이디어로 변화되는 과정을 순서대로 표현하면 [그림 3-2]와 같다.

앞에서 소개한 세 가지 요소를 담은 통찰력 있는 소비자 인사이트는 소비자의 통점(pain point)을 해결해 줄 수 있어야만 한다. 다시 말하면, 만약 인사이트가 소비자의 통점을 해결해 줄 수 없다면 그 이유는 앞서 제시한 세 개 요소 중 어느 하나가

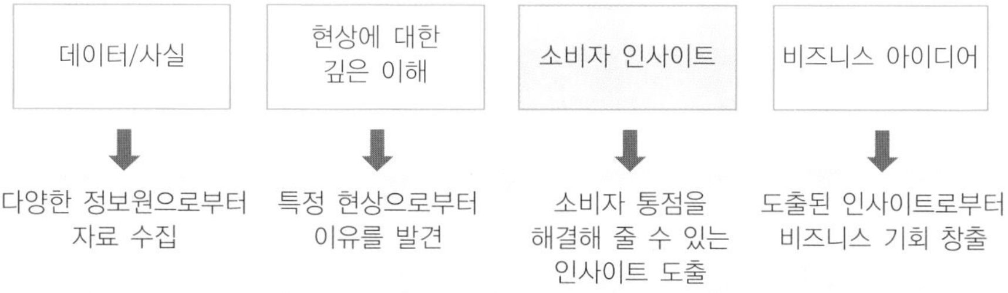


[그림 3-2] 소비자 인사이트의 단계적 이동

결여되었거나, 각각의 요소가 담고자 하는 바를 충실히 담아내지 못했기 때문이라고 할 수 있다. 그렇다면 여기서 말하는 소비자의 통점이란 무엇일까? 소비자의 속내, 좀처럼 드러내지 않는 소비자의 불편함을 우리는 소비자의 통점이라고 부른다. 한마디로, 소비자 마음속 깊은 곳에 숨겨진 진심이다. 확인된 행동 패턴으로부터 소위 소비자의 '익숙해진 불편함'을 찾는 것이 매우 중요하다는 의미이다. 다수의 타깃 소비자들에게 공통적으로 나타나는 패턴이 있는지를 파악하고, 습관처럼 오랫동안 해 오던 행동들에 대해 불편함을 느끼지 못하고 있는지를 확인해야 한다. 소비자의 통점은 마케터가 해결해야만 할 문제이자, 마케팅이 존재하는 이유가 된다. 다시 말하자면 마케팅 커뮤니케이션, 좁게 말해서 광고는 소비자의 통점을 해결해 주겠다는 제품 메시지의 전달이라고 할 수 있다.

이제 소비자의 통점이 무엇인지를 확인하는 과정에 대해 생각해 보기로 하자. 소비자의 통점을 찾아내는 과정은 소비자들에게서 반복적이거나 공통적으로 나타나는 행동은 무엇인가를 발견하는 것에서부터 출발한다. 예를 하나 들어 보기로 하자. 과거 우리나라의 주부들은 수십 년 동안 분말 세제를 사용해 빨래를 해 왔다. 여름철이면 그나마 불편함이 덜했지만 겨울철 차가운 손빨래를 할 때면 시린 손에 입김을 불어 가며 세제를 녹여서 빨래를 해야만 했다. 마치 그것이 당연하다는 듯이 말이다. 세탁기가 등장하고 난 이후에도 이러한 관습적인 불편함은 이어져 왔다. 분말 세제를 사용할 때는 세탁기도 더 오래 돌려야만 했고, 세탁 이후에도 남아 있을

지 모르는 세제 찌꺼기를 걱정해야만 했다. 이러한 불편함을 개선하기 위해 등장한 것이 액체 세제이다. 분말 세제와 동일하거나 그 이상의 세척력을 지니고 있으면서도 물에 빨리 녹고 세탁물에 세제 찌꺼기가 남을 걱정을 하지 않도록 만들어진 것이다. 소비자가 미처 느끼지 못했던 불편함의 개선은 여기서 그치지 않았다. 여전히 분말 세제가 필요한 상황이 있으며, 사용 시 분말 세제가 날리거나 액체의 경우 쏟기도 하는 불편함이 있다는 사실을 발견한 것이다. 게다가 분말이든 액체든 구매 시 무거워 부담스럽다는 단점도 있었다. 이 같은 불편함을 개선한 제품이 한 장씩 뽑아 쓰는 티슈형 세제이다. 이렇듯 소비자의 행동 패턴에서 발견하는 익숙해진 불편함은 제품의 개발, 혹은 마케팅 커뮤니케이션의 중요한 인사이트가 될 가능성이 크며 이런 발견들로부터 비즈니스 기회로 이어질 실마리를 얻을 수 있다. 가령, '맞벌이 부부는 주로 주말에 마트에 들러 식료품을 구매하지만 신선식품을 제외한 가공식품 혹은 냉장식품만을 구매하는 경향이 있는데, 이러한 소비자의 구매 행위 이면에는 신선한 식료품을 사서 먹고는 싶지만 그럴 수 없어서 냉동식품이나 가공식품을 주로 사서 먹을 수밖에 없는 불편함이 담겨져 있다.'라는 정도의 인사이트도 좋지만, 이와 같은 소비자의 불편함을 해결해 주기 위해 '신선식품을 빠르게 배송할 수 있는 서비스가 필요하다.'라고까지 제안하는 것은 엄연히 다를 것이다. 다시 말해, 신선식품 구매 욕구를 지닌 소비자의 통점을 찾아 해결해 줄 수 있는 인사이트이어야만 더 완벽한 인사이트가 될 수 있다.

### 3) 소비자 인사이트는 어디서, 어떻게 얻는가

그렇다면 통찰력 있고 강력한 소비자 인사이트는 어떻게 찾을 수 있을까? 회사의 동료들과 충분한 브레인스토밍을 하면 될까? 혹은 엄청난 양의 소비자 행동 데이터를 꼼꼼하게 살펴보면 발견되는 것일까? 아니면 일상적인 삶 속에서 갑자기 '유레카!'처럼 떠오르는 순간을 기다려야 할까? 좋은 소비자 인사이트란 시간이 흐른다고 손에 쥐어지는 것이 아니며 말 그대로 '찾아야만 하는 것' 또는 '발견되는 것'이다. 다시 말해, 소비자는 자신이 무엇을 원하는지 좀처럼 말해 주지 않는다는 뜻이다. 더 정확히 말하자면, 소비자는 자신이 무엇을 원하는가에 대한 질문에 좀처럼 대답할 수 없다. 사실 소비자는 자신이 진짜 원하는 것이 무엇인지 잘 모르며, 안다고 하더라도 그것을 언어로 잘 표현하지 못한다. 사실 대답할 필요도 없다. 소비자들은 의사로 표현하는 것이 아니라 상황적 맥락 속에서 의도하지 않은 눈빛, 제스처 등과 같은 비언어적 표현이나 평소의 습관적 행동 속에서 속마음을 드러낼 뿐이다. 그렇기 때문에 우리는 소비자의 인사이트를 찾거나 발견하는 노력이 필요하다.

소비자의 심층적 니즈는 종종 일상의 작은 불편함인 경우가 많다. 문제는 그러한 불편함을 소비자는 느끼지 못하며 당연하게 생각하고 살아간다는 점이다. 왜냐하면 작은 불편함은 말 그대로 작은 불편함일 뿐 일상의 생활이 불가능할 만큼의 고통이 아니기 때문이다. 이러한 현상을 익숙해진 불편함 혹은 길들여진 불편함이라고 부른다. 이와 같은 잠재적이고 소소한 불편함을 우리는 다른 말로 통점(pain point)이라고 하며, 좋은 인사이트는 소비자의 통점을 해결해 줄 수 있어야 한다고 강조했다. 처음에는 막연하게 바라보던 소비자의 일상적 행태가 어느 순간 인사이트로 발견될 때의 희열은 말로 형용할 수 없다. 이 절에서는 소비자의 인사이트를 발견하는 몇 가지 팁을 설명하고자 한다.

첫째, 소비자 인사이트를 찾아내기 위한 첫 여정은 2차 자료의 수집에서부터 출발한다. 인터넷이나 도서관, 내가 갖고 있었던 기존의 자료들, 그리고 조사회사의 소비자 관련 자료를 이용하는 방법 등 가능한 한 모든 양적 자료를 폭넓게 수집하고 긴밀하게 살펴보아야 한다. 자료를 살펴보되, 브랜드와 소비자가 서로 만족하도록 하는 접점을 찾는 데 중점을 두어야만 한다. 이 말의 의미는 내 브랜드(혹은 제품, 서비스)가 소비자의 통점을 해결해 줄 수 있을 것인가? 그 가능성의 여부를 염두에 두라는 의미이다. 앞서 소비자의 심리 타점, 즉 스위트 스폿(sweet spot)의 의미에 관해 설명한 바 있다. 광고의 설득 메시지가 소비자 마음속의 어느 한 부분인 스위트 스폿을 정확히 맞힐 때 우리는 그 광고를 성공한 광고라고 부른다고 했다. 이러한 심리 타점에 적중하기 위해 필요한 첫 번째 요소가 소비자 인사이트이며, 두 번째 요소가 바로 브랜드 인사이트인데, 여기서 말하는 브랜드 인사이트란 특정 브랜드가 과연 타깃 소비자의 통점을 찾아내어 해결해 줄 수 있는가를 의미한다. 브랜드가 제공해 줄 수 있는 핵심 가치와 소비자 내면의 숨어 있는 진심, 즉 인사이트가 만나는 지점이 바로 소비자의 심리 타점이라는 의미이다. 수많은 2차 자료를 뒤적이면서 타깃 소비자의 통점이 무엇인지를 발견하고, 그러한 통점을 내 브랜드가 해결해 줄 수 있을 것인가를 고민해야 한다.

둘째, 소비자의 인사이트를 발견하기 위해서는 무엇보다 고정된 사고의 '틀' 밖에서 소비자를 관조해야 한다. 한마디로 하늘 위에서 소비자의 일거수일투족을 내려다보는 것처럼 조감도(bird's-eye view)를 그리듯 소비자를 바라보라는 의미이다. 기업은 소비자에게 원하는 생각과 행동을 강요하지 않고 있는 그대로를 아주 세밀하게 관찰해야만 한다. 관찰의 대상이 누군가 자신을 지켜보고 있다는 것에 대하여 부담을 느끼지 않도록 노력을 기울이는 것도 중요하다. 그러므로 녹음을 한다거나 사진을 찍는 등의 행동은 가급적 최소화하는 것이 좋다. 또한 필요하다면 소비자 대상 심층 인터뷰나 좌담회 같은 정성조사를 할 때도 있다. 예를 들어, 우리는 종종 소비자의 생각을 듣기 위해 심층 인터뷰를 한다. 1:1 인터뷰는 물론 4~6명 내외의 타깃 소비자들을 한 자리에 모아 특정 주제에 관해 대화를 나누도록 하는 포커스 그룹 인터뷰(Focus Group Interview: FGI) 등이 그 예이다. 그러나 심층 인터뷰가 소비자의 속마음을 알아내는 만능 기법은 아니다. 공적인 장소에서나 혹은 자신과 친하지 않은 사람들과의 대화 속에서 자기 속마음을 털어놓는 경우는 많지 않기 때문이다. 질문자가 원할 것 같은 대답을 해 주거나, 다른 인터뷰 참여자와의 의견 충돌을 피하기 위한 동조화 현상도 비일비재하게 일어난다.

아울러 인터뷰 때 범하기 쉬운 가장 큰 실수는 소비자로부터 듣고 싶은 말만을 들으려 한다는 것이다. 다시 말해서, 우리가 마음속에 이미 정해 놓고 믿고 있는 어떤 생각을 확인하기 위한 질문을 하고, 심지어 부지불식간에 원하는 대답을 유도하기까지 한다. 소비자를 설득하려 하면 안 된다. 이렇게 찾아낸(사실은 찾아냈다고 믿는) 내용으로부터 좋은 인사이트가 도출될 수 없음은 자명하다. 그러므로 가능한 한 스스로 타깃 소비자와 동화되면서 그들이 조금씩 자연스럽게 자신의 마음을 열어 줄 수 있을 때까지 인내하는 스킬이 필요하다.

셋째, 만약 소비자를 관조하는 것에서 한 걸음 더 나아가 그들의 생각을 듣고 싶다면 이 말을 명심하기 바란다. 소비자는 대체로 자신이 무엇을 원하는가를 대답하도록 하는 것보다 '이것이 부족하고, 이것에 불만을 느끼고 있지 않습니까?'라는 질문에 대한 대답을 더 쉽게 한다. 대개의 소비자는 여러 브랜드 제품이 그들의 니즈와 욕구를 일정 수준 이상으로 충족시켜 주는 것으로 생각하기 때문에 '무엇을 더 원하는가?'라는 질문에 답하는 것을 어려워하기 마련이다. 그러므로 소비자에게 무엇을 원하는가를 질문하기보다는 부족함이나 불만일 것으로 예상되는 것을 직접적으로 언급하면서 질문한다면 더 좋은 정보를 얻어낼 수 있을 것이다.

여기서 명심할 것은 소비자의 대답 속에는 무의식적 거짓말이 섞이거나 본능적으로 진짜 속마음을 숨기기도 한다는 점이다. 또한 소비자가 의도하지 않았더라도 응답 과정에서 기억의 왜곡이나 착각 등과 같은 변수들이 많이 작용할 가능성이 있다. 물론 이러한 이유 때문에 소비자 조사의 가치가 낮아지는 것은 아니다. 이와 같은 문제를 보완하기 위해 관조적 관찰이 필요한 것이며, 소비자 스스로 인식하지 못하는 습관이나 말을 통해서 그러한 행위의 이유나 속마음을 파악할 수 있기 때문에 관찰과 인터뷰는 상호보완적으로 이루어져야만 한다.

## 3. 소비자 인사이트와 광고

이처럼 각고의 노력 끝에 찾아낸 좋은 소비자 인사이트는 광고 크리에이티브의 빅아이디어(big idea)로 이어진다. 광고 크리에이티브의 빅아이디어를 다른 말로 하면 광고가 말하고자 하는 핵심 메시지(what to say), 즉 광고의 콘셉트(advertising concept)이다. 좋은 광고의 제작은 빅아이디어에서 출발하며, 빅아이디어는 바로 그 광고의 핵심 콘셉트라고 할 수 있다. 이 말은 결국 광고제작의 빅아이디어는 소비자 인사이트로부터 나와야만 한다는 의미이기도 하다. 소비자 인사이트가 광고의 빅아이디어로 연결되는 간단한 예를 들어 보자. 가령, 우리가 가정에서 사용하는 빨래용 세제 광고를 만들기 위해 소비자를 대상으로 조사하여 인사이트를 도출했다고 하자. 이 과정에서 찾아낸 인사이트는, 예를 들어 '엄마들은 아이들이 밖에 나가서 신나게 뛰어노는 것을 좋아하지만, 아이의 옷이 더러워지는 것은 싫어한다.'가 될 수 있을 것이다. 왜냐하면 저연령의 아이를 둔 대부분의 엄마는 자신의 아이들이 밖에서 친구들과 어울리며 즐겁게 노는 것을 싫어할 리 없다. 그러나 다만 옷이 더러워지고 빨랫감이 느는 것은 좋아하지 않을 것이다. 이와 같은 인사이트에서 발전할 수 있는 광고의 메시지라면, '아이 옷 세탁은 A세제에 맡기고, 아이들을 마음껏 밖에서 뛰어놀게 하세요. 또래의 아이들과 신나게 노는 것은 우리 아이의 성장발육에 중요합니다!'가 될 수 있을 것이며, 빅아이디어는 '아이옷의 얼룩을 부탁해!'로 이어질 수 있다.

필자는 앞서 좋은 광고가 탄생하기 위해 요구되는 많은 것 가운데 광고 인사이트, 즉 소비자 인사이트를 강조했다. 아무리 독창적인 크리에이티브라고 하더라도 타깃 소비자의 인사이트와 관련성이 없거나, 또는 그것이 잘못된 인사이트로부터 나온 빅아이디어 위에서 제작된 것이라면 성공의 가능성은 낮아질 수 밖에 없다. 반대로, 타깃 소비자에게서 발견한 깊고 통찰력 있는 인사이트로부터 발전된 빅아이디어를 토대로 제작된 크리에이티브라면 광고의 성공으로 이어질 가능성이 있다. 이제 좋은 소비자 인사이트가 어떻게 빅아이디어로 연결되는지 실제 사례를 통해 살펴보자.

첫 번째 살펴볼 사례는 미국 크래프트 푸드(Kraft Foods)의 젤라틴 식품인 '젤로'이다([그림 3-3] 참조). 젤로는 1881년 처음 제조된 다이어트용 식품으로 상품이 상용화된 이래 지금도 하루에 2억 개 이상 소비되는 인기 상품이다. 그런데 젤로가 출시부터 인기가 있었던 것은 아니다. 제품의 출시 당시 젤로의 광고대행사였던 영앤루비컴(Young & Rubicam)은 제품의 특성을 감안하여 이 광고의 콘셉트를 '먹는 재미가 있는 디저트'로 설정하였다. 그리고 다양한 디저트 상황에서 젤로를 즐겁게 먹는 장면을 묘사하는 광고를 집행하였다. 그러나 광고 이후 조금 팔리는가 싶더니 얼마

[그림 3-3] 미국 크래프트사의 젤로

후부터는 제품이 팔리지 않았다. 영앤루비컴의 고민은 깊어만 갔다. 광고의 타깃도 올바르게 설정되었고, 광고 메시지의 내용도 좋은 것으로 생각되었는데 왜 그랬을까? 그 답은 결국 소비자의 속마음 안에 있었다. 영앤루비컴은 광고를 제작하기 이전의 초심으로 돌아가 타깃의 인사이트를 다시 돌아보았다. 그리고 '다이어트에 관심이 많은 여성 소비자들이 왜 우리 제품을 자주 구입하는가?'라는 의문에 답을 찾았다. 다이어트를 하는 여성들의 공통적인 생각은 자신이 많이 먹는다고 생각하고 있고, 그래서 양을 적게 먹으면서도 칼로리는 적은 식품을 찾는다는 것이다. 그들이 바로 젤로의 타깃 소비자들이며, 이들 소비자의 인사이트를 한마디로 요약하면 '실컷 먹고 싶다. 그러나 참는다.'였다. '먹는 재미가 있는 디저트'와는 전혀 다른 방향의 인사이트를 새로 발견한 셈이다. 이렇게 새로 찾은 인사이트로부터 나온 광고의 빅아이디어, 다시 말해 새로운 광고의 콘셉트는 바로 '실컷 먹어도 칼로리는 얼마 되지 않는다.'였다([그림 3-4] 참조). 메시지를 교체한 이후 광고는 대성공을 거두었으며, 좀처럼 늘지 않던 젤로의 판매도 증가하기 시작했다.

두 번째로 살펴볼 사례는 국내의 광고 캠페인이다. 아르바이트 포털 서비스 기업인 '알바천국'은 2019년 새로운 광고 캠페인을 준비하면서 경쟁업체와 확실히 차별

[그림 3-4] 젤로의 저칼로리를 강조한 TV 광고

화된 광고를 제안해 줄 것을 여러 광고대행사에 주문했다. 이 경쟁 프레젠테이션에는 국내 유수의 광고대행사가 참여했고, 그중에 D 광고회사는 '알바천국' 서비스를 이용하게 될 주된 소비자층인 젊은 세대의 인사이트를 읽기 위해 아주 새로운 방식으로 광고전략을 준비했다. 바로 이른바 올드보이(Old Boy) 그룹과 영보이(Young Boy) 그룹으로 나눠 각자의 전략을 준비하도록 한 것이다. 일반적으로 중요한 클라이언트의 수주를 위한 경쟁 프레젠테이션은 광고회사 내에서 관련 품목을 다뤄 본 경험이 있으며, 오랜 광고기획과 제작 경험을 갖춘 직원들이 중심이 되어 광고안을 기획한다. 그러나 D 광고회사는 이 경쟁 프레젠테이션을 준비하면서 경험이 많은 선배급 직원들로 구성된 팀과는 별도로 입사한 지 4년 이내의 사원과 대리급 직원이 중심이 된 팀을 구성하여 젊은 세대의 시각으로 광고를 기획하고 빅아이디어를 내도록 기회를 준 것이다. 이렇게 새로운 방식으로 프레젠테이션을 준비한 의도는 자명하다. 바로 '알바천국'을 가장 많이 사용하게 될 젊은 타깃 소비자의 심리를 가장 잘 아는 것은 그 나이 또래에 가장 가까운 어린 직원들이라고 생각했기 때문이다. 그리고 일종의 사내 경쟁을 통해 두 팀 간의 결과물 중에서 더 나은 아이디어를 실제 경쟁 프레젠테이션에서 제시하도록 한 것이다. 과연 올드보이팀과 영보이팀의 대결 결과는 어떠했을까? 쟁쟁한 경력을 지닌 선배들이 모여 준비한 광고기획안을 제치고 영보이팀에서 준비한 광고기획안이 최종안으로 선정됐다. 이 두 팀의 승패를 가른 것은 바로 대리급 이하 젊은 광고회사 직원들이 찾아낸 타깃 인사이트의 예리함이었다. 이들이 발견한 알바천국 주 사용자층의 인사이트는 무엇이었을까? 우선, 단기노동시장을 의미하는 이른바 '알바' 시장을 바라보는 젊은이들의 생각은 기성세대의 예측과는 매우 달랐다. 온라인 검색어 기반의 빅데이터 분석 및 심층 인터뷰 등에서 나타난 알바에 관한 이들의 생각은 이러했다. 우선, 알바와 정규직이라는 두 직업 개념에 대해 명확하게 구분하고 있었다. 즉, 나의 일이 정규직이라면 열정으로 무장하고 업무의 강도와 스트레스를 견뎌야만 하는 것으로 생각하겠지만, 만약 이 일이 알바라면 일해야 할 시간에 펑크 안 내고, 사고만 치지 않으면 나는 괜찮은 알바생인 것으로 생각하고 있었다. 기성세대들이 일(job)에 대해 갖고 있는 고정관념들, 다시 말해서 나의 능력을 최대로 보여 줘야만 하며, 직장 상사들과 잘 지내고, 설사 기분이 나쁠 때라도 표정관리 잘하는 것이 미덕이라는 생각이 현재의 알바시장에선 여지없이 빗나간 셈이다. 실상은 나는 내가 받는 시급에 걸맞도록 그 시간 만큼 충실하게 일하고, 나를 고용한 가게의 사장님은 무리한 전문성을 바라거나 알바생이 해야 할 만큼의 의무 이상을 요구하지 않는 '깔끔한 계약'만 있으면 된다는 인식이 숨어 있었던 것이다. 요컨대, 알바천국의 타깃 소비자들에게 알바란 '약속한 일을 하고, 약속한 만큼의 임금을 지급받는 것'이라는 인사이트가 숨겨져 있다고 본 것이다. 이렇게 도출된 인사이트에서 나온 크리에이티브 빅아이디어가 바로 '알바는 딱 알바답게!'이다([그림 3-5] 참조).

이처럼 광고의 빅아이디어가 탄생하는 순간은 갑자기 찾아오지 않는다. 빅아이디어의 뒤에는 강력하고 예리한 소비자 인사이트가 자리잡고 있다. 치밀하게 소비자를 관찰하고, 그들에게 질문하고, 소비자의 행동과 말 속에 숨겨진 깊은 의미를 깨닫는 어느 순간 인사이트를 발견하게 되고, 그렇게 찾아낸 인사이트로부터 확장된 빅아이디어만이 타깃 소비자의 마음을 울리는 광고를 탄생시킬 수 있다.

[그림 3-5] 알바천국의 TV 광고 장면

## 4. 디지털 광고와 소비자 인사이트

이른바 디지털 컨버전스(digital convergence)로 불리는 디지털 기술과 전통적 매체의 융합은 모바일, 디지털 사이니지, SNS, IPTV, AR, VR 등 다양하고 새로운 디지털 플랫폼과 미디어의 폭발적 성장을 이끌고 있다. 과거에는 감히 상상할 수 없었던 새로운 기술은 광고의 형식과 내용에 눈부신 변화를 가져오고 있으며, 앞으로 더 큰 변화가 있을 것이라 짐작하게 된다. 이에 따라 TV를 위시한 라디오, 신문, 잡지 등의 전통적 매체를 통해 전해지던 일방향적 광고 메시지는 새로운 형태의 광고, 즉 실시간 소비자 참여형의 양방향적이고, 자발적 행동 유발 중심의 인터랙티브 광고로 변모하고 있다. 그리고 이러한 광고 변화의 방향성은 앞으로도 지속 · 유지될 것이다. 그러나 아무리 광고의 기법과 유형이 변한다고 할지라도 변할 수 없는 것이 있다. 바로 소비자에게 강하게 기억되는 광고, 오래도록 기억에 남는 광고는 한결같이 소비자 인사이트를 반영한 광고라는 점이다.

좋은 인사이트를 바탕으로 제작된 디지털 광고가 좋은 광고효과를 보여 주기 마련이다. 우리가 앞서 살펴본 광고 인사이트(혹은 소비자 인사이트)의 개념과 구성 요소는 디지털 광고환경에서도 동일하다. 다만, 디지털 미디어를 활용하여 집행되는 광고, 더 나아가 해당 브랜드에 대한 소비자 접점, 그리고 그와 같은 브랜드 접점에서 소비자들이 경험하는 **디지털 브랜드 경험**(digital brand experience)의 개념을 정확히 이해하는 것이 필요하다. 이러한 경험들을 최대한 긍정적으로 만들기 위해 소비자 인사이트가 요구되기 때문이다. 이 장에서는 디지털 경험의 개념이 무엇이며, 이른바 디지털 광고 시대에서 소비자 인사이트가 갖는 의미에 대해 살펴보기로 한다.

### 1) 디지털 시대의 소비자 의사결정 여정

우선, 디지털 광고 시대를 살아가는 소비자들의 의사결정 여정이 어떠한가를 살펴보기로 하자. 전통적으로 소비자의 구매 의사결정 과정은 단계적(혹은 위계적) 효과 모델에 근거하여 설명된다. 래비지와 스타이너(Lavidge & Steiner, 1961)가 제안한 커뮤니케이션의 단계적 효과 모델(Hierarchy of Effects Model)은 소비자의 구매 행위가 광고에 노출된 이후 구매에 이르기까지 순차적 단계를 거친다고 본다([그림 3-6] 참조). 즉, 소비자는 정보의 인지로부터 시작하여 구매로 이어지는 순차적 과정을 거치는 것으로 전제하고, 광고의 효과도 이 과정에 따라 몇 가지의 커뮤니케이션 단계를 거쳐서 발생하는 것으로 규정한다. 이와 같은 소비자 행동 모델을 토대로 마케팅 담당자들은 광고가 소비자들의 구매 의사결정에 가장 큰 영향을 미칠 수 있는 단계를 찾기 위해 노력해 왔다.

한편, 전통적인 소비자 의사결정 여정(consumer decision journey)의 개념 역시 커뮤니케이션의 단계적 효과 모델을 기반으로 설명되어 왔다. 일반적으로 이와 같은 형태의 소비자 의사결정 여정에 따른 브랜드 접촉 시점은 이른바 깔때기(funnel) 모

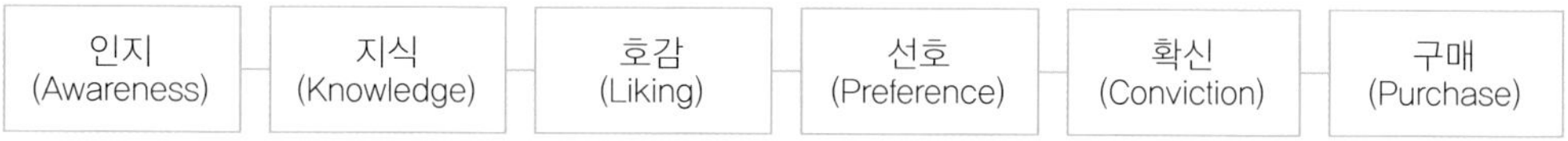


[그림 3-6] 래비지와 스타이너(Lavidge & Steiner, 1961)의 단계적 효과 모델

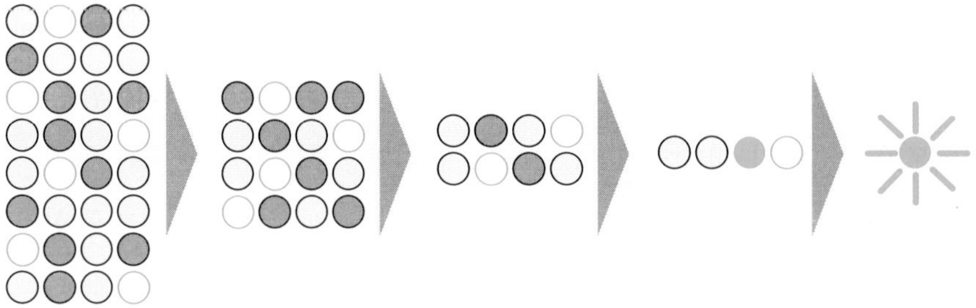


[그림 3-7] 전통적 깔때기 모형

출처: McKinsey & Company (2018).

형을 통해 설명해 왔다. [그림 3-7]에서 보는 바와 같이 소비자는 많은 수의 브랜드를 마치 깔때기의 윗부분에 가득 담아 둔 것처럼 염두에 둔 채 의사결정 과정을 시작해 선택의 폭을 점차 좁혀 나가면서 마지막 선택을 한다고 보는 것이다. 다시 말해, 초기 구매 고려군에 포함되는 여러 브랜드는 소비자들의 구매 의사결정 단계를 거치면서 최종적으로 하나의 브랜드만 선택받게 된다는 의미이다.

그러나 요즘 소비자들은 매우 복잡한 방식으로 새로운 미디어 경로를 통해서 수많은 브랜드를 경험한다. 여기서 말하는 새로운 미디어 경로란 다양한 디지털 미디어 채널을 의미한다. 즉, 디지털 시대를 살아가는 소비자들의 구매 행동이 더 이상 과거의 깔때기 모형으로는 설명되지 않는다는 것을 뜻하는 것이기도 하다. 다시 말해, 각종 디지털 툴 덕분에 소비자들은 더 많은 정보에 손쉽게 접근할 수 있는 능력을 갖추게 되고, 제품과 서비스의 선택 폭이 늘면서 현재의 소비자들은 과거의 소비자 의사결정 여정, 즉 깔때기 모형을 따라 구매 행동을 하지 않게 되었다. 이제는 예전처럼 '인지-친숙-구매 고려-구매-충성도 형성'이라는 정해진 순서에 따라 구매가 이루어지지 않는다.

예를 들어, 구매 고려 대상이 되는 다수의 '초기 구매 후보'에 항상 다수의 브랜드가 포함되는 것은 아니다. 과거 전통적 깔때기 모형에서 볼 수 있었던 많은 브랜드로부터 줄여 나가지 않는다는 것이다. 왜 그럴까? 한마디로 정보의 비대칭성(information asymmetry)[2]이 완전히 사라졌기 때문이다. 지금의 소비자들은 이미 능동적 정보 탐색의 능력을 갖추고 자신이 필요한 정보를 시간적, 물리적 구애를 받지 않고 충분히 탐색할 수 있는 능력을 갖추고 있다. 과거 피동적이고 수동적인 정보수용자의 위치에서 제품 혹은 서비스 관련 정보를 기업이 제공해 줄 때까지 기다리지 않아도 관련 정보를 충분히 얻을 수 있게 되었다. 정보의 헤게모니가 소비자에게 넘어갔다는 뜻이기도 하다. 제품 관련 정보 원천의 대표격인 광고를 예로 설명해 보기로 하자. 가령, 신제품의 론칭에 맞춰 집행 예정인 TV나 라디오 또는 신문 광고가 아니어도 소비자들은 얼마든지 해당 제품에 관한 정보를 얻을 수 있다. 온라인에서의 블로그, 카페, SNS 등을 통한 구전(Word of Mouth)이나 포털 및 검색 엔진은 지금의 소비자들이 더 선호하는 정보의 원천이 되었다. 소비자들끼리 제품에 대한 정보와 경험을 공유하므로 신뢰성이 높기 때문이다. 이와 같은 정보 탐색을 거치면서 이젠 과거처럼 다수의 브랜드 제품 혹은 서비스를 초기 구매 고려군에 포함할 필요가 없다. 특정 브랜드 제품에 관해 꼭 알아야 할 정보를 바탕으로 대부분의 브랜드는 소비자에 의해 이미 걸러졌고, 소수의 선택된 브랜드만 살아남았기 때문이다.

현재의 소비자 의사결정 여정에서는 과거 깔때기처럼 단계별로 구매 대상 브랜드의 숫자가 항상 줄어드는 것도 아니다. 오히려 늘어날 수도 있다. 바로 구전의 영향력 때문이다. 예를 하나 들어 보기로 하자. 어느 날 아이가 자전거를 타다가 넘어져 무릎에 상처를 입었고, 아이의 엄마는 치료를 위해 습윤밴드 구매의 필요성을 인식하는 상황에 놓였다고 하자. 앞서 언급한 것처럼 아이 엄마는 과거에 몇 개의 습윤밴드 브랜드를 사용해 본 경험이 있고, 사전에 해당 브랜드에 관해 충분한 정보를 탐색하여 알고 있었기 때문에 초기 구매 고려군에 넣어 뒀던 브랜드는 많아야 2개 내외에 불과하다. 이제 몇 가지 추가적 정보를 바탕으로 어떤 브랜드가 더 좋을 것인지를 적극적으로 평가(정보 수집 및 비교)하는 단계로 넘어가려고 한다. 그런데 이

2 불균등한 정보의 구조를 의미하는 용어로서, 어떤 정보를 어느 한쪽만 알고 다른 쪽은 모르는 상황을 정보의 비대칭성이라고 한다.

때 동갑내기 자녀를 둔 친한 친구로부터 전화가 왔고, 친구가 갑자기 처음 들어 본 수입 브랜드를 추천하며 자신이 써 봤는데 매우 효과가 좋다는 말을 한다. 이 말을 들은 아이 엄마는 최초 2개의 구매 고려군에 친구가 소개해 준 새로운 브랜드를 추가하게 되어 구매 고려군이 3개로 늘어나게 되었다. 바로 구전의 영향력 때문이다.

이와 같은 간단한 사례에서도 볼 수 있는 것처럼 구전의 접촉을 포함하여 소비자의 구매 과정에는 수많은 **브랜드 접점**(brand contact point)이 발생한다. 브랜드 접점이란 한마디로 소비자와 브랜드의 상호작용이 발생하는 지점 혹은 시점을 의미한다. 일반적으로 소비자와 브랜드 간의 접점은 수없이 발생하며, 특정 브랜드를 접촉하는 다양한 시점에서 제공되는 브랜드 경험의 영향 때문에 요즘 소비자의 의사결정 여정은 일정한 순서에 따라 진행되지 않는다([그림 3-8] 참조). 특히 최근 소비자의 의사결정 여정에서 구매를 앞둔 80% 이상의 소비자들은 디지털 공간에서도 해당 브

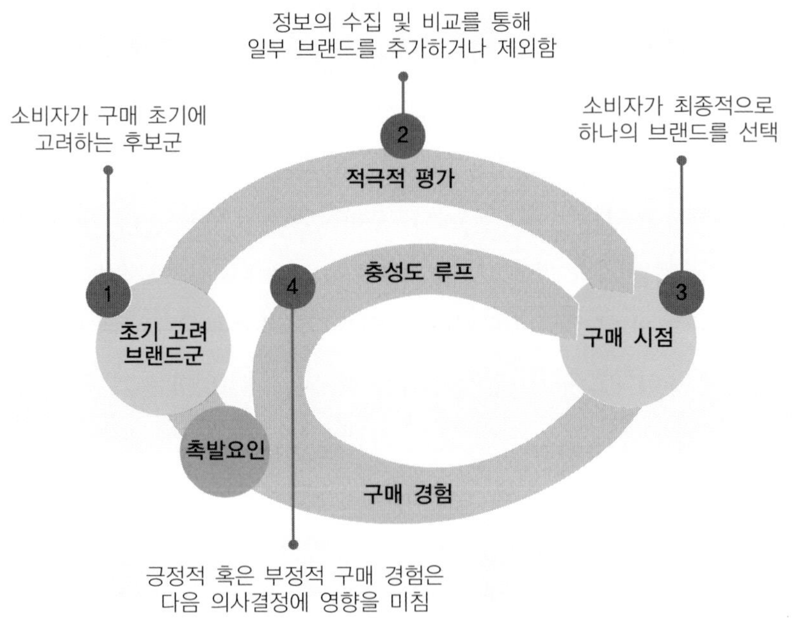


[그림 3-8] 소비자의 구매 의사결정 여정

출처: McKinsey & Company (2018).

랜드를 접촉하는 것으로 알려져 있다(McKinsey & Company, 2018). 인터넷 배너 광고, 동영상 광고, 검색 광고, 온라인 프로모션, 캠페인 마이크로 사이트 혹은 기업 홈페이지 방문 등 다양한 디지털 공간에서 브랜드를 접촉하고 상호작용한다는 의미이다. 즉, 쇼핑 관련 사이트를 방문하거나, 특정 브랜드 상품을 검색하는 등 구매와 직접적으로 연관된 인터랙션이 발생한다는 뜻이다. 이를 소비자의 디지털 브랜드 경험(digital brand experience), 짧게는 디지털 경험(digital experience)이라고도 부른다. 이러한 사실이 우리에게 시사하는 바는 무엇일까? 기업의 위치에서 본다면 디지털 공간에서 이루어지는 소비자의 의사결정 과정에 제공해야 할 가장 요구되는 것은 바로 차별화된 브랜드 경험이라는 사실이다. 그리고 차별화된 브랜드 경험을 제공해 주는 영감(inspiration), 이것이 바로 디지털 마케팅 시대에서 소비자 인사이트의 역할이다.

## 2) 퍼포먼스 마케팅과 소비자 인사이트

그렇다면 디지털 공간에서 우리는 어떻게 소비자들에게 차별화된 브랜드 경험을 제공할 수 있을까? 다시 말해, 그러한 차별화된 브랜드 경험을 제공하는 데 필요한 소비자 인사이트를 우리는 어디서, 어떻게 찾아낼 수 있을까? 이미 언급한 바와 같이, 요즘의 소비자들은 다양한 디지털 미디어 경로를 통해서 브랜드를 경험하며, 거의 모든 소비자의 브랜드 경험은 디지털 공간에서도 동시에 이루어진다. 이와 같은 소비자들의 구매 행동을 추적하기 위해 도입된 마케팅 기법이 바로 퍼포먼스 마케팅(performance marketing)이다. 퍼포먼스 마케팅이란 다양한 온라인 경로에서 노출된 마케팅 커뮤니케이션을 통해 브랜드의 웹사이트와 쇼핑몰 등에 유입된 소비자들이 매출로 전환되는 과정을 추적하고 분석하여 개선하는 일련의 마케팅 과정을 의미한다. 퍼포먼스 마케팅의 핵심이 바로 소비자들이 온 · 오프라인 공간에서 남기는 행동을 바탕으로 인사이트를 도출해 내는 것이다. 특히 온라인 공간에서의 구매 여정에서 소비자들이 남기는 행동은 모두 기록으로 남고 추적이 가능하기 때문에, 이러한 행동을 분석하여 마케팅 전략을 펼치는 것이 매우 중요하다. 고객의 행동 데이터를 분석하여 더 좋은 인사이트를 뽑아내는 것이다. 과거 소비자 대상 설문과 심층 인터뷰, 또는 관찰을 통해 인사이트를 발견하던 방식과의 차이가 바로 여기서 발생한다. 전통적인 광고제작 방식에서 기업 혹은 광고회사는 고객들이 무엇을 원하는지 묻거나, 인위적 노력을 통한 1차 조사자료를 통해 그들이 무엇을 원하는지 파악하고자 노력했다. 이러한 노력은 불과 몇 년 전까지의 온라인 마케팅 환경에서도 동일했다. 즉, 예전 PC 시대의 마케팅은 소비자의 행동 정보로부터 인사이트를 분석하기 위해 쿠키(cookie) 정보를 이용하거나, '회원가입'을 유도하여 성별과 나이, 거주지역 등의 개인 정보를 확인하는 절차가 필요했다. 그러나 지금의 모바일 마케팅 시대에서는 기기에 내장된 GPS 센서, Wifi 위치 정보, 안면인식 기술 등을 이용해 더 많은 사용자의 정보를 쉽게 얻을 수 있다. 이렇게 사용자가 남기는 대량의 정보를 파악하여 마케팅 전략에 옮기는 것이다. 그래서 혹자는 퍼포먼스 마케팅을 빅데이터 마케팅(big data marketing) 혹은 데이터 주도 마케팅(data-driven marketing)과 동의어로 설명하기도 한다.

온라인 공간에서의 사용자 정보로부터 얻는 인사이트의 예는 무엇이 있을까? 예를 들어, 최근 며칠 동안 필라테스용 피트니스 운동복을 검색한 소비자가 있다고 하자. 이 소비자는 내일도 그 제품에 관심을 갖고 정보를 찾아볼 가능성이 높다. 다시 말해, 해당 소비자는 피트니스 운동복의 구매 니즈를 지닌 소비자라는 것을 유추할 수 있다. 그리고 만약, 그 소비자가 사용하는 기기의 IP 주소에서 위치 데이터 확인을 통해 거주지역을 파악하고, 성별 및 최근 자주 방문하여 오랫동안 머문 사이트가 기능성 제품보다는 스타일리시한 디자인의 제품을 주로 취급하는 쇼핑몰이었으며, 네이비 색상의 제품을 주로 찾아봤다는 것까지 알고 있다면 어떨까? 그리고 더 나아가, 해당 소비자가 회원가입 때 기재한 정보들(예: 이메일 주소, 나이, 혼인 여부, 관심 분야, 직업 등)과 매칭하는 경우 매우 구체적인 소비자 정보를 손에 넣게 된다. 그리고 기술적으로 이러한 정보의 수집은 얼마든지 가능하다. 이렇게 풍부해진 소비자 행동 데이터를 통해 우리는, 예를 들어 '평소 필라테스에 관심이 많은 33세의 기혼 여성 ○○○ 씨는 최근 네이비 색상 계열의 피트니스 운동복 구매를 희망하고 있으며, 실용성보다는 과감한 디자인으로 자신의 개성을 드러낼 수 있는 운동복을 선호한다.'라는 인사이트를 도출하는 것이 가능해진다. 그렇다면 이렇게 발견된 인사이트로 어떤 형태의 광고가 가능할까? 일례로, 이 소비자에게는 리타기팅 광고를 통해 개성 있는 핏을 살리기에 적합한 세련된 디자인의 제품광고가 적합하다는 결론을 얻을 수 있다. 그리고 광고의 빅아이디어 역시 실용성과 기능성을 강조하기보다는 트렌디, 디자인, 개성 등을 강조하는 내용으로 발전시키는 것이 효과적일 것이다.

이처럼 디지털 광고 시대에서의 소비자 인사이트는 주로 디지털 환경에서의 고객 행동 데이터로부터 나온다. 데이터로부터 소비자의 마음을 읽을 수 있다는 의미이다. 디지털상에서 이루어지는 모든 소비자 행동은 데이터 베이스에 기록할 수 있으며, 기록된 행동 데이터는 다시 고객의 미래 행동을 예측하게 해 준다. 디지털 기술은 나날이 발전하고 있으며 그에 따른 고도화된 타기팅, 맞춤형 광고가 등장한 지 오래됐다. 그리고 개인화된 광고(personalized ads)는 어느 순간 초 개인화 광고(hyper-personalized ads)로 발전하기 시작했다. 즉, 소비자의 성별과 나이, 직업, 사는 곳 등 스스로 직접 제공하는 데이터와 어떤 SNS를 사용하고 어느 웹사이트에 얼마나 오래 머무는지 등 온라인 행동 데이터를 바탕으로 소비자를 이해하던 수준의 개인화와 그에 맞는 맞춤형 콘텐츠의 제공이 지금까지 우리가 알고 있는 개인화였다. 초 개인화는 여기서 한 걸음 더 발전한다. 이전의 개인화 수준에서 파악할 수 없었던 오프라인에서의 행동까지 세밀하게 그려 내는 것을 의미한다. 이를 토대로 더욱 정교한 광고 메시지와 맞춤형 콘텐츠의 제공이 가능하며, 결국 브랜드가 제공할 수 있는 긍정적 소비자 경험을 선사하는 것이다. 그러나 소비자가 브랜드를 만나 긍정적 경험을 하도록 만들기 위해서는 예외 없이 소비자 니즈와 관련된 인사이트가 꼭 필요하다. 앞으로 디지털 기술의 힘을 얻어 얼마나 더 심도 있고 통찰력 있는 인사이트를 찾게 될 수 있을지 앞날이 주목된다. ■

# 제4장

# 콘셉트 추출

**구승회**(신라대학교 광고홍보학과 교수)

1. 콘셉트를 어떻게 정의할 것인가
2. 콘셉트는 어떻게 태어나는가
3. 콘셉트 점검

◈◇◈

광고에서 콘셉트란 무엇일까?

광고의 출발점이자 광고의 방향이다. 광고의 사고방식이며 크리에이티브의 이정표이다. 본질의 재해석이다. 소구점과 니즈가 맞닿는 곳이다. 이와 같이 광고의 콘셉트를 수식하고 정의하는 표현들이 많다. 그만큼 광고를 제작하고 크리에이티브 워크를 수행한다는 게 쉽지 않단 이야기이고 광고제작 환경에 변수가 많다는 것을 의미할 것이다.

콘셉트 없이는 광고가 출발도 못하고 상황에 쫓겨 제작을 시작했다 해도 모래성처럼 퍽퍽 무너지기 십상이다. 콘셉트는 모든 광고의 출발점이며 크리에이티브의 축이기도 하다.

이 장에서는 광고캠페인의 출발점이라 불리는 콘셉트에 대해 재정의하고 사례를 통해 그 추출과정이 어떤지를 살펴보고자 한다.

## 1. 콘셉트를 어떻게 정의할 것인가

### 1) 콘셉트란

**콘셉트**는 광고가 전달해야 할 메시지를 응축시킨 것이다.

콘셉트는 광고가 표현하는 메시지의 응축이며 광고의 방향을 담고 있다. 즉, 광고를 통해 목표 소비자에게 '무엇을 어떻게 전달할 것인가' 하는 것이다. 누구를 위한 광고인지, 누구에게 소구할 것인지를 생각해서 그 목표 소비자가 공감할 수 있는 것이어야 한다. 아무리 좋은 약속이라도 그들에게 필요하지 않거나 공감할 수 없다면 의미가 없다. 또한 콘셉트는 광고목표에 합당해야 한다. 자료의 수집 · 분석을 통한 광고목표를 설정하고 달성할 수 있는 콘셉트를 추출해야 한다.

개념으로 해석되는 콘셉트(Concept)의 사전적 의미를 이해하기 위해 어원을 짚어보면, Concept는 con과 cept가 결합된 단어이다. 'con-'은 '여럿을 하나로'라는 의미의 접두사로, 예를 들면 contest는 여럿이 함께 치르는 시험(test)이고, 컨버전스(convergence)도 여럿이 하나로 집중된다는 의미에서 '융합'이란 뜻이 되었다. 컴패션(compassion)은 열정을 뜻하는 단어 passion과 com이 결합하여 '연민' '동정'이란 뜻이 된다(con은 p나 t로 시작되는 단어와 결합하면 com으로 바뀐다).

'-cept'는 '잡다'라는 의미로, 농구나 축구에서 가로채기를 인터셉트(intercept)라고 하는데, 이는 '사이'를 의미하는 접두사 'inter'와 'cept'가 결합한 단어이다. 이처럼 콘셉트에는 '잡다'라는 의미와 '여럿을 하나로 묶는다'라는 의미가 함축되어 있다. 따라서 콘셉트는 곧 '여럿을 붙잡아 하나로 꿴 것'이라는 의미가 된다. 이러한 의미에 비춰 볼 때, 광고제작에서 콘셉트를 얼마나 충실히 수행하느냐에 따라 캠페인의 성공 여부가 결정된다고 할 수 있다.

때때로 콘셉트는 그 모습 그대로 광고 헤드라인으로 바로 이어지기도 하고 슬로건이 되기도 한다. 상품에 비유하자면 상품의 특징, 고객 이익, 다른 제품에는 없는 차별성 등이 될 것이며, 기업이라면 미션 비전, 전략, 브랜드 등이 될 수 있다.

콘셉트의 출발점은 소비자의 Needs와 제품의 소구점이 만나는 지점이며 이 포인트를 어떻게 설정하느냐에 따라 전개될 광고의 성공이 좌우된다.

## 2) 콘셉트는 What이다

### (1) 'How'가 아니다. 'What'에 집중하라

우리 광고의 역사를 돌아 볼 때, 광고의 Tone & Mood가 크리에이티브를 좌우하던 표현의 전성기인 시절이 있다. 크리에이티브야 그때나 지금이나 또 앞으로도 매번 풀어야 할 숙제지만 좋은 그림, 멋진 카피가 광고의 모든 표현을 차지하던 시절 이야기이다. 모델 하나로 뜨는 광고가 있는가 하면 파격 비주얼과 카피만으로 승부하는 광고가 있던 시절이다.

광고를 둘러싼 환경이 ATL과 BTL 등 다매체 채널로 변하고 경쟁해야 할 브랜드가 늘어난 지금 정작 광고제작 환경에서는 이 해묵은 이슈가 끝날 줄을 모른다. 어떻게 표현할 것인가와 무엇을 말할 것인가, 즉 What과 How의 문제이다.

### (2) 'How'일까? 'What'일까?

타인을 설득할 때 말의 표현과 내용 중에 무엇이 더 중요할까? 대부분의 일반인(크리에이터라고 다르지 않다)들은 표현이라 답한다. 요즘 인기를 끄는 스피치 강사들도 하나같이 표현력이 중요하다 말한다. 그들은 UCLA의 심리학과 명예교수인 앨버트 메라비언(Albert Mehrabian)이 찾아낸 '메라비언의 법칙(대화에서 시각과 청각 이미지가 중요시된다는 커뮤니케이션 이론. 한 사람이 상대방으로부터 받는 이미지는 시각이 55%, 청각이 38%, 언어가 7%에 이른다는 법칙)'을 인용하면서 사람의 소통 중 콘텐츠가 차지하는 비중은 7%이고 비언어적인 부분은 93%라고 말한다.

광고에서도 그럴까? 일반적인 대인 커뮤니케이션은 개인의 호감지수인 매력도가 좌우하기 때문에 표현의 틀이 절대적일 수도 있다. 하지만 매일같이 산업현장의 첨병에서 온몸으로 부대끼며 다음의 명제들과 씨름해야 하는 크리에이터들에게는 'How'와 'What'에 대한 고민이 깊다.

"차별적인 커뮤니케이션 전략을 수립해 주세요."

"브랜드가 오래 기억되고 디자인 이미지가 톡톡 튀게 만들어 주세요."

"무언가 좀 다른 확 가는 이미지를 만들어 주세요."

경쟁 브랜드와 비교했을 때 명확한 제품 및 서비스의 혁신이나 본질적인 차별화가 없는데, 그저 '다른 것으로 보이게 해 달라.'는 요청들이 작업 현장에서는 지금도 적지 않을 것이다. 조금이라도 차별화할 수 있는 요소가 없을 때에는 프로젝트 진행이 쉽지 않다. 그런 프로젝트들은 대부분 실패하고 만다. 실질적으로 무언가 차별화되는 게 없는 상황에서 경쟁제품과 차별적 이미지로 만들어 낸다는 것은 거의 마법에 가까운 일이다.

이와 같이 상품이나 서비스 자체에 대한 실질적 변화를 꾀하지 않은 상태에서 차별화된 인식을 만들어야 하는 작업은, 심할 경우에 지나친 포장주의에 빠지게 될 가능성이 많다. 또한 성공을 거두지 못할 가능성이 크다. 바로 How의 함정이다. 오늘도 많은 기업은, 제품과 서비스 경험 자체를 혁신하기보다 콘셉트나 광고 마케팅 차원의 톡톡 튀는 표현에 집중한 논의를 요구할 때가 많다.

실체 자체에 대한 토론보다 표현의 엣지(edge)나 참신함만을 두고 논의하는 시간이 길어지는 탓에 단기간의 소비자 호응은 끌어낼지 모르나 성공 광고로서 시장의 판을 흔드는 캠페인으로 자리하기는 어렵다.

오래된 사례이긴 하지만 프로스펙스의 W시리즈를 통해 무엇을 이야기해야 하는가에 대한 답이 왜 What인지에 대해 살펴보자.

콘셉트 하나로 시장의 판을 뒤엎을 수 있을까? W의 홈런.

10만 족만 팔아도 '히트상품'이라고 하는 운동화 시장에 4년 동안 470만 족을 판 프로스펙스의 워킹화 W. 이 W 덕에 한동안 나이키와 아디다스 등의 글로벌 브랜드에 밀려 설 곳을 찾지 못했던 '대한민국 토종 운동화 브랜드' 프로스펙스는 화려하게 부활할 수 있었다. W가 출시되기 전인 2007년도 프로스펙스의 매출은 1,674억 원에 불과했으나 W 출시 이후인 2009년에는 2,250억 원으로 늘었고, 2012년에는 매출 3,000억 원이라는 놀라운 기록을 갱신하며 신발 시장에 워킹화라는 새로운 판을 만들어 낸 것이다.

눈치를 보던 글로벌 브랜드들도 덩달아 워킹화를 출시했고 워킹화 시장은 2010년 6,000억 원으로 성장하고 2012년에는 1조 원을 돌파하며 5년 전에 비해 10배나 큰 규모로 성장했다.

어떻게 이런 일이 가능할까? 많은 이가 그 당시 절정의 기량을 선보였던 W의 광고 모델 김연아 때문에라고 대답할지 모르지만, 거기엔 시대를 읽은 크리에이터들의 콘셉트 전환이 있었다. 시대는 웰빙을 추구하고 있고 출근하며 운동화도 신는데 왜 꼭 운동화는 러닝화이며, 운동화를 신으면 꼭 뛰어야 하는가에 주목한 것이다.

W 광고에서도 김연아는 신발을 신고 트랙을 뛰는 것이 아니라, 거리를 걷고 있다. 그렇다. 프로스펙스는 '걸을 때는 운동화 대신 워킹화를 신으세요.'라는 카피로 '워킹화'라는 새로운 콘셉트로 시장의 판을 뒤집은 것이다. 시장을 '러닝화 vs. 워킹화' 구도로 의도적으로 구분한 것이다. 이런저런 큰 생각 없이 러닝화를 신고 생활하던 사람들은 걸을 땐 워킹화를 신어야 하는구나라고 생각했고 자연스레 워킹화 매장을 찾게 된 것이다.

## 2. 콘셉트는 어떻게 태어나는가

어떻게 추출할 것인가. 훌륭한 콘셉트를 추출해 내기 위해서는 제품, 소비자, 경쟁, 시장 환경에 대한 다양한 자료를 분석해서 그 안에 의미 있는 사실들을 찾아내야 한다. 의미 있는 사실이란 광고할 브랜드만이 가지고 있는 중요한 제품 특징이나 아직 경쟁사가 알아채지 못하거나 이야기하지 않은 내용들이다.

우리는 흔히 '소비자의 Needs를 읽어라. 즉, 잠재된 욕구(latent need)를 읽어라.'라는 말을 자주 한다. 이 말은 결국 Needs는 잠재되어 있기 때문에 잘 보이지도 않을 뿐 아니라 커뮤니케이터도 소비자 자신도 잘 모른다는 것을 함의한다. 이를 찾아내기 위해서는 끝없이 질문하고 가정법을 사용한 프레임적 사고를 할 필요가 있다.

표층이 아닌 심층의 의미를 찾아야 한다는 것이다. 표층에서는 별다를 바 없는 내용이 그 안에는 특별한 스토리 또는 중요 의미를 내포하고 있는 경우가 종종 있다. 이러한 요소들을 찾았으면 이들의 연관성, 즉 연결고리를 찾는 작업이 이루어져야 한다. 제품의 정보나 지식을 소비자의 라이프스타일이나 소비자의 니즈와 연결해 보는 것이다. 크리에이티브는 바로 이 심층 의미들을 파악하고 연결고리의 창조적 재해석을 통해 탄생하는 것이다. 이를 위해서는 사실적 의미의 관계들을 상상해 보는 상상력과 통찰력을 가져야 한다. 독특한 상상력과 통찰력을 바탕으로 주어진 정보를 창조적으로 재해석해 내는 작업이 바로 진정한 Creative Work라 할 것이다.

좋은 콘셉트를 추출하는 것은 중요하지만 쉽지 않은 일이다. 콘셉트는 방향타와 같아 불명확하고 제대로 추출되지 않은 경우에는 아무리 훌륭한 비주얼과 카피라고 해도 그 목적을 달성할 수가 없다. 그래서 수많은 크리에이터는 지금 이 시간에도 좋은 콘셉트를 찾기 위해 노력한다.

### 1) 묻고 또 물어, 뜯어내라

> "만약 곧 죽을 상황에 처했다고 치자.
> 그런데 목숨을 구할 수 있는 방법을 단 한 시간 안에 찾아야 한다면?
> 나는 그 한 시간 중 55분은 올바른 질문을 찾는 데 사용할 것이다.
> 올바른 질문을 찾고 나면 정답을 찾는 데는 5분도 채 걸리지 않을 것이기 때문이다."
> 질문이 정답보다 중요하다.
>
> \- 아인슈타인

크리에이터들이 종종 저지르는 실수 중 하나가 소비자를 잘 안다는 자기직관에 대한 믿음이다. 업무적 특성과 그동안 캠페인을 수행하며 쌓아 온 경험에서 나오는 자신감 때문일 것이다. 이러한 직관에 의한 추론을 인사이트(Insight)라고 하는데, 이런 인사이트는 크리에이터의 필요충분조건이기도 하지만 때론 문제해결과 창의성의 측면에서는 걸림돌이 되기도 한다.

스티브 잡스는 특히 이러한 인사이트 추론의 선봉에 있었는데, 잡스는 "신제품 개발을 위해 소비자들에게 니즈를 물어보는 것은 도움이 되지 않는다. 사람들에게 직접 보여 주기 전에는 사람들은 자신이 무엇을 원하는지 모른다. 내가 시장조사를 잘 믿지 않는 것은 바로 이 때문이다. 아직 쓰이지도 않은 것을 읽어 내는 것이 우리 임무이다."라고 말했다. 즉, 고객이 욕구를 느끼기 전에 그들이 무엇을 바라는지를 파악해야 하며 고객은 직접 보여 주기 전에는 자신들이 무엇을 원하는지 스스로도 모르기 때문에 그 욕구 자체를 발견하는 게 자신들의 역할이라는 것이다. 일견 맞는 말이다. 또 크리에이터로서의 자부심과 일에 대한 자신감도 넘쳐 난다. 그러나 이 말은 개인의 철학적인 부분이 있어 지금까지도 해석과 동조의 여지가 분분하다. 또한 이러한 시각은 지금과 같이 '다양성'과 '스피드'로 요약되는 시장 환경에는 맞지 않는다. 방법은 의외로 간단하다. 수단과 방법을 총 동원해 묻는 것밖에는 답이 없다. 소비자 자신도 모르는, 내재되어 있는 욕망을 묻고 또 물어 가슴을 뜯어내서라도 찾아야 한다.

박용후는 『관점을 디자인하라』에서 "창의란 당연함에 던지는 왜?"라고 정의한 바 있다. 제품이나 서비스 사용 상황에서 당연시하는 것에 "왜 이런 것은 없을까?" 혹은 "이렇게 하면 어떨까?" 하고 스스로에게 던지는 질문은 콘셉트 설정에 있어 실패를 예방하는 주요 장치로 작동한다. 얼핏 당연해 보이는 것들에 대해 왜(Why)를 묻고 이어서 어떻게(How), 혹은 어떨까(what if) 물어 들어가는 추적 조사를 통해 콘셉트의 단서를 얻는다.

### 2) Needs인가 Wants인가

목표고객들이 일반적으로 원하는 것이 무엇인지 정확히 파악해야 한다. 그것이 콘셉트 메이킹의 출발선이다.

인간의 욕망은 크게 **니즈**(Needs)와 **원츠**(Wants)라는 두 가지 차원으로 구분된다.

Needs는 '목이 마르다' '배가 고프다'와 같은 1차 욕구이고, Wants는 그 갈증을 채워 줄 2차 욕구로 구분할 수 있다. Needs는 '배가 고픈 사람'이 지닌 1차 욕구로, '뭐든 먹고 싶다'는 욕구를 해소하기 위한 '채워야 할 허기'로 정의할 수 있다. Wants는 그 '허기'를 채울 '무엇'이면 된다. 빵이건, 물이건, 뭐든 배고픔을 잊는 것이면 상관없다. 하지만 만일 충치가 많아서 딱딱한 음식을 씹기 어려운 사람이라면, 딱딱한 바게트나 질긴 음식은 먹기 곤란할 것이다. 이들에게 2차 욕구는 '부드러운 음식'이다. 그런 사람에겐 면류 음식이나 두부, 즙, 주스, 죽 같이 씹는 데 불편함이 없는 음식이 더 낫다.

일반적으로는 1차 욕구를 충족시킨 후 2차 욕구에 대응하는 것이 맞다. 특정 상품이나 서비스에 대해 1차 욕구조차 없는 소비자에게 2차 욕구 차원의 메시지를 아무리 강조해도 구매로 이어지지 않기 때문이다. 어떤 마케터가 냉장고를 필요로 하지 않는, 즉 냉장고 자체에 대한 1차 욕구를 느끼지 못하는 에스키모에게 냉장고 디자인의 아름다움이라든지, 냉장칸과 냉동칸의 수납 용이성 같은 2차 욕구를 아무리 강조한다 해도 판매는 쉽지 않을 것이다. 소비자에게 구매를 일으키려고 할 때 우리가 전하는 메시지가 1차 욕구에 해당하는 것인지, 2차 욕구에 해당하는 것인지 구분해야 하는 이유이다. 소비자들이 현재 Needs와 Wants 중 어떤 단계에 머물러 있는지를 파악하는 것이 콘셉트 추출에서 필요하다. Needs조차 없다면 Wants는 결코 생기지 않는다.

Needs를 읽어 낸 마케팅 성공 사례 중, 에스키모인에게 냉장고를 판 일본 마케터들의 이야기가 피터 드러커의『변화리더의 조건』에 제시되어 있다. 음식을 집 밖에 두면 냉동고이고, 집 안에 두면 냉장고가 되는 그들에게 냉장고는 불필요한 물건이었다. 냉장고에 대한 1차 욕구 자체가 없던 것이다. 미국과 유럽의 마케터가 판매에 실패한 바로 그 지점에서, 일본 마케터는 1차 욕구를 만들어 냈다. 오랫동안 이누이트족을 연구해 보니 이누이트족 남성의 평균 수명이 전 세계 남성들보다 10년이나 짧다는 것을 알아냈고, 그 원인이 부패한 음식을 많이 먹기 때문이라고 분석했다. 자연 상태에서 보관한 생선에 육안으로 관찰되지 않는 부패가 점진적으로 진행되고 있었다는 것. 일본 마케터들은 부패한 음식을 많이 먹게 된 원인이 냉장고를 쓰지 않았기 때문이라고 주장했고, 이누이트족들은 그 10년을 더 살기 위해 냉장고를 사고 싶어 했다. 냉장고 판매의 주 콘셉트를 냉장고의 본질에서 찾아 '섭씨 2~4도로 온도를 유지시키는 장치', 즉 음식물을 얼어붙지 않도록 하는 기계로 승부했던 것이다.

그런데 일본 기업의 접근 이전에 유럽과 미국의 마케터들이 이누이트족에 게 먼저 접근했는데 그들은 왜 실패했을까? 관성에 따른 콘셉트 설정의 실패가 아니었을까 싶다. 그들은 냉장고의 디자인, 경제적 효용성, 수납효율성 등과 같은 2차 욕구를 건드렸기 때문에 판매에 실패했던 게 아닐까? 이누이트족들에겐 냉장고는 가전제품이 아니라 헬스케어 상품이었던 것이다. 이 에스키모 냉장고처럼 니즈와 원츠를 명확히 파악하고 커뮤니케이션 대응 전략을 수립해야 할 것이다. 목표고객을 정의하고, 현 단계에서 그들의 욕구가 니즈 차원에 있는지 원츠 차원에 있는지를 명확히 분석해야만 한다.

### 3) 토요타의 '5 Why'와 애플의 '5 What if'

앞서 문제의 핵심을 찾기 위한 방법으로 질문에 대한 이야기를 했다. 기업 현장에서 질문을 통해 혁신적인 기업으로 거듭나고 있는 토요타의 '5 Why'와 애플의 '5 What if'를 통해 문제의 핵심에 다가가는 프레임적 접근에 대해 알아보기로 하자.

#### (1) 토요타의 5 Why

세계적인 자동차 회사인 일본의 토요타는 자동차의 생산방식 혁신 'TPS(Toyota Production System)'에서 '5 Why'라는 문제해결의 프레임을 창인했다. 이 방법은 어떤 문제가 발생할 경우, 이에 대한 근본적인 원인에 가장 직접적이고 단순하게 사고를 mapping할 수 있다는 것이 큰 장점이다.

캐묻는 질문방식으로 어떤 문제에 대해 묻고 시원한 답이 나오지 않으면 다시 '왜'에 대한 답에 '왜'를 묻는다. 이런 방식으로 다섯 번 '왜'를 물어 답을 찾는 것이 바로

표 4-1 토요타의 '5 Why'

| | | |
|---|---|---|
| 1 Why | 왜 기계가 멈추었는가? | 과부하가 걸려 퓨즈가 나갔다. |
| 2 Why | 왜, 과부하가 걸렸나? | 축에 윤활유가 충분히 공급되지 않았기 때문이다. |
| 3 Why | 왜 충분히 윤활유를 주입하지 않았는가? | 윤활펌프가 잘 작동하지 않기 때문이다. |
| 4 Why | 왜 펌프가 작동되지 않았는가? | 펌프축이 마모되어 덜거덩거리기 때문이다. |
| '5 Why' | 왜 마모되었는가? | 여과기가 붙어 있지 않아서 절삭 칩이 들어갔기 때문이다. |

출처: 정철화(2007)에서 발췌 후 재정리함.

토요타의 '5 Why이다. '5 Why'는 문제해결 방법에 많이 쓰는 도구로, 지금은 산업 현장뿐 아니라 다양한 분야에서 문제의 본질적 원인을 찾는 방법으로 많이 활용되고 있다.

많이 알려진 '5 Why' 응용사례 중 하나는 미국 워싱턴에 위치한 제퍼슨기념관의 대리석 벽 이야기이다. 어느 날 제퍼슨기념관의 대리석 벽이 심하게 부식되고 있다는 보고를 받는다. 대리석 벽 보수작업에 많은 시간과 비용이 소모되는 것을 막고자 '5 Why' 기법으로 문제를 풀었다고 한다.

Issue 제퍼슨기념관 대리석 벽이 심하게 부식되고 있다.

Why: 왜 기념관의 대리석이 부식되는가? 대리석을 세제로 자주 닦기 때문이다.

Why: 왜 세제로 바닥을 자주 닦는가? 기념관에 비둘기가 많아 배설물이 많기 때문이다.

Why: 왜 기념관에 비둘기가 많은가? 기념관에 비둘기의 주 먹잇감인 거미가 많기 때문이다.

Why: 왜 기념관에 거미가 많은가? 해가 지기 전에 전등을 켜서 거미 먹이인 나방이 많기 때문이다.

Why: 왜 해가 지기 전에 전등을 켜는가? 기념관 직원들이 일찍 퇴근하기 때문이다.

찾은 답은, 제퍼슨기념관 직원들의 퇴근시간을 탄력적으로 늦춘다는 것이었다.

이러한 프레임적 접근 방식인 '5 Why'는 콘셉트 재정의에도 사용할 수 있다. 어느 헬스케어 업체의 콘셉트 개발에 '5 Why'를 활용한 예를 살펴보기로 하자.

첫 번째 Why에서 "왜 운동을 하나요?"를 물었고 그 답으로 "살을 빼기 위해서", 두 번째 Why "왜 살을 빼고 싶은가요?"의 답은 "건강을 위해서, 멋진 몸을 만들기 위해서", 세 번째 Why "왜 건강해지고 싶죠? 왜 멋진 몸을 가지고 싶은가요?"라는 질문에 "다른 사람의 주목을 받고 싶어서"라는 답이 나왔다고 한다. 네 번째 Why "왜 주목을 받고 싶은가요?"의 답은 "내가 괜찮은 사람임을 증명하고 싶어서"였다.

결국 내릴 수 있는 결론은 '자신에 대한 사랑' 때문이었다. 사람들은 자신이 얼마나 사랑스러운 존재인지 확인하고 싶어 운동을 하는 것이었다. 묻고 또 물어 들어가는 5 Why 접근을 통해 찾은 헬스케어 업체의 최종 콘셉트는 'Love Yourself'였다.

또한 5 Why와 같이 이유에 이유를 묻는 방법을 변형하면 본질에 본질을 물어 보다 더 구체적으로 콘셉트를 재정의할 수도 있다. 카카오의 김범수 대표는 카카오톡을 구상할 때 "스마트폰의 본질이 뭘까?"라는 질문에서 출발했다고 한다. 그랬더니 "전화기"라는 대답이 나오고 "전화기의 본질은 뭘까?"라는 질문을 했더니 "커뮤니케이션"이라는 대답이 나왔다. 스마트폰이 전화기이고 전화기의 본질은 커뮤니케이션이라면 그 핵심은 뭘까? 당연히 아는 사람들과 이야기를 나누고 싶은 것, 즉 '수다'로 정리되었다고 한다. 즉, 스마트폰의 콘셉트는 친구든 타인이든, 사람들과의 수다가 핵심이다로 정리될 수 있었고 그 충족수단으로 카카오톡이 탄생한 것이다.

이유에 이유를 묻는 방법을 사용할 때는 그 대답으로 얻는 결과가 본질적이어서 좋은 점도 있지만 바라는 결과(목적)의 범위가 너무 넓어 콘셉트의 구체성이 떨어진다는 단점도 있다. 반면에 너무 구체적이어도 바라는 결과의 범위가 좁아 고객의 바람에서 벗어날 수 있다. 따라서 너무 넓어도(추상적), 너무 좁아도(구체적) 문제인 것이다. 그래서 적절한 수준에서 조절할 필요가 있다. 즉, 이유(Why)를 묻다가 필요하면 어느 단계에선 어떻게(How)로 구체적 방법을 물어야 한다는 것이다. 예를 들면, 전기자동차를 만들려는 회사에 "왜 전기차를 만들려 합니까?"라고 물었는데 "환경을 생각하고 미래에너지를 절약하기 위해서"라고 대답하면, 다시 어떻게(How) 만들려고 하는지를 물어야 한다. 이 물음에 "리튬전지 기술 개발을 통해서"라고 대답했는데, 구체적이지 않다고 판단되면 어떻게(How)인 "리튬전지의 충천 방식은 어떠합니까?"로 되물어야 한다. 캐묻는 질문에서는 '이유(Why)와 방법(How)' '이유의 이유(Why of Why)' '방법의 방법(How of How)'을 묻는 것을 적절하게 조율하고 결합해야 한다. 그러면 질문의 대답 와중에 소비자의 핵심편익을 찾아내거나 콘셉트의 방향을 찾을 수 있다.

이러한 Why와 How를 활용한 콘셉트 추출은 다양한 분야에서 활용되고 있다. 오늘날 애플의 모태가 된 애플Ⅱ는 '컴퓨터는 조용해야 한다'는 스티브 잡스의 혁신적인 생각이 낳은 산물이다. 과열을 막기 위해 컴퓨터 안에 팬이 있는 것은 당시 당연한 일이지만 잡스는 전력 공급장치 전문가를 찾아 나섰고 이 분야 전문가를 찾아 끈질긴 구애 끝에 애플에 합류시켰다. 결국 팬이 필요 없는 스위칭 전력 공급기를 발명해 내면서 스티브 잡스가 바라는 컴퓨터를 실현할 수 있었다. 팬을 제거하면서 컴퓨터 크기도 줄어들어 더 작은 컴퓨터 제작도 가능해졌다. 스티브 잡스가 '왜 컴퓨터에 팬이 있어야 하지?' '어떻게 하면 팬 없이도 열을 식힐 수 있지?'와 같은 질문을 스스로에게 던지지 않았다면 우리가 아는 애플 컴퓨터는 존재하지 않았을 것이다. 이처럼 Why를 이용해 실제 콘셉트를 추출할 때 주의사항은 다음과 같다.

① Why의 주체는 '나'가 아닌 '너'가 되어야 한다(광고주 < 타깃에 초점).
② Why의 목적은 '피상'적인 것이 아닌 '본질'의 것이 되어야 한다(인지도 제고 → 타깃 니즈 파악).
③ 이것저것 중 하나(one of them)가 아닌 핵심에 Why의 차별점을 두라.
④ 통제가 가능한 것들만을 유도하라.
⑤ 검증이 가능한 사실만을 대답하라! '왜'에 대한 대답은 팩트여야 하며, 검증 가능해야 한다.
⑥ 더 이상 '왜'라고 질문할 수 없을 때까지 질문하고 답하라.

계속해서 Why? Why? Why? Why?라는 질문을 통해 접점 문제의 근본에 다다르게 되면, 어느 순간 'Why?'라는 질문을 할 수 없는 답변이 나오게 된다.

### (2) 스스로에게 묻는 애플의 '5 What if'

애플은 주요 현안에 대한 문제를 풀기 위해, 브레인스토밍을 진행할 때 다섯 번의 '~**하면 어떨까?**(5 What ifs)'를 주로 사용한다고 한다. 아이패드의 탄생도 스티브 잡스 특유의 "이거 해 보면 어떨까"에서 출발했다고 전해진다.

잡스는 "왜 노트북과 스마트폰의 중간, 즉 제3의 카테고리에 해당하는 제품은 없을까?"라고 물은 뒤에 "우리가 만들어 보면 어떨까?"라는 질문을 던졌다고 한다. '~하면 어떨까?' '~해 보면 어떨까?'와 같이 질문을 지속적으로 던지는 것은 제품이나 목표지향적 사고의 혁신을 촉진하는 역할을 한다.

앞에서 살펴본 토요타의 '5 Why'는 주로 고객을 향해 고객의 입장을 묻는 데 반해, 애플의 '5 What if'는 주로 스스로 질문하기에 사용된다는 것이 차이이다.

'5 Why'나 '5 What if'와 같이 문제의 핵심을 찾기 위한 프레임적 접근 방법의 의미는 이노베이터(innovator)들이 일반인들에 비해 질문이나 관찰, 네트워킹, 실험적 접근 등에 더 많은 흥미를 가진다는 것이다. 그들은 현상유지 편향(status quo bias)을 벗어나려 애쓰며 현재 상태를 변화시키려는 의지가 더 강하다. 주기적으로 변화를 꾀하면서 그에 수반하는 위험을 기꺼이 감수하는 성향을 갖고 있다는 것이다. 그들의 어록이나 철학을 통해서도 이를 확인할 수 있다. 잡스는 "우주에 경종을 울리고 싶다."고 했고, 구글의 공동 창업자 래리 페이지는 "세상을 바꾸려고 나섰다."고 했다.

### (3) So What? / Why So? - 과장과 비약을 막는 기술

콘셉트 회의나 아이디어 미팅을 할 때 우리는 '의해서' '따라서' '이와 같이'라는 말을 자주 사용하게 된다. 이런 표현들은 전후 이야기가 서로 연결되어 있지 않으면 이야기가 비약했기 때문에 앞뒤가 서로 맞지 않는다고 종종 느끼게 한다. 그렇게 되면 상대가 이해하기를 거부하거나 전달자와 듣는 사람 모두 이야기의 비약을 깨닫지 못한 채 결론이 엉뚱한 방향으로 흘러가 버리기 쉽다. '의해서' '따라서' '이와 같이'의 전후 이야기가 비약하지 않고, 전달자가 말하고 싶은 결론과 근거, 결론과 방법의 맥락을 상대가 매끄럽게 이해하게 하는 것이 매우 중요하다. 이를 위한 기술이 바로 **'그래서**(So What)?'와 **'왜 그런데**(Why So)?'이다.

'So What?'이란 현재 가지고 있는 정보나 재료 중에서 "결국 어떤 것인가?"를 추출하는 작업이다. 바꿔 말하면 '의해서' '따라서' '이와 같이'의 앞부분에 진술된 정보나 데이터 속에서 자신이 답변해야 할 과제에 비추어 보아, 대답할 수 있는 중요한 엑기스를 추출하는 작업인 것이다. '의해서' 등의 뒷부분에 나오는 사항은 앞에 있는 정보를 'So What?' 한 것이 된다. 중요한 것은 'So What?' 한 것에 대해서 "왜 그렇지?" "구체적으로는 뭐야?"라고 검증, 확인하는 것이 'Why So?'이다. 즉, 'So What?' 하면 반드시 'Why So?'로 확인하는 것이 훌륭한 키 콘셉트 추출의 중요한 습관이다. 이러한 'So What?/Why So?'를 자유자재로 구사하기 위해서는 평소에 '결론적으로 여기서 무엇을 말할 수 있는지' '결론적으로 이 이야기에서 중요한 것은 무엇인지'라는 식으로 생각하는 습관을 기를 필요가 있다.

### 4) 스토리에서 답을 찾으라

스토리를 찾아라.
없다면 만들어라.

"모든 광고는 내재된 드라마(Inherent Drama)가 있어야 한다."

미국의 전설적 카피라이터인 레오 버넷의 말이다. 그는 역사상 가장 오래 지속된 스토리텔링 광고 캠페인 중 하나인 말보로 카우보이를 탄생시킨 주역이기도 하다. 그는 Marlboro라는 담배 이름이 '남자는 흘러간 로맨스 때문에 항상 사랑을 기억한다(Man always remember love because of romance over).'라는 문장의 영어 앞 글자를 따서 만든 것이라고 홍보하며 말보로사 창업자의 비극적 사랑 이야기를 제품 이미지에 녹여 넣었다.

이러한 스토리텔링 기법은 다매체 시대를 맞아 최근 더욱 많이 활용되고 있다. 이는 미디어의 변화와 관계가 있다. 과거 매스미디어를 통한 소통에서는 강렬한 이미지와 메시지가 중요했지만 요즘과 같은 SNS 등의 소셜미디어 중심의 소통 환경에서는 공감할 수 있는 이야기가 필요하다. 미래학자 롤프 옌센은 '미래는 감성과 스토리텔링의 시대가 될 것'이라며 스토리의 중요성을 강조하기도 했다.

스토리텔링 광고는 스토리를 통해 간접적으로 브랜드의 특성, 기능, 장점을 제시한다. 소비자의 감성을 자극해 거부감을 낮추고 설득력을 높일 수 있으며 드라마틱한 전개 구조로 광고스토리의 몰입도와 내용에 대한 기억률을 높이는 장점이 있다. 이야기를 전개하는 소통의 주도권도 기업과 브랜드에서 최근에는 소비자로 옮겨 가는 추세이다. 또 지상파 방송을 통해서만 광고를 볼 수 있었던 시절과는 달리 요즘은 유튜브, 스크린 등 다양한 매체를 통해 광고를 접할 수 있다. 유튜브와 극장용 광고는 TV 광고에 비해 시간의 여유가 있어 재미있는 이야기로 소비자들의 이목을 집중시키고 있다.

국내에 스토리텔링 광고가 도입된 것은 2001년 롯데칠성음료의 '2% 부족할 때' 캠페인이었던 것으로 기억한다. 배우 정우성이 월드스타 장쯔이(章子怡)에게 낙엽을 던지며 "가! 가란 말이야."라고 외치는 장면은 지금도 많은 사람이 기억하고 있다. 제품명을 '목마른 사랑'에 연결해 단편 영화 같은 4편의 시리즈로 완성해 낸 이 광고는 당시 사랑에 대한 논쟁을 불러일으키며 여러 프로그램에서 패러디되기도 했다.

최근에는 꾸준한 스토리텔링 기법으로 캠페인을 이어 가고 있는 박카스 등의 일반 상품 캠페인뿐 아니라, 기업PR 광고에서도 이 기법이 많이 활용되고 있다. SK이노베이션은 유튜브 온라인 채널을 통해 총 5편의 기업PR 광고를 집행했다. 영상은 12초로 짧게 제작돼 주목도를 크게 높였고 반전 패러디와 같은 스토리텔링 방식 전개를 바탕으로 재미가 더해져 국내외 시청자들로부터 뜨거운 호응을 얻기도 했다. 론칭 77일 만에 조회수 5,000만을 기록했다.

스토리텔링은 제품의 탄생비화나 소비자의 사용경험 등 실제 이야기를 바탕으로 구성되기도 하지만 대부분의 스토리텔링은 사실 크리에이터들의 머리에서 나온다.

광고계의 전설 같은 말보로의 스토리텔링을 살펴보자. 스토리텔링의 대표적인 사례인 말보로 담배 특히 필터 담배의 탄생배경은 매우 흥미롭다. 오늘도 여전히 담배를 즐기는 이유는 이처럼 치명적인 해악성 물질인 담배임에도 불구하고 낭만적인 분위기를 연출하는 이미지 메이킹에 있다.

'싸나이는 말보로' 남자 담배의 대명사가 된 말보로는 지금의 남성적 이미지와는 달리 1924년 여성용 담배로 출시되었다. 당시 헤드 카피는 '5월처럼 부드러운 Mild as May'로, '립스틱을 망가뜨리지 않는 필터'라는 콘셉트로 여성 흡연자를 겨냥했다. 그러다가 1950년대 초부터 흡연이 해롭다는 사회적 인식이 대두하며 담배업계는 필터용 담배 판매에 주력하는 상황으로 전환되었다. 사회적으로 담배와 건강이라는 연결고리에 관심이 증가하고 남자들도 건강을 우려해 필터용 담배로의 전환을 고려 중이지만 자신들이 여성용 담배를 피우는 것으로 비춰질까 우려해 망설이는 가운데 담배 판매량은 줄어들었다. 결국 여성을 겨냥했던 말보로가 별로 인기를 끌지 못하자 필립 모리스는 시카고의 광고전문가 레오 버넷에게 말보로의 광고를 부탁하게 된다.

이때 레오 버넷은 말보로의 콘셉트를 180도 전환할 것을 제안한다. 건강을 덜 해친다는 콘셉트로 말보로가 먹혀들지 않자, 역으로 가장 남성적이고 독한 담배로 콘셉트를 바꾸자고 제안한 것이다. 그는 아이디어 회의에서 스태프들에게 생각해 낼 수 있는 가장 남성적 상징물은 무엇인지 질문을 던졌고 한 참석자가 '카우보이'라고 대답하였다. 바로 오늘날의 광고역사에서 가장 주목받는 사건인 '말보로 맨'이 탄생하는 순간이었다.

그 유명한 말보로 맨이 처음 신문광고에 실린 것은 1954년이다. 카우보이가 말보로 담배에 불을 붙이는 사진이었고 광고 카피는 '당신과 맛 사이를 필터가 방해하지 않는다(The filter doesn't get between you and flavor).'였다. 필터를 사용해도 본연의 담배 맛을 즐길 수 있다는 점을 강조한 것으로, 이는 필터 사용으로 인한 약한 이미지를 카우보이 이미지로 상쇄하려는 의도가 담긴 표현이다.

[그림 4-1] 말보로 광고

말보로는 말보로 맨을 활용하는 광고 캠페인이 전격적으로 개시된 1955년, 50억 달러였던 매출이 2년 후 200억 달러에 육박하며 대성공을 거두게 된다. 그 이후 말보로 광고는 미국 서부의 광활한 협곡과 산, 사막, 초원과 같은 배경과 말보로 맨의 사진을 함께 보여 주었다. 이를 통해 자연을 벗하여 자유롭고 강인한 삶을 사는 카우보이는 말보로를 즐겨 피운다는 것을 강조한 것이다. 말보로는 말보로 맨에 의한 이미지 변신에 성공하여 1972년부터 세계에서 가장 많이 팔리는 담배 브랜드가 되었다. 말보로 광고가 등장하기 전까지 미국 담배 시장에서 6위였던 필립 모리스는 1975년에는 윈스턴을 제치고 1위에 오르게 된다.

### Marlboro 브랜드 스토리

옛날에 서로 사랑하는 남녀가 있었다. 하지만 집안의 반대로 둘은 헤어지게 되었고 여자는 원치 않는 사람과 강제 결혼을 해야 했다. 이에 남자는 마지막으로 담배 한 개피를 피우는 동안만이라도 함께 있어 달라고 여자에게 부탁한다. 하지만 그 당시에는 담배에 필터가 없어 둘이 함께할 시간은 순식간에 끝나 버렸고 그 짧은 순간이 너무 안타까웠던 남자는 열심히 일해 세계 최초로 필터가 적용돼 천천히 타는 담배를 개발해 성공을 거뒀다.

반면, 다른 남자와 결혼한 여자는 남편을 여의고 빈민가에서 홀로 힘들게 살아가고 있었다. 이를 알게 된 남자는 그녀를 찾아갔지만 그녀는 싸늘한 시체가 되어 둘의 사랑은 결국 이뤄지지 않았다. 이에 슬픔에 빠진 남자는 필터가 있는 담배의 신제품 이름을, '남자는 흘러간 로맨스 때문에 항상 사랑을 기억한다.'는 말의 이니셜을 따서 Marboro로 이름을 지었다.

Marlboro: 'Man Always Remember Love Because Of Romance Over.'
'남자는 흘러간 로맨스 때문에 항상 사랑을 기억한다.'

물론 이 스토리는 사실이 아니다. 레오 버넷의 머리에서 나온 가상의 이야기이다. 실제 말보로라는 이름은 필립 모리스 사의 공장이 있던 런던 그레이트 말보로 거리(Great Marlborough Street)에서 유래한 것이다. 그럼에도 소비자들은 사랑하는 여인을 잃은 남자의 고독, 외로움, 이별의 아픔을 딛고 성공한 이야기를 떠올리며 말보로를 기억하고 선택하게 되었다.

하지만 광고의 아이러니랄까? 말보로 광고에 카우보이로 출연했던, 미국의 유명 배우 데이비드 밀러, 데이비드 맥린 등 3~4명이 폐암으로 사망하였다. 특히 1970년대 후반 말보로 담배 광고 모델로 유명했던 배우 에릭 로슨이 2014년 72세의 나이로 흡연으로 인한 폐질환(COPD)으로 사망하며 한때 '카우보이 킬러'라는 불명예를 얻기도 했다.

## 5) 새로운 라이프스타일을 제안하라

프리미엄 프라이빗 가전, LG 오브제. 가전시장만큼 오래되고 치열한 싸움터도 없을 것이다. 최근 사회적으로 '홀로족' 또는 '혼족'의 시장성이 커지며 그들의 다양한 취향을 겨냥한 상품군들이 특수를 누리고 있다.

여기서는 예술작품과도 같은 오브제를 테마로 한 LG의 생활가전이야기 '오브제(Objet)를 통해 시대의 트렌드를 읽는 콘셉트 개발이 얼마나 왜 중요한가를 알아보도록 하자.

세계적인 산업디자이너 '스테파노 지오반노니'와의 콜라보로 완성된 'LG 오브제'는 명품 가구 거리에서나 볼 수 있을 것 같은 멋진 디자인의 가전들에 관한 이야기이다. 고급스러운 협탁 디자인의 냉장고와 공기청정기, 엘레강스한 소파 테이블을 연상케 하는 오디오 스피커, 부자들의 서재에나 있을 법한 클래식한 장식장 형태의 TV. 이 제품들의 이미지를 접했을 때 우리는 어떤 생각을 할까? '럭셔리한 인테리어에 어울릴 법한 제법 값 좀 나가는 가구 모양의 가전?' 또는 '멋진 집의 인테리어 효과를 배가시키는 그런 가전' 정도가 아닐까 한다.

하지만 이 제품들의 실물을 눈앞에서 직접 가까이 마주했을 때는 완전히 묘한 기분에 사로잡히게 된다. 이미지로만 제품을 봤을 때 우리는 대부분 우리 집엔 이런 고급스러운 디자인의 제품이 조화롭게 놓일 만한 공간이 없다고 생각한다든가, 본인과의 접점이 전혀 없다고만 생각한다. 하지만 오브제의 실물 제품들을 가까이에서 직접 보고 만져 봤을 때 이상하리만큼 너무 가지고 싶다는 생각이 든다는 것이다. 이 제품이 가지고 싶은 이유는 그것들이 생각보다 아름다워서가 아니라, 너무나 '사용'해 보고 싶었기 때문이라는 게 필드테스트를 경험한 일반 소비자들의 평이다.

바로 여기에서 LG 오브제의 소비자 커뮤니케이션은 출발했다고 한다.

"장식하고 싶은 제품이 아니라, 사용하고 싶은 제품으로 만들어야 한다!"

다시 말해, 오브제를 통해 누릴 수 있는 새로운 라이프스타일을 제안하는 것으로, '아름답다'가 아니라 '필요하다'는 생각을 자아내는 것이다. 제품을 실제로 체험한 여

[그림 4-2] LG 오브제 광고

러 사람의 반응을 고려해 볼 때, 소비자들은 오브제의 심미성보다는 실용성에서 훨씬 더 공감할 것이라는 확신이 들었다고 담당 크리에이터들은 전한다.

오브제는 '작다'보다는 '콤팩트하다'는 표현이 더 어울린다. 크기는 작아도 그 기능은 굉장히 야무지기 때문이다. 단순히 작다고 하면 크기가 작은 개인용 가습기나 태블릿PC 등 포터블 퍼스널 기기와 같은 제품군을 떠올리기 마련이겠지만, 오브제는 작은 크기에도 불구하고 대형 가전과 비교했을 때도 손색이 없을 만큼 그 스펙이 탁월하다는 게 장점이다. 또한 가족 구성원 모두가 쓰기에도 충분한 사양이어서 오브제를 패밀리 가전과 퍼스널 가전의 사이에 위치시켜 성공을 거두었다. 즉, 나만의 취향에 맞춘 카페와 음악, 그리고 화사하고 맑은 공기가 있는 아름다운 공간에 LG 오브제를 놓기로 한 것이다. 나만을 위한 시간과 공간 속에서 삶을 누린다라는 콘셉트로 성공한 '프리미엄 프라이빗 가전'이 LG 오브제이다.

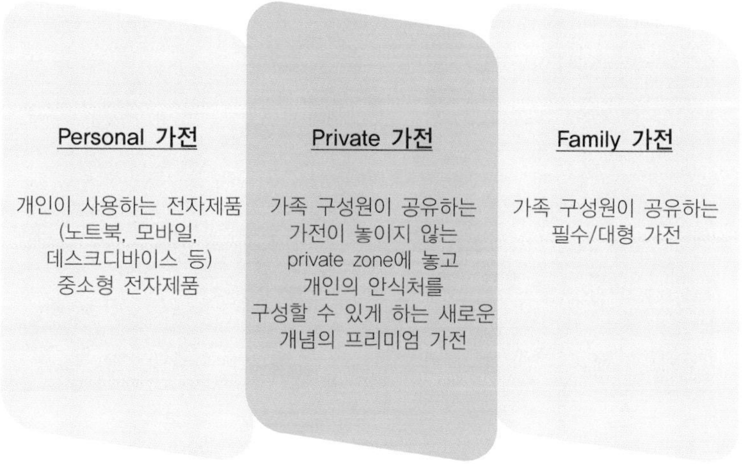


[그림 4-3] LG 오브제 포지셔닝

## 6) 트렌드 읽기에서 답을 찾으라

시대의 트렌드를 읽으라. 소비자 라이프사이클이 변하고 매체 환경이 변하면서 크리에이티브의 역할도 많이 변하고 있다. 4대 매체가 주를 이루던 시절에는 사람들이 광고를 회피하지 않게 하는 정도의 소극적 역할이었다면, SNS 시대에는 사람들이 스스로 광고를 찾아보게 하고, '좋아요'를 누르게 하고, 퍼 나르고, 소문내게 하는 적극적인 역할까지 크리에이티브가 해야 한다.

시대적 트렌드를 잘 읽고 성공한 캠페인을 살펴보자. 그림 같은 광고, 영화 같은 광고 쓱~SSG. 새로운 캠페인을 론칭할 때 우리는 콘셉트 설정에서 무엇을 가장 고민할까? 아마도 브랜드 인지도 제고가 아닐까 한다. 쓱(SSG) 캠페인을 통해 살펴보도록 하자.

SSG.COM은 2014년에 출범한 이마트몰 · 신세계몰 · 신세계백화점 · 트레이더스 등 신세계 그룹의 온라인 쇼핑사이트를 하나로 묶은 통합 온라인 쇼핑 플랫폼이다. 그러나 많은 사람이 신세계와 이마트를 친숙하게 생각하는 것에 비해 SSG.COM은

[그림 4-4] SSG 광고

이름에서부터 조금은 생소한 느낌을 받았다.

소비자 조사를 통해 얻은 인사이트는, 이마트나 신세계몰을 이용하면서도 정작 본인이 SSG.COM을 이용하는지 모르고 있다는 점이다. 플랫폼 사이트이긴 하지만 사이트에 크게 브랜드가 노출돼 있고, 택배 배송 문자도 SSG.COM으로 전송되고 있음에도 본인이 사용하고 있는 사이트를 인지하지 못하고 있다는 건 실로 놀라운 일이었다. 여기에는 에스에스지닷컴(SSG.COM)이라는 브랜드 네임을 발음하는 것이 어렵다는 이유도 있었다.

당연히 광고팀은 광고의 가장 큰 목표를 '인지도'로 잡고 때마침 유행하던 스브스(SBS)나 스크(SK), 흐드미(HDMI)와 같이 편하게 부르는 친구의 별명 같은 'SSG=쓱'을 탄생시켰다.

SSG.COM을 심플하고 임팩트 있게, 또 사람들이 쉽게 떠올리도록 환기시키기 위해 'SSG=쓱'이라고 부르자고 한다. '쓱'의 의미는 '빨리 무언가를 하는 모양' 또는 '슬쩍 문지르는 모양'을 표현하는 것으로, 빠르고 쉽게 쇼핑을 하는 행위나 모바일로 앱을 실행하는 손가락의 움직임을 담을 수 있는 단어이다. '쓱'은 또한 SSG.COM의 가치와 통합 온라인 쇼핑 플랫폼으로서의 업의 정의를 표현할 수 있는 워딩이며, 모바일 쇼핑 상황과 소비자의 습관이나 행동을 담을 수 있는 단어이기 때문에 쉽고 재미있게 브랜드를 기억시킬 수 있는 방법으로 판단되었다.

광고의 표현 콘셉트 또한 모 브랜드인 신세계의 DNA를 살려 가야 한다는 전제 아래, 회화적이면서도 고급스럽고 세련된 분위기로 전개했다. 회화적 표현과 잘 어울리도록 세트의 아트감과 모델의 의상 · 헤어 등의 콘셉트를 레트로&시크(Retro & Chic) 무드로 잡아서 표현에도 주의를 기울였다. 어느 영화에서 본 듯하면서도 처음 보는 듯한 우아한 레트로 느낌으로 장치하였고 후반작업을 통해 마치 그림을 그리듯이 채색하는 작업을 진행했다.

하나의 광고에서 같은 배경이라 해도 화면마다 색깔이 변한다. 파란색 벽이 다음 화면에서는 초록색 벽이 되기도 하고, 청록색 의자가 주황색이 되기도 한다. 이 부분은 온에어 이후 소비자들 사이에 '옥의 티' 찾기 같은 재미를 주며 온라인을 달구기도 했다.

B.G.M 작업도 시크하고 레트로한 분위기에 맞게 기존 음악을 쓰지 않고 멜로디 없이 리듬으로 만들어진, 조금은 긴장감 있는 B.G.M으로 제작함으로써 광고의 이미지와 B.G.M이 시너지를 발휘해 새로운 느낌의 광고를 만들어 냈다.

2015년 12월 31일 'SSG=쓱'이라는 메시지를 담은 론칭편을 시작으로, 2016년 1월 중순부터 '오늘 쓱 배송' 편 · '매직픽업' 편 · '오반장' 편 등 SSG.COM의 주요 서비스를 담은 본편 광고 3편이 온에어했고 한 달도 채 되지 않은 시간에 시장은 뜨겁게 반응했다.

쇼핑이나 장을 본 뒤 본인의 SNS에 해시태그로 #쓱, #ㅅㅅㄱ을 자연스럽게 남긴다든지, 광고를 연기한 공유와 공효진 '공공커플'의 대사를 스스럼없이 따라 하게 되는 등 광고가 온에어됨과 동시에 소비자들의 일상 속에 쓱이 쓱~ 붙게 되었다. '쓱'에 업의 가치를 담는 것은 물론, SSG.COM의 다양한 혜택을 담을 수 있었고, 소비자들의 일상 속으로 '쓱'이 자연스럽게 전파되기까지 한 것이다.

광고제작팀에게 온 또 다른 큰 선물은 시장에서 온 인사이다. 광고가 온에어된 지 10일 정도 지났을 때 광고주인 SSG로부터 매출이 20%가량 올랐다는 메시지가 온

[그림 4-5] SSG 광고 시리즈 이미지

것이다. 성공 콘셉트에, 뜨거운 소비자 반응, 그리고 시장에서의 실질적 매출 효과, 3박자가 제대로 터진 대박 광고 캠페인이 탄생한 것이다.

시대적 트렌드를 읽고 시장에 대응해가는 브랜드 사례를 하나 더 보기로 하자. 미국의 대표적 모터사이클 제조사인 할리데이비슨은 최근 소비 시장의 변화에 대응할 새로운 콘셉트를 찾고 있는데 그 변화가 흥미롭다. 여느 기업과 마찬가지로 할리 또한 주 고객층의 인구 구조 변화, 시장의 유동성 변화 등에 따라 시장에서 부침을 거듭하고 있다. 2019년 현재 할리의 최대 고민은 미국 인구 구성의 변화로, 미국 내 수요가 절대적으로 감소한다는 점이다.

현재 미국의 할리 소비자층은 대당 기본 가격이 3만 달러를 훌쩍 넘는 '빅호그(Big Hogs: 거대한 수퇘지란 뜻을 가진 360kg가 넘는 할리의 대표 모델)'를 살 여유가 있는 50세 이상의 베이비붐 세대가 절반을 넘는다. 이들은 빅호그의 V트윈 엔진을 시동 걸 때 나는 낮은 '으르렁'거림과 가속 시 뿜어내는 '쾅쾅' 굉음에 취해 교외로 질주했다. 이런 '위엄'을 외국산에선 결코 찾을 수 없다고 믿는 세대이다. 그러나 이 베이비붐 세대는 퇴장하며 검소해졌고, 후속 세대는 이런 고가의 빅호그를 살 경제적 여유가 없다. 더구나 젊은 층은 날렵하고 스포티한 모델을 좋아한다. 즉, 빅호그를 더 잘 만든다고 해서 해결될 문제가 아닌 것이다. 게다가 할리 팬들은 워낙 자신의 '애마'를 잘 관리해 미국에선 할리 신제품 1대가 팔릴 때마다 중고 제품 3대가 팔린다. 이런 불황을 타개하기 위해 선택한 게 바로 중국, 인도, 태국 등의 아시아 시장이다.

그러나 아세안(ASEAN)의 모터사이클 소비자들은 미국에서와 같은 덩치 큰 빅호그 스타일이 아니라 날렵하면서도 브랜드가 있는 경 모터사이클을 선호한다. 결국 할리는 시장의 요구에 따라 상품 스타일의 변화를 시작하게 된다. 그 대표적인 사례가 최근 중국에서 합작 생산한다고 발표한 배기량 338cc짜리 모터사이클이다. 할리 기준에서 보면 '초소형' '베이비호그'이다. 또 하나의 콘셉트 전환으로 내놓은 할리의 신작은 전기 모터사이클인데, 특히 미래의 빅호그 소비자층을 만든다는 계획 아래 3~7세를 겨냥한 초소형 할리표 전기 모터사이클이 화제의 중심에 있다. 이 전기 바이크는 대당 600~700달러이며 2019년 하반기에 출시 계획으로 알려지고 있다.

116년 역사의 할리데이비슨의 오늘을 통해 생각할 부분이 많아지는 지점이다.

[그림 4-6] 2019년 출시 예정인 꼬마 할리데이비슨

## 3. 콘셉트 점검

앞에서 살펴본 바와 같이 콘셉트 추출은 다양한 과정을 통해 진행되며 또한 그 결과를 장담할 수 없다. 설정한 콘셉트는 최종 설정 단계에서 크리에이터의 자기평가와 기획팀 평가 그리고 마지막으로 광고주의 평가 등 3단계에 걸쳐 필터링을 거치는 게 좋다. 이는 실수를 줄이는 것이 아니라 실패를 예방하는 길이다.

### 1) 자기평가

어려운 과정들을 거치며 콘셉트를 추출했다 하더라도 다음의 단계 속 체크리스트를 통해 셀프 필터링을 거치는 것이 좋다. 전략에 따른 콘셉트 추출인가를 점검하기 위해 스스로에게 묻는 체크리스트를 알아보자.

① 이 콘셉트는 실행될 만한가? 주어진 예산 범위 내에서 실행할 수 있는가? 정확하게 집행할 수 있는가? 그럴 만한 가치가 있는가? 소품과 장소, 모델 등 다른 모든 변수가 이 아이디어의 실행을 가능하게 할 것인가?

② 타깃 선택은 제대로 되어 있는가? 목표하는 소비자들이 좋아할 것인가? FGI나 아이디어 필드테스트 등을 목표 소비자들에게 먼저 선보여 테스트하는 방법을 고려하는 것은 어떨까?

③ 향후 캠페인에 적용 가능성은 있는가? 이 아이디어가 확장된 캠페인에도 어울릴 것인가? 일회성에 그칠 것인가, 다른 매체에서도 쓸 수 있겠는가?

④ 광고주를 설득할 수 있겠는가? 이 콘셉트는 광고주가 생각하는 틀에서 너무 먼 것은 아닌가? 콘셉트를 논리적으로 제대로 정당화할 수 있을 것인가?

## 2) CD와 기획팀의 평가

크리에이터 개인이나 팀에서 뽑은 콘셉트를 가지고 경험 많은 CD 및 광고를 같이 만들어 갈 기획팀과 팀미팅을 거치는 것이 좋다. 만에 하나 흘려버렸을지도 모를 실수를 예방하는 길이다.

① 전에 본 적이 있는가? 경험 많은 CD와 기획팀에게 그들의 경험에 비추어 이전에 사용되었거나 유사한 콘셉트가 있었는가를 체크한다.

② 소비자의 시선을 붙잡을 수 있는가? 무엇이 소비자의 시선을 집중시켜 광고를 보게 할 것인가?

③ 비주얼과 카피의 연계는 어떠한가? 그 '한마디'는 무엇인가? 핵심이 콘셉트에 들어가 있는가? 노련한 CD와 기획팀은 이를 바로 찾아낼 수 있는 사람이다. 이때 만약 콘셉트를 길게 설명해야 한다면 문제가 있다는 것이다. 이는 매체

를 통해 만날 소비자들에게 광고를 논리적으로 설명할 수 없다는 뜻이기 때문이다.

### 3) 광고주의 평가

마지막으로, 광고팀과 광고주의 시선 차이를 확인할 필요가 있다. 합목적성을 띤 콘셉트라 하더라도 클라이언트는 그들 브랜드의 특징이나 혜택이 드러나는 콘셉트를 원하는 편이다.

이때 광고팀은 콘셉트의 출발 배경과 흐름에 대해 상세히 그리고 설득력 있게 이야기를 전개할 필요가 있다. 브랜드가 나아가야 할 방향과 소비자와의 접목 부분을 가장 잘 아는 집단이 콘셉트를 추출할 수 있기 때문이다. 이는 결국 가장 많이 고민한 '우리'가 할 수 있는 일이기 때문이다. ■

# 제5장

# 디지털 콘텐츠 크리에이티브

**이선구**(숭의여자대학교 영상디자인학부 교수)

1. 광고의 확장인가 한계인가
2. 크리에이티브 트랜스포메이션
3. 브랜드 전도사와 고객 여정
4. 스토리텔링의 창출
5. 광고를 넘어 문화 콘텐츠로

◈◇◈

"The ultimate freedom for creative groups is the freedom to experiment with new ideas." 창의 그룹 아이디오(IDEO)의 제너럴 매니저인 톰 켈리(Tom Kelley)가 언급한 바와 같이 창조적인 집단에게 궁극적 자유란 새로운 아이디어로 마음껏 실험해 볼 수 있다는 자유일 것이다. 이제 광고인들도 궁극의 자유를 누릴 때가 되었다. 기실 이러한 자유는 광고인들이 먼저 찾고 쟁취했다기보다는 Digital Technology, Network, Connect, Social 등의 개념으로 규정되는 새로운 기술과 미디어의 외부 환경, 그리고 그것을 향유하는 고객의 변화로부터 온 것이다.

오래전부터 광고는 '광고'로 한정 지어지기보다는 커뮤니케이션이나 콘텐츠, 예술의 영역을 넘나들기를 버릇하였다. 모든 시대에는 그 시대의 앞선 기술과 미디어가 있었고 광고산업은 이를 가장 먼저 수용하여 광고주와 고객에게 선도적인 서비스를 제공하는 것을 업의 특성으로 삼아 왔다. 이 장에서는 새로운 기술 및 미디어와 동행하게 된 광고인들, 특히 크리에이터들이 그 변화를 깊이 들여다보고 더 즐겁게 받아들일 수 있도록 광고산업과 관련된 몇 가지 키워드를 탐색해 보고자 한다. 기업적 측면에서의 **디지털 트랜스포메이션**(Digital Transformation), 고객 측면에서의 **고객 여정 맵**(Customer Journey Map), 크리에이터 측면에서의 **상호작용적 디지털 스토리텔링**(Interactive Digital Storytelling: IDS)이 그것이다.

이 시대 광고가 만나고 부딪치고 있는 디지털 기술의 크기와 폭을 볼 때, 100년 넘게 써 온 일본식 한자어인 '광고(広告 Kōkoku)'라는 조금은 평범해진, 혹은 작아진 상업성의 틀을 탈피하여 이제는 사람의 생활과 만나는 콘텐츠(contents), 사람의 생각을 열어 주는 컬처(culture)로 진화할 수 있지 않을까 기대해 본다.

## 1. 광고의 확장인가 한계인가

미래(未來)는 그 한자를 따져 해석할 때 '아직 오지 않았다'는 의미이다. 지금까지 광고 크리에이티브의 주된 소재이기도 했고 아직 모르는 것, 아직 경험해 보지 않은 것을 선제적으로 제안하여 수익을 올리는, 즉 자본주의 선행지수인 광고산업이 비즈니스의 기본 골격으로 삼아 왔던 그 '미래'가 이제는 광고를 흔들고 있다. 언제나 새로운 매체는 매체 기획자, 크리에이터들의 먹잇감이 되어 왔다. 케이블TV가 그러했고, DMB가 그러했고, 위성방송이 그러했다. 지금 광고산업에서 그 미디어들은 어디쯤 자리 잡고 있는가. 미래는, 아니 이미 우리 곁에 와 있는 현실은 그 방향과 끝을 따라가기에 벅찬 매일매일의 새로운 기술과 네트워크와 소셜의 결합체인 무한대의 미디어에 둘러싸여 있다. TV 등 핵심 광고매체의 보조역할로 활용되다가 수익성이 떨어질 때쯤에 하나둘씩 새로운 것이 등장하던 소위 '뉴미디어' 시대의 과거와는 비교할 수 없다.

모바일 디바이스 하나로 디지털, 네트워크, 소셜미디어, 클라우드, 빅데이터 분석, IoT 및 각종 앱과 플랫폼, 그 외 나는 모르는데 누군가는 새롭게 쓰고 있는 자원들을 누릴 수 있는 시대이며 이 중 어떤 것 하나도 광고와 무관하다고 할 수 없지만, 광고가 어떻게 활용해야 할지도 확실하게 답이 보이지 않는다. 새로운 환경은 늘 광고산업의 확장을 가져다주었고 광고 크리에이터들에게도 새로운 크리에이티브를 시도하는 계기가 되어 주었었다.

모든 광고회사는 이제 디지털이라는 익숙하되 익숙하지 않은 문명에 재촉이라도 받은 듯, 콩 튀듯 팥 튀듯 하고 있다. 거의 모든 보고서와 트렌드 전망은 광고인들이 지금까지 해 왔던 일과 삶의 방식을 근본적으로 바꿔야 할 광고혁명의 시대에 맞닥뜨려 있다고 이야기하고 있다. 물론 이러한 디지털 기술과 미디어의 폭증으로 인한 파급력의 규모와 범위, 복잡성 등이 단순히 광고산업만 자극하는 것은 아니다. 다른 산업들도 지금까지 해 왔던 성장 공식을 따라서는 도태될 위기에 처한다는 막연하지만 거대한 위협에 빠져 있다. 도대체 어디서부터 새로운 성장 공식을 써야 할까. 기존의 기준이나 생각으로는 디지털과 테크놀로지와 네트워크와 빅데이터……. 기술의 속도를 알 수도 없고 따라가기도 어렵다. 미래는 그래서 더욱 불안하다. 누군가는 그래서 미래를 밝히는 가이드라인을 제시한다. 2018년엔, 2019년엔, 10년 후엔……. 트렌드와 미디어 변화, 마케팅을 전망하는 보고서들이 그것이다.

한국온라인 광고협회와 디지털마케팅 연구회가 선정한 올해의 디지털마케팅 트렌드 10대 키워드를 보자. 국내 기업의 마케팅 담당자 160명을 대상으로 설문조사를 통해 가려낸 결과이다.

- 디지털 트랜스포메이션
- 고객경험 통합관리 및 최적화
- 고객데이터플랫폼(CDP)
- 실시간 개인화 마케팅
- 오디언스 타기팅
- AI마케팅
- 동영상마케팅 커뮤니케이션
- 마테크(Martech)+애드테크(Ad Tech)
- 블록체인 마케팅
- 브랜디드콘텐츠 캠페인

디지털 광고분야는 '동영상 광고'를 가장 주목할 광고분야로 생각하였으며, 소셜미디어 분야에서는 '인플루언서 마케팅' 활용을 우선순위로 꼽았다. 디지털 크리에이티브 기술로서는 '인공지능(AI)'과 '센서와 인식기술'이 가장 많이 활용될 것으로 조사되었다. 저자의 관점에서 보면 이것은 단순히 Marketing Trend에 대한 예견일 뿐 아니라 마케팅 담당자들의 Mind Trend이다. '4차 산업혁명'으로 세뇌되고 있는데 더하여, 앞서 제시한 여러 디지털마케팅 중 몇 가지를 누군가는 하고 있고, 또 앞서간다는 이야기까지 듣고 있는 상황에서의 급한 마음마저 더해진 결과일 것이다.

혁신(transform), 고객 경험(customer experience), 고객 데이터(customer data), 개인화(personalize), 표적화(targeting)의 중요성……. 이것은 새로운 것인가? 아니다. 이것은 본질이다. 이것은 익숙하며 오랫동안 효과를 얻었던 전가의 보도(傳家의 寶刀)와도 같은 것이다. 마케팅 담당자들을, 혹은 그들의 파트너인 광고회사들을 불안하게 하는 것은 이러한 친숙하면서도 중요한 것들을 얻어 내는 방식, 즉 디지털 기술(digital technology)이라는 잴 수 없는 크기와 속도에 대한 낯섦이 아닐까. 빅데이터(big data)의 중요성과 활용을 통한 성과는 익히 인지되어 있다. 거의 모든 기업에서 이를 도입하였다며 홍보를 하였다. 이미 오래전 이야기이다.

빅데이터 분석은 앞서 제시한 10가지 중 고객경험 통합관리 및 최적화, 고객 데이터 플랫폼(CDP), 실시간 개인화 마케팅, 오디언스 타기팅, AI마케팅과 밀접한 관련이 있는 기술이다. 현재 국내에는 빅데이터를 활용 중인 기업과 광고회사가 많이 있는 것으로 알려져 있다. 여기서 많은 사람이 가지는 궁금증이 있다. 그들이 활용하고 있는 빅데이터는 어느 정도나 big한 것인가? 그것은 OECD 프라이버시 가이드라인 8원칙과 개인정보 보호법으로 걸러 낸 이후의 것들인가? 이후의 것들은 충분히 객관적인가? 타깃의 속성을 제대로 보여 주는 것인가? 알맹이 사이의 가치없는 껍데기 데이터들을 어떻게 솎아 내었는가? 빅데이터를 통해 인사이트를 발견하는 방법은 무엇인가? 빅데이터 분석이 중요한 이유는 충분히 알고 있다. 빅데이터 분석을 통해 성공한 마케팅 사례나 광고 사례는 무엇인가? 우리는 Want to Do와 Have to Do 사이의 어디쯤 있는 것은 아닌가.

테크놀로지가 주도하는 세계에서는 How to Do에 대한 고민이 더 크고 중요하다. 어느 정도 양의 데이터를, 어떤 기준으로 가르고, 어떤 기술(소프트웨어)로, 결과 분석 작업 시 기술과 사람이 각각 어떤 역할을, 어느 정도 수준까지……. 이와 같은 고민들이 보다 분명한 성과를 내기 때문이다. 또한 How to Do를 크게 좌우하는 환경적 요인에 대한 검토는 필수적이다. 빅데이터 관련 하드웨어적인 인프라는 갖추어져 있는가? 국가가 정한 법제적 기준으로 인해 파생되는 한계는? 자신의 사생활 정보를

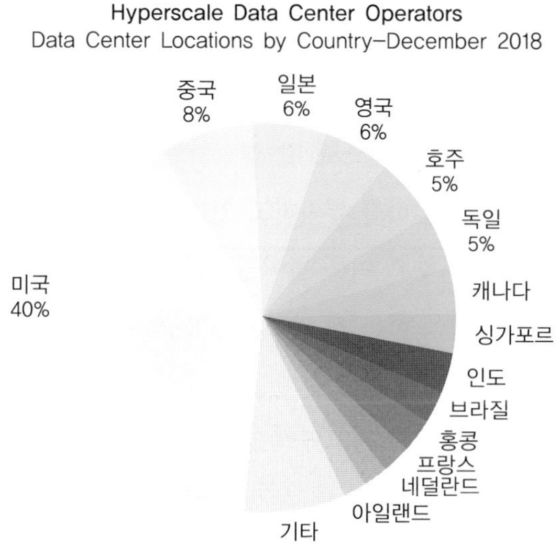


[그림 5-1] 세계 하이퍼스케일 데이터센터 점유율

출처: Synergy Research Group.

이용한다는 데 대한 국민적 컨센서스는 어느 수준까지 이루어져 있는가? 등이 그것이다. 빅데이터 시대의 전략적 핵심이라고 할 수 있는 인프라, 즉 데이터센터의 전 세계 숫자와 점유율을 보자. 최근 한국에서도 데이터센터는 이슈가 되고 있다.

2018년 말 하이퍼스케일(Hyperscale) 데이터센터는 전 세계적으로 439대가 운용되고 있다. 2019년 건립 예정인 데이터센터까지 합치면 560여 개이다. 한국에는 단 하나의 하이퍼스케일 데이터센터도 없다. 우리나라에서 이슈가 되는 데이터센터는 스케일이 이에 미치지 못한다. 스트래티직 디렉션즈(Strategic Directions)의 2014년 논문에 따르면 랙수 9,001대 이상, 면적 2만 2501제곱미터(약 6,800평) 이상 규모를 하이퍼스케일 또는 '메가센터'라 한다.

시장조사업체 시너지 리서치(Synergy Research)의 그림 자료에서 보면 국가별 메가센터 점유율은 미국이 40%로 가장 높고 중국이 8%, 일본이 6%, 영국 6%, 호주와 독일이 각각 5% 순이다. 미국은 구글, 아마존 등의 모국인 바, 2018년 '톱 5' 데이터센터 투자업체는 구글, 아마존, 마이크로소프트, 페이스북, 애플이다.

이 자료는 우리에게 무엇을 말해 주는가? 마케팅은 경쟁이다. 세계가 하는데, 경쟁사가 하는데 우리 회사가 하지 않을 수 없다는 것은 현실이다. 그러나 그 현실을 어떻게 받아들이고 어떤 마음가짐으로 갈 것인가는 마케터 혹은 광고인들의 몫이다. 우리 회사는 빅데이터에 얼마를 투자하고 있는가? 전문인력의 수는? 전문인력의 수준은? 자신의 한계를 인식하고 이를 받아들이며 편안한 마음으로 기술을 적용하는 것이 바람직하다. 디지털을 하는 게 아니라, 디지털로 하는 것일 뿐이다. Not Do Digital, Do Digitally! 디지털 이후에 더 놀랍고 혁명적인 기술이 나오면……? 그때는 그 기술로 하면 되는 것이다. 광고인에게는 본질을 오래 탐구해 온 결과로서의 노하우와 통찰력이 있다. 지금에 불안해할 이유가 없다.

한계에서 출발한 구체적인 작업 플랜이 없다면, 디지털 기술은 광고산업 전반에 진정한 한계를 가져올 것이다. 미래는 아직 오지 않았다. 미래는 지금 우리가 어떻게 하느냐에 따라 천양지차(天壤之差)가 될 것이다.

### [한국온라인 광고협회와 디지털마케팅 연구회가 선정한 2019년의 디지털마케팅 트렌드 10대 키워드]

이 보고서에서 마케팅 담당자들이 디지털마케팅 전략에서 가장 중요하다고 생각한 것은 '고객분석'이었다. 이를 통하여 얻고자 하는 성과 및 효과 관련해서 응답자의 72%가 '판매 및 매출 증대'를 1위로 꼽았으며, '제품 홍보 및 인지도 강화' '브랜드경험 강화'로 나타났다. '고객경험 서비스 강화' 및 개인화 서비스 강화, 매출증대를 위하여 '광고효율성 증대'가 중요하다는 응답이 2018년 대비 8% 증가하였다.

# 2. 크리에이티브 트랜스포메이션

## 1) 디지털 트랜스포메이션

"디지털 트랜스포메이션은 엄청난 변화를 가져오고 있습니다."라는 구절은 국내 최대 광고대행사 홈페이지에 실린 CEO 메시지의 첫 줄이다. 디지털 트랜스포메이션이란 무엇인가? 광고대행사에 적합한 개념인가? 많은 광고회사가 자신의 정체성을 광고로 규정하기를 꺼려해 왔다. 이미 오래전부터 'advertising' 대신 'communications'를 사용하여 광고<마케팅 커뮤니케이션<커뮤니케이션으로 확장된 서비스를 약속하였다. 실제로도 광고 이외에 프로모션이나 세일즈 프로모션, 방송사업, 음반사업, 상업 이벤트부터 국가적 이벤트까지 다양한 영역에서 수익을 창출해 온 바 있다. 영역은 다양하였지만, 대행사들의 주된 캐시카우는 신문, TV 등 레거시 미디어(Legacy Media)에 광고를 집행함으로써 발생하였다. 명쾌하고 단일한 콘셉트하에 감동적인 아이디어를 도출하여 TV, 신문, 잡지, 라디오 및 기타 매체에 노출시키는 IMC 전략을 구사하여 '한 방'에 수익을 크게 남기는 것이 오랜 전통이었다. 그런데 디지털 시대엔 이런 전통이 위협받고 있다. 전술한 대로 이러한 위협은 안으로부터의 추동력에 의한 것이 아니라 밖으로부터의 요구에 의한 것이다. 광고산업의 '밖'이란 소비자와 광고주이다. 광고산업과는 전혀 관련이 없었던 기술영역, 즉 Network 기술이나 Mobile 기술의 향유로 인한 소비자 일상, 행동과 문화의 변화는 소비자를 추종하여야 하는 광고인들에게 변화의 당위성을 갖게 하였다. 더욱더 적극적인 변화는 광고주의 요구에 기인한 것이었다. 광고주는 소비자의 매체 향유 스타일에 맞춘 수많은 디지털 콘텐츠를 제공해 주기를 기대하였다. 이것이 레거시 미디어의 크고 확실했던 수익구조에 의존하던 광고대행사들을 손 많이 가고 작고 잡다한 디지털 콘텐츠 생산 공장으로 몰아내게 된 원인이었다. 과거에는 작은 수익이라 돌아보지도 않고 디지털 대행사에 일임하였던 업무들이었다. 단순히 생산물의 변화에

그칠 수 없었던 것은 광고산업 외의 다양한 산업군(群)에 속한 기업들이 속속 체질 혁신을 하였기 때문이다. 그것이 **'디지털 트랜스포메이션'**이다. 트렌드나 변화의 앞에 서야만 하고 또한 그 앞섬을 가장 큰 설득 무기로 쓰는 광고대행사에게 광고주(혹은 잠재 광고주)의 변신보다 뒤처진다는 것은 곧 시장에서의 도태를 의미하는 것이다. 디지털 트랜스포메이션이란 무엇인가? 디지털 트랜스포메이션을 무엇부터 시작해야 하나?

디지털 트랜스포메이션은 어떻게 성공하는가? 수많은 탐색과 의사결정 과정을 통하여 이제는 메이저급 대행사들의 대부분은 앞서 언급한 회사와 같이 디지털 트랜스포메이션을 천명하고 있다. 〈표 5-1〉을 통해 다양한 업종의 다양한 회사가 내린 디지털 트랜스포메이션에 대한 정의를 확인해 보자.

다양한 정의 속에서도 공통으로 등장하는 키워드는 '디지털, 변화, 새로움, 성장'이다. 디지털을 수용하여 변화하고 새로운 것을 만들어 성장하겠다는 의미로 이해할 수 있을 것이다. 더 요약하면 '일반 회사가 IT 회사로' 된다는 것이다.

표 5-1 디지털 트랜스포메이션에 대한 정의

| 업종 | 회사명 | 정의 |
|---|---|---|
| IT제조 | IBM | 기업이 디지털과 물리적인 요소들을 통합하여 비즈니스 모델을 변화시키고, 산업에 새로운 방향을 정립하는 전략 |
| 컨설팅 | A.T Kerny | Mobile, Cloud, Big data, AI, IoT 등 디지털 신기술로 촉발되는 경영 환경상의 변화 동인에 선제적으로 대응함으로써 현행 비즈니스의 경쟁력을 획기적으로 높이거나 새로운 비즈니스를 통한 신규 성장을 추구하는 기업 활동 |
| 유통 리테일 | SK networks | 디지털 기술을 활용해 비즈니스 모델, 제품 서비스 등 기업의 모든 것을 혁신하는 프레임. 고객접점을 디지털화하여 새로운 정보나 인사이트를 찾아 이를 통해 새로운 제품과 서비스를 제공하는 비즈니스로 발전시킬 토대 |
| 마케팅 조사 | IDC | 기업이 새로운 비즈니스 모델, 제품, 서비스를 창출하기 위해 디지털 역량을 활용함으로써 고객 및 시장(외부 생태계)의 파괴적인 변화에 적응하거나 이를 추진하는 지속적인 프로세스 |

앞에서 사례로 든 대행사 CEO의 메시지는 다음 구절로 이어진다. "광고와 리테일, 온라인과 오프라인, 데이터와 이벤트, 소비자와 메이커 등 다양한 연결을 통해……. (중략) 새로운 가치를 만들어 냅니다." 리테일이나 온라인, 데이터와 상당한 거리가 있었던 전통적이고 우수한 광고회사는 디지털 트랜스포메이션의 콘셉트를 다른 업종 간의 결합, 즉 커넥트(connect)로 잡은 것으로 판단된다. 이 대행사의 외연 확장 과정을 보면 그 콘셉트가 더 확실히 보인다.

BMB사(영국 광고회사) 2008년 인수, TBG사(미국 디지털 광고회사) 2009년 인수, OTC사(중국 광고회사) 2009년 인수, McKinney사(미국 중견 광고회사) 2012년 인수, Bravo사(중국 광고회사) 2012년 인수 등 초기에는 광고업계 리더로서 '광고'의 영역을 확장해 나가는 모습을 확인할 수 있다. 2014년부터 인수의 전략 방향은 크게 보아 광고를 벗어난다. 영국 쇼퍼마케팅 전문기업 Iris Worldwide를 인수하였고, 영국의 B2B회사 Founded 인수(2016년), 캐나다 B2B 컨설팅 회사 PSL(Pricing Solution Limited)인수(2017년), 인도 디지털 마케팅 전문기업 Experience Commerce 인수(2018년) 등이 그것이다. 일반적인 소비자가 아니라 구매 현장의 쇼퍼(Shopper)에 접근하여 리테일의 역량을 갖췄고, B2B나 컨설팅, 디지털 등 과거엔 광고와 별개의 영역이었던 이종 산업을 확보하여 전혀 다른 DNA의 기업으로 변신을 목표한 것이다.

업계 2위의 또 다른 대행사 역시 2019년 8월에 글로벌 디지털 마케팅 기업인 Wellcom 그룹을 인수하였다. 호주에 본사를 둔 웰컴 그룹은 미국, 유럽 등 총 8곳에 자회사를 운영 중인 디지털 마케팅 회사이다. 리테일 · 식료품 부문 '테스코', 금융 · 통신 부문 'ANZ 은행', 패션 · 뷰티 '빅토리아 시크릿' '루이비통' 등 글로벌 브랜드를 고객사로 두고 있어 이 대행사의 디지털 마케팅 역량이 확충될 전망이다.

'바꾸는 것보다 새로 시작하는 것이 더 쉽다.'라는 명제에서 보듯 기존 광고로 전문화되고 특화된 인력, 조직, 시스템을 주물러 변화시키는 것보다 새로운 영역을 구매하는 방향으로 전략을 잡은 것이다. 기존의 조직을 바꾸는 것은 시간이 들고 저항이 크다. 새로운 회사를 인수하는 것은 돈이 들지만 쉽다. 일단 이 대행사는 트랜스포메이션의 방향을 선택함에 있어 상대적으로 쉬운 쪽을 택한 것으로 보인다.

트랜스포메이션은 기업을 새롭게 태어나게 하는 중차대한 전략이다. 특히 디지털과 거리가 있던 기업에게는 생사가 걸렸다고 할 정도의 중요한 의사결정이다. 그러한 점에서 얀 코스터(Jan Koster)가 적시한 '창의성이 트랜스포메이션의 핵심'이라는 논제는 매우 시사롭다. 의미의 보다 분명한 전달을 위해 원문을 싣는다.

> Creativity Is An Essential Part Of Transformation
>
> Organizations that are transforming are changing into something new, something that did not exist before. When these organizations transform into something that not only does not exist within their own company but that doesn't exist yet within other companies, that is true innovation.
>
> 출처: Digitalist Magazine.

'무언가 새로운 것(something new)'은 얼마나 신비로우며 매력적인가. 그런데 그 새로운 무엇인가는 내 안에 없었던 것이고 다른 누군가에게도 존재하지 않는 것이라면, 무언가 새로운 것을 찾아내는 과정은 신비롭고 매력적인 여정이 아니라 고된 노동의 시간들로 점철될 것이다. 그러기에 세상에 없던 새로움을 내어놓는 창의적인 발상이 필요하다는 것이다.

### 2) 창의적 트랜스포메이션 Creative Transformation 사례

물리적인 결합은 '금성에서 온 여자 화성에서 온 남자'의 광고 버전이 될 수 있다.

자동차가 전혀 다른 모습과 기능의 로봇으로 변하는 트랜스포머 영화처럼 혁신적인 것은 아니지만, 물리적 결합이 주는 길이 아닌 화학적 트랜스포메이션을 시도하고 성공한 사례를 보고자 한다. 물론 세상에 없는 새로움까지는 아니고 '하늘 아래 새로운 것은 없다'라는 명제에 가깝지만, 자신의 역량과 본질에서 출발하여 그 역량을 강화하거나 이종의 역량을 융합한 트랜스포머들이다.

클린트 볼튼(Clint Boulton, 2019)의 디지털 트랜스포메이션 성공담 중 닛산(Nissan)의 사례를 보자. 닛산은 GE 글로벌(GE Global)의 CIO 토니 토마스를 영입하였다. 그는 우선 마이크로소프트 오피스 365 소프트웨어를 통해 기존 작업 현장에서 일하는 방법을 바꿨다. 사업부를 간소화하고 통합하기 위한 포석이었다. 또한 아웃룩(Outlook) 이메일, 스카이프(Skype) 화상회의, 워크데이(Workday) 인사 소프트웨어 등의 기업 애플리케이션을 자신의 스마트폰과 태블릿을 통해 액세스할 수 있도록 했다. 기존의 아웃소싱을 벗어나 점진적으로 자체 소프트웨어를 개발하도록 하였다. 그 사례로 인도에 디지털 허브를 열었으며, 이를 통해 자체 개발역량을 갖추기 위해 500명의 소프트웨어 엔지니어와 기타 IT 인력을 채용하였다.

GE에서 그가 만들었던 디지털 허브를 연상케 하는 이 센터는 아시아, 유럽, 북미에서 처음으로 생긴 소프트웨어 및 정보 기술 개발 센터이다. 허브의 인력들은 닛산의 20여만 직원을 대상으로 업무 환경 및 경험을 더 새롭게 바꿀 뿐 아니라, 자율주행 자동차 개발을 돕는 챗봇(Chatbot), RPA(Robotic Process Automation), 머신러닝(ML), 빅데이터 분석, 기타 신규 기술을 담당한다. 챗봇과 대화하며 고객들은 더 친밀하고 쉽게 닛산 자동차에 대해 다가갈 수 있을 것이며 RPA는 닛산의 재무, HR 운영 등을 자동화할 것이라 한다. 기존의 조직과 역량을 디지털화하고 이를 바탕으로 변화를 확장해 나간 트랜스포메이션의 사례라 할 것이다.

한때, '아마존(Amazon) 변신의 끝은 어디일까?'라는 말이 유행하였다. 아마존은 무얼 하고 있나? 물으면 '아마도 존(좋은) 일을 새로 시작했을 걸.'이라는 개그도 회자하였다. 2018년 9월 시총 1조 달러를 돌파한 아마존의 시작은 인터넷 서점이었다. 종이책을 팔던 노하우에서 출발하여 e-book 시장을 폭발시킨 리더기 킨들(Kindle)을 2007년에 개발하였다. 원래 갖추고 있던 파는 기술은 인터넷 쇼핑몰로의 변신과 성장을 가능하게 하였고, 아마존 웹스토어(Amazon Webstore)를 론칭하는 바탕이 되었다. 이는 최초의 토털 웹스토어로 전자상거래를 시작하는 기업이나 개인이 아마존에서 물품을 판매할 수 있는 서비스였다. 누구나 개별로 웹사이트 구축하게 하고 결제나 물류 서비스 등을 제공하며 이를 통해 수수료 이익을 얻게 하는 신개념 비즈니스 모델이었다. 이러한 성장 규모와 힘을 바탕으로 아마존은 바게닝 파워(Bargaining Power: 규모에 의한 대외 협상력의 우위)를 발휘하여 2011년 세계 최초로 시작한 클라우드 컴퓨팅 사업을 성공시켰다. 누구나 언제 어디서나 인터넷에 접속하여 IT 자원을 제공받아 IT 사업을 할 수 있는 기회의 장을 마련해 주었다는 것은 단순히 기업의 사업 성공 이상의 의미였다.

IT를 모른다면 몰라도 젊은이 중에 아마존웹서비스(Amazon Web Services: 이하 AWS)를 모르는 사람은 없을 것이다. AWS는 가상의 컴퓨터, 스토리지(저장장치) 등을 판매하는 클라우드 서비스이다. AWS에서는 웹과 모바일의 애플리케이션, 빅데이터 프로젝트, 소셜 게임, 모바일 앱에 이르는 거의 모든 물리적인 컴퓨팅 자원을

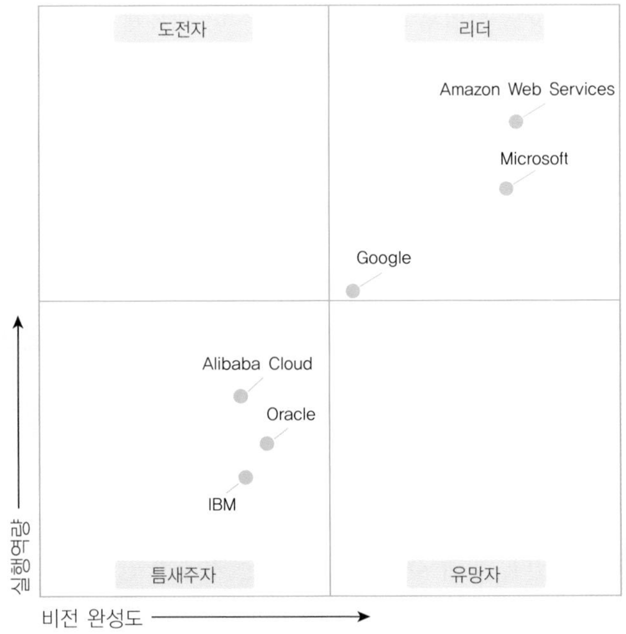


[그림 5-2] 2018년 인프라 클라우드 분야에서 최상위 리더 AWS
출처: Gartner Magic Quadrant.

클라우드를 통하여 실행할 수 있는 다양한 인프라 및 애플리케이션 서비스 집합을 제공한다. 아마존의 본질 중 하나였던 '온라인 소매유통 사업'을 위해 마련하였던 IT 인프라를 내부적으로 활용하는 데 그치지 않고, 가상화 및 클라우드 컴퓨팅 기술을 이용해 외부에 판매하는 아이디어를 낸 것이다. AWS는 세계 최대규모의 클라우드 컴퓨팅 회사로 2016년 이 부문에서만 14조 원 이상을 벌었으며 이익은 AWS가 아마존의 북미 소매 유통사업보다 더 많았다(AWS의 영입이익 31억 달러 vs.아마존 북미지역 영업이익 23억 6,100만 달러).

아마존 CEO인 제프 베조스(Jeff Bezos)는 자체 동영상 스트리밍 콘텐츠 개발에 45억 달러를 투자했다. 2022년까지 업계 1위인 넷플릭스에 육박하는 80억 달러 수준을 투자할 계획이라고 한다. 최근에는 이 영역에서 신경전을 벌이던 구글과 화해를 하여 아마존의 동영상 서비스 '파이어 TV(Fire TV)'에서 구글의 유튜브 콘텐츠를 다시 볼 수 있게 될 전망이다. 또 구글의 동영상 재생기 '크롬캐스트(Chromecast)'에서도 아마존의 인터넷 영화서비스 '프라임 비디오(PrimeVideo)' 콘텐츠를 볼 수 있게 된다. 온라인 쇼핑몰과 동영상 스트리밍 콘텐츠는 일견 관련이 없어 보인다. 아마도 콘텐츠로 유입된 고객들을 기반으로 타 사업에서 수익을 내고자 하는 전략이란 전망이 유력하다. 제프 베조스는 말한다. "When we win a Golden Globe, it helps us sell more shoes." 우리 콘텐츠가 골든 글로브상을 수상한다면, 신발 판매에 도움이 될 것이라고. 디지털 트랜스포메이션이라는 개념이 회자되기 이전에 가장 창의적으로 이를 수행한 사례가 아마존일 것이다. 과연 아마존 변신의 끝은 어디일까?

다양한 영역의 융합을 통한 디지털 트랜스포메이션의 성공 사례는 컨설팅 회사에서도 보인다. 2015년 작성된『오성수 광고의 미래』라는 칼럼을 보면 2012년 딜로이트(Dcloitte: 경영컨설팅회사)가 설립한 딜로이트 디지털은 인수와 전략적 제휴를 통해 전략 컨설팅, 모바일, 소셜미디어, 웹, 클라우드 디지털 콘텐츠 솔루션 전 영역의 통합서비스를 제공하고 있다. 또 다른 회사인 액센츄어 인터랙티브는 고객 경험을 분석하고 캠페인을 통해 디지털 마케팅 솔루션을 제공하며 그 외에도 애널리틱스, 모빌리티 역량과 조합해 고객 경험, 상호작용 개선 서비스를 개발했다.

표 5-2 글로벌 광고회사 상위 10개사

| 순위 | 회사 | 본사 소재지 | 2017년 매출 총이익 | 전년 대비 증감률(%) |
|---|---|---|---|---|
| 1 | WPP | 런던 | 197억 300만 달러 | 1.7 |
| 2 | Omnicom Group | 뉴욕 | 152억 7400만 달러 | -0.9 |
| 3 | Publicis Group | 파리 | 109억 2100만 달러 | 1.4 |
| 4 | Interpublic Group of Cos. | 뉴욕 | 78억 8200만 달러 | 0.5 |
| 5 | Dentsu Inc. | 도쿄 | 78억 2200만 달러 | 8.0 |
| 6 | Accenture's Accenture Interactive | 뉴욕 | 65억 1200만 달러 | 34.8 |
| 7 | PwC's PwC Digital Services | 뉴욕 | 50억 6000만 달러 | 54.9 |
| 8 | Deloitte's Deloitte Digital | 뉴욕 | 40억 6500만 달러 | 30.9 |
| 9 | Cognizant's Cognizant Interactive | 뉴욕 | 39억 4200만 달러 | 28.7 |
| 10 | IBM Corp.'s IBM iX | 뉴욕(아몽크) | 34억 9000만 달러 | 18.1 |

출처: Ad Age Agency Report 2018.

액센츄어 인터랙티브는 2013년 이후 디자인컨설팅사, UX전문업체를 인수하여 고유기술에 기반을 둔 차별화를 추구하고 있다. 컨설팅 테크놀로지를 융합적 요소로 구비하고, 광고 · 디자인이라는 새로운 비즈니스를 기회를 엿보고 소비자 구매 여정을 깊게 분석해 제품과 서비스로 이끌어 낸다. 이러한 노력으로 컨설팅 회사의 자회사인 액센츄어 인터랙티브와 딜로이트 디지털은 2018년 글로벌 광고 대행사 중 각각 6위와 8위에 랭크되었다. 동일 차트에서 일본 1위 덴츠가 5위, 국내 1위인 제일월드와이드가 19위인 것을 보면 디지털 트랜스포메이션의 힘이 얼마나 큰지를 알 수 있다. 6위부터 10위까지의 디지털 관련 회사의 성장 정도(전년 대비 증감률)를 보면 광고회사의 변화 방향은 명확해 보인다. 결국 세계 유수의 광고회사들도 IT · 컨설팅 기업의 끝없는 도전과 성장에 자리를 빼앗기고 있는 것이다.

이제 업종 간 경계는 없다. 광고와 컨설팅, 마케팅과 예술, 테크놀로지와 문화는 서로 협력하거나 경쟁을 하는 일상을 갖게 될 것이다. 디지털과 네트워크, 미디어와 소셜이 혼종하며 뒤섞일 것이고 이 혼란 속에 유일하게 중심이 되는 것은 소비자, 혹은 사람일 것이다. 사람은 온 · 오프라인을 가리지 않고 엔터테인먼트와 브랜드를 가리지 않는다. 플랫폼과 커뮤니티와 네트워크를 구분하지 않고 그냥 일상으로 호흡하고 있는 것이다(물론, 무료 콘텐츠를 즐기고 있다면 그는 이미 자본의 제품이 된 상태라는 표현이 있듯 사람의 경험이 마케팅의 원천이 될 수도 있다).

수많은 성공 사례가 있겠지만 디지털과 컨설팅과 광고와 리테일, 네트워크 등 모든 것을 아우르는 회사는 없을 것이다. 미디어링크(MediaLink)의 최고변혁책임자(CTO) 데이너 앤더슨(Dana Anderson)이 조언한 대로 '모든 것을 충족시킬 수 있는 하나의 회사는 없으므로 각각의 특장점을 가진 다양한 파트너사들과 협력하는 법을 익혀야' 할 것이다.

디지털 트랜스포메이션이 안착할 수 있는 물리적 전제 조건은 앞서 여러 사례에서 보듯 Top Down 방식의 강력한 드라이브이다. 여기에는 필수적으로 힘 있는 리더의 역할이 필요하다. 또한 기업의 생존을 걸 정도의 크고 구체적인 투자가 있어야 한다. 그리고 기업들에게 디지털 마인드가 갖춰져야 하며 이를 바탕으로 디지털 커뮤니케이션이 원활히 이루어져야 한다.

무엇보다 'Technology First!'가 아닌 'Human First!'로의 역전환이 디지털 시대에는 더 중요할 것이다. 기술은 기술일 뿐이고 결국 사람에게 쓰이는 도구일 것이니 변화의 방향과 목적지에 대한 고려 없이 시대의 조류에 편승하여 기술 수용과 채택을 하게 된다면 결과로 얻을 수 있는 것은 크지 않을 것이다. 분명한 것은 디지털'을' 한다가 아니라 디지털'로' 한다는 기준이고, 수많은 성공 기업에서의 사례에서 입증되었듯이 이것은 기술 난상(亂想)의 시대에 중요한 잣대가 될 것이다. Human First의 관점에서 덴츠 그룹의 통합마케팅 프레임워크 'People Driven Marketing'은 눈여겨볼 만하다. 덴츠와 덴츠 디지털은 '사람'을 중심으로 덴츠 그룹 내부의 마케팅 기법을 결집하여 고도화된 통합프레임워크 'People Driven Marketing'을 개발하였다.

'People Driven Marketing'은 단독 광고회사로는 세계 1위의 파워를 가진 덴츠의 마케팅 노하우가 담긴 프레임워크이다. 지금까지 축적한 인프라와 생각들을 '사람' 중심으로 통합하였고, 구체적인 대상이 누구인지를 분명히 보이게 함은 물론 대상 고객이 상품에 대해 인지하는 단계에서부터 구매, 그리고 이후 재구매에 이르기까지를 모델링하였다. 덴츠에 의하면 이를 통해 모든 단계에서 일관된 방법으로 평가 지표를 관리할 수 있으며, 클라이언트가 중요하게 생각하는 마케팅의 ROI도 향상할 수 있다고 한다. 비즈니스에서 주어진 과제나 마케팅의 목표를 디지털 기술로 해결하고자 하는 여타 시도들과 비교해 볼 때, 덴츠의 경우 이러한 과제를 사람(People)을 중심에 두고 재분석하고 파악한 것이 차별화된 우위로 보인다. 그 서비스나 제품이 진짜로 필요한 사람에게 필요한 장소에서 필요한 때에 요구되는 것을 제공한다는 것을 마케팅의 목표로 하여 모든 운영 가능한 하위 기술과 인프라를 통합 운영하는 것이다.

'People Driven Marketing'은 고객의 '의식'과 '행동'의 분석에서 출발하여 ROI 관점에서 사람이 어떤 생각에서 움직이고 구체적으로 어떻게 움직이는가의 전체 구조를 조망하고자 하였다. 이에 마케팅 활동을 전개한 후 그 효과와 고객 및 각 단계에서의 의견과 피드백을 바탕으로 PDCA(Plan-Do-Check-Action)를 분석하였다.

통합프레임워크의 데이터 기반은 DMP(Data Management Platform)인데 과거 운용하였던 'dPublic(덴츠의 공용 DMP)'을 확대 · 발전시켜 'People Driven DMP'로 개칭하여 강화된 기능을 활용하고 있다. People Driven DMP는 기존의 dPublic이 갖고 있던 Cookie 등의 고객과 관련된 기초데이터에 더하여 스마트폰을 통해 얻은 데이터, TV 시청데이터, 구매 관련 데이터 등을 사람 중심으로 통합하였다. 이를 통해 잠재적인 고객을 발굴할 수 있음은 물론 충성도 높은 고객의 유지 및 강화까지 이룰 수 있다고 한다.

'사람 중심'은 어느 기술이나 미디어에서도 핵심 가치로 주창되지만 실제로는 기술의 변화나 미디어 활용의 필요에 의해 우선순위가 밀리는 경우가 많다. 덴츠의 경

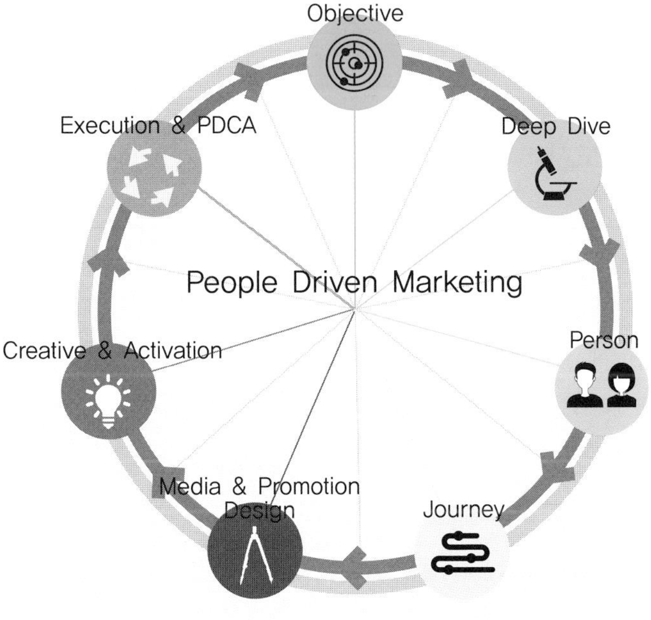


[그림 5-3] 덴츠의 통합마케팅 프레임워크

출처: 電通と電通デジタル、“人”基点でグループ内のマーケティング手法を結集・高度化した統合フレームワー People Driven Marketing を開発.

우 인사이트 데이터 강화를 위해 전국 20만 샘플 규모의 ‘PDM Tunes1.0’ 조사를 실시하였다. 각 업종별 담당 전문가들이 모든 업종에 있는 개별 브랜드를 대상으로 조사하여, TV시청이력과 인터넷에서 얻게 되는 고객 여정에 관련된 데이터, 구매와 관련된 각종 행동 데이터를 얻었다. 이를 ‘People Driven Marketing’의 프레임워크 데이터에 추가하여 고객의 의식과 감정을 고도화하고 이를 통하여 고객을 예측함으로써 보다 정밀하고 고객 친화적인 광고 커뮤니케이션을 기획하고 효과를 검증할 수 있게 된 것이다.

## 3. 브랜드 전도사와 고객 여정

### 1) 브랜드 전도사 Brand Evangelist

크리에이터에게 중요하면서도 미흡한 영역은 고객에 대한 이해이다. 주로 마케터나 기획자, 컨설턴트에 의지하고 데이터로 정형화된 정보를 받아 이를 바탕으로 크리에이티브 작업에 들어가게 된다. 고객은 과연 어떻게 변화하고 있는가? 그들이 공감하고 몰입을 할 크리에이티브를 내기 위해서 크리에이터는 어떠한 노력을 해야 하는가? 이 장에서는 디지털 시대의 고객에 대한 이해를 돕는 팁을 주고자 한다.

이미 오래전에 미크 등과 재프(Mick & Buhl, 1992; Jaffe, 2005)는 고객 혹은 소비자들이 자기가 좋아하는 브랜드에 대한 자신만의 광고를 만들고자 하는 경향이 점점 강화되고 있음을 감지하였다. 기업의 상업적인 의도와는 무관하게 고객은 자기가 좋아하는 제품이나 브랜드에 대한 콘텐츠를 만들어 왔다. 기업이 통제하고 관리하는 내용과 의도하는 전략에 의한 콘셉트가 아니라 브랜드에 대한 자신들만의 애착과 사랑을 담는 것이다. 소비자가 직접 만든 광고는 아이팟(iPod), 코카콜라(Coca-Cola), 나이키(Nike), 폭스바겐(Volkswagen) 등에서 그 사례를 볼 수 있다.

광고주에 의해 요청되지 않은 상태에서 소비자에 의해 만들어진 이러한 콘텐츠들은 누가 창작자인지 밝혀지지 않은 채로, 또한 그것이 기업의 공식적인 루트를 통하여 만들어진 것인지 아닌지에 대한 작은 단서 하나 없이도 이메일 등을 통해 빠르게 전파되었다. 브랜드에 대한 사랑과 호감을 고객이 스스로 나서서 표현하는 이러한 광고들은 **소비자 전도주의**(customer evangelism)의 일종이라 할 것이다. 소비자 전도주의란 소비자가 브랜드에 대해 자발적인 프로모터로 활동하는 것으로 제품을 혼자서 소비하는 데 그치지 않고 팬의 자격으로 타인들에게도 적극적으로 소개하고 전파하는 행위를 하는 것으로 이들은 제품이나 브랜드에 대한 강한 신념을 갖고 있는 경우가 많다(Mũniz & Schau, 2007).

전도주의란 세 개 단어로 규정되는데 '좋은 소식을 전한다(Bringing_good_news)'가 바로 그것이다. 스스로 제품에 대한 믿음에서 출발하여 다른 사람들을 바꾸고자 시도하고 설득한다는 의미이다. 대표적인 예로 애플과 할리데이비슨 고객들을 들 수 있는데 이들은 적극적으로 제품과 브랜드를 알리는 데 나섰었다. 그들의 열정적인 활동 때문에 세상에 많이 노출된 **'에반젤리스트**(Evangelist)'라는 용어는 원래 기독교에서 비롯된 것으로 복음을 적극적으로 전파하는 사람들을 뜻한다. 이 용어는 일부 고객들의 어떤 특정 브랜드에 대한 애착과 전파심이 신앙 전도자와 비슷하다고 해 '광적으로 특정 브랜드를 지지하는 소비자'들을 지칭하는 데 사용되고 있는 것이다.

파워 블로거 등을 통해 진행하는 제휴 마케팅(Affiliate Marketing)과는 다른 것으로 에반젤리스트는 행동의 동기가 자발적이면서 금전적 보상을 기대하지 않는다. 크리에이터들은 자신이 맡은 제품이나 브랜드를 대상으로 창작 작업을 하며 점점 몰입하게 되고 애착의 정도가 강해질 수 있다. 그러나 자발적으로 아무런 대가를 바라지 않으면서 창작 작업을 하지는 않는다. 에반젤리스트들의 깊은 애정이 어디서 기인하는지, 그리고 그들은 어떤 브랜드를 어떤 점에 중점을 두고 누구를 어떠한 말과 콘텐츠로 설득하고 전파하는지에 대한 탐구는 크리에이터가 고객을 이해하는 데 새로운 시야를 열어 줄 것이다.

에반젤리스트라 불리는 특정한 소비자들의 행동은 기업 마케팅 활동의 여러 가지 측면에서 긍정적인 기여를 하고 있다. 적극적으로 제품을 다른 사람들에게 홍보하고, 그 기업이나 제품에 대한 비판에 맞서 적극적으로 옹호하는 행동을 한다. 예를 들어, 애플의 경우, 애플 에반젤리스트들은 스티브 잡스가 경영에 복귀하기 전(약 10년간 재정적 위기를 겪던 시절에) 그들 스스로가 애플의 지원을 받지 않은 상태에서 지역별 조직을 만들어 무료로 제품 상담이나 AS를 대행하는 활동을 하기도 했다. 기업이나 유통채널로부터 어떠한 금전적 보상도 주어지지 않는데 스스로 제품이나 브랜드의 수호자를 자처하는 것이다.

예전 애플 컴퓨터의 핵심 전도사(the former chief evangelist)였던 가이 가와사키

(Guy Kawasaki)는 에반젤리즘 마케팅의 아버지로 불린다. 그는 저서『당신의 경쟁자를 미치게 하는 초심리전략(The Art of the Start and How to Drive Your Competition Crazy)』에서 에반젤리스트들은 그들의 추천과 새로운 고객 영입을 순수한 믿음에서 시작하고, 돈이나 상품에 의하지 않으며, 단순히 세상을 더 좋은 곳으로 만들겠다는 믿음에서 출발한다고 하였다. 그 외엔 어떤 특정 목적도 없다고 하였다.

디지털 시대에 이들의 역할은 소셜미디어의 확산으로 더욱 중요해지고 있다. 에반젤리스트들은 각종 소셜미디어를 통해 제품에 대해 긍정적인 리뷰와 추천을 하고, 브랜드를 소재로 콘텐츠를 제작하기도 한다. 제품에 대해 비판적인 의견에 대해서는 적극적이고 때로는 감정이 실린 반론으로 편 가르기와 논쟁을 전개하기도 한다. 에반젤리스트가 많이 따르는 기업들은 특별한 홍보비를 소모하지 않고도 제품 및 서비스에 대한 콘텐츠를 확보하고, 에반젤리스트의 활동을 통해 잠재 고객들에게 노출시킬 수 있다. 제품에 관심을 두고 있건 없건 이에 노출된 사람들은 해당 브랜드에 대해 팬이 될 것인지, 반대파가 될 것인지를 선택하도록 강요받는다. 최근 한 조사에 따르면 에반젤리스트들은 자신의 브랜드를 일반 소비자 대비 약 13% 정도 많이 구매하여 고정적인 매출에 기여하고, 브랜드에 대해 우호적인 내용을 타인에게 적극 전파하여 잠재적인 매출 증가에 기여하는 것으로 나타났다.

린 업쇼(Upshaw, Lynn)는『정직이 전략이다(Truth: The New Rules for Marketing in a Skeptical World Special)』에서 에반젤리스트의 특성으로 다음 세 가지를 들었다. 첫째, 그들은 높은 품질, 부가가치가 높은 브랜드 제품과 서비스를 중요하게 여긴다. 낮은 품질의 제품은 결국 비용이 더 든다는 것을 알고 있다. 둘째, 기업과 파트너십 관계가 만들어지면 기업은 그들로부터 브랜드 체험에 대해 적극적인 호응을 얻을 수 있다. 그들을 만족시킨다면, 그들은 맹렬한 충성심으로 고마움을 표시한다. 셋째, 그들은 영향력 있는 보증인이 되어 그 고마움을 가족과 친구들에게 전달한다. 그들은 브랜드에 열정적이기 때문에 브랜드에 대한 믿음을 다른 사람에게 말한다. 그들은 진실성이 있는 브랜드를 찾기 위해 무던히 애썼고, 그 열정을 다른 사람과 나누는 것이 마냥 즐겁기 때문이다.

자발적인 이들의 활동에 대해 기업이 관심을 갖게 되면서 에반젤리즘 마케팅이 생겨났다. 이는 WOM 마케팅의 발전된 형태로 기업은 고객 중에서 어떤 특정의 제품이나 서비스에 대해 강한 믿음과 애정을 갖고 있는 고객들을 개발한다. 이들이 자유롭게 다른 사람들이 그것을 사거나 이용하도록 전파하게 하는 것이다. 선정된 고객들은 회사 대신 자발적으로 지지하고 옹호하거나 주체적으로 나서서 제품에 대한 좋은 소식을 전파한다. 회원 마케팅이나 홍보대사 마케팅과 다른 것은 유사 프로그램이 돈, 현물 형태로 인센티브를 제시하지만 에반젤리스트 고객들은 순수한 믿음에서 출발하여 신규 고객을 찾거나 제품을 추천한다. 즉, 돈이나 상품의 수령 때문이 아닌 것이다.

에반젤리스트들은 고객 커뮤니티 형태로 활동하기도 한다. 사용자 그룹들은 제품이나 서비스에 대한 정보를 나누고 현재의 이슈에 대해 논의한다. 몇몇 회사들은 그러한 커뮤니티의 이벤트 등을 지원하는데, 제너럴모터스의 경우 수천 고객들의 여름 소풍을 지원한다. 지역적으로나 국제적으로 결성되어 있는 할리데이비슨 소유자 모임(the Harley Owners Groups: HOGS)은 매년 미팅을 지원받는다. 할리데이비슨의 커뮤니티는 소비의 하위문화에 대한 민족지학적인 표본이라고 할 수 있다. 사회에서 보기 드문 차별화된 형태의 부수조직으로서 스스로 선택하고 타인의 소비 행동에 영향을 미치는 것이다. 스타벅스의 에반젤리스트 커뮤니티인 마이 스타벅스 아이디어(My Starbucks Idea)는 2008년에 시작되었는데 제품과 서비스에 대한 의견을 모으기 위해 고안되었다. 첫 번째 해의 프로그램에서, 마이 스타벅스 아이디어는 7만 개의 아이디어를 생산하였고 이 아이디어와 제안을 바탕으로 스타벅스는 50가지의 변화를 만들어 내었다.

디지털 시대의 크리에이터들은 고객의 정보에 더욱더 쉽게 접근할 수 있다. AI나 챗봇, 혹은 빅데이터 분석을 통하여 에반젤리스트 후보를 탐색할 수 있다. 소비자 사용 후기나 제품 관련 사이트, 기업 사이트 등의 고객 댓글 및 코멘트 정보를 통하여 단순 사용기를 넘어서 제품에 대한 강한 신념과 애정, 몰입이 있는 고객을 찾아내어 이들과 파트너십을 맺는 것은 새로운 형태의 협업이 될 것이다. 에반젤리스트들은 독립적으로 혼자서 활동하는 경우도 많기 때문에 핵심적인 영향력자나 인플루언서가 될 수도 있다. 크리에이티브 영역에서는 그들의 신념과 아이디어, 그리고 그들의 영향력 자체와 협업할 여지는 무척이나 크다고 할 것이다.

에반젤리스트는 (크리에이터들이 갖고 있지 않은) 제품이나 브랜드와 정서적 유대를 특징으로 한다. 배정된 브랜드에 대해 기계적으로 메시지와 영상을 만들어 내기보다는, 효용과 혜택을 넘어 에반젤리스트들이 브랜드에 대해 느끼는 인간적인 감정에 대한 공감과 이해를 바탕으로 창작을 한다면 디지털 시대에 걸맞은 새로운 크리에이티브를 창출할 수 있을 것이다.

에반젤리스트와의 협업은 광고주의 돈이 창작이나 유통에 지급되어야 한다는 전통적인 광고의 정의를 넘어서는 부분이다. 기업의 마케팅 커뮤니케이션에 있어 에반젤리스트가 만든 광고 등의 콘텐츠가 큰 역할을 할 수 있을 것이다. 또한 크리에이터들은 이들을 통하여 소비자가 브랜드를 어떻게 생각하는가(brand perception)와 브랜드 속성을 어떻게 받아들이나(brand attribute)를 쉽게 탐색할 수 있고, 또한 진정한 브랜드 충성자(brand loyalist)의 시야를 얻을 수 있을 것이다.

### 2) 고객 여정 Customer Journey

TPO를 탐색하는 크리에이터가 달라 보이던 시절이 있었다. 자신의 예술적 감각이나 표현하고 싶은 욕구를 접고, 고객 혹은 소비자가 내 제품을 언제(Time), 어디서(Place), 어떤 경우에(Occasion) 사용하는지에 대한 정보를 분석한 후에 창작에 들어가는 것은 분명 차별화되는 모습이었다. 광고주 오리엔테이션을 통하여 정보를 수집하거나, 마케터 혹은 기획자가 가공하여 준 정보를 통하여 TPO를 찾아내는 것이 일반적인 방법이었다. 중요한 프로젝트의 경우에는 타깃 소비자 집단과 심층 인터뷰를 통해 구매 및 사용 관련 핵심적인 정보를 얻기도 했다. 인터넷이나 디지털 기술이 없었던 시절에도 고객은 언제나 중요한 분석대상이었다.

인터넷의 발달과 PC 및 모바일 기기의 보급으로 PC · 모바일 쇼핑이 늘어나면서 젊은 층 사이에 유행한 구매 프로세스는 쇼루밍(showrooming)이었다. 백화점이나 일반 브랜드 매장, 마트 등 오프라인 매장에서 진열 상품 중 마음에 드는 것을 윈도 쇼핑한 후, 집에 와서 온라인으로 그 상품을 주문하는 것이다. 오프라인 매장을 실제로 구매는 일어나지 않는 쇼룸으로 전락하게 만든 트렌드였다. 최근에는 역쇼루밍(逆쇼루밍, reverse showrooming)도 나타나고 있다. 섬세한 정보가 필요한 감성상품, 즉 화장품, 패션, 명품 등의 경우 정보 출처가 다양하고 정보 내용도 풍성한 온라인을 통해 사전에 최대한 정보를 찾아 비교하고 분석한 뒤 오프라인 매장에서 직접 체험한 후에 구입하는 소비자가 늘고 있다. 고객이 하나의 상품을 구매하기 위해 어떻게 움직이고 있는지를 알고 창작하는 크리에이터와 그렇지 않은 크리에이터의 결과물은 그 효과와 신뢰성에 있어 차이가 있을 수밖에 없다. 길거리에서 1:1로 소비자 인터뷰를 하거나 매장에 가서 어떤 표정으로 어떤 행동으로 구매하는지를 직접 확인하기 전에는 소비자라는 추상적인 대상을 두고 '그럴 것이다'라는 가정에서 출발한 아이디어는 큰 설득력을 갖지 못한다.

디지털 기술은 기업과 고객 모두에게 기회와 위기를 동시에 가져다주었다. 각종 기술과 툴, 혹은 애플리케이션을 활용하는 덕분에 시장을 주도하는 존재는 고객들에게 넘어가게 되었다. 기업이 가지고 있는 고객 정보보다 고객이 기업이나 경쟁 기업, 경쟁 제품이나 서비스에 대해 가질 수 있는 정보가 훨씬 더 방대하고 구체적으로 되었기 때문이다. 동종의 제품 간 차이나 같은 제품을 구매한 구매자들을 통하여 제품의 가격, 품질, 배송 및 A/S까지 세세한 정보를 탐색한 후 주문할 수 있게 되었다. 이러한 고객들의 행동 정보를 미리 알 수 있다면 얼마나 좋을까? 기업이 고객을 더 잘 이해하고 고객에 대한 통제권을 다시 찾기 위하여 다양한 분석기술과 빅데이터 활용 역량을 키워 찾아낸 것이 '**고객의 구매 여정**(Customer Journey)'이다.

역동적이고 복잡한 고객의 구매 행동을 도식화하여 명료하게 그려 낸 것이 **고객 여정 맵**(Customer Journey Map)이다. 이 매핑의 목적은 고객이 어떤 상태로 무엇을 접하고 있고 경험하고 있는지를 이해하게 해 주는 고객의 전체 여정에 대한 조감도와 같은 것이다.

표 5-3 고객 여정 맵(Customer Journey Map): Rail Europe 사례

| 단계 / 채널 | 탐색과 준비 단계 (비선형적이고 시간에 구애되지 않는 단계) | 선택 단계 (비선형적이고 시간에 구애되지 않는 단계) | 예약 단계 (선형적 단계) | 여행 전 단계 (비선형적이나 시간에 의해 좌우되는 단계) | 여행 단계 (비선형적이고 시간에 구애되지 않는 단계) | 여행 후 단계 (비선형적이고 시간에 구애되지 않는 단계) |
|---|---|---|---|---|---|---|
| Website | 지도 타임테이블 목적지 홈페이지 FAQ, 일반 상품, 사이트 탐색 | 각 상품별 스케줄 확인, 가격 확인, 다양한 도시 확인, 패스 등 교통상품 비교 | 웹 부킹 기능 활용(패스, 여행, 다양한 여행 조합 등) | 다양한 표 옵션 중 선택(station e-ticket, home print e-ticket, mail ticket) | 이메일이나 전화로 홈페이지 접속 | 후기 등 이벤트 참여, 획득 포인트 확인 |
| Call Center | 주문 브로슈어 상품 계획 문의 스케줄 확인 일반적인 질문 | 해당 상품정보를 가진 사이트에 대한 조언 | 자동 예약 지불 시스템 해당 사이트에 대한 도움 | 티켓 재발급에 대한 문의, 메일 티켓에 대한 문의, 지불방법 등에 대한 문의 | 스케줄 변경에 대한 문의, 표 변경에 대한 문의, 추가구매 표에 대한 질문 | |
| Mobile | 여행 아이디어 얻기 | 스케줄 확인 | 모바일로 여행 예약하기 | | 여행 일정표 열람 스케줄 확인 추가 표 구매 | |
| Communication Channels (Social media, email, chat) | 다른 사람들과 채팅을 통해 도움 얻음 | 이메일 질문, 웹사이트 탐색 도움 | 부킹에 도움이 되는 채팅 | 이메일로 인증 이메일로 일반적 도움 티켓 확정 및 저장 | 문제 발생 시 질문과 해결 여행 스케줄, 티켓 변경 | 불만 및 칭찬, 여행 후 만족도 조사 참여 |
| Customer Relations | | | | | | 환불 처리, 교환 및 상품 업그레이드 시 공동 대응 |
| Non_REI Channels (기타 채널)※ | 여행 조언자 여행 블로그 구글 탐색 소셜미디어 | 비행기 비교 카약 등 옵션 확인 다이렉트 철도 사이트 접속 | 익스피디아 (Expedia) 등의 도움 | | 여행자 블로그 다이렉트 레일 사이트 구글 서치 | 여행 조언자 리뷰 사이트 페이스북 등 |

※ REI는 Recreational Equipment, Inc.,의 약자로 미국의 유통, 아웃도어 레크리에이션 서비스 및 업체 연합. 소비자와 협력체제로 만들어졌으며, 스포츠 상품, 캠핑, 여행 장비, 의류 등을 판매함.

출처: https://www.peterjthomson.com/tag/customer-experience/의 자료를 토대로 필자가 재구성함.

고객이 구매를 고려하며 정보를 탐색하는 첫 단계부터 실제 구매와 직결되는 의사결정 과정, 그리고 구매 이후의 사후 행동까지의 데이터를 통하여 그들의 다음번 스텝을 예측하고 그 길목에 기다리고 있겠다는 것이다.

앞서 언급한 쇼루밍의 예에서 보듯이 과거의 고객들은 구매에 이를 때까지 선형적인 형태의 패턴을 보였었다. 그러나 이제는 더욱더 역동적으로 변해 가고 있고 그들이 구매에 이르기까지 활용하는 미디어도 점(Dot)이 아닌 여정(Journey) 중심으로 변화하고 있다.

Mnet의 〈Produce 101〉을 즐겨 보는 10대, 20대의 시청자들은 본방송을 보고 이후 재방송을 보는 선형적인 패턴에서 벗어나 방송 후 유튜브에서 자신이 응원하는 특정 아이돌 후보의 입덕 영상이나 직캠, 1:1 아이컨택 영상을 찾아본다. 또한 그와 관련된 제품, 이야기, 뉴스 등을 적극적으로 검색하여 찾아보기도 하고 같은 후보를 응원하는 팬들이 모여 지하철 광고를 집행하는 등 역동적인 미디어 소비 형태를 보인다.

절대로 한곳에 머무르지 않고 다양한 미디어를 이용하여 자신의 의사결정에 필요한 여정을 거치면서 자신이 원하는 경험 및 제품을 적극적으로 찾는 것이다. 결국, 마케터나 기업이 원하는 순서대로 인지-탐색-비교-경험-구매의 의사결정 과정을 거치지 않고 자신만이 원하는 여정을 갖고 있다는 것이다.

2014년 1월 3일자 『매일경제』에 실린 서진우 기자의 '유통 빅뱅, 소비가 달라진다'라는 뉴스에 따르면, 유통 전문가들이 진단한 소비자들의 평균 쇼핑 채널 수는 4.5개에 이르고 30개의 터치 포인트를 다루고 있으며, 소비자 한 명이 한 달 동안 구매와 연관된 행위를 하는 횟수는 약 1,040번에 달한다고 한다. 물론 디지털과 인터넷에 소원한 50~60대 이후 구매자는 디지털과의 인터랙션(interaction, 상호작용 혹은 그 상호작용의 결과로 나타난 의사결정)이 많지 않다. 그들은 주로 오프라인 매장에서 직접 만져 보고 입어 보고 재 보고 구매하기 때문에 그들의 인터랙션은 거의 대부분은 즉시적이고 일회적이며, 대응한 매장 직원이 기록하지 않는 한 데이터로 남겨지지 않는다.

특정한 고객이 어느 특정한 단계에서 구매와 관련된 장애(hurdles)를 겪고 있을 때 이를 해결해 주는 새로운 여정을 짜 준다면 그것은 그 고객에게 아주 큰 감동을 줄 수 있을 것이다. 빅데이터 분석을 통해 마케터가 구성해 온 고객 여정 맵에서 그러한 장애 지점을 찾아내는 크리에이터의 통찰력은 **고객 경험**(customer experience)의 품질을 높여 제품과 관련된 접점과 채널에서 일관되고 완벽한 경험을 제공하게 하는 바탕이 될 수 있다.

마케터나 기획자가 정보로서 소비자의 하나하나 구체적인 경험 과정에 집중할 때 크리에이터는 전체 여정을 통해 드러나는 고객의 기대(customer expectations)를 탐색하는 것이 바람직하다. 사람들의 정서와 감성을 찾아내는 데 상대적으로 탁월한 능력을 가진 크리에이터는 고객 여정 맵에서 가치 있는 통찰을 얻을 수 있기 때문이다. 여정의 각 스텝을 보며 그 내부에 흐르는 고객의 브랜드에 대한 기대를 발견할 수 있다면 크리에이터는 새로운 고객의 경험을 창조해 내고 이 경험을 역으로 고객의 생활에 제안할 수 있다.

크리에이터는 자신이 직접 고객 여정 맵을 만들어 보는 것도 좋을 것이다. 이것을 만든다는 것은 나의 제품에 대해 고객이 평소 즐겨 찾거나 자주 접하는 채널과 터치포인트들에 대한 이해의 폭을 넓힐 수 있다는 것을 의미한다. 고객이 무슨 기대를 하고 있는지와 그들이 보일 수 가능성이 있는 실증 등에 대하여 감지해 볼 수 있는 좋은 계기가 될 것이다.

상세하게 구성되어 있는 고객 여정 맵을 통하여 크리에이터는 고객의 행동을 예측하거나 그 행동에 영향을 미칠 수 있는 것을 찾아낼 수 있다. 적확한 데이터에 근거한 고객 여정 맵은 고객의 행동들을 예측할 수 있게 해 주고 그에 따라 고객 행동의 변화를 유도하여 고객의 전환 시에 내 제품에 유리한 가장 최적화된 프로세스를 제안할 수 있다.

# 4. 스토리텔링의 창출

## 1) 고객을 주인공으로 하는 스토리텔링

우리가 기존에 알고 있었던 **스토리텔링**이란 무엇인가? '스토리(story)'와 '텔링(telling)'의 합친 말로서 말 그대로 '이야기하다'라는 의미를 갖는다. 누군가를 대상으로 하여 그에게 알리고자 하는 바를 재미있게, 또는 생생하게 이야기를 통하여 설득력 있게 전하는 행위이다. 스토리텔링은 원래 문학이나 영화, 교육학 등에서 활용되었었다. 누군가, 즉 상대방은 이야기를 듣는 청중이고 이 존재는 Audience, Receiver, Customer, Subscriber 등으로 구분되어 왔었다. 콘텐츠를 제작하거나 전달하는 주체로서의 마케터, 크리에이터와 대립되는 위치에서, 즉 이야기든, 광고든, 콘텐츠든 수용하고 향유하는 대상이 그들이다. 디지털 시대의 스토리텔링이 과거의 스토리텔링에서 한발 더 나아가야 하는 영역은 이러한 구분이 없어지거나 그 간극이 좁아지고 있다는 의미에서의 **인터랙티비티**(Interactivity)이다. 상호작용성은 인터넷 혹은 네트워크를 통한 디지털 크리에이티브 활동에서 가장 중요한 부분 중 하나이다. 이 크리에이티브의 성공 여부는 쌍방향 커뮤니케이션(Two-Way Communication), 동시성(Synchronicity), 그리고 능동적인 주도권(Active control) 등에 달렸다고 볼 수 있다. 지금까지 광고나 콘텐츠의 수용 대상으로만 앉혀 두었던 청중 혹은 고객을 적극적으로 불러내고, 스토리에 참여하게 하고, 함께 이야기를 만들어 가는 형식은 디지털 시대의 크리에이티브에 있어 중요한 하나의 프로토콜이라 할 수 있다.

2010년 칸 국제광고제에서 대상을 수상한 올드스파이스(Old Spice) 광고는 모델 활용, 남성이 아닌 여성을 타깃으로 한 역발상, 유머와 재미가 넘치는 콘텐츠 등으로 큰 이슈를 불러왔었다. 그러나 이 캠페인이 광고 역사에 남을 만큼 강력하게 획을 그은 부분은 청중(혹은 소비자)을 브랜드의 이야기 중 한 부분으로 참여시킨 부분이다. 브랜드의 스토리텔링에 있어 청중은 단순히 듣고 즐기는 '누군가 상대방'이 아니라 구체적인 이름을 갖고 광고 속의 모델과 대화하는 '이야기 속의 적극적인 주인공'이다. P&G는 미디어 간의 경계를 없애고, 혹은 미디어 간 연결을 통해 청중을 이야기 속에 끌어들이고 그 이야기들을 또 미디어를 통해 공유함으로써 새로운 이야기를 파생시키고 확산시켰다. 다양한 영역의 특성을 살려가며(interdisciplinary)—여러 가지 영역을 동원하여(multidisciplinary)—그 영역들을 관통하는 중심 메시지나 콘텐츠를 통하여(cross-disciplinary) 하이퍼 스토리텔링을 창조한 것이다.

예를 들어, 올드스파이스의 TV 광고를 본 시청자 중 한 명인 케빈로즈는 트위터에 올드스파이스와 관련된 이야기를 올렸다(On Twitter, @kevinrose wrote "I'm considering buying old spice body wash just so they keep making these epic commercials."). 올드스파이스의 모델인 이사야 무스타파(Isaiah Mustafa)는 케빈의 트위터 멘션에 거의 실시간에 가깝게 즉시적으로 응답하는 영상을 촬영하여 유튜브 및 소셜미디어에 올렸다. 내용은 짧고 유머러스하여 새로운 콘텐츠로 소비되었으며 이에 대한 2차적 반응은 그 케빈로즈뿐 아니라, 그 영상을 본 다른 시청자나 인터넷 사용자들 사이에서와, 타 영상과의 비교나 여러 응답 영상을 본 청중 혹은 사용자 간의 새로운 관계와 대화의 형태로 나타났다. 청중이나 소비자와의 실시간 대화에 가까운 이런 비디오 영상들은 총 185개나 제작되었고 순식간에 꼬리에 꼬리를 물며 퍼져 나갔고 이 캠페인은 더욱더 유명세를 타게 되었다. 이는 미디어 간 자유로운 이동과 연결, 남성과 여성 타깃의 혼용, 유머와 섹스어필, 즉시적인 1:1 응답형의 콘텐츠와, 그 대화에 참여하고자 하는 수많은 제삼자의 열망을 참여시킨 디지털 스토리텔링의 좋은 사례라 할 수 있을 것이다.

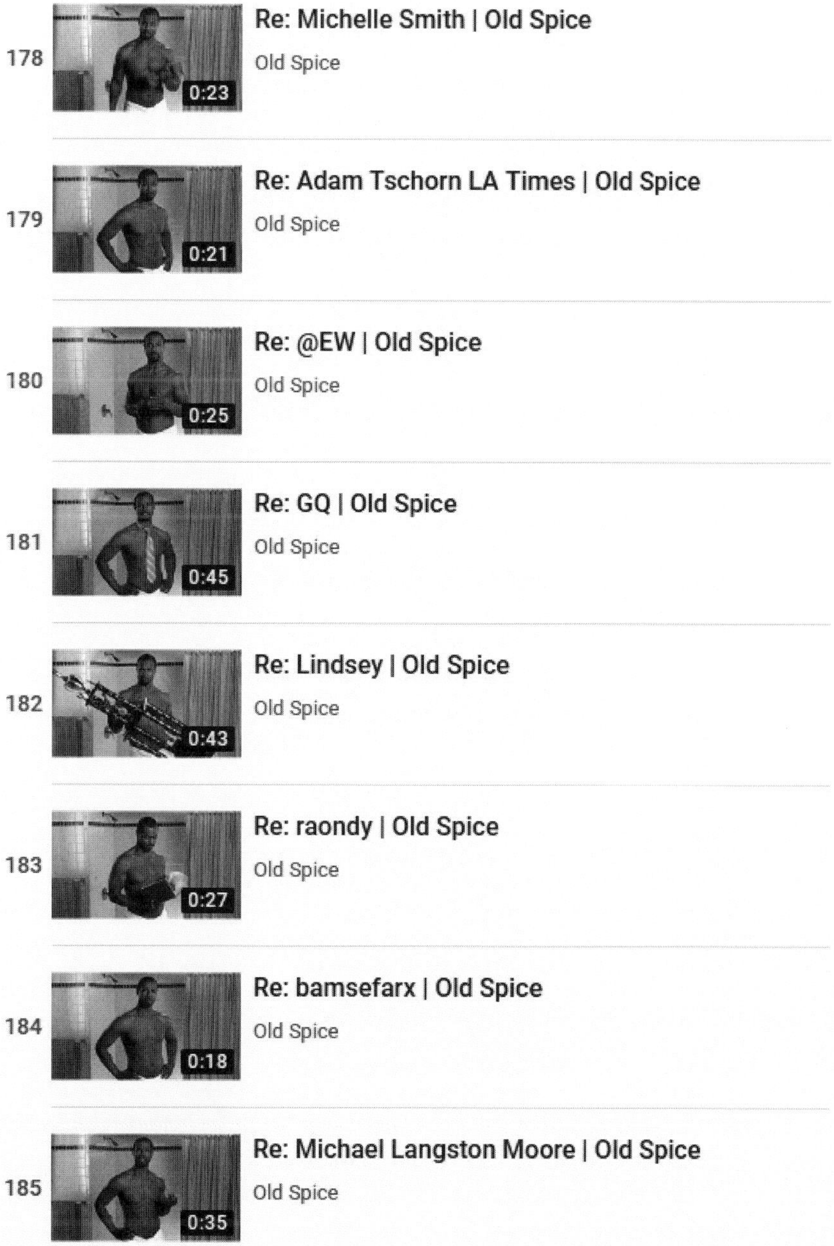


[그림 5-4] 고객이 주인공이 된 스토리텔링, 올드스파이스 광고

### 2) Interactive digital storytelling: IDS

"청중이 이야기 속에 이미 들어와 있을 때 스토리텔링을 어떻게 해야 할까(How do we tell a story for the audience when the audience is present within it)?" 케이티 뉴튼(Katy Newton)이 2016년 Virtual Reality에서의 스토리텔러들에게 제시한 이 한 마디는 디지털 시대 스토리텔링의 본질을 꿰뚫고 있다. 광고는 단순히 명시된 광고주의 상업적 메시지를 소비자에게 전달하여 상품 구매를 유도하는 목적적인 커뮤니케이션으로 한정되어 왔다. 그러나 많은 앞선 캠페인은 단순히 광고가 아닌 다양한 체험과 엔터테인먼트를 통해 소비자, 혹은 생활자에게 기업이 얼마나 가깝게 다가가고 소통할 수 있는지를 보여 주고 있다. 디지털 시대의 스토리텔링은 텍스트나 영상 베이스의 한계를 뛰어넘는다. 디지털 현실 혹은 실재(Digital Reality)가 공간과 시간의 범위를 확장시키고 스토리텔링을 입체적인 현재의 체험에 기반하여 재구성되게 한다. 그러기에 기존 우리에게 익숙한 선형적인 발단–전개–절정–마무리의 이야기 구조나 서사는 유효하지 않다. 스토리텔링의 주인공은 스토리 대본 속에 박제된 존재가 아니다. 디지털 기술을 통하여 스토리 체험에 뛰어든 청중, 혹은 소비자가 새로운 주인공이 되거나 대본 속의 주인공 원형과 함께 이야기를 만들어 가는 구조가 된다. 초기 인터넷과 디지털 기술을 경험하며 사람들에게 오도된 개념 중 가장 큰 것이 인터랙티브(inteactive)이다. 한쪽의 주도에 의해 in put–out put이 결정되고 그러한 소극적인 프레임 속에서의 소통이나 대화가 이루어지는 것만으로도 사람들은 충분히 감동하였고 이러한 기능이나 활동 등은 인터랙티브라는 개념으로 전달되었다. 그러나 실제로 디지털 시대의 인터랙티브라는 것은 상호 간의 보다 독립적이고도 완전한 소통을 의미하는 것이다. 하나의 존재가 대상화되어 다른 존재로부터 지시되거나 한정된 프레임 속에서만 소통하게 되는 구조는 진정한 의미의 인터랙티브라고 하기 어렵다. 실제 생활에서 서로 썸을 타는 젊은 남녀가 카페에서 만나 서로를 탐색하고, 서로의 관심을 끌기 위해 이야기와 도구와 소품을 이용해 상호 간 열심히 뭔가를 주고받는 장면을 상상해 보라. 그와 같이 전체적이고 자유로운 소통을 디지털이 만든 세상에서 하게 된다는 것이 인터랙티브의 의미이다.

인터랙티브한 디지털 스토리텔링을 돕는 디지털 현실로는 모두가 인지하는 대로 증강현실(Augmented Reality: AR), 가상현실(Virtual Reality: VR), 혼합현실/융합현실(Mixed Reality: MR) 등이 있다. 디지털 현실(digital reality)의 현실 재현감은 급속히 발전하고 있고, 수많은 브랜드로 하여금 새로운 스토리텔링 시대를 열도록 하고 있다. 디지털 기술이 스토리텔러(storyteller)와 청취자(listener)의 경계를 흐리게 하고 있는 시점에 크리에이터들은 디지털 현실을 통해 그들의 목표한 바를 어떻게 이룰 수 있을까?

증강현실(AR)은 현실의 한계를 뛰어넘어 새로운 시각적 즐거움과 체험을 주는 것이다. 현실 사물의 위치, 기울기 등 정보를 활용하여 추가적인 이미지나 정보를 보여 주는 기술이고 가상현실(VR)은 현실에서 할 수 없는 것이거나, 현실에서 구현되지 않는 것, 혹은 현실과 99% 유사한 가상의 세계를 체험하도록 도와주는 것이다. 융합현실(MR)은 초기에 가상의 이미지가 현실과 공존하는 것을 의미했는데, 근자에는 가상현실(VR)+증강현실(AR), 즉 두 가지를 혼합하여 두 기술의 한계를 극복한 기술이라는 의미로 통용된다.

수많은 아이가 특정한 무대에 모여 한 기업이나 브랜드가 제공한 다양한 AR, VR의 영상과 기술들을 체험하며 소리를 지르거나 노래를 따라 부르고 제각기 좋아하는 방식으로 영상에 반응하거나 춤을 추거나 옆의 아이와 리액션을 주고받으며 공감하며 함께 즐기는 장면을 상상해 보라. 아이들은 메시지의 대상이 아니며, AR, VR의 단순 수용자가 아닌 하나의 거대한 콘서트 혹은 공연의 주인공으로 치환될 수 있다.

디지털 게임으로 예를 들어 보면 더 분명해진다. 잉스트롬(Engström, 2019)은 게임에서의 대화식 이야기와 '스크립트'의 관계를 잘 설명하였다. 그는 인터랙티브 디지털 **스토리텔링의 핵심 3요소**를 사용자 간 연결된 체험(connecting experience), 이야기(story), 그리고 서사(narrative)라 하였다.

• 경험: 큰 이야기 구조 속에서 구체적인 이야기의 외양에 영향을 미치는 생생

한 이벤트 혹은 사건의 순간. 이야기와 연결된 경험들은 보다 더 강렬하게 기억되고 감정을 좌우하게 하는 힘을 가짐(Experience: A lived event or moment within a larger story that can influence a story's outcome. Experiences that connect to a story are more memorable and more emotionally powerful)

- 이야기: 주인공이 하나의 사건에서 또 다른 사건과 갈등으로 넘어가게 하는 이벤트의 연결(Story: A linked series of events that takes a character from one state to another)
- 서사: 사람에게 있어서의 가치와 구체적 사건들을 연결하여 문화적 의미를 확립하는 이야기들의 내면 체계(Narrative: A system of stories that links values and events to establish broader cultural meaning)

컴퓨터 게임 서사에서 사용자는 이벤트 순서에 영향을 준다. 즉, 사용자의 활동에 따라 사건과 등장인물과 결말이 달라지는 것이다. 이러한 행위를 모델링하려면 게임 디자이너와 작가가 일종의 프로그래밍 프리미티브(programming primitive: 저장, 조작될 수 있는 선/원/곡선/다각형과 같은 그래픽 디자인을 창작하는 데 필요한 요소나 어떤 복잡한 프로그램을 만드는 데 사용될 수 있는 언어의 가장 기본적인 단위를 말함)를 사용하여야 한다. 컴퓨터 게임 스크립트는, 전통적인 영화 시나리오와 다를 수밖에 없다. 영화 시나리오는 대화 텍스트 중심이고 일부 텍스트는 시각적 논리 형식으로 보완되는 구조인 것이다. 사용자가 어떻게 게임 속에 들어와 놀고 갔느냐, 즉 게임 스루(play-through)의 흔적이 스크립트의 핵심으로 사용된다면 이는 게임 대화 작성에 대한 새로운 접근 방식이 될 것이다. 물론 프로그래머나 작가에 의해 주요한 핵심은 식별되거나 제시되고 사용자에 의한 대체 지점은 다양한 대안으로 마련되어야 할 것이다. 결과적으로 프로그래머 단독에 의한 게임이나 창작이 아닌 사람들이 대화식 이야기로 작업할 수 있는 유망한 접근 방법인 것이다.

이제 광고는 디지털 체험을 유도하는 인터랙티브한 콘텐츠로도 영역이 확장될 것이다. 크리에이터들은 기술, 예술, 이야기 및 사용자 상호작용과 체험이 융합된 형태의 종합 콘서트를 구상하여야 할 것이고 그 스토리텔링의 첫걸음은 청중, 소비자를 주인공으로 초대하는 것이다. 광고와 디지털 스토리텔링을 접목할 때에 하나의 특정 관점에서 접근하는 경우가 많으며 다른 관점에서는 무지로 이어질 가능성이 많다. 광고는 대중문화(popular culture)로 인정받지 못하고 상업적인 이미지로 인해 종종 예술, 컴퓨팅 및 디자인 사이의 다양한 영역의 교차점에 있는 것으로는 받아들여지지 않기도 한다. 그러기에 성공적인 결과를 위해 인터랙티브 디지털 스토리텔링을 시도하는 많은 크리에이터가 가장 유의할 것은 자신만이 갖고 있는 영역만을 중요한 것으로 주장하는 형식주의(formalism)일 것이다. 포르말리즘은 포르말린처럼, 크리에이터에겐 발암성이 있고 유독하다는 점을 잊지 말아야 할 것이다.

### 3) 스토리플랫폼과 크리에이티브

과거의 스토리텔링이 텍스트를 통한 시각과 이를 보거나 듣는 시각, 청각에 머물렀다면 디지털 시대의 스토리텔링은 시청각 이외에도 촉각이나 후각 등 거의 모든 감각을 활용하여 고객에게 접근할 수 있다. 바로 그러한 이유 때문에 브랜드와 기업은 스토리텔링 기술을 사용하는 것을 선호한다. 스토리가 있는 브랜드 콘텐츠를 통하여 브랜드와 기업은 고객과 더 깊이 만날 수 있으며 광고 단독으로 커뮤니케이션할 때보다 훨씬 더 큰 효과를 얻을 수 있기 때문이다. 마케팅 캠페인에서 스토리텔링을 사용하여 큰 효과를 얻는 사례를 Airbnb나 Burt's Bees, General Electric 및 Nike에서 볼 수 있다. 그러나 보다 통찰력이 있는 크리에이터는 훌륭한 이야기를 만들어 내는 데 디지털 시대에는 크리에이터 개인 혼자의 노력만으로는 어렵고 스토리텔링에 도움이 되는 플랫폼이 필요하다는 것을 알게 될 것이다. 기존의 블로그는 충분히 훌륭한 스토리텔링 플랫폼이었다. 그러나 이제 한 걸음 더 나아가야만 하고 그러기에 스토리텔링 플랫폼을 탐색하여야 하는 것이다.

디지털 스토리텔링 플랫폼은 요즘의 젊고 미디어에 익숙한 고객을 끌어들이는 독창적인 스토리를 구성해 주는 특수한 도구들을 제공한다. 모바일 친화적이고 미디어

표 5-4 디지털 스토리텔링 플랫폼

| 플랫폼 이름 | 주소 | 핵심 콘셉트 |
|---|---|---|
| 미디엄 | https://medium.com/ | 쓰고 읽기에 완벽한 곳<br>('The perfect place to read and write.') |
| 스토리파이 | https://storify.com/ | 웹이 이야기하게 하세요.<br>('Make the Web tell a story.') |
| 맵티아 | https://maptia.com/ | 이야기 세계의 발견<br>('Discover a world of stories.') |
| 아타비스트 | https://atavist.com/ | 당신의 이야기를 만드세요.<br>('Make your story.') |
| 쇼트핸드 | https://shorthand.com/ | 아름답게, 간결한 스토리텔링<br>('Beautifully simple storytelling.') |
| 스텔러 | https://steller.co/ | 우리 모두에게는 할 이야기가 있다.<br>('Everyone has a story to tell.') |

* Top 6 Best Platforms for Digital Storytellers (2018)에서 발췌 · 재구성함.

가 풍부하며 대화식 기능이 뛰어나고 콘텐츠 검색을 재미있고 유익하게 만들어 주는 도구들이다. 〈표 5-4〉는 디지털 시대의 스토리텔링을 보다 풍성하게 해 주는 여러 플랫폼의 종류들이다. 디지털 시대의 스토리텔링에 대한 접근성을 높여 주고 처음 시작을 쉽게 도와주는 플랫폼이라 할 수 있다.

이 플랫폼들을 활용하기 위한 앱은 무료이므로 몇 분 안에 모든 종류의 스토리를 만들 수 있다. 테마를 선택하고 이미지 또는 비디오를 가져오고 세부 정보를 조정하고 게시를 누르면 된다. 이렇게 만든 스토리는 추가로 소셜미디어 계정에 작품을 공유할 수 있다. 웹사이트나 해당 플랫폼에 작품을 업로드할 수도 있다. 이를 통하여 크리에이터는 개인의 창작 세계와 심리에서 벗어나 세계의 사람들이 오늘 현재에 무엇에 관심을 두고 있고, 무엇을 말해야 하는지에 대해 더 빠르게 접촉하고 동참할 수 있다. 원시시대 동굴 벽화에서 시작되어 극작가의 원고, 슬라이드 쇼, 영화에 이르기까지 인간은 스토리텔링을 해 왔고 발전시켜 왔다. 또한 디지털 시대에 와서 이는 더욱 흥미롭게 진화하고 있다. 오늘날 전 세계적으로 100가지가 넘는 스토리텔링의 방법과 미디어가 있다고 한다. 디지털 시대의 크리에이터에게도 중요한 것은 어떠한 툴과 미디어, 혹은 플랫폼을 선택할 것이냐가 아니라 '자신의 말로 이야기하는 것(Tell it in your own words!)'이다.

크리에이터들은 광고 비즈니스에서 고객과의 감정적 유대(emotional connection)가 얼마나 중요한지를 잘 알고 있고, 훌륭한 스토리텔링은 그러한 감정적 유대들을 구축하는 데 핵심이 될 수 있다는 것을 알고 있다. 옛날부터 이야기는 인간 경험의 핵심, 즉 정체성을 형성하고 사건과 주변 세계를 이해하는 데 사용하는 도구였다. 이야기가 잘 전달되고 청취자에게 잘 이해되면 그들의 충성심을 고취시키고 더 나아가 사회 운동을 촉발시키는 계기가 될 수도 있다. 연구자들에 의하면 좋은 스토리텔링은 심지어 우리 뇌의 신경 경로를 바꾸는 것으로도 나타났다. 요즘의 사람들은 주머니 속에 넣을 완벽한 멀티미디어 스토리텔링 도구를 찾고 있다.

우리는 스토리텔링의 새로운 시대가 시작된다는 것을 알고 있다. 몰입감과 자기 주도적인 경험을 통해 디지털 현실은 청취자와 스토리텔러의 역할을 통합할 수 있는 독특한 기술로 스토리텔링에 대한 우리의 이해를 넓히고 있다. 크리에이터에게 있어 오래전부터 실전으로 다듬어 온 '고객으로 하여금 이야기와 콘텐츠에 공감하게 하는 능력'은 변하지 않았을 것이다. 그러나 이제 디지털 기술 혹은 현실이 가져다준 기회를 완전히 소화하기 위해서는 이 새롭고 강력한 매체를 위해 이야기 요소를 해체하고 재구성하는 새로운 스토리텔링 방법을 습득하여야 할 것이다.

## 5. 광고를 넘어 문화 콘텐츠로

1950년대에 이미 로버트 게렝(Robert Guérin)이라는 프랑스 광고인이 "우리가 숨 쉬는 공기는 질소와 산소 그리고 광고의 복합물이다."라고 설파했다. 이는 광고의 절대적 영향력에 대한 언급이다. 우리는 광고를 광고로만 활용해 왔고 이러한 사회적 영향과 파급력을 광고주의 수익을 올려 주는 데만 사용해 왔다. 그 결과 광고는 독립적인 콘텐츠로 인정받지 못하고 그 메시지나 퀄리티의 사회적 가치나 의미는 평가절하되었다. 그 예술성이나 엔터테인먼트의 수준도 '문화적 찌꺼기(déchet culturel)'로 치부되었다. 릭 셔틀(Rick Suttle, 2019) 광고의 역할과 목적에 대하여 다음과 같이 정리하였다.

| | |
|---|---|
| Getting People's Attention | 사람들의 관심과 주의를 얻고자 노력할 것이고 |
| Prompting Immediate Action | 즉시적인 구매 반응을 자극할 것이고 |
| Replacing Lost Customers | 떠난 고객의 자리를 채우기 위해 새 고객을 찾고 |
| Building Sales and Profits | 판매 활성화와 수익의 창출에 매달리기도 하고 |
| Building Brand Awareness | 브랜드 인지도를 위해 노력할 것이다. |

사람들은 광고를 회피하고 있다. 특히 디지털 디바이스와 콘텐츠에 익숙하고 그 문화를 향유하는 데 익숙한 젊은 층에 있어서 광고는 거의 주목을 받지 못한다. 광고의 목적 중 가장 첫 번째 덕목인 '사람들의 관심과 주의'를 얻는 데 실패하고 있는 것이다. 오히려 광고 같지 않은 광고, 최종 목적을 감추는 광고만이 시선을 받고, 시선을 받기에 효과를 내고 있다는 역설도 통하는 시대이다. 한 소비자층의 광고회피가 아니라 사회가, 전 지구인이 광고를 회피하는 방향으로 가고 있는 이때 광고는 어떠한 변신을 통하여 이 위협적 환경을 벗어날 것인가? 디지털은 광고가 다른 콘텐츠와 경계 없이 섞여 사람들에게 다가갈 수 있는 하나의 문이 될 것이라 판단한다. 그러한 모든 긍정성이 이루어질 경우, 광고는 마르셀 모스(Marcel Mauss)가 언급한 것처럼 이 시대의 '총체적인 사회적 산물(fait social total)'로 자리할 것이고 '문화의 정수(bouillon de culture)'로 드높은 명예를 얻을 것이다. 광고는 '삶이 갖는 흐름의 문제'로서 특히 '시대정신(Esprit du temps)'에 연결되어 있기 때문이다(이창훈, 2019 재인용). 디지털은 필연이 아니다, 우연이다. 우연을 통한 대발견인 세렌디피티(serendipity)가 창의성의 한 속성인 것처럼, 광고에 대해 우리는 우연히도 디지털을 통해 새로운 발견들을 하게 될 것이라 믿는다. ■

## 제6장

# 광고아이디어 발상법

**최승희**(전북대학교 산업디자인학과 강의초빙교수)

1. 전통적 아이디어 발상법
2. 전략 중심 아이디어 발상법
3. 표현 중심 아이디어 발상법
4. 스마트 시대의 스토리텔링 광고기법

◈◇◈

아이디어는 하나의 광고가 완성되는 모든 과정 속에 존재한다. 일찍이 아인슈타인(Albert Einstein)은 인간의 가장 고도화된 두뇌행위를 상상력이라 강조하며 '지식보다 더욱 중요한 것은 상상력'이라고 말했다. 이러한 상상력이 쓰임새와 만날 때 아이디어가 되며, 많은 크리에이터가 기발하고 좋은 아이디어를 얻기 위해 노력하고 있다(박용원, 2004). 그러나 훌륭한 아이디어를 찾는 것이 쉽지 않기 때문에 아이디어를 얻는 기법에 대한 연구가 끊임없이 이루어지고 있다.

아이디어 발상법은 연구자들에 의해 정립된 170여 가지를 포함하여 수많은 방법이 존재한다. 이러한 발상법들은 집단적인지 개인적인지, 언어 지향적인지 시각 지향적인지, 단계적인지 즉흥적인지 등에 따라 다양하게 구분되고 있다. 하지만 아이디어는 인간의 상상력에서 출발하여 목적과 필요성에 의해 수많은 정보와 만난 뒤 우연히 떠오르는 경우가 많기 때문에 수학 공식처럼 완벽한 발상법은 존재하지 않는다. 즉, 이러한 발상법들은 문제해결의 효율성을 높이기 위한 방법론일 뿐 발상법을 사용하는 사람의 자세나 성격, 프로젝트의 특성이나 환경 등 다양한 요인에 따라 결과가 다르게 나오기 때문에 한 가지 발상법을 고수하기보다는 여러 가지 발상법을 유연하게 적용하는 것이 효과적이다.

이 장에서는 스마트 시대 광고를 배우는 교육현장과 실무에 종사하는 광고인들이 폭넓게 활용할 수 있도록 아이디어 발상법 유형을 크게 네 가지로 분류하여 구성하였다.

첫째, 일찍이 일반화되어 마케팅과 광고실무 현장에서 활발히 사용되고 있는 '전통적인 아이디어 발상법', 둘째, 광고전략과 콘셉트를 중심으로 문제를 해결하는 '전략 중심 아이디어 발상법', 셋째, 실질적이고 실물적인 표현 아이디어를 창출하는 '표현 중심 아이디어 발상법', 넷째, 이야기를 중심으로 소비자의 공감과 신뢰를 얻어 강력한 메시지를 전달하는 '스토리텔링 광고기법'으로 분류하였다.

이와 같은 분류는 어떤 절대적인 기준에 의한 것이 아니라 크리에이티브 요소가 가지고 있는 전략과 표현이라는 두 가지 방향을 바탕으로 각각의 발상법이 가지고 있는 특성과 전개 방법 등에 따라 유연하게 분류한 것이다.

제6장은 광고아이디어 발상을 위한 다양한 기법의 개념 및 체계에 대한 이론을 중심으로 전개하였으며, 실무적인 다양한 아이디어 발상법 활용 사례는 제7장에서 다루고 있다.

## 1. 전통적 아이디어 발상법

### 1) 브레인스토밍 발상법

브레인스토밍(Brainstorming) 발상법은 광고계를 비롯한 여러 분야에서 가장 많이 쓰이는 기법으로 알렉스 오스본(Alex Osborn)과 그의 동료들이 1939년에 개발하여 이를 『크리에이티브 파워(Your Creative Power)』에서 소개했다. 하나의 아이디어가 다른 사람의 연상을 자극하여 또 하나의 아이디어를 만들고, 그것이 또 다른 아이디어로 확장되어 강력한 두뇌 폭풍(brain storm)을 일으킨다. 이것은 눈덩이가 불어나는 모습처럼 발상의 연쇄작용을 일으키기 때문에 눈 굴리기(snow bowling) 기법이라고도 한다(김병희, 2014a).

오스본은 브레인스토밍 과정에서 참가자들이 지켜야 할 네 가지 규칙을 제시했는데, 첫 번째, 제안된 다른 사람의 아이디어의 좋고 나쁨을 비판하지 말고 나와 다른 관점의 아이디어들도 수용한다. 두 번째, 상하관계를 의식하지 않고 어떤 생각이라도 말할 수 있는 자유로운 분위기를 조성한다. 분위기가 자유분방할수록 기발하고 거칠며 색다른 아이디어들이 나오기 때문이다. 세 번째, 최대한 많은 아이디어를 창출한다. 양이 많으면 질의 향상을 가져올 수 있기 때문이다. 마지막 네 번째, 다른 사람의 아이디어를 마음껏 조합하고 활용하여 새로운 아이디어로 확장하는 것이다(Osborn, 1949). 브레인스토밍은 다른 팀원들이 발상해 낸 것에 도중 편승(hitchhike)하여 또 다른 아이디어를 내기 때문에 발상 결과가 급속도로 발전하거나 순식간에 양이 늘어나는 특성이 있다(윤일기, 최민욱, 2011). 이런 장점을 적극 활용할 필요가 있으며 회의 진행자인 리더는 전문가적 입장과 풍부한 상상력으로 팀원들의 지혜를 모아 발상이 잘될 수 있는 주제를 정하는 것이 매우 중요하다.

브레인스토밍 참가 인원은 회의 진행자인 리더 1명과 기록자 1명을 포함하여 5~7명으로 팀을 구성하는 것이 적절하다. 리더는 주제나 문제를 충분히 숙지하여 제시하고, 자유분방하게 회의를 진행한다. 또한 편안하고 격이 없는 분위기에서 필요할 때마다 적절한 질문과 자연스러운 반응을 유도해야 한다. 보통 1시간 안에 마치는 것이 좋으며, 1시간이 지났다면 10분 정도 휴식 후 다시 시작하거나 아예 다음날 하는 것이 좋다. 오스본은 이를 바탕으로 '샌드위치 기법(sandwich technique)'을 제시하였는데, 이는 '브레인스토밍 → 개인작업 → 브레인스토밍 → 개인작업' 식으로 각자 다른 일을 하다가 다시 모여 아이디어를 내는 것이다(Osborn, 1949).

브레인스토밍은 오리엔테이션 단계, 개별 발상 단계, 집단 토론 단계, 평가 단계라는 4가지 단계로 진행되어야 효과적이다(Rossiter & Lilien, 1994). 먼저, 오리엔테이션 단계에서는 아이디어의 목표 수치를 구체적으로 제시하되 많을수록 효과적이며, 개별 발상 단계에서는 자유롭고 편안한 분위기에서 개인별 아이디어를 발상하는 것으로 가능한 한 많은 아이디어를 도출해 내야 한다. 집단 토론 단계에서는 순서대로 생각한 아이디어를 제시하여 비슷한 아이디어를 분류하고 이질적인 아이디어들은 결합하는 방식으로 진행한다. 마지막 평가 단계에서는 집단 토론 시 바로 평가하거나 좀 더 객관화를 위하여 일정 시간이 지난 뒤 평가해도 괜찮다.

브레인스토밍은 진행이 까다롭지 않으면서도 결과가 풍부하게 나오기 때문에 널리 사용되는 측면이 있지만 몇 가지 장애 요인이 존재한다. 먼저, 아이디어 발상이 지속적으로 진행되지 않을 때 발생될 수 있는 병목현상과 아이디어가 막히는 창출 저지(production blocking), 아이디어 발상을 다른 사람의 의견에 적당히 끼워 넣어 넘어가는 무임승차(free riding), 자신의 아이디어를 다른 이에게 평가받는 것에 대한 두려움(evaluation apprehension), 그리고 아이디어가 뛰어난 몇 사람이 회의 전체를 지배하는 현상이다(서구원, 이두희, 이인호, 2006). 이러한 몇 가지 장애 요인을 극복하면 브레인스토밍이 가지고 있는 장점이 더욱 빛을 발해 창의적인 아이디어 발상에 큰 도움이 될 것이다.

### 2) 연상력 발상법

존 케이플즈(John Caples)는 광고 실무에서 장기간에 걸쳐 집행된 수백 가지 광고 사례를 분석한 다음, 경험적으로 정리하여 '연상력(Associative Power) 발상법'을 제시하였다. 이 발상법은 인간의 연상적 상상 작용에 주목한 기법으로 머릿속에서 무의식적으로 연상되는 단어와 문장을 연속적으로 써 내려가는 방법이다(Caples, 1957). 현재까지도 광고 창작 현장에서 활발히 사용되고 있으며, 브레인스토밍의 원리와 거의 유사하다. 하지만 아이디어의 창출과 평가를 여럿이 함께 모여 진행하는 브레인스토밍과는 달리 각자 흩어져 혼자서 아이디어를 낸다는 점이 다르다. 그렇지만 관련 자료를 충분히 수집하고 분석한 후 어떤 아이디어라도 자유롭게 창출한다는 점은 두 발상법의 공통된 특징이다.

연상력 발상법은 시각적 아이디어를 도출할 때도 도움이 되지만 실제 카피 창작에서 매우 효과적인 아이디어를 추출하는 데 유용하다. 키워드법이 여러 명이 함께 진행하여 카피 아이디어를 얻는 집단적 발상법이라면, 이 기법은 혼자서 행하는 개인적 발상법이라는 데 중요한 차이가 있다(김동규, 2003; 김병희, 2014a).

연상력 발상법의 진행과정은 다음과 같다.

첫 번째, 소화 단계는 광고하려는 제품과 해결하려는 주제에 대한 자료를 읽어 보고 숙지한 후 충분히 소화 · 흡수시킨다.

두 번째, 연상단어 도출 단계는 큰 종이를 준비해 펜을 들고 주제나 제품과 관련하여 가장 먼저 머릿속에 떠오르는 단어들을 적는다.

세 번째, 연상단어 연속 발상 단계는 머릿속에 잇따라 연상되는 단어나 문장을 논리적으로 분석하거나 비판하지 말고 무의식적인 상태에서 계속 써 내려간다. 여기서는 머릿속에 연속적으로 떠오르는 단어나 문장을 쉬지 않고 충실히 적는 것이 중요하다.

네 번째, 아이디어 고갈 단계에서는 단어나 문장을 계속해서 쓰다 보면 머릿속이 점점 뜨거워지며, 시간이 지날수록 빨랐던 연상의 속도가 점점 느려지고 결국 아이디어가 고갈되어 아무 생각도 나지 않게 된다.

다섯 번째, 아이디어 재충전 단계에서는 머릿속이 텅 비고 새로운 아이디어가 떠오르지 않을 때 정리한 자료나 이전의 성과물을 검토하는 추진 기법(booster technique)을 사용한다. 이 과정에서 문제해결의 실마리가 발견되어 아이디어가 재충전되면 다시 처음으로 돌아가 아이디어를 써 내려간다. 더 이상 불가능해질 때까지 이 과정을 반복하다 보면 '단어와 단어가 구절로, 구절과 구절이 문장으로, 문장과 문장이 하나의 단락'으로 발전되기도 한다.

여섯 번째, 조합 및 정리 단계에서는 아이디어를 충분히 낸 다음 한숨 돌린 후 큰 종이에 적혀 있는 수많은 단어와 문장을 연결하여 간추리거나 정리한다. 이것들은 문제를 해결하는 데 풍부한 아이디어가 될 것이다.

케이플즈는 이후 자신의 경험을 종합하여 광고아이디어 발상을 잘하는 12가지 방법을 제시하였다(Caples, 1983). 즉, '자신의 경험을 활용해 보고, 자신의 경험을 체계화시켜 보고, 마음에서 우러나오는 것을 써 보고, 다른 사람들의 경험에서 배워 보고, 광고주(advertiser)와 상담해 보고, 제품에 대해 연구해 보고, 이전 광고들을 검토해 보고, 경쟁사의 광고를 분석해 보고, 고객의 증언에 대하여 살펴보고, 잠재고객의 문제점을 해결해 보고, 소비자의 잠재의식을 발상에 활용해 보고, 성공한 광고를 변화시켜 사용해 보는 것'이다(김병희, 2014b).

이상에서 제시한 광고아이디어 발상법 12가지 방법 중에서 특히 인상적인 항목은 광고 창작자의 경험을 중시하고 있다는 것이다. 즉, 경험보다 소중한 자산은 없기에 좋은 아이디어를 얻으려면 자신과 타인의 다양한 경험에서 여러 가지 생각의 단서를 찾아야 한다는 것이다.

### 3) 영의 5단계 발상법

미국 '광고 명예의 전당'에 올라 있는 전설적인 카피라이터인 제임스 웹 영(James Webb Young)은 아이디어 발상의 기본 원리를 제공하고 다양한 경우에 적용하여 창의적인 아이디어를 도출할 수 있는 5단계(Five-Step) 발상법을 제시하였다(Young, 1975, 2005). 광고계의 전설 데이비드 오길비(David Ogilvy)는 영의 아이디어 발상법에서 깊은 영감을 받았다고 했으며, 광고 카피 역사상 5대 거인의 한 사람으로 인정하였다. 레오 버넷(Leo N. Burnett) 또한 창의적인 광고아이디어를 얻을 수 있는 최상의 방법이라고 평가했다. 5단계 발상법은 섭취, 소화, 부화, 조명, 증명이라는 5단계 순서에 따라 [그림 6-1]과 같이 이루어지며, 발상 단계별 프로세스를 구체적으로 정리하면 다음과 같다(김병희, 2007, 2014b).

첫 번째, 섭취 단계(ingestion stage)는 광고주가 제시한 제품과 관련된 정보를 다

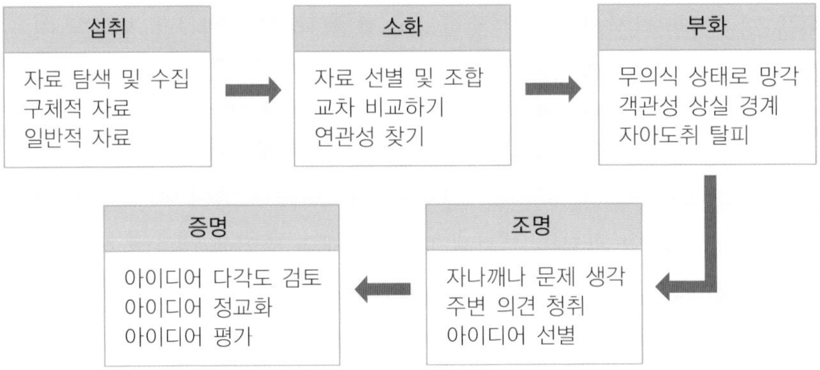


[그림 6-1] 영의 5단계 발상법 프로세스

출처: 김병희(2007, 2014b).

양하게 탐색하여 광고 콘셉트로 발전시킬 수 있는 여러 자료를 풍부하게 수집하고 정리하는 단계이다. 이 단계에서는 광고제품이나 서비스의 특성, 소비자 혜택과 직접적으로 연관되는 구체적 자료와 직접적인 연관성은 없더라도 전반적인 사회 흐름이나 문화 특성과 관련되는 일반적 자료라는 두 자료를 반드시 섭취해야 한다. 즉, 아이디어란 광고제품에 대한 구체적인 지식과 사회 문화와 연관된 일반적인 지식을 새롭게 조합한 결과의 산물이기 때문이다.

두 번째, 소화 단계(digestion stage)는 섭취한 자료들의 내용을 '마음의 촉수'로 느껴 정신적으로 소화시키는 단계이다. 다양한 자료를 수집하고 정리하는 섭취 단계 못지않게 충실히 소화하여 자기 것으로 만드는 것도 중요하기 때문에 제시된 광고 목표와 콘셉트를 기준으로 자료들을 선별하고 조합하여 그것들 사이에서 연관성을 찾는 노력이 필요하다. 사람마다 섭취한 자료를 소화하는 시간과 아이디어 발견점이 다르지만 이 과정에서 아이디어의 단서가 잡히기도 하고 때때로 가공할 만한 기발한 아이디어가 나타나기도 한다. 이는 광고를 진행하는 과정에서 단편적인 생각들이 반복적으로 나타났다가 사라지는데 이러한 사소한 생각의 조각들이 중요한 순간에 빅 아이디어로 발전되는 경우가 많기 때문이다.

세 번째, 부화 단계(incubation stage)는 모든 것을 잊고 무의식 상태에서 망각하면서 휴식을 취하는 단계이다. 많은 자료를 섭취하고 소화하는 과정에서 사람들은 어떤 기발한 생각이 떠오르면 그것만을 최상의 아이디어로 착각하는 경우가 있다. 자신이 애써 찾은 아이디어에 대한 애착은 인정하지만 자아도취에 빠져 객관성을 상실하는 경우는 경계해야 한다. 따라서 이런 저런 생각의 조각이나 초기의 아이디어를 완전히 잊어버리고 머리를 식히면서 무의식 상태에 빠지는 부화 단계에 들어가야 한다. 오길비는 이 단계에서 모든 것을 잊고 아무 생각 없이 자전거를 타거나 음악을 듣고 시골길을 무작정 걸으며 내면의 무의식에서 보내오는 신호를 쉬지 않고 받았다고 한다(Ogilvy, 1963).

네 번째, 조명 단계(illumination stage)는 숙성을 거친 후 최종 아이디어가 탄생하는 단계이다. 어떤 아이디어는 콘셉트를 전혀 반영하지 못해 아예 제외되고, 어떤 아이디어는 우선순위에서 밀려 후보 안으로 채택되기도 한다. 이렇게 정리하다 보면 가장 좋은 아이디어가 최종적으로 선택된다. 이때 주변 사람들에게 아이디어를 설명하며 의견을 듣다 보면 부족한 아이디어를 보완할 좋은 생각이 순간적으로 번쩍 떠오를 때도 있다. 하지만 이러한 순간은 그냥 오는 것이 아니라 지속적으로 아이디어를 고민해 온 사람에게만 불현듯 찾아온다. 즉, 이 단계에서는 그동안 생각해 온 아이디어들이 서서히 빛을 발하며 생각지도 못한 것들까지 떠오른다.

다섯 번째, 증명 단계(verification stage)는 선택한 아이디어가 콘셉트를 극적으로 표현한 것인지 아닌지를 판단하는 단계이다. 이때 선택된 아이디어로 실제 광고 창작이 진행되기 때문에 정해진 아이디어를 다각도로 검토하여 완성도를 높여야 한다. 또한 처음의 아이디어를 구체화하는 과정에서 무언가 부족한 부분이 있다면 이때 보완해야 한다. 최종 선택한 아이디어가 소비자의 심리적 속성에 부합되는지, 또는 광고 목표를 달성할 수 있는지, 표현 콘셉트를 제대로 구현하고 있는지, 매체에 노출하기에 적합한 것인지, 아이디어 수준이 경쟁사의 아이디어를 능가할 수 있는지 등을 검토하여 더 좋은 아이디어로 발전시켜야 한다(김병희, 2007). 좋은 아이디어는 스스로 팽창하는 힘이 있기 때문에 마지막까지 점검해야 하며, 최종 아이디어가 미흡하거나 부적절하다고 판단되면 과감하게 버리고 새로운 아이디어를 찾는 것이 효율적이다.

### 4) 브레인라이팅 발상법

브레인라이팅(brainwriting)은 독일의 베른트 로르바흐(Bernd Rohrbach) 교수가 브레인스토밍의 문제점을 보완하기 위해 창안한 것으로, 아이디어를 말로 발표하지 않고 글로 써서 표현하는 발상법이다(Rohrbach, 1969). 이 기법은 6-3-5기법이라고도 하는데, 6명이 둘러앉아 무기명으로 3개의 아이디어를 5분 내에 기록하고, 다시 옆 사람에게 돌려 추가로 3개의 아이디어를 기록하는 것을 반복하여 30분 내에 108개의 새로운 아이디어를 얻는 것을 목표로 한다(Wikipedia, 2019). 이 기법은 〈표 6-1〉과 같은 기록지에 아이디어를 글로 표현하기 때문에 남 앞에서 발언하기를

표 6-1 브레인라이팅 기록지

| 구분 | 아이디어 A | 아이디어 B | 아이디어 C |
|---|---|---|---|
| 참여자 1 | | | |
| 참여자 2 | | | |
| 참여자 3 | | | |
| 참여자 4 | | | |
| 참여자 5 | | | |
| 참여자 6 | | | |

출처: 김병희(2014a).

꺼려하는 소극적인 사람, 체면을 생각하여 의견을 자제하는 사람, 이야기를 말로 표현하는 것이 서투른 사람에게 효과적이다(김병희, 2014a).

이 기법은 네 단계에 거쳐 진행되는데, 첫 번째, 주제 제시 단계에서는 발상을 촉진시키는 진행자(facilitator)가 광고 캠페인을 위해 준비한 연구 과제나 주제를 참여자에게 자세하게 설명한다. 두 번째, 의견 작성 단계에서는 배부된 기록지에 각자의 의견을 간단한 단어나 어구로 최대한 압축하여 기록한다. 세 번째, 기록지 수집과 분류 단계에서는 참여자가 작성한 기록지를 진행자가 한꺼번에 수집하거나 참여자들이 직접 부착하는 방법으로 과제와 상황에 따라 탄력적으로 수집한다. 네 번째, 그룹별 상위 개념 명명 단계에서는 참여자가 기록한 내용을 종합하여 주제별로 묶고 상위 개념을 붙이는데, 중요한 것은 강조하고 만약 추가할 의견이 있으면 기록하면서 아이디어를 유형화한다(김병희, 2014a).

브레인라이팅 발상법은 브레인스토밍의 장애 요인을 부분적으로 극복하면서 다음과 같은 장점 때문에 상당히 매력적인 아이디어 발상 기법으로 활용된다. 첫 번째, 한 사람이 아이디어를 발표하는 동안 다른 사람들은 자신의 아이디어를 창출하는 데 방해를 받지 않는다. 또한 모든 참여자가 동시에 자신의 아이디어를 기록하기 때문에 회의 시간을 절약할 수 있다. 두 번째, 참석자들이 돌아가면서 자신의 생각을 기록하기 때문에 중간에 아이디어를 누락하기 어려워 무임승차 가능성을 줄일 수 있다. 세 번째, 무기명으로 아이디어를 적어 내기 때문에 평가에 대한 두려움이 사라져 비교적 자유롭게 아이디어를 낼 수 있다. 하지만 브레인스토밍의 한계를 부분적으로 극복했다는 장점에도 불구하고 이 기법은 참여자의 자발성이 저하될 수 있다는 한계가 있다(김병희, 2014a). 따라서 자발적인 아이디어 도출을 유도하는 진행자의 역할이 중요하며 참여자들 또한 남과 다른 아이디어를 내려고 노력하는 등 도출된 아이디어를 더욱 향상시켜 나가겠다는 의지와 상호 노력이 필요하다.

### 5) 스캠퍼 발상법

밥 에벌(Bob Eberle)은 아이디어 발상법도 진화되어야 한다는 믿음에 따라 브레인스토밍 기법을 창안했던 오스본의 체크리스트 기법을 보완하고 발전시켜 1971년 광고를 비롯한 다양한 분야에 적용 가능한 스캠퍼(SCAMPER) 발상법을 고안했다. 이 발상법은 이미 존재하는 것에 스캠퍼 기법을 적용할 경우, 새로운 것이 만들어진다는 것으로 어떤 문제를 해결하기 위한 7단계 질문을 하고 나서, 그에 대한 해결책을 찾다 보면 혁신적인 아이디어가 나온다는 것이다. 이 기법을 활용하려면 먼저 해결하려는 문제가 무엇인지 명확하게 정리한 후 아이디어를 발전시켜야 할 문제를 정한 다음, 체크리스트에 따라 질문하며 답을 찾아가면 된다. 스캠퍼 기법의 7단계 질문에 대한 구체적인 내용은 다음과 같다(김병희, 2014a; Eberle, 2008).

첫 번째, 대체하기(substitute)는 사람이나 사물을 A 대신 B로 대체하거나 현재의 용도를 바꿔 다르게 써보는 것이다. 즉, 순서나 재료, 시간, 장소, 성분, 역할 등을 바꿔 보는 질문을 하다 보면 뜻밖의 새로운 아이디어를 얻을 수 있다.

두 번째, 결합하기(combine)는 A와 B를 결합해 새롭게 합치거나, 비슷한 기능끼리 혹은 전혀 다른 요소끼리 섞어 보거나, 성격이 전혀 다른 것들을 한곳에 배치 또는 결합해 보는 질문을 함으로써 독창적인 아이디어를 찾을 수 있다.

세 번째, 조절하기(adjust)는 주어진 조건의 목적에 맞게 A와 B를 조정 또는 모양을 바꾸거나 응용하는 질문을 하다 보면 시너지를 일으키는 뜻밖의 아이디어를 얻을 수 있다.

네 번째, 어떤 대상 A를 B로 변형(modify) 또는 확대(magnify), 축소(minify)하는 것이다. 즉, 형태나 품질, 의미, 색깔, 소리, 향기 등 어떤 것의 특성이나 모양을 변형하거나 확대, 축소해 보는 질문을 하다 보면 예상 밖의 기상천외한 아이디어를 찾을 수 있다.

다섯 번째, 용도 바꾸기(put to other uses)는 A라는 용도를 B라는 용도로 바꿔 보는 것으로 원래 용도와 다른 것은 없는지, 다른 처리 방법은 없는지 등 현재 용도에 만족하지 않고 다른 용도로 활용될 가능성을 찾는 질문을 하다 보면 기발한 아이디어를 얻을 수 있다.

여섯 번째, 제거하기(eliminate)는 어떤 사물의 구성요소 중에서 그 무엇을 삭제하거나 생략, 압축, 분할하는 등 원래의 것에서 불필요한 일부분을 제거하는 질문을 하다 보면 문제해결의 새로운 단서를 찾을 수 있다.

일곱 번째, 역발상(reverse) 및 재정리하기(rearrange)는 AB를 거꾸로 BA로 바꿔 보거나 패턴이나 레이아웃을 180도 다르게 배치해 보는 것이다. 위아래를 거꾸로 하거나 역할이나 위치를 바꿔 보는 등 기존에 주어진 순서나 모양 등을 거꾸로 하거나 다르게 배열하여 새로운 것을 생성해 낼 수 있는 질문을 하다 보면 전혀 엉뚱하면서도 기발한 아이디어를 얻을 수 있다.

## 2. 전략 중심 아이디어 발상법

### 1) Q-5 발상법

오창일(2001)은 오랜 실무 경험과 다양한 연구를 바탕으로 '5단계-5질문'의 'Q-5(Question 5) 발상법'을 제시하였다. 광고 크리에이티브 개념은 [그림 6-2]와

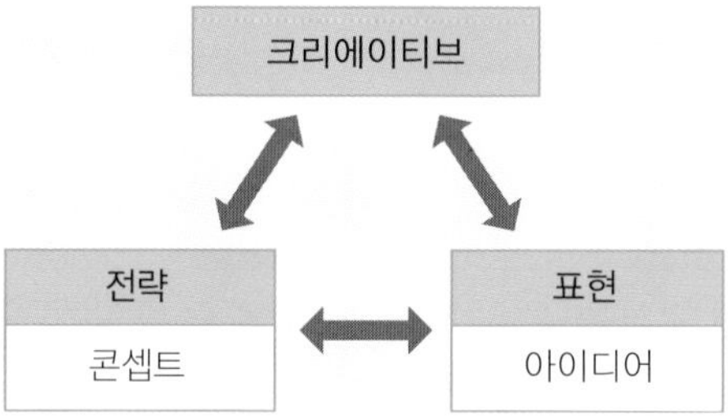


[그림 6-2] 크리에이티브 개념도

출처: 오창일(2001).

같이 전략(콘셉트)과 표현(아이디어)으로 구체화되는데, 이 발상법의 핵심은 콘셉트와 아이디어 사이에 '연계 순환적 통합 시스템'을 실행하여 전략적 아이디어를 창출하는 것이며, 아이디어를 숙성하려면 '5단계-5질문'의 과정을 반복적으로 거쳐야 한다는 것이다(김병희, 2014a; 오창일, 2001).

제1단계, 콘셉트 추출의 Q-5는 문제를 해결하는 데 필요한 다섯 가지 질문을 말한다. 이 단계에서는 다양한 개념을 발견하는 것이 중요하기 때문에 반추하며 찾아야 하고, 도출된 콘셉트가 새로운 관점을 포착한 콘셉트인지 또는 공감할 수 있는 콘셉트인지 항상 반문해야 한다. 이 단계에서는 '첫째, 브랜드 인상은 무엇인가? 둘째, 목표고객은 누구인가? 셋째, 광고 목표는 무엇인가? 넷째, 의사결정 방법은 무엇인가? 다섯째, 소비자의 혜택은 무엇인가?'와 같은 다섯 가지 질문을 해야 한다.

제2단계, 아이디어 창출의 Q-5는 아이디어 발상과정에서 콘셉트와 아이디어 사이에 '연계 순환적 통합 시스템'을 반추하는 질문을 계속하여 전략적 아이디어를 창출해야 한다. 이 단계에서는 '첫째, 새로운 TPO(time, place, occasion)가 무엇인가? 둘째, 새로운 인물은 누구인가? 셋째, 새로운 가치는 무엇인가? 넷째, 새로운 주인공은 누구인가? 다섯째, 새로운 사회흐름은 무엇인가?'와 같은 다섯 가지 질문을 해야 한다.

제3단계, 객관적 상관물의 Q-5는 콘셉트와 아이디어를 하나의 연상으로 소비자의 머릿속에 기억되게 하는 연결고리가 필요하며, 비유법을 사용하면 효과적이다. 이 단계에서 필요한 다섯 가지 발상 방법은 다음과 같다. 첫째, 구체적인 사물로 표현되어야 한다(구체성). 둘째, 불특정 다수를 설득하기 위하여 다수가 공감할 수 있어야 한다(객관성). 셋째, 어떤 사물을 표현하는 가장 적절한 말, 즉 브랜드만의 고유성을 확보해야 한다(적확성). 넷째, 달라야 보이고 보여야 설득하기 때문에 다른 것과 확실히 달라야 한다(차별성). 다섯째, 문제를 해결함으로써 혜택과 명분을 제시해야 한다(혜택성).

제4단계, 구조화(테마와 스토리)에서는 흥미로운 이야기는 기억력 제고와 감성의 논리화까지 가능하게 만들기 때문에 아이디어 발상과정에서 이야기를 흥미롭게 만드는 스토리텔링 구조를 만들어야 한다. 질문을 바탕으로 '주인공이 사건을 해결한다'는 스토리텔링 구조를 가져야 그 아이디어가 효과를 발휘하며, 나아가 비선형적(non-linear) 스토리텔링으로 구조를 반전(反轉)시키면 그 아이디어가 더욱 숙성된다.

제5단계, 총체적 순인상(키워드와 키비주얼)은 핵심 단어(key word)와 핵심 비주얼(key visual)로 혜택과 가치, 명분을 남겨야 하고, 광고목표를 명확하게 담고 있어야 한다. 이러한 요소들로 소비자의 행동과 태도, 의견을 바꿀 수 있어야 한다.

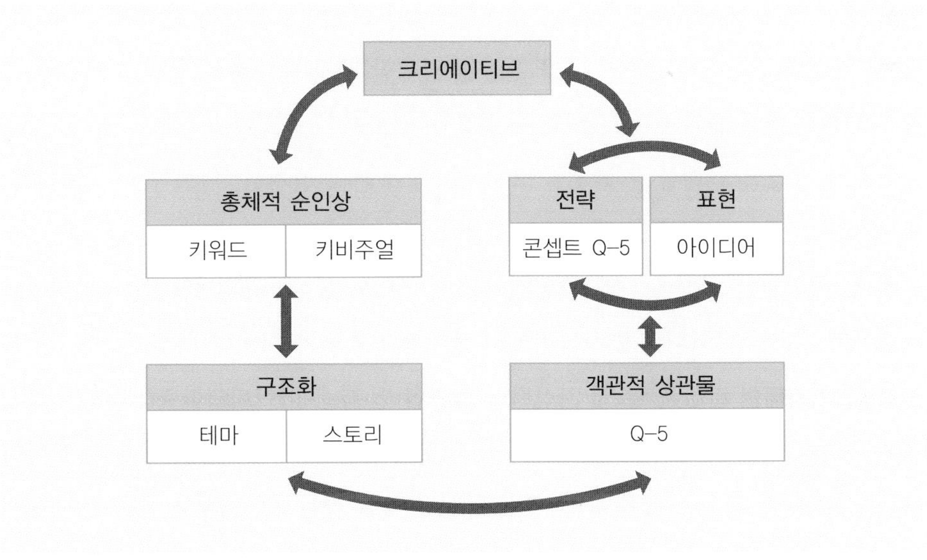


[그림 6-3] Q-5 발상법의 개념도

출처: 오창일(2001).

광고에서 아이디어 발상법은 '연계 순환적 통합 시스템'의 상호작용으로 질문들이 서로 충돌하여 융합되면서 연쇄 반응하는 사이클이다. 즉, 아이디어 발상과정에서 끊임없는 질문을 통해 연쇄적으로 상상력을 발휘해야 한다는 것이다. Q-5 발상법은 이러한 원칙과 방법을 동시에 고려한 독창적인 기법으로 발상 개념을 종합적으로 정리하면, [그림 6-3]과 같다.

## 2) 스매싱 발상법

세계적인 광고 수상작들은 공통적으로 세 가지 조건(ROI), 즉 상관성(relevance), 독창성(originality), 충격성(impact)을 갖추고 있는데, 정상수(2010)는 여기에 또 하나의 조건인 '불손함(irreverence)'이 필요하다고 하였다. 그는 아이디어 발상과정에서 '불손한 요소를 찾아내는 것'이 발상의 요체라고 강조한다. 즉, 교육에 의해 겉으로 드러나지 않는 불손한 아이디어에 사람들은 본능적인 쾌감을 느끼고 공감한다는 것이다(김병희, 2014a). 이 발상법은 아이디어 발상을 진행할 때 너무 진지하게 접근하지 말고 테니스공을 받아 넘기듯 '스매싱(smashing)'해야 한다는 것이며, 스매싱을 할 때 자신감이 중요하듯 아이디어 발상을 진행할 때도 두려움을 떨치고 자신감 있게 막히는 순간을 돌파해 나가야 한다는 것이다.

스매싱 발상법의 핵심은 '불손한 요소 찾기, 두려움 떨치기, 다르게 하기'와 같이 세 가지로 정리되며(정상수, 2010), 구체적인 내용은 다음과 같다.

첫째, 사람들은 인생에 대해 삐딱한 시선을 담고 있는 약간의 불손한 아이디어에 공감하기 때문에 아이디어 발상과정에서 불손한 요소를 찾아야 한다.

둘째, 아이디어 발상을 할 때 자신감을 가져야 더 좋은 아이디어를 낼 수 있기 때문에 두려움을 떨쳐야 하는데, 그가 제시한 비결은 스스로 대견하게 생각하기, 모방하기, 문제를 다른 식으로 바꿔 보기, 글쓰기 연습, 상투적인 표현에서 시작하기, 시시한 아이디어 내보기, 즐거운 마음 갖기, 장소 바꿔 보기, 낙서하기 같은 아홉 가지이다.

셋째, 지금까지 해 오던 익숙한 것들과 결별해야 뜻밖의 아이디어가 나오기 때문에 대상을 새롭게 해석하여 다르게 하는 것이 중요하다. 자신의 아이디어를 다른 사람의 아이디어와 확실하게 차별화하려면 기존에 있던 모든 것을 단절해야 하며, 지금까지 해 오던 익숙한 생각과 반대로 접근하면 의도하지 않은 뜻밖의 기발한 아이디어를 얻을 수 있다.

### 3) I CAN DO 발상법

김규철(2013)은 기존의 발상법 대부분이 아이디어 발상과정에만 집중되어 있는 단점을 보완하기 위해 오랜 실무 경험에서 나온 통찰력을 바탕으로 'I CAN DO' 발상법을 제안하였다. 'I CAN DO'라는 한 문장 속에 아이디어 발상을 시작할 때 광고 창작자들이 가져야 하는 발상자의 태도, 준비, 발상, 검증이라는 네 가지 과정 모두가 포함되어 있다. 이 기법은 좋은 아이디어를 창출하기 위해서는 '나는 할 수 있다'는 가능성과 의지 그리고 자신감을 가지고 긍정적인 마인드와 올바른 태도를 가져야 한다는 점을 강조하고 있다. 'I CAN DO' 발상법은 창의적인 광고 평가 표준과 아이디어 발상 프로세스를 바탕으로 만들었으며, 이니셜을 적용한 각 단계별 세부지침은 〈표 6-2〉와 같다.

표 6-2 I CAN DO 발상법 진행과정

| I CAN DO 태도과정 | | |
|---|---|---|
| 준비과정 | 발상과정 | 검증과정 |
| 정체성 파악(identity) | 제품 정보 구체화(information) | 정체성 확인(identity) |
| 신뢰성 검증(credibility) | 결합의 구체화(combine) | 신뢰성 확인(credibility) |
| 매력성 발견(attraction) | 응용의 구체화(adapt & apply) | 매력성 확인(attraction) |
| 새로움 발견(newness) | 역발상 구체화(negative opinion) | 새로움 확인(newness) |
| 차별성 발견(differentiation) | 이야기 구체화(dramatize) | 차별성 확인(differentiation) |
| 명확하게 정리(obviousness) | 처음으로 돌아가기(original) | 명확성 확인(obviousness) |

출처: 김규철(2013).

첫 번째, 태도과정에서는 아이디어를 발상하거나 발견하기 위해 '나는 할 수 있다'는 자신감을 갖고 올바른 태도를 가져야 한다. 이러한 태도는 아이디어를 얻기 위한 기본적이면서도 중요한 능력으로 아이디어를 발상할 준비가 되어 있다는 것이다. 만약 자신감이 없다면 아무리 좋은 발상법을 사용하더라도 좋은 아이디어를 얻을 가능성이 낮다. 잭 포스터(Jack Foster)는 아이디어 발상을 위한 올바른 태도로 여덟 가지를 제시하였는데, 그것은 '인생을 즐겨라, 스스로 아이디어 뭉치가 되어라, 마음속에 목표를 새겨라, 어린아이가 되어라, 더 많은 정보를 얻어라, 배짱을 가지고 밀어붙여라, 사고방식을 바꿔 보라, 결합하는 방법을 배워라'이며(Foster, 1999), 이 여덟 가지 태도는 몸에 습관이 되어 일상처럼 생활화되어야 한다고 말하였다. 즉, 광고창작자는 항상 좋은 아이디어를 생각할 수 있다는 긍정적인 믿음을 가지고 자신감 있게 시작하는 태도를 가지는 것이 중요하다.

두 번째, 준비과정에서는 제품이 가지고 있는 어떤 문제를 다양한 관점에서 자료를 분석하며 아이디어 발상을 준비하는 과정이다. 즉, 제품이 가지고 있는 올바른 문제의 정체성을 파악하고(identity), 신뢰성을 검증해야 하며(credibility), 매력성을 발견하고(attraction), 새로움을 발견하고(newness), 차별성을 발견하고(difference) 단순 명확하게 정리(obviousness)하여야 한다. 준비과정에서 제품에 대한 기본조사 및 분석을 게을리하여 문제의 정체성을 올바로 파악하지 못하면 아무리 기발한 발상이라도 도움이 되지 못할 것이다. 비록 약간의 도움이 된다고 해도 엉뚱한 메시지가 전달되어 아이디어나 광고만 유명해지고 정작 문제해결은 되지 않는다. 그렇기 때문에 준비과정에서도 반드시 '나는 할 수 있다'를 고려해야 한다.

세 번째, 발상과정은 아이디어 구체화 단계로 아무리 철저한 준비를 하였더라도 그것을 구체화할 방법이 없다면 준비과정의 모든 것이 헛수고가 된다. 즉, 아이디어를 만들어 나갈 수 있는 방법을 제시해 준다면 막혔던 생각의 틀을 깰 수 있을 것이다. 구체화 방법으로는, 직접적으로 메시지화할 수 있는 제품 정보를 구체화하고(information), 제품과 전혀 관계없는 것들과 결합해 보고(combine), 제품을 의외의 것들과 비교 또는 비유, 다른 것과의 유사성을 찾아 응용해 보고(adapt & apply), 거꾸로 생각하는 역발상을 해 보고(negative opinion), 스토리텔링, 즉 이야기로 만들어 본다(dramatize). 그리고 여러 방법으로 아이디어 발상을 시도하다가 막히거나 만족할 만한 해결책이 나오지 않으면 다시 원점으로 돌아가 문제를 재정의하고 처음부터 다시 시작한다(original).

네 번째, 최종 아이디어를 평가하는 단계인 검증과정에서는 문제의 정체성이 분명하게 나타나는지(identity), 신뢰할 수 있는 근거가 분명한지(credibility), 매력적인지(attraction), 새로운 것인지(newness), 다른 것과 차별점이 있는지(differentiation), 메시지가 쉽고 명확한지(obviousness)를 따져 보며 검증해야 한다. 검증과정에서의 질문은 준비과정에서 제시했던 질문을 다시 함으로써 일관성 있게 아이디어 발상 목적을 확인하고 이를 통해 광고창작자가 자신의 아이디어를 스스로 검증해 볼 수 있다.

'I CAN DO' 발상법은 발상을 위한 태도, 준비, 발상, 검증 과정을 'I CAN DO'라는 한 문장으로 알기 쉽게 제시함으로써 아이디어 발상에 쉽게 접근할 수 있으며 자신이 발상한 아이디어를 스스로 검증이 가능하도록 만들었다. 광고발상 측면에서 시작하였지만 디자인 발상과 그 외 다양한 아이디어 발상과정에 도움을 줄 수 있는 장점이 있다.

### 4) 마-생-검 발상법

차유철(2013)이 개발한 아이디어 발상 기법으로, '마음가짐-생각방법-검증하기'의 3단계를 누구나 쉽게 따라 할 수 있다는 장점을 가지고 있다. 그는 이 세 가지 마음가짐이 아이디어 발상에서 결정적으로 중요하다고 강조하였다. '마-생-검' 발상법의 구조는 [그림 6-4]와 같다.

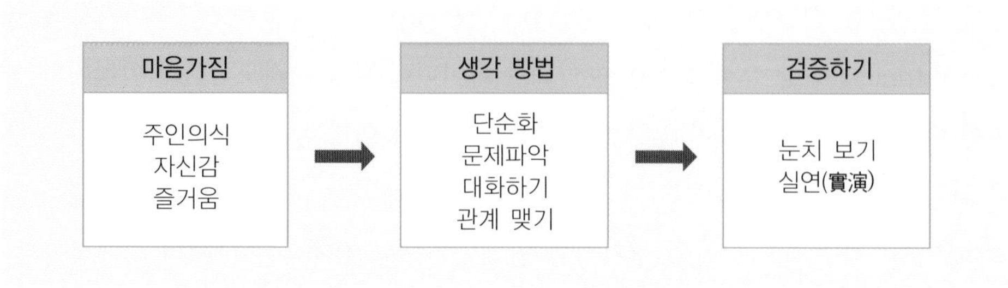


[그림 6-4] '마-생-검' 발상법 구조

출처: 차유철(2013).

### (1) 마음가짐

콘셉트를 찾거나, 카피를 쓰거나, 비주얼을 그려야 할 때, 아이디어가 잘 나올 수 있도록 마음을 가다듬는 것이다. 마음가짐을 잘 갖는 것이 저절로 아이디어를 생성하지는 않지만, 적어도 생각의 방향이나 폭, 깊이를 더해 아이디어 발상과정에 더욱 몰입할 수 있기 때문이다. 마음가짐을 잘 갖기 위해서는, 먼저 자신에게 주어진 일을 '내 일'처럼 생각하여 최선을 다하는 '주인의식'이 필요하고, '가능성－실행－결과'를 마음속에 그리며 "할 수 있다!" "한다!" "해냈다!"를 큰 소리로 외치면서 자신감을 갖고 아이디어 발상을 해야 한다는 것이다.

### (2) 생각 방법

광고가 창의적 사고의 발상지라는 점에서, 아이디어 발상을 진행하면서 여러 광고를 많이 보는 것도 생각하는 방법을 활성화하는 데 도움이 된다(차유철, 김병희, 이희복, 2010). 세상에는 수많은 생각 방법이 있겠지만, 차유철(2013)은 다음의 네 가지 방법을 주로 사용했다. 첫째, 광고주가 제시하는 복합적인 요소들의 우선순위를 정하고, 문제점을 분류하여 원인을 찾으면서 단순화한다. 둘째, 광고주의 관점과 소비자의 관점, 그리고 시장의 관점에서 다양한 해결 방안을 모색하고 문제 파악에 초점을 맞춘다. 셋째, 자신의 동료 또는 고객이나 소비자들에게 자신이 알고 싶은 것을 거리낌 없이 물어보거나 서로의 아이디어에 대해 대화를 나누는 것이다. 넷째, 좋은 아이디어가 잘 떠오르지 않을 때는 다양한 소재들을 찾아보고 그것들 사이의 공통점이나 차이점을 찾아내 관계를 맺는 것이다. 이때 효과적인 연결고리를 만들기 위해서는 상상력이나 꾸준한 연습이 필요하다.

#### (3) 검증하기

자신의 아이디어의 좋고 나쁨이나 완성도를 검증해 보는 과정이다. 대부분의 아이디어 발상자는 자신의 아이디어가 최고라고 자부하며 집착하는 경향을 가지고 있기 때문에 객관적인 상황에서 검증받고 아이디어를 다듬어 볼 필요가 있다. 경험 많은 상사나 전문가의 리뷰를 받는 것이 일반적인 검증 방법이며, 누구에게 어떻게 리뷰를 받느냐가 중요하기 때문에 여기서는 두 가지 방법을 제시하고 있다. 그것은 자신의 아이디어에 대해 어떠한 설명도 하지 않고 상대방에게 보여 주고 반응을 살펴보는 '눈치 보기'와 자신이 상상한 것을 진짜 실제처럼 설명하고 보여 주는 '실연(實演)'이다. 검증 결과 자신의 아이디어가 선택되지 못했거나 확신이 들지 않을 때는 재빨리 포기하고 '할 수 있다'는 마음가짐으로 다시 첫 단계로 돌아가 새롭게 시작 할 수 있어야 한다.

### 5) 에디슨 발상법

광고 창의성에 영향을 미치는 요인을 규명한 김병희(2002)는 창의성이 인지적, 정서적, 행동적, 맥락적, 시간적, 관계적인 여섯 가지 영향요인(domain)으로 구성된다고 하였다. 이와 같은 여섯 가지 요인은 창의성 향상에 영향을 미치는 요인이라는 점에서, 창의적인 아이디어 발상과정에도 직간접적으로 영향을 주는 핵심준거가 된다고 볼 수 있다. 또한 사람들은 아이디어가 돋보이는 혁신적인 제품에는 관심을 보이는데, 기대에 못 미치는 제품에 대해서는 회피하려는 경향을 나타낸다. 이렇듯 창의성의 수준에 따라 수용자의 마음이 끌리거나 회피하는 경향을 설명하는 자극원에 대해 **'창의주성**(創意走性, creotaxis)'이라고 명명하였다(Kim, 2012).

광고 창의성의 구성 요인을 분석한 선행 연구에서는 인쇄광고의 창의성 평가 척도가 독창성, 명료성, 적합성, 상관성이라는 네 가지 차원으로 구성되는 것으로 나타났으며(김병희, 한상필, 2006), 방송광고의 창의성 평가 척도는 정교성, 독창성, 적합성, 조화성, 상관성이라는 다섯 가지 차원으로 구성되는 것으로 나타났다(김병희, 한상필, 2008; Kim, Han, & Yoon, 2010). 이러한 광고 창의성 평가 척도는 창의적인 결과물의 수준을 가늠할 수 있는 기준이므로, 창의주성을 구성하는 크리에이티브 원자(creative atom)라고 할 수 있다. 여러 가지 크리에이티브 원자 중에서 아이디어 발상법에 필요한 창의주성의 구성요인을 종합하면 적합성, 공감성, 정교성, 독창성, 명료성, 상관성 이라는 여섯 가지 요인이 도출된다(김병희, 2014a).

이상의 논의를 바탕으로 창의주성 개념에 의한 아이디어 발상 구조를 에디슨(EDISON) 발상법으로 명명하고, 이 발상법을 이용해 아이디어를 도출할 때 필요한 여섯 가지 생각의 방향성과 함께 〈표 6-3〉과 같이 제시하였다. 이는 일찍이 영(Young, 1975)이 제시한 섭취, 소화, 부화, 조명, 증명이라는 5단계 발상법을 수정 · 보완한 것으로 볼 수 있다.

에디슨(EDISON) 발상법의 아이디어 발상 단계를 구체적으로 살펴보면 다음과 같다.

첫 번째, 탐색(exploration) 단계로 아이디어 발상의 시작이며, 유익한 자료를 다양하게 수집하되, 창의주성의 '적합성(appropriateness)' 요인을 고려해 적절하고 도움이 되는 정보를 중심으로 탐색해야 한다. 창의성의 인지적 요인에 대응하는 탐색 단계에서는 아이디어 발상자의 '지성(intelligence)과 호기심(curiosity)'이 중요하며, 이 두 가지가 수용자에게 도움이 되는 아이디어를 계발하는 원동력으로 작용한다. 수용자에게 유익한 아이디어를 얻는 데 성공하려면, 생각하고 있는 초기 아이디어가 발상의 목적에 얼마나 충실한지 되물으면서 적합성 여부를 수시로 점검해야 한다. 또한 수용자의 관심을 끌어 행동을 유도하는 '개입이나 참여(engagement)'가 필요하다.

두 번째, 발견(discovery) 단계로 탐색 단계에서 수집한 다양한 정보 중에서 수용

표 6-3 창의주성 개념에 의한 아이디어 발상 단계 및 생각의 방향성

| 창의성 영향 요인 | 창의주성 구성 요인 | 수용자 기대 반응 | 발상자 계발 요인 | 아이디어 발상 단계 | 생각의 방향성 |
|---|---|---|---|---|---|
| 인지적 (cognitive) | 적합성 (appropriateness) | 유익한 (informative) | 지성 (intelligence) 호기심 (curiosity) | 탐색 (exploration) | 개입 · 참여 (engagement) |
| 정서적 (affective) | 공감성 (empathy) | 인상적인 (impressive) | 진정성 (authenticity) 민감성 (sensitivity) | 발견 (discovery) | 차별화 (differentiation) |
| 행동적 (behavioral) | 정교성 (elaboration) | 믿을 만한 (reliable) | 시간보장 (time guarantee) 심사숙고 (deliberateness) | 부화 (incubation) | 통찰력 (insight) |
| 맥락적 (contextual) | 독창성 (originality) | 경이로운 (surprising) | 새로움 (novelty) 자신감 (confidence) | 구조화 (structuring) | 포화 상태 (saturation) |
| 시간적 (temporal) | 명료성 (clarity) | 간명한 (simple) | 자질 (talent) 숙련도 (expertness) | 조망 (outlook) | 객관성 (objectivity) |
| 관계적 (affiliated) | 상관성 (relevance) | 적용할 만한 (applicable) | 융합 (convergence) 확장가능성 (extendibility) | 연결 (network) | 새로운 시도 (new-trial) |

출처: 김병희(2002, 2014a, 2014b); Kim (2012); Kim et al. (2010).

자에게 깊은 울림을 줄 수 있는 '인상적인(impressive)' 혜택을 발견해야 한다. 이때 창의주성의 '공감성(empathy)' 요인을 고려해야 하는 것이 중요한데, 찾아낸 정보를 수용자에게 감동을 주는 혜택으로 바꿀 수 있는 통찰력을 발휘해야 한다. 창의성의

정서적 요인에 대응하는 발견 단계에서는 아이디어 발상자의 ‘진정성(authenticity)과 민감성(sensitivity)’이 중요하며, 이 두 가지가 수용자에게 깊은 감동을 줄 수 있는 아이디어를 계발하는 원동력으로 작용한다. 인상적인 아이디어를 얻는 데 성공하려면, 생각하고 있는 아이디어가 수용자의 공감을 어느 정도 얻고 있는지를 가늠하여 아이디어의 공감성 여부를 예측해 봐야 한다. 또한 이전에는 없었던 독특한 아이디어를 찾는 ‘차별화(differentiation)’가 필요하다.

세 번째, 부화(incubation) 단계로 발견 단계 이후 부화 단계에 접어들면 초기 아이디어들을 ‘믿을 만한(reliable)’ 아이디어로 발전시키되, 창의주성의 ‘정교성(elaboration)’ 요인을 고려해 완성도를 높여 나가야 한다. 창의성의 ‘행동적(behavioral)’ 요인에 대응하는 부화 단계에서는 충분한 ‘시간을 보장(time guarantee)’함으로써 아이디어 발상자가 ‘심사숙고(deliberateness)’하도록 하는 것이 중요하며, 이 두 가지가 수용자에게 믿음과 신뢰를 주는 아이디어를 계발하는 원동력으로 작용한다. 수용자가 좋아할 만한 아이디어를 찾는 데 성공하려면, 아이디어에 세련미와 고급감을 더해 완성도를 높여 나가는 정교성 여부를 수시로 살펴야 한다. 또한 현실적인 목적에 영향을 주고 실제로 도움이 될 만한 아이디어를 찾아내는 ‘통찰력(insight)’이 필요하다.

네 번째, 구조화(structuring) 단계로 부화 단계 이후 구조화 단계에 접어들면 수용자들이 ‘경이로운(surprising)’ 반응을 나타낼 수 있는 아이디어로 발전시키되, 창의주성의 ‘독창성(originality)’ 요인을 고려해 새롭고 독특한 접근법을 적용해야 한다. 창의성의 ‘맥락적(contextual)’ 요인에 대응하는 이 단계에서는 새로움(novelty)을 바탕으로 자신감(confidence) 있게 아이디어를 발상하는 것이 매우 중요하다. 수용자에게 경이로움을 주는 아이디어를 찾는 데 성공하려면, 자신의 아이디어에 대한 자신감과 독특하고 새로운 것에 대한 독창성 여부를 수시로 따져 봐야 한다. 또한 더 이상 좋은 아이디어가 나오지 않을 때까지 충분하게 아이디어를 창출해 보는 ‘포화상태(saturation)’가 필요하다.

다섯 번째, 조망(outlook) 단계로 구조화 단계 이후 조망 단계에 접어들면 그동안 나온 아이디어를 더욱 간추려서 수용자에게 '간명한(simple)' 메시지로 다가가도록 발전시키되, 창의주성의 '명료성(clarity)' 요인에 특별히 신경을 써서 분명한 메시지가 되도록 해야 한다. 창의성의 '시간적(temporal)' 요인에 대응하는 조망 단계에서는 아이디어 발상자의 '자질(talent)'과 '숙련도(expertness)'가 중요하며, 이 두 가지가 수용자에게 간명한 메시지를 계발하는 원동력으로 작용한다. 수용자들이 기대하는 메시지를 찾는 데 성공하려면, 아이디어를 더욱 이해하기 쉽고 분명하게 표현했는지 그 명료성 여부를 스스로 평가해야 한다. 또한 자신의 아이디어의 수준을 객관적인 안목으로 평가할 수 있는 '객관성(objectivity)'이 필요하다.

여섯 번째, 연결(network) 단계로 아이디어 발상을 마무리하는 것으로 이 단계에서는 해당 분야 이외의 다른 분야에도 '적용할 만한(applicable)' 아이디어인지 그 가능성을 생각해 보아야 한다. 이때 창의주성의 '상관성(relevance)' 요인을 고려해 그 아이디어가 수용자의 혜택과 관련 분야의 특성과 직간접적으로 관련되게 해야 한다. 창의성의 관계적 요인에 대응하는 연결 단계에서는 발상자의 '융합(convergence)'적 사고와 '확장가능성(extendibility)'이 특히 중요하며, 이 두 가지가 실생활의 다양한 분야에서 활용될 수 있는 아이디어를 계발하는 원동력으로 작용한다. 다양한 분야에 적용할 수 있는 아이디어를 찾는 데 성공하려면, 아이디어가 현실적으로 관련 분야의 특성과 연관되는지 그 상관성 여부를 스스로 알아보거나 관련 분야 전문가들에게 조언을 얻을 필요가 있다. 또한 자신이 낸 아이디어가 모두 마음에 들지 않더라도 절망하지 말고 다시 시작하는 '새로운 시도(new-trial)'가 필요하다.

에디슨 발상법은 창의성 영향요인과 창의주성 개념을 바탕으로 개발된 것으로 스마트 시대 창의적인 결과물을 만드는 현장에서 널리 사용될 수 있는 체계적이고 포괄적인 이이디어 발상법이라고 할 수 있다.

## 3. 표현 중심 아이디어 발상법

### 1) 고든법

이 발상법은 브레인스토밍이 가지고 있는 결점을 극복하고자 시넥틱스(synectics)의 창시자인 윌리엄 고든(William J. J. Gordon)이 고안한 창조 기법으로, 상징적 유추(symbolic analogy)를 발견하기 위해 연상력을 이용하여 발상하는 자유연상기법이다.

유추발상법인 고든법(Gordon Method)은 대체적으로 브레인스토밍과 비슷한 규칙이 적용되지만 처음부터 주제를 구체적으로 정하고 진행하는 브레인스토밍과는 다르게 처음 단계에서는 진짜 과제를 숨기고 개념적이거나 추상적인 발상 주제를 제시하여 진행한다. 즉, 진짜 과제는 리더만 알고 있고 팀원들은 모르는 상태로 시작하는데, 예를 들어 새로운 쓰레기통을 개발할 때 발상 주제를 '넣는다'로 제시하거나 신제품 면도기의 개발을 위한 발상인 경우 주제를 '깎는다'만 제시하는 것이다. 새로운 토스트기의 아이디어를 도출할 때 주제를 '굽다'와 같은 개념적이고 추상적인 주제로 진행할 때 팀원들은 토스트라는 원래 과제를 모르기 때문에 굽는 것에 대한 의외의 표현방법들이 다양하게 나오게 되는 것이다. 이는 진짜 과제를 이미 알고 있을 때 발생하는 고정관념을 없애는 장치가 작동했기 때문에 얻은 결과로 볼 수 있다.

고든법의 구체적인 진행 방법은 다음과 같다.

첫째, 문제해결에 필요한 전문가와 다양한 분야의 창조적인 사람들을 참여시켜 그룹을 만든다. 둘째, 리더가 문제를 이해하고 팀원들이 진짜 과제를 쉽게 알아차리지 못하게 하면서 원래 과제의 속성을 갖는 발상 주제를 팀원들에게 제시한 후 브레인스토밍 형식의 발상 회의를 진행한다. 셋째, 리더는 발상의 방향을 명확히 제시하고 자유롭게 발언하도록 한다. 넷째, 문제해결에 가까운 아이디어가 충분히 나온 것이 확인되면 리더가 원래 과제를 알리고, 구체적으로 실현 가능성을 논의한 후 발상 내용에서 가장 뛰어나거나 유용한 안을 가지고 2차 회의를 진행하여 최종 완성시킨다(윤일기, 최민욱, 2011).

고든법은 주제를 알고 발상했을 때 발생하는 고정관념을 제거할 수 있다는 장점이 있지만, 실제 실무 현장에서의 인지도와 활용도가 낮은 편이며(박용원, 1997), 리더의 중요성과 집단 발상법이라는 제한 요소를 가지고 있다(김규철, 2013). 하지만 독창적인 아이디어 발상이 도출될 수 있는 구조를 갖고 있기 때문에 다른 발상법의 대안으로 고려할 필요가 있다(윤일기, 최민욱, 2011). 즉, 제품의 원래 주제가 가지고 있는 고정관념을 제거할 수 있기 때문에 신제품 개발이나 전혀 다른 기술이 적용된 새로운 제품과 관련된 아이디어를 도출할 때 매우 유용하게 사용할 수 있다.

## 2) 스티븐 베이커법

스티븐 베이커(Stephen Baker)는 그의 저서 『Systematic Approach to Advertising Creativity』에서 어떤 문제를 해결하기 위해 대상을 보는 다양한 시각을 바탕으로 201가지 발상법을 소개하였으며, 이 기법은 광고 전반에 걸쳐 널리 사용되고 있다(김동규, 2003; Baker, 1979, 1999). 이 발상법은 대상을 바라보는 기준들을 바꾸면서 다양한 관점에서 광고아이디어를 생각해 내는 방법인데 대부분의 기법이 표현 중심으로 이루어져 있다.

광고전략가 마크 블레어(Mark Blair)는 문제를 파악해 적절한 미디어를 선택하고, 문제에 대한 정확한 해답을 찾는 데서 360도 커뮤니케이션의 해법이 있다고 했다. 일찍이 베이커는 좋은 아이디어는 불현듯 떠오르는 것이 아니라 다각도로 문제를 파악하는 데서 시작된다고 하였다. 이러한 베이커의 발상법을 활용하면 다양한 측면에서 접근하여 문제를 해결할 수 있기 때문에 김병희(2014b)의 연구에서는 '**360도 발상법**'이라고도 하였다. 베이커의 201가지 발상법 속에는 문제의 거의 모든 해결책을 찾을 수 있는 방법이 들어 있는데, 그중 몇 가지 주요 기법을 살펴보면 다음과 같다.

1. 거꾸로 해 보라(turn upside down).
2. 늘려 보라(stretch it).
3. 줄여 보라(shrink it).
4. 색상을 바꿔 보라(change its color).
5. 더 크게 만들어 보라(make it bigger).
6. 더 작게 만들어 보라(make it smaller).
7. 둥글게 표현해 보라(make it round).

(중략)

201. 이상의 방법들 중 어느 것과 결합해 보라(combine any of the above).

이상의 발상 기법 중에 특히 마지막 201번째 기법에 주목할 필요가 있는데, 이는 아이디어 발상 기법들끼리의 상호 결합을 통해 무한한 상상력을 기반으로 아이디어의 확장을 기대할 수 있기 때문이다(Valladares, 2000). 하지만 이 발상법에는 아이디어를 발상하는 대부분의 기법이 들어 있지만 발상하는 사람의 입장에서 201가지 방법을 모두 외우기가 어렵기 때문에 쉽게 활용하기 힘들다는 단점이 있다(김규철, 2013).

### 3) 스프링법

박용원(2002, 2004)은 실제 광고제작 환경에서 만족스럽게 활용할 수 있고 비주얼과 카피를 함께 생각하여 디자이너와 카피라이터가 공용으로 사용할 수 있는 아이디어 발상 기법으로 '스프링법(Spring Method)'을 제안하였다. 이 기법은 '개념의 시각화'에 관한 표현 중심의 발상법으로 압축 단계, 연상 단계, 확장 단계로 구성되어 있으며, 언어 중심의 발상과 구체적인 시각화 방법을 접목시켜 글과 그림 요소를 함께 전개하는 일원화된 아이디어 발상체계를 가지고 있다. 즉, 전달하려는 내용을 한 단어로 요약하고(압축), 그 단어에 해당하는 이미지 요소를 찾고(연상), 그것을 소재로 메시지를 보다 인상 깊게 시각화(확장)하여 표현하는 아이디어 발상법이다.

스프링법의 특성은 다음과 같다.

- 광고에서 전달하고자 하는 중심 내용을 시각화할 수 있는 발상법이다.
- 언어로 표현하여 발상을 전개함으로써 비주얼로만 아이디어를 찾는 것보다 독창적이고 안정적인 결과를 얻어 낼 수 있다.
- 압축, 연상, 확장의 세 가지 과정을 거치는 표현 중심의 광고아이디어 발상법이다.
- 소비자의 동기를 유발할 수 있는 내용을 압축하여 하나의 개념을 만들고, 그것으로 연상하여 비주얼 소재를 찾아낸 후, 흥미롭게 시각화하여 확장하는 간편한 체계를 갖고 있다.
- 소구 내용을 시각적으로 표현하는 다섯 가지 발상법(V-5)이 있다.
- 디자이너와 카피라이터가 공용으로 사용할 수 있는 일원화된 발상법이다.
- 인쇄매체 광고뿐 아니라 전파매체인 TV 광고에도 활용이 가능하다.
- 광고는 물론 CI, 일러스트레이션, 편집디자인, 패키지디자인, 이벤트, 디스플레이 등 디자인 전반에 걸쳐 활용이 가능하다.

스프링법은 개념과 비주얼 소재를 모두 단어로 표현하는 아이디어 발상법이다. 따라서 단어만 보고는 이것이 개념을 나타내는지, 아니면 비주얼 소재를 나타내는지를 구분하기가 어려울 수도 있다. 이러한 문제의 해결책으로 개념을 나타내는 단어는 추상 단어로, 비주얼 소재를 표현하는 단어는 구상 단어로 구분하여 표기한다. 예를 들면, 추상 단어는 교통, 시간, 애국심, 평화 등과 같이 그림이 잘 그려지지 않는 것이고, 구상 단어는 시내버스, 손목시계, 태극기, 비둘기 등과 같이 바로 그림이 그려지는 것이라고 보면 된다. 간혹 추상 단어와 구상 단어로 구분하기 모호할 때가 있는데 개념이나 비주얼 소재로 각각 활용할 수만 있다면 굳이 문제 되지 않는다. 스프링법의 전체적인 프로세스는 [그림 6-5]와 같다.

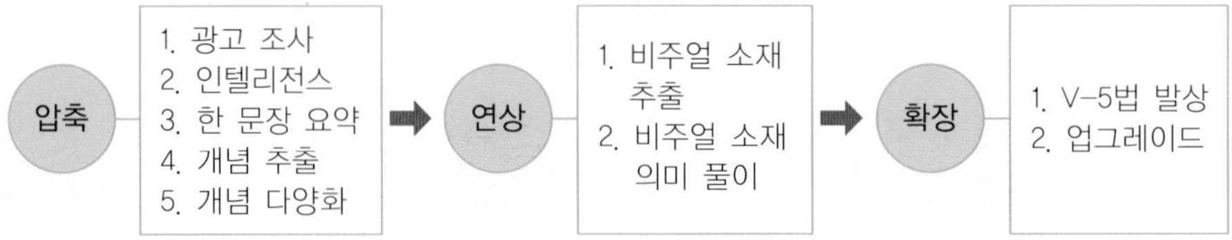


[그림 6-5] 스프링법 프로세스

출처: 박용원(2002, 2004).

### (1) 압축 단계

압축은 수집된 수많은 정보를 분석한 후 소비자의 관심을 끌 수 있는 내용을 선별하여 그 의미를 하나의 개념으로 만드는 단계를 말한다. 개념은 한 개의 추상 단어로 기술하며 일반적인 명사가 적합하다. 압축 단계 구성은 '광고 조사를 통한 수많은 정보들 → 필요한 정보를 선별하여 하나의 논점으로 결정하고 정리한 인텔리전스 → 인텔리전스의 내용을 함축하여 한 문장으로 요약 → 요약된 개념을 하나의 단어로 개념 추출 → 개념 다양화를 통해 추출된 단어의 의미를 검토'하는 단계로 구성된다.

### (2) 연상 단계

연상은 압축 단계에서 추출한 개념과 일치하는 비주얼 소재를 찾아낸 후 그것과 인텔리전스와의 상관성을 확인하는 단계이다. 비주얼 소재는 구상 단어로 기술하는 것이 원칙이나 상황에 따라 자유롭게 써도 무방하다. 연상 단계 구성은 '비주얼 소재 추출'과 '비주얼 소재 의미 풀이'의 두 가지로 구분된다. 비주얼 소재 추출은 압축 단계에서 얻어진 개념의 의미에 부합하는 그림적인 요소를 찾아내는 것으로 이 요소는 스프링법의 마지막 단계인 확장 단계의 재료가 되므로 매우 중요하다. 따라서 비주얼 소재를 우연한 방법이나 임의적인 방법으로 찾는 것은 바람직하지 않으며, 막연하게 연상하는 것보다 항목과 범위를 미리 정해 놓고 차례로 대입하면서 체계적으로 찾는 것이 훨씬 효과적이다. 비주얼 소재 의미 풀이는 채택한 비주얼 소재와 인텔리전스의 공통점, 상관성 등을 언어로 표현하는 것이다. 이를 바탕으로 세 번째 단계인 확장이 이루어지므로 압축과 연상이 제대로 되었는지를 확인하는 것이 매우 중요하다.

### (3) 확장 단계

스프링법의 마지막 단계로 그동안 눌러 놓았던 스프링을 마음껏 튕겨 내는 단계이다. 즉, 연상 단계에서 도출된 비주얼 소재를 가지고 기존에 전달하려고 했던 인텔리전스의 내용을 더욱 흥미롭게 연출하여 실질적인 아이디어를 만드는 것이다. 확장을 원활히 진행하기 위하여 매우 간단한 형식의 시각화 방법을 지니고 있지만 완벽한 마무리를 위해서는 냉철한 논리와 무한한 상상력이 동시에 요구된다. 이 단계에서는 글과 그림적인 요소를 동시에 활용하여 서로의 역할을 극대화시킨다. 확장이 어느 정도 완성되면 인텔리전스와 비교하여 아이디어의 방향이 벗어나지 않았는지, 보다 쉽고 새롭게 표현되었는지를 검토해야 한다.

확장을 전개하는 시각화 표현방법으로 **V-5법**을 대입한다. 이 기법은 연상 단계에서 정리된 비주얼 소재의 의미 해석을 토대로 비주얼과 카피를 발상하는 데 효율성을 높여 주는 다섯 가지 방법을 말하며, 섬네일 스케치로 표현하고 반드시 비주얼과 헤드라인을 같이 표현해야 한다.

V-5법의 시각화 표현방법 다섯 가지는 다음과 같다. 첫째, 실물법은 실제의 사물이나 상황 그리고 사실을 있는 그대로 표현하여 보는 사람으로 하여금 신뢰와 공감을 불러일으키게 한다. 둘째, 작위법은 대상물을 의도적으로 조작하는 방법으로서 두 가지 이상의 그림을 서로 합성 또는 결합하거나 하나의 대상물로만 변형하는 방법이다. 세부적으로 부분대체법, 강제결합법, 복합연상법, 변형법으로 나누어진다. 셋째, 비교법은 차이점이나 공통점을 비교하는 것으로 하나의 헤드라인과 두 개의 비주얼, 두 개의 헤드라인과 하나의 비주얼 그리고 두 개의 헤드라인과 두 개의 비주얼로 비교하는 세 가지 형식이 있다. 넷째, 나열법은 세 가지 이상의 비주얼을 보여 주어 더 큰 흥미를 끌 수 있는 방법으로 어떤 사실을 폭넓게 보여 줄 수 있기 때문에 진지하게 설득할 수 있고, 변화하는 모습을 시간의 흐름에 따라 보여 줄 수 있

기 때문에 소구력을 높일 수 있다. 마지막으로 다섯째, 주관적 소구법은 앞의 네 가지 발상법과 상관없이 불현듯 떠오르는 아이디어를 감각적으로 활용하는 것으로 연상 단계와 확장 단계를 거치지 않고 바로 주관적인 아이디어를 내는 것이다.

### 4) 카탈로그법

이 발상법은 이론적으로 정립되지 않은 채 광고 실무 현장에서 자연스럽게 사용되어 오다가 윤일기, 최민욱(2011)의 연구에서 정리되면서 소개되었다. 전통적인 아이디어 발상법인 브레인스토밍이 시각자료 없이도 진행이 가능하다면 카탈로그법(Catalog Method)은 충분한 시각자료를 활용하여 아이디어를 표현하는 발상 기법이다. 이 기법의 핵심은 머릿속에 광고할 제품과 관련된 콘셉트나 키워드를 새기고 다양한 시각자료(그림, 사진, 광고, 문서 등)를 보면서 순간적으로 번뜩이는 아이디어 도출을 기대하는 것이다. 따라서 자유롭고 편안한 가운데 진행할 수도 있지만 순간적으로 창출되는 아이디어를 잡을 수 있는 정신력이 필요하기 때문에 고도의 집중력이 요구되기도 한다(윤일기, 최민욱, 2011).

카탈로그법은 분명한 목적을 가지고 다양한 시각자료를 보다가 어느 순간 번득이는 아이디어를 발상하거나 이용 가능한 비주얼을 체크하여 아이디어로 발전시키는 개인적 아이디어 발상법이다. 카탈로그법의 진행과정은 다음과 같다.

- 1단계: 확정된 광고 콘셉트 또는 발상 키워드를 머릿속에 새긴다.
- 2단계: 다양한 시각자료를 감상하면서 머리를 자극시킨다. 시각자료는 비주얼이 많을수록 좋은데 카탈로그, 신문, 잡지, 사진집, 인터넷 등이 될 수 있다.
- 3단계: 시각자료를 보면서 머리에 떠오른 아이디어나 비주얼을 체크해 두었다가 이를 발전시켜 나간다.

이 발상법은 복잡하지 않고 특별한 형식에 의존하지 않기 때문에 실제로 광고 현장에서 많이 사용되고 있다. 하지만 체계적인 발상 방법이 제시되어 있지 않고, 우연을 기대하는 경향과 순간적으로 번득이는 아이디어를 빠르게 캐치할 수 있는 감각이 필요하기 때문에 초보자는 발상의 어려움을 겪을 수 있다(김규철, 2013).

### 5) 5 steps 아이디어 발상법

기존에 없는 새로운 것을 생각해 내는 '독창성'보다 더 중요한 것은 여러 각도에서 다양하게 생각하는 '유연성(flexibility)'과 끊임없이 많은 생각을 쏟아내는 '유창성(fluency)'이다. 이 중에 아이디어 발상 단계에서 중요한 것은 아이디어를 빠른 시간 안에 많이 생각해 내는 유창성으로 위경환(2015)은 이러한 유창성을 키우는 개인적 발상법인 만다라트법을 활용하여 '5 steps 아이디어 발상법'을 제안하였다.

**만다라트법**은 짧은 시간 동안 많은 아이디어를 표현할 수 있도록 도와주는 효과적인 방법으로 일본의 디자이너 이마이즈미 히로아키(今泉浩晃)가 개발한 발상 기법이다. 이는 '만다(manda)' '라(la)' '아트(art)'의 합성어로서 목적을 달성하는 기술이나 틀을 의미한다(今泉浩晃, 1994, 1998). 즉, '목적을 달성하기 위한 발상 기법'으로 해결하고자 하는 주제의 핵심 키워드나 비주얼 소재들로부터 최소한 여덟 가지에서 많게는 64가지의 아이디어를 도출할 수 있다. 이 기법은 전통적인 아이디어 발상법 중에서 가장 많이 활용하는 마인드맵과 브레인스토밍이 어렵거나 불편한 사람들에게 적합한 개인 아이디어 발상법으로 장점 및 효과는 다음과 같다.

첫째, 간단한 표현 도구와 간편한 작성 방법으로 머릿속에 있는 정보와 아이디어의 힌트를 다양하게 끌어낼 수 있다.

둘째, 구성원 특성이나 인원수에 따라 셀 수 없이 다양한 아이디어가 쏟아져 나온다.

셋째, 한곳에 적어 놓은 아이디어 소재들은 구체적인 아이디어로 형상화시킬 때 좋은 자료가 된다.

넷째, 나선형 구조로 움직이는 인간의 머리 구조에 가장 적합한 발상 도구이다.

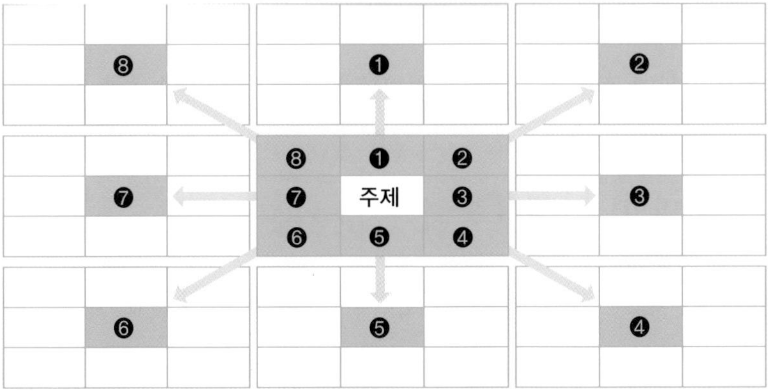


[그림 6-6] 만다라트 워크시트

출처: 위경환(2015).

다섯째, 단순하게 펼쳐져 있는 아이디어지만 그 아이디어들의 결합으로 새로운 생각들이 무궁무진하게 탄생할 수 있다.

[그림 6-6]과 같은 총 64가지 아이디어를 채워 넣는 만다라트 워크시트는 집단 아이디어 발상에서 빠른 시간 안에 많은 아이디어를 얻을 수 있는 효과적인 발상 도구이다. 만다라트법으로 64가지 아이디어를 냈음에도 불구하고 원하는 아이디어가 나오지 않았다면 기존 64가지 아이디어 중에서 관련성이 가장 높은 항목을 하나 선정하여 새로운 만다라트 워크시트에 다시 작성 후 아이디어를 확장하면 된다.

만다라트법을 활용하여 광고아이디어를 찾아내는 5단계 아이디어 발상 진행단계를 정리하면 [그림 6-7]과 같으며 구체적으로 살펴보면 다음과 같다.

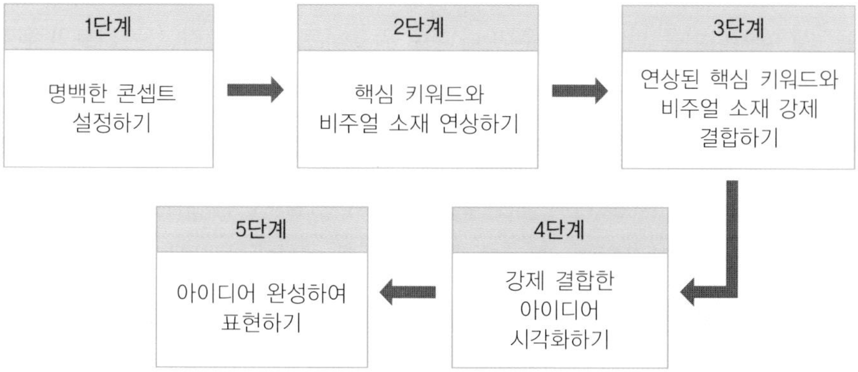


[그림 6-7] 5 steps 아이디어 발상 진행단계

출처: 위경환(2015).

### (1) 1단계: 명확한 콘셉트 설정하기

콘셉트는 아이디어보다 상위개념이기 때문에 아이디어를 내기 전에 명확한 콘셉트 설정에 집중해야 한다. 문제해결을 위한 주제 관련 콘셉트를 명확하게 설정하는 것은 아이디어가 길을 잃지 않게 하는 방법이다.

### (2) 2단계: 핵심 키워드와 비주얼 소재 연상하기

떠오르는 아이디어를 평가하지 말고 모두 빠짐없이 적어 둔다. 아이디어의 양이 많으면 많을수록 수준 높은 아이디어가 도출될 가능성이 크다. 콘셉트와 관련된 핵심 키워드와 다양한 비주얼 소재를 최대한 많이 찾아내어 선택의 폭을 넓혀야 한다. 인터넷 검색은 콘셉트와 관련된 정보들을 찾아내는 가장 빠르고 효과적인 방법이기 때문에 검색을 통해 40여 가지 이상의 단서를 찾아내거나 관련성이 높은 소주제 아이디어 여덟 가지를 중점적으로 연상하여 만다라트 워크시트에 채워 넣는다. 여덟 가지 소주제는 아이디어의 중복을 피할 수 있게 각각 내용이 전혀 달라야 하며 이를 통해 보다 많은 아이디어를 도출할 수 있다.

### (3) 3단계: 연상된 핵심 키워드와 비주얼 소재 강제 결합하기

소주제 아이디어를 다시 새로운 만다라트 워크시트 중앙에 적고 콘셉트와 관련된 핵심 키워드와 비주얼 소재를 적어 넣어 새로운 아이디어로 확장시킨다. 핵심 키워드는 추상 단어나 구상 단어의 구분이 없으며, 비주얼 소재 또한 단어이거나 문장이어도 상관없다. 처음 여덟 가지 소주제는 다시 각 여덟 가지 핵심 키워드가 되어 총 64가지 아이디어로 확장된다. 수없이 많은 종류의 아이디어 발상 기법이 있지만 누구나 쉽게 따라 할 수 있으며 가장 많이 활용되는 효과적인 기법은 바로 '결합하기'이다. 다양한 개념들과 관련성이 없는 엉뚱한 것들을 묶고 핵심 키워드와 비주얼 소재를 결합하면 뜻밖의 재미있고 관심을 끌 수 있는 아이디어가 나온다.

### (4) 4단계: 강제 결합한 아이디어 시각화하기

다양하게 연상하여 찾아낸 핵심 키워드와 비주얼 소재들을 결합시킨 많은 항목 중에서 콘셉트와 가장 관련성 높은 최적 안을 선택하여 러프 스케치를 해 본다. 이 단계는 아이디어를 구체화하는 단계로 문제를 시각화해 보면 보다 쉽게 문제의 해결책을 찾을 수 있기 때문이다.

### (5) 5단계: 아이디어 완성하여 표현하기

러프 스케치를 바탕으로 사진 촬영이나 일러스트레이션, 레이아웃을 진행하고 비주얼 이미지에 맞는 헤드라인이나 카피를 표현하여 아이디어를 완성시킨다. 광고 카피를 작성하는 효과적인 방법 중의 하나가 수사법을 활용하는 것인데, 명확한 콘셉트를 설정한 후 약 50여 가지 수사법을 적용시켜 임팩트 있고 효과적인 카피를 작성한다.

지금까지 설명한 5단계 아이디어 발상 진행과정을 잘 이해하고 꾸준하게 훈련하면, 문제해결을 위한 관련성 높은 아이디어를 찾아내는 데 탁월한 방법을 익힐 수 있을 것이다. 이는 우연한 방법으로 한두 개의 뛰어난 아이디어를 내는 것이 아닌 실효성 있는 아이디어를 꾸준하게 도출할 수 있는 효과적인 아이디어 발상법으로 볼 수 있다.

# 4. 스마트 시대의 스토리텔링 광고기법

## 1) 스토리텔링 광고란

사람들은 누구나 이야기를 듣고 즐기는 본능을 가지고 있으며, 이야기를 이미지로 형상화하여 기억하기 때문에 이야기 형태로 표현된 광고는 친근하면서도 설득력이 매우 높다. 이렇듯 소비자의 관심을 끌 수 있는 이야기가 담긴 스토리텔링 광고는 강력한 메시지를 전달하는 힘을 가지고 있다. 매력적인 이야기는 소비자의 감성을 자극하여 이성을 움직이게 만들고 광고에 감정이라는 포장을 더함으로써 이성적 차원의 메시지를 감성적 차원의 메시지로 승화시킨다. 그러한 감성적 메시지는 소비자를 행동하게 만드는 원동력이 되고 소비자의 관심을 끌어 제품의 화제성을 높인다.

맥스웰과 딕먼(Maxwell & Dickman)은 스토리를 구성하는 다섯 가지 요소를 다음과 같이 강조하였다. 그것은 청중의 마음속에 새겨 넣을 이야기를 이끌어 내는 열정(passion), 청중을 이야기 속으로 빨아들여 자신의 관점으로 이야기를 볼 수 있게 해 주는 영웅(hero), 그리고 그 영웅과 맞서 싸우면서 이야기에 생동감을 불어넣는 악당(antagonist), 영웅에게 마술 같은 힘을 주어 성장하게 만드는 깨달음의 순간(awareness), 이야기의 완성으로 앞의 모든 과정 후에 찾아오는 영웅과 세상의 변화(transformation)이다(Maxwell & Dickman, 2008).

스토리텔링 광고는 제품에 대한 일방적 주장이 아닌 누군가에게 듣는 즐거운 이야기 같아서 광고에 대한 거부감을 줄여 주고 메시지를 자연스럽게 전달한다. 또한 스토리텔링 광고 속에는 시간과 장소가 설정되어 있고, 주인공이 등장하고, 극적인 순간에 반전이 발생하고, 갈등이 해결되는 등 소비자의 관심과 흥미를 끌 수 있는 다양한 요소가 담겨 있다. 이런 모든 요소가 융합되어 사람들의 마음속에 오랫동안 기억되고 회자되는 위대한 광고가 탄생하는 것이다.

## 2) 스토리텔링 광고기법

광고에서는 스토리가 곧 아이디어이다. 그렇기 때문에 광고에는 반드시 소비자의 관심을 끌 수 있는 특별한 이야기가 들어 있어야 한다. 또한 소비자들은 광고를 음악이나 미술처럼 자발적으로 찾아서 보지 않기 때문에 광고를 사람들에게 보이기 위해서는 저항감 없이 긍정적으로 다가갈 수 있는 스토리텔링 기법이 필요하다.

차유철, 정상수, 이희복, 신명희(2009)는 소비자의 공감을 이끌어 내기 위한 스토리텔링 광고기법을 이야기 소재의 사실성과 창작성을 축으로 제시하였다.

• 리얼 스토리텔링

소비자가 자신에게 일어났던 사건이나 실제 경험을 바탕으로 제품의 효능이나 효과를 증언하는 기법으로 '소비자 경험 증언, 역경을 극복한 실화, 최고경영자와 관련된 이야기, 수상 및 추천 이력을 이야기하는 것' 등이 있다.

• 패러디 스토리텔링

기존에 잘 알려진 이야기에 반전이나 풍자 등을 가미하여 새롭게 구성하는 기법으로 '문학의 패러디, 영화의 패러디, 예술작품의 패러디, 사회적 이슈의 패러디, 그리고 기존 광고의 패러디' 등이 있다.

• 창작 스토리텔링

제품 및 브랜드의 특성을 살려 이전에 전혀 들어 보지 못했거나 예상을 뛰어넘는 새로운 이야기를 창작하여 색다른 설렘과 감동을 만들어 내는 방법으로 '현실에서 존재할 것 같은 이야기, 현실을 기반으로 하지만 과장된 이야기, 현실을 넘어선 새로운 상상의 이야기' 등이 있다.

김정우(2016)는 우리나라 광고 스토리텔러들이 만든 다양한 광고를 기반으로 TV

광고나 바이럴 광고에서 보이는 스토리텔링의 방법론을 10개의 꼭지로 나누고, 각 꼭지마다 대비되거나 짝을 이룰 수 있는 방법으로 스토리텔링 기법을 설명했다.

• 내적 이야기 혹은 외적 이야기

내적 이야기는 제품이 갖고 있는 장점이나 본연의 특성 또는 소비자 특성 등에서 비롯된 이야기를 의미한다. 기존의 이야기를 사용하든 새로운 이야기를 만들어 내든 제품의 내적 이야기는 제품 혹은 그 핵심 소비자가 이야기의 실마리를 제공해야 한다. 그러나 상당히 많은 광고가 제품의 특성에서 비롯되지 않은 제품의 외적 이야기를 사용하고 있다. 아무래도 제품의 특성에서 비롯되지 않았기 때문에 훨씬 다양한 이야기를 사용할 수 있다는 장점이 있다.

• 픽션 혹은 논픽션

광고에 사용되는 픽션은 광고의 메시지를 잘 전달하기 위해 철저히 계산되어 만들어지기 때문에 소비자는 그들이 보여 주는 이야기가 허구인 것을 알면서도 몰입하게 된다. 이와 반대로 소비자는 실제로 일어난 이야기인 논픽션에도 큰 관심을 갖는다. 비록 픽션보다 덜 드라마틱하고 긴장감도 떨어질 수 있으나, 그 이야기들이 실제로 일어났다는 점이 매우 강력한 유인 요소로 작용한다.

• 정보 중심 혹은 경험 중심

논리적으로는 필요하지만, 마음이 내키지 않으면 구매하지 않고, 전혀 사용하지 않을 것 같아도 마음이 끌리면 기꺼이 구매하는 것이 소비자이다. 따라서 광고에 사용되는 이야기는 제품 정보 전달에 초점을 맞춰 소비자들을 논리적으로 설득하기도 하고 때로는 감성적인 공감을 갖게 할 필요도 있다. 즉, 스토리텔링 광고기법으로 이성적 소비를 이끌어 낼 때는 정보 중심의 이야기, 감성적 소비를 이끌어 낼 때는 경험 중심의 이야기를 사용하는 것이 효과적이다.

• 닫힌 결말 혹은 열린 결말

닫힌 결말이 적용된 광고는 무엇을 이야기하려는 것인지를 소비자가 비교적 명확히 알 수 있다. 그러나 삶에서 벌어지는 일은 혼란스럽고 다양한 가능성이 열려 있는 채로 끊임없이 흘러가기 때문에 소설처럼 확실히 결론을 내리기 어렵다. 이렇게 결론이 나지 않는 이야기를 열린 결말을 갖고 있는 이야기라고 한다. 이는 받아들이는 사람들이 자신의 경험에 비추어 그 이야기를 이해하기 때문에 서로 다른 결말로 귀결된다는 장점이 있다.

• 갈등 해결 혹은 갈등 유발

갈등은 좋은 이야기를 이끌어 내는 훌륭한 원동력이며 가장 중요한 요소이다. 갈등이 생기면 삶의 조화와 안정감이 깨지고 불편함을 느껴 그것이 빨리 해결되기를 바라며, 그 해결 과정을 소비자는 즐겁고 흥미롭게 지켜볼 것이다. 광고에서 제품이 주인공이 되어 이야기 속의 갈등을 해결하도록 하는 것도 바로 그런 이유 때문이다. 또한 광고 속에서 제품이 소비자들 사이에 갈등을 유발시키는 역할을 할 수도 있다.

• 갈등 해결의 대안 혹은 갈등 해결 후 사용

광고의 이야기가 갈등을 해결하지 못한 채 끝나 버리면 소비자는 허탈해하면서도 당연히 그 끝을 궁금해할 것이다. 이때 이야기의 결말 대신에 등장인물들의 갈등을 대신 해결해 주는 대안으로 제품이 등장하면 소비자는 더욱 제품에 주목하게 된다. 반대로 제품과 관계없이 광고 속 등장인물들은 갈등을 해결해 버린다. 그렇게 갈등을 모두 해소한 후 자연스럽게 제품을 사용하는 모습을 보여 주는 방법도 있다.

• 직설적 이야기 혹은 비유적 이야기

사람들의 커뮤니케이션 양상을 두 가지로 나눈다면, 직설적인 것과 비유적인 것으로 나눌 수 있을 것이다. 직설적인 이야기는 하고자 하는 이야기를 돌려 말하지 않고 단도직입적으로 말하는 것이다. 이에 반해 비유적인 이야기는 하고 싶은 말을 뭔가에 빗대어 돌려 말하는 것이다. 광고에 사용되는 비유적인 이야기는 스토리텔러가 어떤 것에 빗대어 표현하느냐에 따라 메시지가 달라질 수 있기 때문에 광고 스토리텔러의 안목이 매우 중요하다.

• 반전 없는 이야기 혹은 반전 있는 이야기

반전은 말 그대로 이야기가 급격하게 변하는 것이다. 행복한 상태로 진행하다가 갑자기 불행해지거나 불행을 향해 진행되는 것처럼 보이다가 갑자기 행복 쪽으로 역전되는 현상이다. 이러한 구성 방식은 주제를 효과적으로 전달할 수 있으며, 광고에서 사용되는 반전이 있는 이야기는 소비자에게 재미와 쾌감을 주어 마음속에 제품에 대한 긍정적인 이미지가 강렬하게 남는다. 그러나 반전이 없다고 해서 이야기의 힘이 감소하는 것은 아니다. 즉, 처음부터 반전 없이 시작하여 서서히 이야기의 힘을 키워 갈 수도 있다.

• 이야기의 차용 혹은 패러디

광고에서 이미 만들어진 이야기를 또다시 사용하는 것도 얼마든지 광고를 새롭게 만드는 방법 중 하나이다. 차용과 패러디가 대표적인 예이다. 이야기의 차용은 이미 만들어진 이야기나 이야깃거리를 가지고 있는 사람을 등장시켜 광고에서 적절히 사용하는 경우를 말하며, 패러디 역시 광고에서 많이 사용되는 방법 중 하나로 원작(原作)을 기반으로 그것을 상황과 의도에 맞추어 변형하고 재해석하여 재창작하는 것을 말한다.

• 1인칭 시점 혹은 3인칭 시점

시점은 크게 둘로 나뉘는데, 이야기 속 서술자로서 1인칭 시점과 이야기 밖 서술자로서 3인칭 시점이다. 1인칭 주인공 시점은 주인공이 화자가 되어 자기의 경험을 이야기하므로 전달하는 내용이 사실이라는 환상을 제공한다. 3인칭 전지적 시점은 화자가 모든 것을 알고 있으며, 등장인물의 심리 상태와 감정, 행동 등을 서술할 수 있고, 환경이나 사건에 관한 정보를 자유자재로 다룰 수 있기 때문에 가장 탄력적이고 융통성 있는 시점이라고 할 수 있다.

### 3) 디지털 스토리텔링 광고

디지털 스토리텔링은 디지털 기술을 매체 환경으로 이용하거나 표현 수단으로 활용하는 창작 기술이며, 뉴미디어의 디지털 기술을 사용하여 창조되는 모든 이야기 행위를 말한다. 또한 디지털 환경에서 일어나는 모든 서사행위와 웹상의 상호작용적 멀티미디어 스토리를 모두 포함하는 개념으로 상호작용적 미디어 환경에 맞춘 새롭고 혁신적인 담화방식을 의미한다(한국문화콘텐츠진흥원, 2010).

광고에서의 스토리텔링은 오래전부터 메시지, 캐릭터, 갈등, 플롯의 네 가지 요소가 중심이 되어 기업이 성공적인 마케팅을 할 수 있도록 도와주고 있다(Fog, Budtz, & Yakaboylu, 2008). 이러한 스토리텔링 광고는 디지털 미디어와 만나면서 더욱 활발하게 사용되고 그 잠재력은 급속도로 커지고 있다. 이른바 '원소스 멀티유즈(one source multi use: OSMU)'가 가능해지면서 광고 수용자가 다양한 디지털 미디어를 적극적으로 활용하여 원본을 재가공(representation)한 뒤 그것에 이야기 가치(talk value)를 높여 새로운 수용자에게 빠르게 옮겨지게(viral) 된다(이희복, 2008).

디지털 스토리텔링 광고에서 중요한 것은 개인의 이야기가 디지털 환경에서 하나의 새로운 감성적인 경험으로 바뀌면서 기업의 브랜드나 제품과 수용자 사이에 공감대를 형성하여 친밀한 관계를 맺게 한다는 것이다. 또한 디지털 미디어를 통해 자연스럽게 소비자와 이야기할 수 있기 때문에 브랜드와 소비자와의 관련성을 높일 수 있는 가장 효과적인 방법이라고 할 수 있다(최윤슬, 한상필, 유승엽, 2015). 즉, 미디어 환경이 발전하면서 양방향 접근이 가능한 인터넷과 모바일 기기 같은 다양한 디지털 미디어를 통해 수용자가 쉽게 이야기에 참여하여 무한한 상상력을 발휘하게 된다는 것이다. 기업은 이러한 데이터베이스를 어렵지 않게 확보할 수 있어 지속적으로 마케팅 커뮤니케이션 활동에 이용할 수 있기 때문에 디지털 스토리텔링의 활용 가능성과 확장성은 앞으로 무궁무진할 것으로 기대된다. ■

## 제7장

# 광고아이디어 발상 모델과 적용 사례

**윤일기**(남서울대학교 광고홍보학과 교수)

1. 브레인스토밍법 발상 모델과 적용 사례
2. 고든법 발상 모델과 적용 사례
3. 카탈로그법 발상 모델과 적용 사례
4. 스티븐 베이커법 발상 모델과 적용 사례
5. 아이디어 발상 모델의 활용과 특성 비교

◈◇◈

광고기획 및 제작의 과정에서 중요한 것을 들어 보라고 하면 과연 무엇이 선정될까? 콘셉트? 상황분석? 아니면 문제점 및 기회발견? 그것도 아니면 아이디어? 아마 많은 사람은 '아이디어'가 중요하다고 하는 데 주저함이 없을 것이다. 아무리 콘셉트가 잘 도출되었어도 그것을 영상이나 비주얼로 풀어 가는 데 독창적이면서 임팩트 있고 설득력 있는 기발한 아이디어가 없다면 핵심이 빠진 그 무엇이 아니겠는가?

아이디어는 이처럼 광고를 살리고 죽이는, 다시 말해 광고의 운명을 결정짓는 중요한 부분이 되었다. 더더욱 클러터(clutter), 이른바 광고의 홍수시대에는 기발한 차별적 아이디어가 소비자를 유혹하는 데 중요한 역할을 하게 된다. 이렇게 광고에서 아이디어가 중요한 만큼 앞 장에서도 광고아이디어 발상에 관해 논하였다. 이에 이 장에서는 광고아이디어 발상의 적용 사례를 통해 실전에 활용할 수 있는 팁과 활용 모델을 제시하고자 한다. 특히 적용 사례는 필자가 실제 대학에서 20여 년 이상 지도하며 효과적이라고 판단된 발상법, 즉 브레인스토밍법, 고든법, 카탈로그법, 스티븐 베이커법 네 가지를 중심으로 핵심을 소개한다. 한편, 일찍이 박용원은 그의 연구에서 광고인들이 주로 사용하는 아이디어 발상법을 〈표 7-1〉처럼 조사하여 보고한 바 있다. 이것을 보면 다양한 방법을 사용하기보다는 브레인스토밍, 연상법, 카탈로그법, 특성열거법 등 몇 가지에 집중돼 있는 것을 볼 수 있다.

네 가지를 선정한 필자의 견해는 참 또렷하다. 광고인 생활을 해 봤다면 누구나 발상에서는 제임스 웹 영(James Webb Young) 등의 발상법에 접촉돼 있을 것이다. 필자도 발상에 관한 갈증을 해결하고자 그런 기본을 마음에 담고 오랜 실무생활 동안 고민과 번민, 쥐어 짜내는 고통을 겪으며 적용해 왔다. 그러던 생활 속에 발견한 것은 참 좋은 방법인데 아이디어를 밥 먹듯 양산해 내야 하는 프로 광고인에게는 추상적이고, 바로 내 행동에 적용하기가 좀 부자연스럽거나 완전히 내 몸에 배어 적용이 잘 안 된다는 점이었다. 어쩌다 한번 잘 나오는 발상법으로는 프로생활을 견뎌낼 수 없다. 야구선수로 말하면 일주일에 한 번만 쉬고 매일 경기해야 하며 매일 한 개 정도는 히트를 해야 하는 처지와 비슷하다. 그러니까 어쩌다 홈런, 어쩌다 안타가 중요한 게 아니라 매일 생산 · 납품을 해야 한다는 것이다. 이런 생각이 어느 순간부터 들었고 그래서 필자는 한동안 누구나 거창한 준비 없이 쉽게 적용해서 팀워크 맞춰 가며 진행만 해도 프로처럼 아이디어를 척척 양산해 낼 수 있는 모델을 만드는 데 관심을 쏟았다. 이 장에서 소개하는 방법론이 바로 이 과정의 산물인데, 광고관련학과 대학교 2학년 정도면 쉽게 따라 하고 어느 정도 시장에서 통할 아이디어

**표 7-1** 아이디어 발상법의 활용도

| | 활용자(명) | 활용도(%) |
|---|---|---|
| 브레인스토밍 | 19 | 63 |
| 고든법 | 0 | 0 |
| 시네틱스법 | 0 | 0 |
| 카탈로그법 | 10 | 33 |
| KJ법 | 0 | 0 |
| NM법 | 0 | 0 |
| 입출법 | 1 | 3 |
| 초점법 | 4 | 13 |
| 특성열거법 | 10 | 33 |
| 결점열거법 | 3 | 10 |
| 희망점열거법 | 3 | 10 |
| 연상법 | 19 | 63 |
| 바이트시스템 | 1 | 3 |
| 기타 | 3 | 10 |

가 산출되는 것을 확인하였다. 따라서 이 모델을 적용하면 광고 크리에이터들이 어떠한 제품이나 콘셉트이든 소비자들의 주의를 끌어 설득시킬 수 있는 안을 도출하는 데 도움을 줄 것이다. 아이디어가 잘 나오질 않아 고생하는 예비광고인이나 다양한 광고계 전문가들에게 한번쯤 적용시켜 발상해 보길 바라며 이 과정과 내용을 소개한다.

아울러 광고아이디어 표현의 완성도보다는 아이디어 적용의 과정을 중요하게 생각했기 때문에 다소 투박하거나 시대가 지난 것도 있음을 전제한다. 또한 아이디어 발상을 다룬 앞 장과 연속선상에 놓여도 있지만 독립적인 장의 하나로 구성했기 때문에 일부분 또 다른 언어로 내용이 반복되는 부분과 방법론에서 약간의 차이가 있을 수 있음도 미리 밝혀 둔다. 또한 이 장은 필자가 이전 연구를 통해 논문으로 발표한 내용이어서 상당 부분 원문을 옮겨 놓았다.

## 1. 브레인스토밍법 발상 모델과 적용 사례

**브레인스토밍법**(Brainstorming Method)은 가장 많이 이용되고 있는 방법 중의 하나이자 여러 발상법의 과정 중에도 활용되는 발상법이다. 여러 사람이 모여 회의 형식을 통해 주제에 대해 자유연상하며 아이디어를 점진적으로 발전시켜 나가는 방법으로 1930년대 말 미국의 광고회사 사장인 알렉스 오스본(Alex Osborn)이 최초로 고안했다. 이 기법의 취지는 집단의 효과를 살리고 아이디어의 연쇄반응을 불러일으켜 논리적이든 비논리적이든 자유분방하게 아이디어를 내고자 하는 것이다. 특히 질보다 양을 중요시하여 기발한 아이디어의 가능성을 무한히 갖고 있는 기법이며, 오늘날 광고는 물론 제품이나 정책 개발의 현장, 건축, 방송, 예술 교육 등 많은 분야에서 폭넓게 활용되고 있는 기법이다.

브레인스토밍은 다른 팀원들이 발상해 낸 것에 도중 편승(hitchhike)하여 아이디어를 내기 때문에 발상 결과가 순식간에 발전하거나 분량이 늘어나는 특성이 있다.

이런 장점을 적극적으로 활용할 필요가 있으며 리더는 팀원들의 지혜를 모아 발상이 잘될 수 있는 키워드나 주제를 선정하는 것이 매우 중요하며 다음의 사항을 꼭 지키는 것이 이 기법의 장점을 최대한 활용하는 방법이 된다.

① 자유분방: 우스꽝스럽거나 현실적이지 않은 아이디어라 하더라도 모든 아이디어를 환영한다. 엉뚱한 아이디어일수록 더 좋다. 아이디어는 색다른 시각으로부터 올 때가 많다.
② 비판 금지: 어떤 제안에 대해서도 평가를 해서는 안 된다. 아이디어에 대한 평가는 보류되어야 한다.
③ 질보다 양 추구: 아이디어는 많을수록 좋다. 아이디어의 수가 많을수록 훌륭한 아이디어가 나올 가능성이 높아진다.
④ 결합 개선: 참가자는 자신의 아이디어를 제시하는 것뿐만 아니라 다른 사람의 아이디어를 더 좋은 아이디어로 바꾸거나 두세 개의 아이디를 결합하여 더 좋은 아이디어로 만들 수 있다.

브레인스토밍을 진행할 때는 혼자 하는 방법인 솔로 브레인스토밍(solo brainstorming)도 있지만 대체로 6~12명이 좋다. 또한 리더를 선발해 진행해야 하며 내용을 기록할 서기도 필요하지만 리더가 서기를 겸해도 된다. 가급적 칠판이나 화이트보드에 제안된 아이디어를 기록하되 이런 조건이 안 될 경우에는 참가원이 기록된 것을 보면서 진행할 수 있도록 큰 종이를 사용하는 게 좋다.

### 1) 브레인스토밍법 진행단계와 방법

우선 6~12명의 팀원 구성을 한 후 리더와 기록원을 선정한다. 가급적 팀원 모두 회의 진행 상황을 볼 수 있도록 칠판을 준비하되 사정이 안 될 경우엔 큰 켄트지를 벽에 붙이거나 테이블 위에 올려놓는다. 이후 브레인스토밍 주제를 선정한 후 자유발상을 하며 내용을 모두 기록해 나간다. 브레인스토밍을 활용한 광고발상 모델의 진행 단계는 [그림 7-1]과 같으며 단계별 세부 내용은 다음과 같다.

① 1단계-광고 콘셉트 확정: 기획단계에서 도출된 콘셉트, 즉 '이 광고에서 무엇을 말할까(What to say)'를 시장에서 보다 더 경쟁력 있게 소비자를 설득할 수 있는 것으로 최종 정리한다.

② 2단계-발상 키워드 도출: 첫 단추를 잘 꿰어야 하듯이 발상이 잘 일어날 수 있는 핵심 키워드를 도출해 낸다. 경우에 따라서는 이 단계가 생략되고 콘셉트에서 브레인스토밍 주제를 이끌어 낼 수도 있다.

③ 3단계-브레인스토밍 주제 선정: 도출된 키워드가 원액이라면 가공의 방향을 가늠할 수 있는 단계가 바로 이 단계이다. 또한 키워드는 개념으로는 좋으나 풍부하고 다양하게 발상하기엔 구체성이 떨어져 주제를 명확하게 잡는 것이 좋다. 예를 들어, '생생한 고화질'이 콘셉트나 키워드였을 경우 브레인스토밍 주제는 'TV화면이 실물과 너무 똑같아 생긴 일'이라고 하면 구체적이고도 독창적인 발상을 유도할 수 있다.

④ 4단계-1차 브레인스토밍: 주어진 주제를 어떤 것에도 방해받지 않고 마음껏 발상하는 단계이다. 연상, 유추, 비유 등 모든 방법을 동원하여 발상하는데 철저하게 브레인스토밍 원칙을 지키는 게 중요하다. 특히 질보다 양의 원칙을 지켜 적어도 50개 이상의 발상을 한다.

⑤ 5단계-아이디어화할 수 있는 발상어 선정: 전 단계에서 발상된 내용을 보면서 팀원 간 회의를 거쳐 2~3개 정도의 후보를 선정한다.

⑥ 6단계-2차 브레인스토밍: 2~3개의 후보 안은 1차 브레인스토밍 단계처럼 다시 한번 발상을 시도한다. 1차 때보다는 양을 조금 줄여도 되지만 적어도 10개 이상의 발상을 하되 이 단계에서는 어느 정도 광고화된 아이디어 발상을 겸할 수 있도록 한다.

⑦ 7단계-최적안 선정: 이 단계에서는 여러 가지를 고려하여 최적안을 선정한다.

즉, 광고할 제품의 특장점, 광고목표, 콘셉트, 타깃, 경쟁사의 광고, 광고할 매체 및 예산 등 많은 것을 고려하여 필요한 안의 숫자만큼 선정한다.

⑧ 8단계-아이디어 정교화: 최종 선정된 안은 필요할 경우 헤드라인 등 언어적 요소와 함께 좀 더 발전된 섬네일 스케치(thumbnail sketch)에 들어간다. 이 단계는 광고의 핵심 내용은 물론 레이아웃 등의 조형적 요소를 고려해야 하며 이후 컴프리헨시브(comprehensive)를 제작한 후 광고주 제시 및 합의를 거쳐 실 제작으로 들어간다.

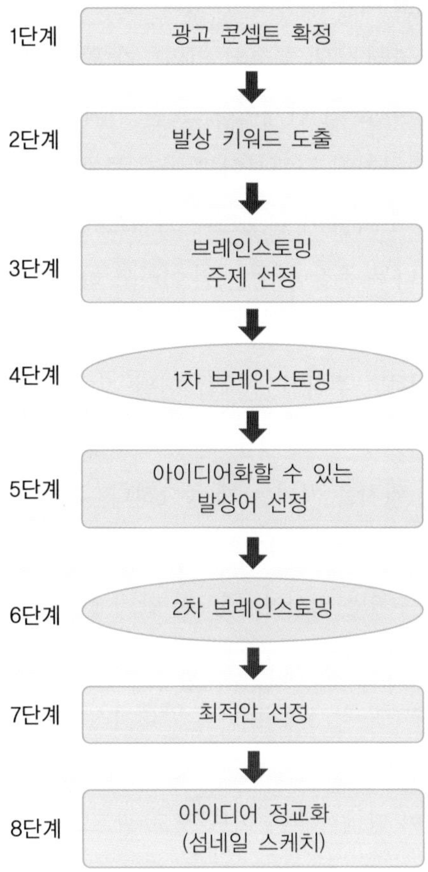


[그림 7-1] 브레인스토밍 광고발상 모델 진행 순서

## 2) 브레인스토밍법 적용 사례-1: C 대학교 광고홍보학과 3학년 학생

브레인스토밍을 활용한 광고발상 모델을 통해 적용한 첫 번째 사례는 다음과 같다.

광고 주제 제품: '생막걸리'(국순당)

① 1단계-광고 콘셉트 확정: 공기를 차단한 완벽한 발효제어 기술

② 2단계-발상 키워드 도출: 공기가 생명

③ 3단계-브레인스토밍 주제 선정: 공기로 인해 생명력을 잃는 것

④ 4단계-1차 브레인스토밍: 우주인 산소통, 무호흡, 타이어 펑크, 김빠진 콜라, 스킨스쿠버, 사람, 갈변현상, 생물체, 목숨, 불씨, 연, 금붕어, 잠수, 질식, 인공호흡, 튜브, 지구 풍선, 공기인형 등

⑤ 5단계-아이디어화할 수 있는 발상어 선정: '갈변현상'

⑥ 6단계-2차 브레인스토밍: 갈변현상으로 맛을 잃는 것-사과, 배, 자두, 바나나, 오렌지, 감, 딸기

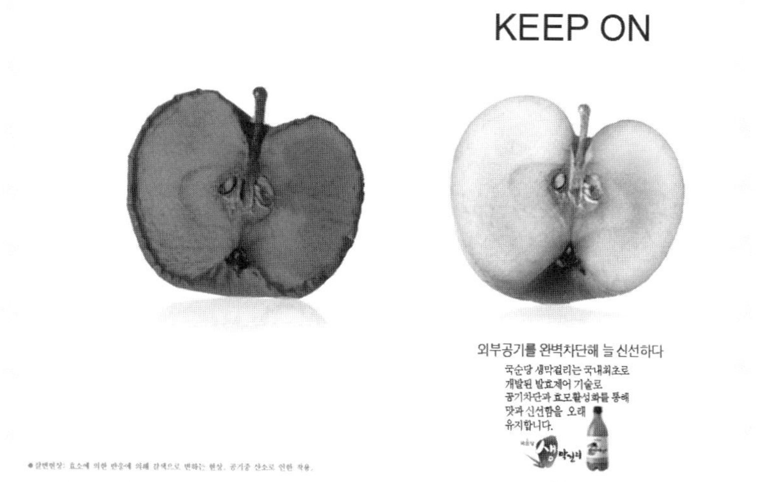


[그림 7-2] 브레인스토밍 광고발상 모델을 적용하여 산출한 시안 1

[그림 7-3] 브레인스토밍 광고발상 모델을 적용하여 산출한 시안 2

⑦ 7단계-최적안 선정: 사과와 바나나를 선정하여 섬네일 스케치

⑧ 8단계-아이디어 정교화: 결과 작품 참조([그림 7-2] [그림 7-3])

### 3) 브레인스토밍법 적용 사례-2: N 대학교 광고홍보학과 2학년

브레인스토밍을 활용한 광고발상 모델을 통해 적용한 두 번째 사례는 다음과 같다.

광고 주제 제품: '조지아커피'(CCB)

① 1단계-광고 콘셉트 확정: 향이 좋은 커피-조지아로마

② 2단계-발상 키워드 도출: 커피, 향기로운 것(2개)

③ 3단계-브레인스토밍 주제 선정: '커피 하면 떠오르는 것' '향기로운 것'

④ 4단계-1차 브레인스토밍:

'커피 하면 떠오르는 것': 졸음, 에너자이저, 카페인, 갈색, 피곤, 깨다, 쓰다, 약

국, 약 달다, 설탕, 프레임, 스타벅스, 레쓰비, 연인, 사랑, 첫사랑, 카페, 원두, 케냐, 갈다, 믹서기, 다방, 각성제, 맥심, 카누, 믹스, 믹스커피, 학생, 직장인, 원두, 아이스아메리카노, 다방커피, 휴식, 호캉스, 찜질방, 반신욕, 히노끼탕, 마사지, 발마사지, 쉼터, 벤치, 휴게실, 휴게소, 자판기, 음료, 직장인, 피로, 다크서클, 힘듦, 졸림, 졸음운전, 휴식처, 야근, 근무, 스트레스, 직장상사, 업무, 책상, 사무실, 과로, 지침, 비타민, 눈치, 회의, 꿈, 일, 핫식스, 힐링, 월급, 성과금, 사장, 회사, 기업, 학생, 공부, 밤샘, 중독, 식후, 텀블러, 디저트, 빵, 담배, 차, 디카페인, 커피우유, 커피머신, 바리스타, 샷추가, 점심시간, 대화, 데이트, 습관, 생명수, 다이어트, 탕비실, 불면증, 월요병, 커피값, 소울푸드, 콜드브루, 뇌, 과제, 팀플, 소개팅, 미팅 등

'향기로운 것': 꽃, 아로마, 향수, 보디워시, 미스트, 화장품, 방향제, 페브리즈, 양초, 입욕제, 러쉬, 핸드크림, 손소독제, 샴푸, 린스, 바디미스트, 로션, 비누, 디퓨저, 꿀벌, 나비, 꽃집, 향수가게, 화장품가게, 허브, 나무, 잔디, 흙, 해, 꽃다발, 하늘, 거품, 옷, 피죤, 다우니, 풀숲냄새, 복숭아향, 딸기향, 커피향, 피톤치드, 차, 기분 좋아짐, 편안해짐, 샴푸, 봄, 씻은 사람, 꽃축제, 옷장, 샤워

⑤ 5단계-아디이어화할 수 있는 발상어 선정: '향수' 등 2~3개안 선정
⑥ 6단계-2차 브레인스토밍: '향수'를 조지아커피와 연합한 아이디어 발상
⑦ 7단계-최적안 선정: 향이 너무 좋아 마치 향수 같이 뿌리며 조지아커피를 연출한 안을 선정
⑧ 8단계-아이디어 정교화: 결과 작품 참조([그림 7-4])

실제 이 모델을 진행하면서 파악된 점은 브레인스토밍 주세가 세내로 설정된 상태라면 다양한 아이디어가 나올 확률이 높았다는 점이다. 1차 브레인스토밍에서 적어도 50개의 발상을 지키는 등 철저하게 진행규칙을 지킬 필요가 있었으며, 2차 브레인스토밍을 진행할 때는 전문 자료를 통해 발전시키는 과정 등도 요구되었다.

[그림 7-4] 브레인스토밍 광고발상 모델을 적용하여 산출한 시안 3

## 2. 고든법 발상 모델과 적용 사례

**고든법**(Gorden method)은 브레인스토밍의 한계를 극복하려는 의도에서 시네틱스의 창시자인 미국의 고든(William J. J. Gordon)이 브레인스토밍의 한계를 극복하고자 고안한 발상법이다. 고든법은 원 과제를 숨기고 추상적인 주제를 정하고 발상한 후 나중에 원 주제를 리더가 밝히면서 가장 적합한 아이디어를 선정해 발상하는 방법이다. 브레인스토밍과 유사하기도 하지만 고든법은 처음 단계에서는 원 과제가 드러나지 않은 발상 주제를 제시하고 진행한다. 즉, 시작할 때 원 과제는 리더만 알게 하고 팀원은 모른 상태에서 진행하는데, 예를 들어 새로운 쓰레기통의 개발 상황이라면 발상 주제를 '넣는다'로 제시하고 진행한다. 이 경우 팀원들은 쓰레기통이라는 원 과제를 모르기 때문에 넣는 것에 대한 의외의 방법들이 다양하게 나오게 된다. 즉, 원 과제를 이미 알고 있을 때 발생하는 고정관념을 제거하는 장치가 작동했기 때문에 얻은 결과로 볼 수 있다. '사고의 구속을 제거하는 발상법'이라고 하는 이유도 여기에 있으며 고든법의 진행 방법은 다음과 같다.

고든법은 박용원(1997)의 연구에서 나타났듯이 실무 현장에서 거의 사용되지 않고 있다. 그러나 독창적인 발상이 도출될 수 있는 구조를 갖고 있기 때문에 다른 발상법의 대안으로 고려할 필요가 있다.

### 1) 고든법 진행단계와 방법

고든법은 우선 리더가 원 과제가 드러나지 않는 발상 주제를 만든 다음 그것을 가지고 팀원들과 1차 브레인스토밍을 충분히 한다. 그 후 발상된 내용을 놓고 리더가 원 과제를 밝히고 해결해야 할 과제 방향에 맞는 것을 선택한 뒤, 2차 발상이나 회의를 거쳐 안을 확정 짓는 방법으로 진행한다. 고든법을 활용한 광고발상 모델의 진행 단계는 [그림 7-5]와 같으며 단계별 세부 내용은 다음과 같다.

① 1단계-광고 콘셉트 확정: 브레인스토밍을 활용한 광고발상 모델 단계와 동일하다.

② 2단계-원 과제가 드러나지 않는 발상 주제 선정(리더): 이 단계는 반드시 선정된 리더만 참여해야 하는 단계로 리더가 주어진 과제를 알아차릴 수 없는 발상 주제를 만든다. 예를 들어, 초코파이가 광고 과제이며 '한국인의 정'이 콘셉트라고 설정되었다면 팀원에게는 초코파이를 직접적으로 얘기하지 않고 고든법 발상 주제로 제품명이나 콘셉트가 드러나지 않는 '가장 따뜻한 것'으로 선정한다. 즉, '가장 따뜻한 것'이란 발상 주제에서는 초코파이가 직접적으로 노출되지 않기 때문이다. 이런 특성 때문에 다양하고 독창적인 아이디어가 나올 수 있으며, 이 단계가 고든법의 성공 여부를 좌우하게 된다. 만약 어쩔 수 없이 원 과제를 팀원들이 알고 있는 상황에서 고든법을 진행하게 될 경우엔 마치 스스로 최면을 걸듯 원 과제를 머릿속에서 배제하는 훈련을 하면서 진행해야 한다. 또한 이런 경우라면 이 상황을 전혀 모르는 타인들에게 질문을 던져 받아 내거나

휴대전화 문자 메시지 등을 통해서도 원 과제가 의식되지 않은 순수한 발상들을 수집하여 진행할 수 있다.

③ 3단계-1차 브레인스토밍: 리더가 부여해 준 발상 주제에 대해 브레인스토밍을 하는 단계로 원칙을 지키며 충실하게 실시한다.

④ 4단계-원 과제 제시: 브레인스토밍으로 충분히 나온 발상 내용을 확인 한 후 리더는 팀원에게 원 과제를 제시한다.

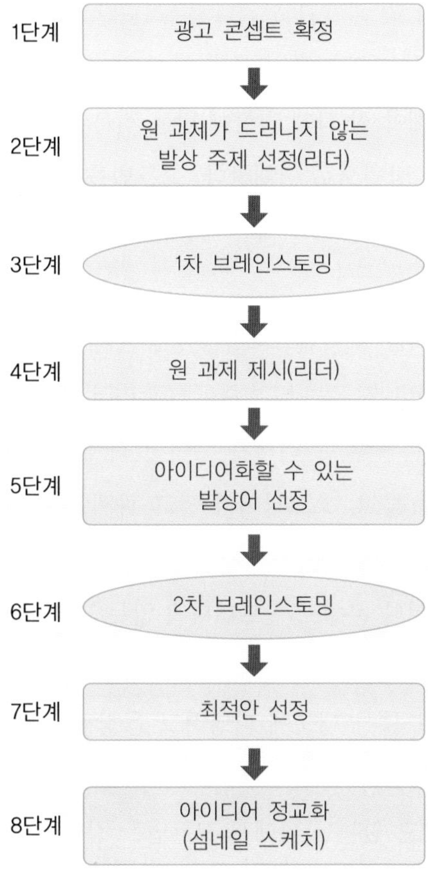


[그림 7-5] 고든법 광고발상 모델 진행 순서

⑤ 5단계-아이디어화할 수 있는 발상어 선정: 원 과제를 알게 된 팀원들은 리더와 함께 토론을 벌여 충분히 발상된 내용들을 보면서 가장 적합하게 아이디어화할 수 있는 후보들을 2~3개 선정한다.

⑥ 6단계-2차 브레인스토밍: 브레인스토밍을 활용한 광고발상 모델 단계와 동일하다.

⑦ 7단계-최적안 선정: 브레인스토밍을 활용한 광고발상 모델 단계와 동일하다.

⑧ 8단계-아이디어 정교화: 브레인스토밍을 활용한 광고발상 모델 단계와 동일하다.

## 2) 고든법 적용 사례-1: C 대학교 광고홍보학과 3학년

고든법을 활용한 광고발상 모델을 통해 산출한 결과 사례는 다음과 같다.

광고 주제 제품: '스마트' 고급 미니카(메르세데스 벤츠코리아)

① 1단계-광고 콘셉트 확정: 한번쯤 타 보고 싶은 차

② 2단계-원 과제가 드러나지 않는 발상 주제 선정: 한번쯤 해 보고 싶은 것

③ 3단계-1차 브레인스토밍: 김태희와 키스하기, 크루즈를 타고 세계일주, 모든 것 잊고 하루 종일 잠자기, 람보르기니 스포츠카 타고 시속 300km로 질주하기, 학생이 아니라 교수 되어 보기, 나비넥타이 매고 7성급 호텔 만찬 참석하기, 번지점프, 승마, 한강이 보이는 5성급 호텔에서 이탈리아식 먹기, 고즈넉한 들판에서 승마하기 등

④ 4단계-원 과제 제시: 벤츠 스마트 자동차라는 광고제품과 '한번쯤 타보고 싶은 차'라는 콘셉트 제시

⑤ 5단계-아이디어화할 수 있는 발상어 선정: 나비넥타이 매고 7성급 호텔 만찬 참석하기, 고즈넉한 들판에서 승마하기

⑥ 6단계-2차 브레인스토밍: 선정된 발상 내용을 바탕으로 섬네일 스케치를 한다.

⑦ 7단계-최적안 선정: 브레인스토밍 내용과 동일하다.

⑧ 8단계-아이디어 정교화: 결과 작품 참조([그림 7-6] [그림 7-7])

[그림 7-6] 고든법 광고발상 모델을 적용하여 산출한 시안 1

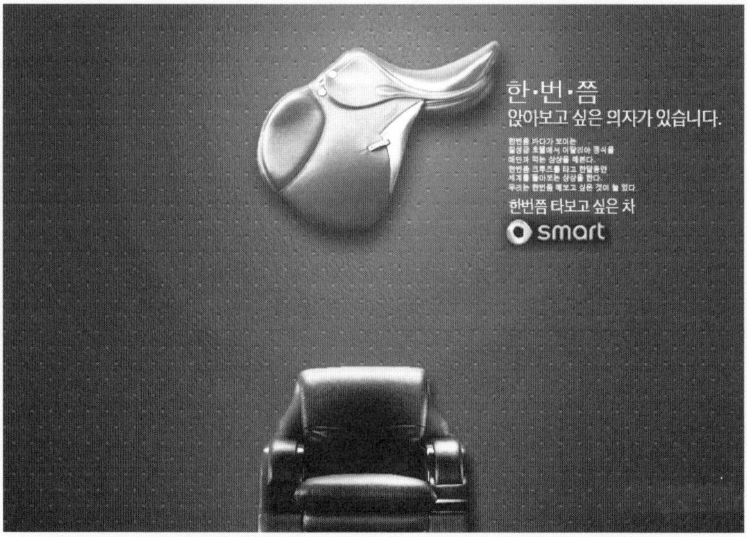


[그림 7-7] 고든법 광고발상 모델을 적용하여 산출한 시안 2

결과 작품에서 알 수 있듯이 이 발상 모델은 자칫 실제 광고제품과 연관성이 먼 아이디어가 나올 확률이 높은 점이 발견되었다. 즉, 광고 과제인 스마트 자동차와 콘셉트인 '한번쯤 타보고 싶은 차', 그리고 비주얼로 표현한 나비넥타이([그림 7-6])나 승마용 안장([그림 7-7])은 의외성은 있어 호기심은 끌 수 있지만 관련성은 적다고 볼 수 있다. 따라서 광고를 보는 청중의 이해를 위해서는 적절한 카피 요소나 기타의 방법이 요구된다.

### 3) 고든법 적용 사례-2: N 대학교 광고홍보학과 3학년

고든법을 활용한 광고발상 모델을 통해 산출한 결과 사례는 다음과 같다.

광고 주제 제품: '하이모' 가발(주식회사 하이모)

① 1단계-광고 콘셉트 확정: 머리 자신감

② 2단계-원 과제가 드러나지 않는 발상 주제 선정: 자신감이 필요한 순간

③ 3단계-1차 브레인스토밍: 면접 보는 순간, 미팅에 나가서, 싸울 때, 외국인이 말을 걸어올 때, 불량배에게 당하고 있는 여성을 만난 순간, 번지점프 뛰는 순간, 축구 할 때, 나보다 능력 좋은 사람을 만났을 때, 노래 부를 때, 대머리독수리가 다른 독수리와 놀고 싶을 때, 이상형을 만났을 때 등

④ 4단계-원 과제 제시: '하이모'라는 광고제품과 '머리 자신감'이라는 콘셉트 제시

⑤ 5단계-아이디어화할 수 있는 발상어/선정: 대머리독수리가 다른 독수리와 놀고 싶을 때

⑥ 6단계-2차 브레인스토밍: 선정된 발상 내용을 '하이모' 제품과 연출한 광고아이디어 발상을 한다(섬네일 스케치).

⑦ 7단계-최적안 선정: 스케치 안 중 대머리독수리가 머리카락이 풍성한 세 마리 독수리 무리와 어울리려고 시도하는 안 선정

⑧ 8단계-아이디어 정교화: 결과 작품 참조([그림 7-8])

[그림 7-8] 고든법 광고발상 모델을 적용하여 산출한 시안 3

결과 작품에서 알 수 있듯이 가발을 직접적으로 등장시키지 않으면서도 가발의 속성과 머리숱이 적은 사람의 심정을 충분히 설득할 수 있는 광고아이디어가 발상되었다. 이것은 고든법만이 갖고 있는 원주제를 모른 채, 즉 고정관념을 배제하고 진행되는 특수한 발상시스템에 기인한 것으로 판단된다.

## 3. 카탈로그법 발상 모델과 적용 사례

**카탈로그법**(Catalogue Method)은 주로 개인이 분명한 목적의식을 가지고 그림, 사진, 광고, 카탈로그, 문서 등을 보면서 아이디어의 발상을 기대하는 것으로 참고자료를 보다가 어느 순간의 번득임을 기대하는 발상법이다. 즉, 머릿속에는 해결해야 할 주제를 담고 눈은 수집 가능한 모든 시각물을 하나하나 보면서 순간의 번득이는 아이디어를 발상하거나 활용 가능한 비주얼을 체크하여 아이디어로 발전시켜 나간다. 카탈로그법은 다음과 같이 진행한다.

① 확정된 광고 콘셉트 또는 발상 키워드를 머릿속에 넣는다.
② 다양한 시각자료를 감상한다. 시각자료는 다양한 그림이 많을수록 좋은데 카탈로그, 사진집, 잡지, 신문, 인터넷 등이 될 수 있다.
③ 시각자료를 감상하며 머리에 떠오른 아이디어나 시각물을 체크해 두었다가 이를 발전시켜 나가는 방법으로 진행한다.

브레인스토밍이 시각자료 없이도 해결이 가능하다면 카탈로그법은 충분한 시각자료에 의존하는 방법이다. 이 방법의 핵심은 머릿속엔 광고할 제품, 콘셉트나 키워드를 넣고 시각자료를 보면서 순간적으로 번뜩이는 아이디어가 산출될 수 있기를 기대하는 것에 있다. 따라서 편안한 가운데 진행할 수도 있지만 고도의 정신작용이 있어야 하기 때문에 집중력이 요구되기도 한다. 아울러 이 방법은 참고하는 것을 그대로 적용하는 등의 모방이나 똑같이 사용하는 카피(copy)에 머무르지 않도록 저작권에 주의해야 한다.

### 1) 카탈로그법 진행단계와 방법

광고 콘셉트가 확정되면 시각자료를 충분히 확보하고 머릿속에는 광고할 제품, 콘셉트와 키워드 등을 넣는다. 이후 시각자료물을 하나하나 보며 떠오른 생각이나 참고할 비주얼에 포스트잇 등을 붙여 가며 발상을 시도한다. 발상 내용이 충분히 확보되었다고 판단되면 팀원들과 회의를 통해 아이디어를 선정하고 발전시키는 단계를 진행하여 최종 확정한다. 카탈로그법을 활용한 광고발상 모델의 진행 단계는 [그림 7-9]와 같으며 단계별 세부 내용은 다음과 같다.

① 1단계-광고 콘셉트 확정: 브레인스토밍을 활용한 광고발상 모델 단계와 동일하다.

② 2단계-발상 키워드 도출: 브레인스토밍을 활용한 광고발상 모델 단계와 동일하다.

③ 3단계-키워드를 머릿속에 넣음: 광고할 제품, 콘셉트와 키워드를 머릿속에 넣는다.

④ 4단계-다양한 시각자료 감상/아이디어화할 수 있는 시각물, 발상어 선정: 이 단계는 카탈로그법의 핵심 단계로, 두뇌의 응집력과 개인의 영감 등의 발상 능력이 요구된다. 머릿속에는 광고할 제품이나 콘셉트와 키워드를 동시에 넣고 눈은 시각

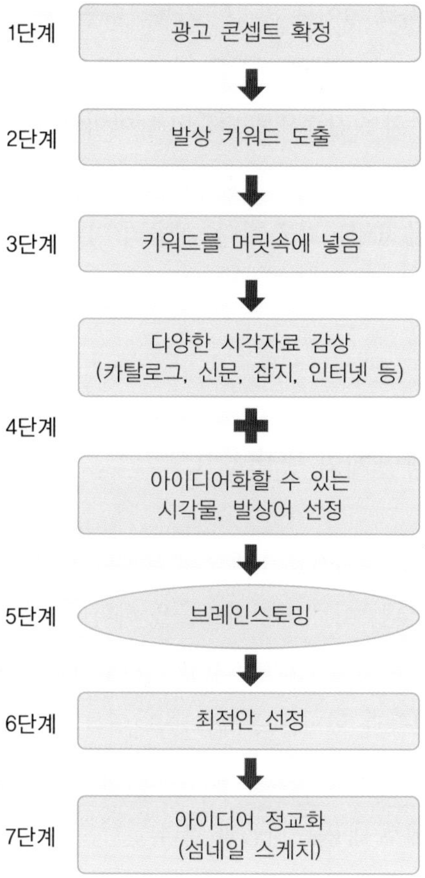


[그림 7-9] 카탈로그법 광고발상 모델 진행 순서

자료를 하나하나 보면서 떠오르는 아이디어나 발전 가능성 있는 시각물을 포스트잇 등을 붙여 가며 체크해 나간다. 이후 메모한 아이디어나 체크된 시각물을 평가 및 검토를 거쳐 섬네일 스케치를 한다. 예를 들어, 속도가 빠른 자동차를 광고하는 상황이라고 가정할 때 '땅 위에서 제일 빠른 차'를 광고 콘셉트로 정하였다고 하자. 여러 시각자료를 보다가 빠른, 예를 들어 100미터 세계기록 보유자인 우사인 볼트를 발견했다면 이를 활용해 광고아이디어로 발전시킬 수 있다.

⑤ 5단계-브레인스토밍: 체크된 시각물이나 발상된 내용을 검토한 후, 2~3개의 후보안으로 좁혀 다시 브레인스토밍 형식으로 진행하여 안을 한 단계 더 발전시켜 나간다.

⑥ 6단계-2차 최적안 선정: 브레인스토밍을 활용한 광고발상 모델 단계와 동일하다.

⑦ 8단계-아이디어 정교화: 브레인스토밍을 활용한 광고발상 모델 단계와 동일하다.

## 2) 카탈로그법 적용 사례-1: C 대학교 광고홍보학과 3학년 학생

카탈로그법을 활용한 광고발상 모델을 통해 산출한 첫 번째 결과 사례는 다음과 같다.

광고 주제 제품: '팜 원더플' 과일주스(팜원더플코리아)

① 1단계-광고 콘셉트 확정: Medical Juice

② 2단계-발상 키워드 도출: Medical

③ 3단계-키워드를 머릿속에 넣음: 광고할 제품인 '팜원더플'과 콘셉트인 'Medical Juice', 키워드인 'Medical'을 머릿속에 넣는다.

④ 4단계-다양한 시각자료 감상 및 아이디어화할 수 있는 시각물, 발상어 선정: 다양한 자료 내용 중 보톡스, 비아그라 선정

⑤ 5단계-브레인스토밍: 보톡스와 비아그라를 제품 및 광고 콘셉트와 관련지어 아

이디어를 발전시켜 간다.

⑥ 6단계-최적안 선정: 브레인스토밍법 단계와 동일하다.

⑦ 7단계-아이디어 정교화: 결과 작품 참조([그림 7-10])

실제 이 모델을 진행하면서 파악된 점은 시각자료물을 보고 발상하기 때문에 용이한 점도 있지만 발견된 시각물을 콘셉트에 맞게 발전시키기보다는 자칫 그대로 적용할 확률이 높았다는 점이다. 따라서 이 모델은 1차로 발견한 시각물을 콘셉트에 맞게 독창적으로 발전시켜야 하는 단계가 중요하며, 이것은 저작권과도 연관되기 때문에 신중하게 진행해야 한다.

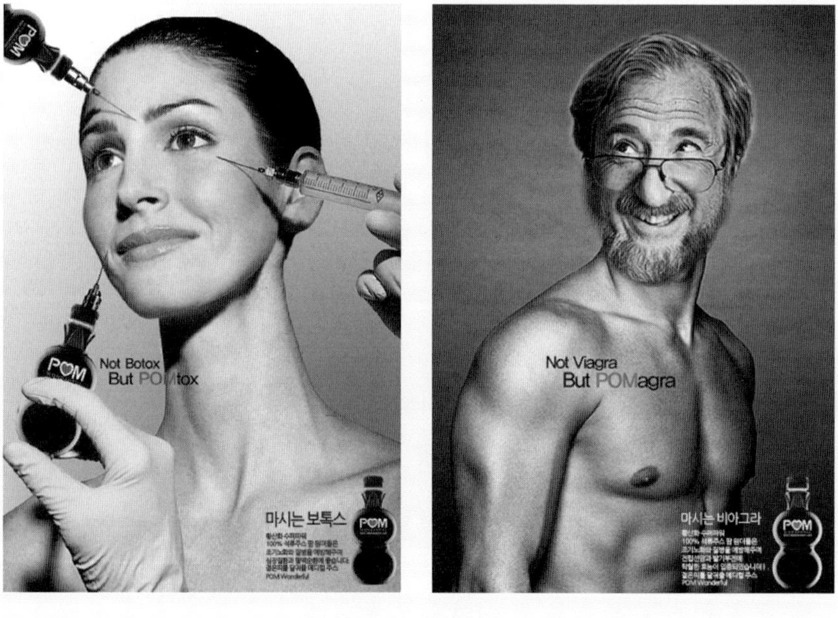


[그림 7-10] 카탈로그법 광고발상 모델을 적용하여 산출한 시안 1, 2

### 3) 카탈로그법 적용 사례-2: N 대학교 광고홍보학과 3학년 학생

카탈로그법을 활용한 광고발상 모델을 통해 산출한 두 번째 결과 사례는 다음과 같다.

광고 주제 제품: '에너자이저' 건전지(에너자이저코리아)

① 1단계-광고 콘셉트 확정: 오래가는 강한 힘

② 2단계-발상 키워드 도출: 강하다

③ 3단계-키워드를 머릿속에 넣음: 광고할 제품인 '에너자이저'와 콘셉트인 '오래가는 강한 힘', 키워드인 '강하다'를 머릿속에 넣는다.

④ 4단계-다양한 시각자료 감상 및 아이디어화할 수 있는 시각물, 발상어 선정: 다양한 자료 내용 중 두 꼬마아이가 변기에 소변보는 사진 선정

⑤ 5단계-브레인스토밍: 두 아이가 소변을 보는 장면을 제품 및 광고 콘셉트와 관련지어 아이디어를 발전시켜 간다.

[그림 7-11] 카탈로그법 광고발상 모델을 적용하여 산출한 시안

⑥ 6단계-최적안 선정: 브레인스토밍법 단계와 동일하다.

⑦ 7단계-아이디어 정교화: 결과 작품 참조([그림 7-11])

## 4. 스티븐 베이커법 발상 모델과 적용 사례

스티븐 베이커(Stephen Baker)는 그의 저서 『Systematic Approach to Advertising Creativity』에서 '아이디어를 얻기 위한 방법 201가지'를 소개하고 있으며 **스티븐 베이커법**(Stephen Baker Method)은 광고 전반에 걸쳐 널리 쓰이고 있다. 특히 201가지 방법 중 마지막 방법을 주목할 필요가 있는데 이는 아이디어의 상호 결합을 통해 상상력이 허용하는 한 무한한 아이디어의 확장을 기대할 수 있다. 앞 장에서도 거론하였듯이 '거꾸로 해 보라, 늘려 보라, 줄여 보라, 색상을 바꿔 보라, 더 크게 만들어 보라, 더 작게 만들어 보라, 둥글게 표현해 보라.' 등 그리고 '이상의 방법들 중 어느 것과 결합해 보라.'처럼 문제해결을 다양한 관점이나 각도에서 보고 해결하는 내용이 담겨 있다.

이 장에서 이 발상법을 광고아이디어 발상으로 제대로 활용하는 방향을 제시하는 것에는 201개라는 매우 많은 세부 방법 중 당면한 과제해결에 잘 맞는 한두 개를 선정하여 진행하는 특징이 있다. 세부 발상법 자체가 이미 크리에이티브한 방법론적 내용을 담고 있기 때문에 선정하는 과정 자체도 아이디어 발상의 연장선으로 볼 수 있으며 잘 활용할 수만 있다면 좋은 발상 방법이 될 수 있다. 다만, 발상법 문장 하나만 가지고는 우리의 행동이 쉽게 발현될 수 시스템화할 수 없으므로 이 기법을 발상의 적용모델로 다음과 같이 매뉴얼화했으니 시도해 보길 바란다.

### 1) 스티븐 베이커법 진행단계와 방법

우선 이 모델을 진행할 때는 광고 주제 제품과 콘셉트, 키워드를 파악한 후 팀원들의 회의를 통해 스티븐 베이커의 201가지 발상 중에서 한두 가지 발상법을 선정해 브레인스토밍을 실시한다. 콘셉트를 충족시키는 복수의 안이 나오면 이를 다시 선별하여 아이디어를 정교화하는 단계로 진행한다. 스티븐 베이커법을 활용한 광고발상 모델의 진행 단계는 [그림 7-12]와 같으며 단계별 세부 내용은 다음과 같다.

① 1단계-광고 콘셉트 확정: 브레인스토밍을 활용한 광고발상 모델 단계와 동일하다.
② 2단계-발상 키워드 도출: 브레인스토밍을 활용한 광고발상 모델 단계와 동일하다.
③ 3단계-스티븐 베이커법 중 선택: 스티븐 베이커의 발상법 중 콘셉트나 키워드를 아이디어화하기 좋다고 판단되는 세부 발상법 1~2개를 선택한다.
④ 4단계-브레인스토밍: 이 단계는 약식 브레인스토밍 형식으로 진행한다. 선정된

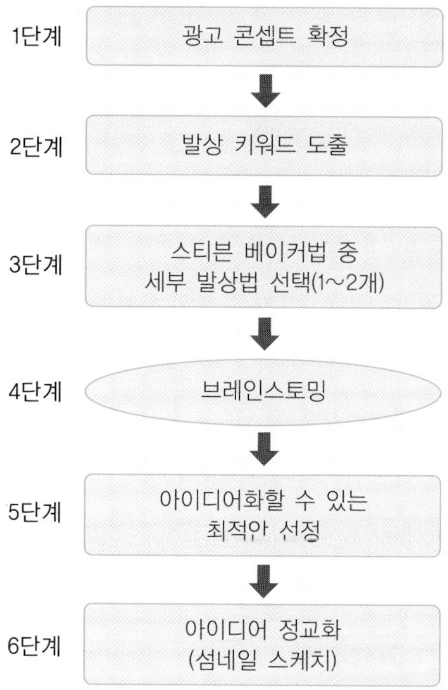


[그림 7-12] 스티븐 베이커법 광고발상 모델 진행 순서

발상법에 맞는 브레인스토밍 주제를 설정하여 10~15개 정도의 발상이나 아이디어 스케치를 해 나간다. 스티븐 베이커법은 매우 다양한 여러 개의 세부 방법으로 구성되어 있기 때문에 발상법의 내용마다 세부 진행이 달라질 수 있다. 필요시 두 단계로 나누어 브레인스토밍을 할 수도 있는데 1차에서는 키비주얼의 소재를 발상하는 단계, 2차에서는 선정된 비주얼을 스티븐 베이커법에 맞게 적용하는 단계로 진행한다.

⑤ 5단계-아이디어화할 수 있는 최적안 선정: 브레인스토밍법 단계와 동일하다.

⑥ 6단계-아이디어 정교화: 브레인스토밍법 단계와 동일하다.

### 2) 스티븐 베이커법 적용 사례-1: C 대학교 광고홍보학과 3학년 학생

스티븐 베이커법을 활용한 광고발상 모델을 통해 산출한 첫 번째 결과 사례는 다음과 같다.

광고 주제 제품: '맛있는 우유 GT'(남양유업)

① 1단계-광고 콘셉트 확정: GT 공법이라 맛있고 깔끔한 우유

② 2단계-발상 키워드 도출: 맛있다

③ 3단계-스티븐 베이커법 중 선택: '그것을 고체화시켜 보라.'

④ 4단계-브레인스토밍

- 주제 설정: '우유를 고체화하면?'
- 발상내용: 치즈, 아이스크림, 케이크, 핫케이크, 푸딩, 우유두부, 우유젤리 등
- 아이디어 전개: 발상 내용 중 '아이스크림'을 선정한 후 '맛있는 우유 GT'를 부어 아이스크림을 만드는 비주얼 스케치

⑤ 5단계-아이디어화할 수 있는 최적안 선정

⑥ 6단계-아이디어 정교화: 결과 작품 참조([그림 7-13])

[그림 7-13] 스티븐 베이커법 광고발상 모델을 적용하여 산출한 시안 1

실제 이 모델을 진행하면서 파악된 점은 201가지 발상법 중에서 '어떤 발상법을 선택하느냐'의 결정 단계에서 많은 시간과 토론이 필요했다는 점이다. 또한 한번 선택된 방법에서 아이디어 전개가 용이하지 않을 경우 다시 원점으로 가야 하는 상황도 발생해 이 모델을 진행할 때는 발상법 선택 단계에 신중해야 하는 점이 파악되었다.

### 3) 스티븐 베이커법 적용 사례-2: N 대학교 광고홍보학과 3학년 학생

스티븐 베이커법을 활용한 광고발상 모델을 통해 산출한 두 번째 결과 사례는 다음과 같다.

광고 주제 제품: '이케아' 가구(이케아코리아)

① 1단계-광고 콘셉트 확정: 내가 직접 만드는 쉬운 가구

② 2단계-발상 키워드 도출: 내가 직접 만든다

③ 3단계-스티븐 베이커법 중 선택: '그것을 단순화시켜 보라.'

④ 4단계-브레인스토밍

- 주제 설정: '내가 직접 만든다'
- 발상내용: 뜨개질, 십자수, 종이접기, 요리, 공방, 도자기, 레고, 인생, 꿈, 아기, 공부, 성적, 화장, 메이크업, 분장, 테디베어, 사랑, 우정, 용기, 몸매, 운동, 그림, 청소, 노래, 원두커피, 친구, 게임 , 춤, 분리수거, 웃음, 대화, 창작, 말, 시험, 마음, 디자인, 사춘기, 숨, 일기, 자서전, 라면, 계획표, 글씨, 여행, 선거, 투표, 일, 샤워, 과제, 달리기, 조립 PC, 드라이버, 컨테이너, 사회봉사, 헤어스타일, 미니카, 티케팅, 다이어트, 수공예, 액세서리, 공예품, 환경미화, 선풍기 등
- 아이디어 전개: 발상내용 중 3~4개를 선정하여 스티븐 베이커법 중 선정한 '그

[그림 7-14] 스티븐 베이커법 광고발상 모델을 적용하여 산출한 시안 2

것을 단순화시켜 보라.'에 맞게 광고아이디어화(섬네일 스케치)

⑤ 5단계-아이디어화할 수 있는 최적안 선정: 단 하나의 공구(드라이버)만 가지고도 쉽게 어떤 가구도 만들 수 있다는 의미의 안 선정(비주얼은 '단순화하라'에 맞게 드라이버 하나만 심플하게 제시하여 임팩트 있는 시각화)

⑥ 6단계-아이디어 정교화: 결과 작품 참조([그림 7-14])

## 5. 아이디어 발상 모델의 활용과 특성 비교

이상에서 제안한 네 개의 광고아이디어 발상 모델은 진행 방법과 성격이 서로 다르며 산출된 결과 역시 다를 수 있다. 특성을 요약하면 다음과 같다.

첫째, 브레인스토밍을 활용한 광고발상 모델은 비교적 쉽게 진행될 수 있는 장점이 있다. 리더가 진행을 잘 이끌어 나갈 수 있다면 초보자 그룹이나 관련 없는 팀원들이 모여도 진행될 수 있으며 참고할 시각자료들이 부족해도 진행이 가능하다. 둘째, 고든법을 활용한 광고발상 모델은 팀원들이 원 과제를 모르는 상태에서 진행해야 하는 조건이 있어 현실적으로 진행에 어려운 점이 있으나 만약 알고 있더라도 발상법의 속성을 이해하고 머릿속에서 원 과제를 배제하는 정신작용에 노력을 기울인다면 다른 발상법에서 쉽게 얻지 못하는 독창적인 발상을 기대할 수 있다. 이 발상 모델 역시 참고할 시각자료가 적어도 진행이 가능하며 팀원이 비전문가라도 진행이 가능하다. 셋째, 카탈로그법을 활용한 광고발상 모델은 시각자료물 의존도가 높기 때문에 충분한 시각자료를 준비해야 하며, 진행자는 어느 정도 숙련된 전문가이어야 하는 측면이 있다. 넷째, 스티븐 베이커법을 활용한 광고발상 모델은 세부 발상법 자체가 이미 상당 부분 아이디어화할 수 있도록 주어지기 때문에 발상이 막연할 때 사용하면 좋은 방법이라고 할 수 있다. 다만, 어떤 세부 발상법으로 하느냐의 선택이 매우 중요하며 세부 진행 단계에서는 전문성이 더욱 요구된다. 각각의 광고발상 모델별 특성을 비교하면 〈표 7-2〉와 같으며 이에 따라 광고제작 상황에 맞게 선

표 7-2 광고아이디어 발상 모델 특성 비교

| | 리더의 필요성 | 시각 보조자료의 필요성 | 참여자의 전문성 | 참여자의 수 |
|---|---|---|---|---|
| 브레인스토밍을 활용한 광고발상 모델 | 필요함 | 필요 없음 | 약간 필요함 | 많음(3~8명) |
| 고든법을 활용한 광고발상 모델 | 필요함 | 필요 없음 | 약간 필요함 | 많음(3~8명) |
| 카탈로그법을 활용한 광고발상 모델 | 약간 필요함 | 필요함 | 필요함 | 적음(1~2명) |
| 스티븐 베이커법을 활용한 광고발상 모델 | 약간 필요함 | 필요함 | 필요함 | 적음(1~2명) |

택하여 활용해야 한다.

소비자가 광고를 보고 상품을 구매하는 상황은 'AIDMA', 즉 '주의–흥미–욕망–기억–행동'이라는 단계를 대체로 거치게 된다. SNS가 발달한 요즘 상황에 검색과 공유단계가 중요하더라도, 광고가 주의와 흥미를 끌지 않으면 소비자의 눈길은 상당 부분 포기해야 한다. 따라서 아무리 좋은 내용의 광고라 하더라도 소비자의 주의(attention)를 끌지 못하면 다음 단계로 이어질 수 없으며 결국 구매의 단계까지 가는데 어려움이 있다. 이런 점에 비추어 다시 한번 강조하자면, 광고의 첫 단계는 소비자로부터 주의나 관심을 끌어내야 하며 수많은 광고 중에서 기억에 남게 하려면 독창적으로 설득할 수 있는 내용이어야 한다. 좋은 광고아이디어는 바로 이런 점을 해결할 수 있어야 하는데 이를 위해 효과적인 발상법이 필요하며 진행 규칙이 잘 지켜져야 원하는 결과를 얻을 수 있다. 광고실무 현장에서 아이디어 발상을 할 때는 발상법의 세부 규칙을 따르지 않는 경우가 많다. 그 이유로는 리더의 주관이나 편리한 방법을 우선시하는 경향과 현실적으로 엄격하게 적용하여 진행할 수 있는 방법의 부재 등을 들 수 있다. 이 장에서는 기존에 대부분 서술적으로 설명된 아이디어 발상법을 탈피하여 발상 단계별로 진행해야 할 내용을 다이어그램 형식의 시각화로 명확히 규정하여 누구나 쉽게 숙지하여 진행할 수 있도록 모델화하였다. 따라서 리더나

팀의 구성원들이 최대한 주관을 배제하고 단계별로 제시된 내용대로 진행한다면 효율적으로 아이디어를 발상할 수 있을 것이다. 아울러 제시한 네 가지 광고발상 모델은 서로 특성이 다르기 때문에 광고제품과 제작 상황에 따라 신중한 선택이 요구된다. 제시한 광고발상 모델은 독립적으로 활용할 수 있으며, 상황에 따라 다른 것과 함께 활용하는 방법도 시도할 필요가 있다.

# 제8장

# 크리에이티브 제작과 표현

**이경아**(한양대학교 광고홍보학과 겸임교수)

1. 광고 크리에이티브 표현의 어제와 오늘
2. 크리에이티브 제작과 표현전략
3. 매체별 특성과 크리에이티브 표현
4. 크리에이티브 표현에 필요한 레이아웃 소개

◈◇◈

광고는 그 개념이 생긴 이래로 수년 동안 많은 변화를 겪어 왔다. 시대 흐름에 따라 시장 트렌드, 다양한 소비문화, 매체 환경 등이 바뀌면서 광고의 표현방식도 다양한 모습으로 발전되고 있다. 더욱이 광고와 기술의 융합으로 생겨날 새로운 매체 환경의 변화로 창의적이며 신선하고 새로운 크리에이티브에 대한 관심 또한 높아지고 있다. 따라서 이 장에서는 융복합 환경에 맞춰 변화된 광고시장의 흐름과 크리에이티브 과정에 필요한 전략적 구성요소, 아이디어를 구체화할 다양한 크리에이티브 표현형식, 표현의 완성도에 영향을 줄 수 있는 디자인 요소 등을 살펴보고자 한다.

## 1. 광고 크리에이티브 표현의 어제와 오늘

광고에서 크리에이티브는 광고의 처음이자 끝이라 할 수 있을 만큼 중요한 부분이다. 창의적 아이디어는 모든 광고인에게 크나큰 숙제이기도 하다. 광고에서 크리에이티브는 제품 생산이 가속화되고 제품 중심의 장점만을 부각시키던 1950년대 경쟁 중심 시대를 지나, 브랜드의 중요성이 부각되기 시작한 1960년대부터 전략적 요소로서 그 중요성이 부각되기 시작하였다.

브랜드 전략이 주를 이뤘던 1970년대에는 보다 경쟁 우위를 점하기 위한 포지셔닝 전략을 중요시했으며, 무엇보다 카피 요소가 중추적 역할을 하였다. 1980년대 들어서 시장이 과열되고 경쟁이 심화되면서 광고는 사회적 책임을 요구받게 되었다. 소비자와 기업, 양자를 생각하는 책임 있는 광고시대로 접어들게 된 것이다. 이러한 변화는 광고표현에 있어서도 보다 차별화된 커뮤니케이션의 필요성을 부각시켰고, 아이디어 표현에 대한 관심이 높아진 계기가 되었다.

시장이 활성화되면서 제품이 다양해지고 동시에 제품 간 차별이 없어지면서 1990년대는 소비자들만의 고유 공감대를 형성해 나가는 포스트모던마케팅이 부각되기 시작한다. 광고시장이 다양한 문화적 변화를 맞게 된 시기이기도 하다. 이후 콘텐츠 기술의 진보와 디지털 미디어의 발달로 인터넷, UCC, SNS가 주를 이루면서 급격히 글로벌화되었다. 2000년대 이후로는 본격적인 디지털 환경 시대로 접어들고 미디어정보를 개인 취향에 맞춰 즐기는 선택적 매체수요가 급증하면서 광고시장도 바이럴 마케팅, 유튜브 채널의 영상을 기반으로 한 크리에이터 영역으로 확대해 나가고 있다.

미디어환경 변화는 **스토리텔링**, UGC(User Generated Contents) 등 사용자 스스로

**표 8-1** 크리에이티브의 역사와 변화 흐름

| 연도 | 시대별 특징 | 대표인물 | 표현의 변화 |
|---|---|---|---|
| 1950년대 | 제품 중심 시대: USP 전략 시대 | 로서 리브스(Rosser Reeves) | 제품의 특징과 생산정보 위주 |
| 1960년대 | 브랜드 퍼스널리티 시대: 브랜드 이미지 전략 | 데이비드 오길비(David Ogilvy)<br>레오 버넷(Leo Burnett) | |
| 1970년대 | 포지셔닝시대: 포지셔닝 전략 | 잭 트라우트(Jack Trout)<br>알 리스(Al Ries) | 상품정보와 판매자 중심시장 이동 |
| 1980년대 | 사회적 책임주의 광고시대 | | 소비자 중심의 생활정보 위주 |
| 1990년대 | 포스트모던 광고시대 | | 생활정보와 사회정보에서 소비자 중심 시장으로 이동 |
| 2000년대 | 통합적 미디어 크리에이티브시대 | | 기호시장에서 라이프 플래너 시장으로 확대 |
| 2010년대 이후 | | | 라이프스타일 브랜드 시대 |

출처: 이화자(2019), pp. 63-88.

만들고 확산시키는 콘텐츠를 활용한 통합캠페인의 시대를 열면서 다양한 형태의 마케팅과 광고로 변화하고 있다. 이는 크리에이티브 양식 변화와 함께 크리에이티브의 혁명의 시대라고 할 수 있을 만큼 다양한 개인과 기업 간의 콘텐츠를 생산하고 있다.

디지털기기와 인터넷에 익숙하고 매체를 주도하는 지금의 Z세대(Generation Z로 1996~2010년에 태어난 이들을 일컫는 약어)는 기존의 지상파 매체가 아닌 영상기반 유튜브 1인 방송과 정보를 선호하고 이미지 기반의 인스타그램과 같은 SNS를 즐기며 신규플랫폼을 소비하는 세대로 주목할 필요가 있다. Z세대는 콘텐츠를 직접 생산하고 정보를 남기고 확산하는 세대로 광고시장의 변화를 주도하는 세대이기 때문이다.

지금의 Z세대는 기존의 틀에 짜여진 정형화된 방식에서 벗어나 새로운 방식과 유형을 추구하며, 이렇게 만들어진 콘텐츠는 디지털 매체를 통해 소비하는 소비시장을 만들고 있다. 이에 따라 광고시장도 지상파 방식에서 온라인이나 모바일 기반의 SNS로 옮겨 가고 있으며, 소비자가 생산하고 확산하는 고객반응에 주목하면서 그 반응을 마케팅에 활용하는 방식으로 광고도 변화하고 있다. 앞으로 기술과 데이터를 기반으로 하는 디지털 융합이 미디어 변화를 이루고 광고시장 변화에 주도적 역할을 할 것이다.

이러한 변화에 광고표현도 정형화된 틀에서 벗어나 정제되지 않은 소비자가 직접 생산하고 만들어 내는 리얼한 표현방식과 직접 참여하고 전달하는 방식으로 바뀌고 있다. 또한 스토리를 중요시하는 이미지 기반의 비언어적 메시지 표현방식으로 빠르게 변화하고 있다.

하지만 이러한 긍정적인 환경 변화 이면에 과도하고 무자비하게 생성되는 메시지 정보와 콘텐츠의 홍수라는 부정적인 면은 소비자로 하여금 피로하다 느끼게 한다. 동시에 자신에게 맞는 필요한 정보만 선택하는 소비문화를 만들고 있기도 하다. 따라서 기업과 브랜드는 이러한 소비자들의 성향에 맞춰 보다 정교하고 정서적인 접근으로 자신의 모습을 숨기고 소비자의 생활과 정서적 유대감을 가질 수 있는 감성에 더 깊숙이 파고드는 **인비저블**(Invisible Marketing)에 주력해야 한다. 이러한 변화는 생활에 도움이 되는 콘텐츠와 정보에 선택적으로 반응하는 개인별 소비 형태 변화와 가치 있는 소비에 지갑을 여는 라이프스타일의 변화에서 그 의미를 찾을 수 있다.

따라서 매체의 다변화와 콘텐츠의 다양함을 이용한 통합마케팅 캠페인은 통일화된 브랜드 메시지를 다양한 미디어를 활용해 폭넓은 소비층에 확산하는 방식으로 브랜드의 단일화된 메시지와 크리에이티브 콘셉트, 독창적인 아이디어를 전달하고 있다. 이러한 독창적 아이디어와 크리에이티브 표현은 보는 이로 하여금 호기심과 브랜드 충성도를 키우는 데 중요한 역할을 하고 있다.

이러한 변화의 흐름은 기존의 4대 매체 중심에서 벗어나 다각화된 미디어 활용으로 시각의 전환을 요구하고 있다. 또한 어떻게 하면 조금 더 새로운 아이디어로 새로운 미디어를 활용하고 새로운 시도로 통합하여 메시지를 던지고 표현할까 하는 창의적이고 주도적인 아이디어를 요구하고 있다. 다음으로 각 매체의 특성과 표현방식의 흐름을 알아보고 효과적인 활용방안을 찾아보고자 한다.

## 2. 크리에이티브 제작과 표현전략

제품이 잘 팔리면 제품 탓, 제품이 안 팔리면 광고 탓. 크리에이터들을 애태우는 광고시장에서 과연 좋은 크리에이티브는 무엇일까? 좋은 크리에이티브를 만들기 위해서는 무엇을 어떻게 해야 할까? 이러한 고민은 아이디어를 만드는 사람이라면 누구나 하게 되는 질문이고 고민이다. 어느 날 갑자기 떠오르는 번뜩이는 아이디어로 좋은 제작물을 만들면 좋겠지만, 그런 요행은 안타깝게도 없다. 창의적이고 좋은 아이디어를 위해서는 좋은 전략이 뒷받침되어야 한다. 그 이유는 광고는 크리에이티브를 통해 제품 정보와 함께 제품과 브랜드의 이미지를 만들어 주고 이 제품과 브랜드가 누구를 위한 것인지 알려 주는 중요한 역할을 하기 때문이다.

이 외에도 광고는 목적(상품 및 제품, 기업, 공익 등)과 대상(기업PR, 제품, 서비스, 공익 등), 소구 방법(유머, 공포와 위협, 성적, 비교, 증언 등)에 따라 다양한 전략 형태를 가지며, 다양한 크리에이티브 표현은 소비자와의 관계 형성에 중요한 의미를 갖는다. 다음은 좋은 크리에이티브 작업을 하기 전 체크해야 할 중요한 포인트들과 보다 좋은 크리에이티브를 위한 고려사항이다.

### 1) 표현전략을 위한 체크포인트

표현전략이란? 광고제작을 시작하기 전에 검토해야 하는 것으로 광고표현의 방향을 설정하고 소비자에게 전달하고자 하는 메시지를 결정하는 것을 말한다. 조금 더 구체적으로 말하면 'What to say(무엇을 말할 것인가)?'와 'How to say(어떻게 말할 것인가)?'를 정하는 것으로, 제품이 어필하고자 하는 방향의 콘셉트를 결정하고 구체적인 표현방식과 테크닉을 활용한 표현 스타일을 결정하는 중요한 단계이다.

① 누구에게 말할 것인가? (소비자 타깃 설정)
② 무엇을 말할 것인가? (소비자에게 어필하고 싶은 제품 콘셉트)
③ 어떠한 이점과 차별 포인트를 둘 것인가? (크리에이티브 콘셉트와 워드, 표현 콘셉트)
④ 어떠한 이미지로 호소할 것인가? (톤 앤 매너)
⑤ 고려사항은 어떤 것이 있을까? (규칙과 제작 시 유의사항 등)

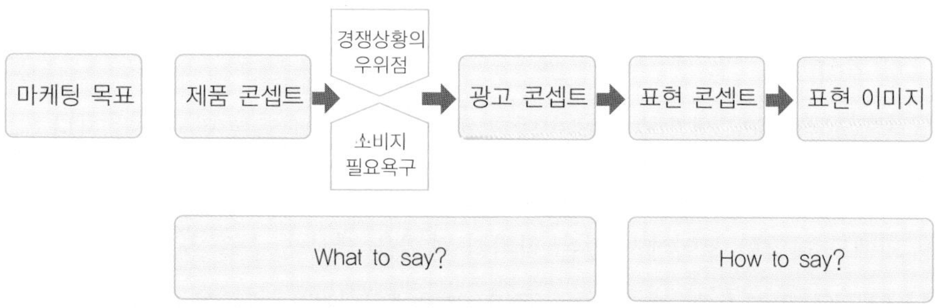


[그림 8-1] 표현을 위한 콘셉트 유추 과정

## 2) 표현을 위한 전개방법

앞서 말한 전략을 구체화하고 좋은 결과물을 얻기 위해서는 광고물을 구성하는 여러 요소 중 카피 아이디어가 필요하다. 유명한 광고학자인 블레이크(Gary Blake)와 블라이(Robert Bly)는 그들의 저서 『카피라이팅의 요소(Elements of Copywriting)』에서 효과적인 카피 작성의 8원칙을 다음과 같이 이야기했다.

① 주의를 집중시키라. 이는 광고 존재인 주의를 집중시키지 못한다면 광고효과를 기대할 수 없기 때문이다.
② 고객의 초점을 맞추라. 광고를 보는 고객 입장에서 듣고 싶은 이야기를 들려줘야 한다.
③ 경쟁적 편익을 강조하라. 고객의 욕구와 필요를 파악하고 충족시킬 수 있는 편익을 약속해야 한다.
④ 경쟁제품과 차별화하라. 경쟁제품이 충족하지 못하는 부분을 찾아 다른 제품보다 낫다는 인식을 심어 줘야 한다.
⑤ 사례를 입증하라. 누군가의 경험담이나 증언 등 객관적인 내용으로 입증해야 설득력을 갖는다.
⑥ 신뢰를 구축하라. 설득은 믿음을 기반으로 한다. 광고의 모든 요소도 신뢰 구축에 집중해야 한다.
⑦ 가치를 쌓으라. 고객은 가격 이상의 가치를 원한다. 앞으로는 더욱 가치에 소비할 것이다.
⑧ 행동을 유발하라. 생각에 그치지 않고 행동으로 연결되도록 만들어야 한다.

이 외에도 다양한 분야에서 많은 학자가 해법을 제시해 주고 있으며 이는 아이디어를 내는 데 큰 도움을 주고 있다. 좋은 크리에이티브는 제품이 말하고자 하는 광고의 주된 목적을 이루기 위한 작업으로 무언가를 표현하기 위해 과학적인 분석과 다각도의 고려사항을 체크하고 집약시켜 전략을 짬으로써 가장 좋은 표현과 전략으로 소비자의 마음을 움직이는 것이다. 이러한 내용은 한 줄의 카피일 수도 있고 임팩트 있는 비주얼이 될 수도 있다. 성공적인 표현 전개를 위해서는 앞에서 제시한 대로 콘셉트를 고민하고 고려해서 여러 요소와 단계로 크리에이티브를 전개해야 한다. 제작을 위한 크리에이티브 콘셉트는 과학적 접근으로 끌어낸 예술적 표현이라고 할 수 있다. [그림 8-2]는 콘셉트를 표현하기 위한 과정을 담은 것이다.

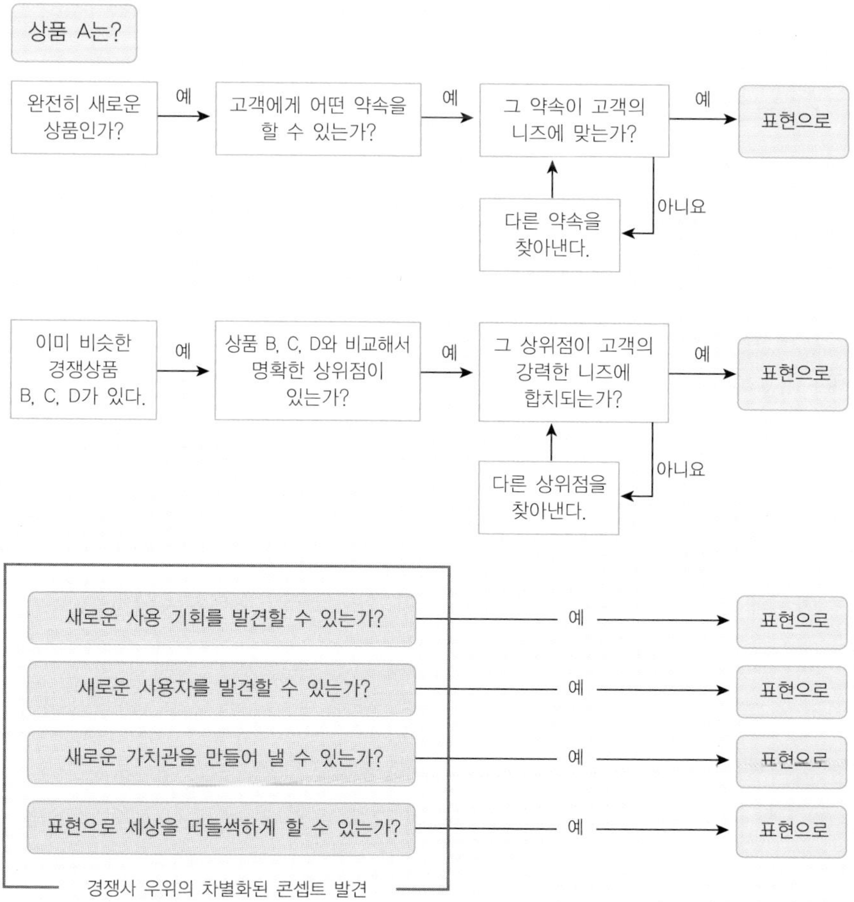


[그림 8-2] 콘셉트 발견의 스텝 맵(Step Map)

출처: 이화자(2019), p. 100.

그림에서 보는 바와 같이 '무엇을 알릴 것인가?'를 명확히 하는 것은 전달하고자 하는 표현을 콘셉트로 명확하게 가이드라인을 제시하고 그 안에서 표현을 자유롭게 발상하는 것이다. 즉, 상품 콘셉트가 상품의 가치를 이야기하는 것이라면 이는 표현으로 소비자에게 그 상품을 보다 효과적이고 임팩트 있게 알리는 커뮤니케이션 과정인 것이다. 다음에서는 효과적으로 소구하는 다양한 방식을 통해 소비자로 하여금 구매 욕구를 높이는 방법들을 살펴보고자 한다.

### 3) 효과적인 소구 방법과 표현 제작 기법

앞서 말한 대로 광고전략을 통해 상품이나 서비스의 특성, 경쟁사의 우위점을 알리고 공감을 자극해 소비자로 하여금 구매에 이르기까지 광고 크리에이티브의 역할은 실로 크다. 어떠한 소구 방법들을 사용하고 크리에이티브로 표현하느냐 하는 것은 광고 목적인 설득 커뮤니케이션에서 매우 중요한 부분이다. 일반적으로 광고 크리에이티브는 광고소구 방법과 광고제작 기법으로 나뉘며 광고소구 방법의 형태로 광고의 내용이 결정된다.

#### (1) 광고소구 방법

광고소구 방법으로는 이성적 소구, 감성적 소구, 삶의 가치와 자아, 자존적 가치 소구, 안전에 관한 소구, 봉사나 공헌에 관한 소구, 호기심을 자극시키는 소구, 정에 호소하는 소구, 고향이나 향수를 자극시키는 소구, 공익광고에 많이 사용되는 공포와 위협 소구, 건강을 주제로 한 소구, 사랑 · 성적(섹스어필) 소구, 즐거움이나 괴로움 등 감각에 대한 소구, 욕구나 야망에 대한 소구, 가격, 품질 등 경쟁적 우위점을 강조한 소구, 뉴스성 소구, 트렌드를 반영한 유행성 소구, 서비스 소구, 이벤트적 소구, 시민정신에 호소, 독려와 동참을 주제로 한 공익적 소구 방법 등이 있다.

(2) 광고표현 방법

광고의 표현기법으로는 다음과 같이 다양한 방법이 있으며, 상품의 특성이 잘 반영되고 소비자의 니즈에도 잘 부합된 판매 메시지를 담고 있는 것으로 선택하여 표현해야 한다.

① 티저형(Teaser approach)

주로 신상품 론칭 시 많이 사용하는 기법으로 소비자로 하여금 제품에 대한 기대감과 관심을 극대화시킬 수 있는 장점을 갖는다. 제품이 출시되기 전에 내용을 숨기고 궁금증을 갖게 함으로써 구매의욕을 유발시켜 제품을 이슈화시킬 수 있는 광고기법이다.

② 증언식 추천형(Testimonial approach)

제품 사용자가 제품에 대한 개인의 소감과 의견을 이야기하는 형식으로 구전효과를 노리는 기법이다. 광고에 나오는 인물의 신뢰도에 따라 소비자에게 제품에 대한 강한 신뢰감과 공감을 끌어낼 수 있다는 장점이 있다. 증언이나 단순한 설명이 아닌 제품 시범이나 실험, 경험에 대한 이야기, 인터뷰 형식 등 시각적 효과를 통해 보다 객관적이고 설득력 있는 방법으로 제품의 장점을 전달하는 광고형식을 말한다 [Altman, D., 'The copy workshop'(2002)].

예시) 옥시크린 오투액션 광고: https://youtu.be/KW0BKdXfcWY

③ 입증, 실증형(Demonstration)

실제 소비자가 직접 제품을 사용하는 모습을 실시간으로 보여 주는 방식으로 세품이 차별화된 우위점이 있다면 직접 보여 줌으로써 소비자를 자극하여 기억도를 높일 수 있는 훌륭한 표현기법이다. 제품의 USP(Unique Selling Proposition)가 명확한 경우 효과적인 방법이다.

예시) 테팔 인덕션 프라이팬 광고: https://youtu.be/SiaM3sGbKM4

테팔 매직핸즈 광고: https://youtu.be/l1lSoKYEAXg

④ 라이프 스타일형(Life style)

구매 타깃을 대상으로 하는 광고로 그 집단의 라이프스타일을 짜임새 있고 재미있게 보여 줌으로써 집단에 속해 있거나 속하고 싶은 사람들에게 제품을 소개하는 방법이다. 이 형식은 제품을 위한 설명이나 상황들을 잘 배치하고 잘 짜여진 스토리로 보는 이로 하여금 몰입과 정서적 반응, 집단에 대한 소속감으로 강한 유대감을 갖도록 해야 한다.

예시) 한국인삼공사 정관장 광고: https://youtu.be/7SKi5giyMR8

⑤ CM(Commercial song)송[=징글(Jingle)]

노래를 통해 메시지를 전달시키는 방식으로 제품이 갖고 있는 특성이나 효능을 운에 맞춰 구절에 멜로디를 담아 보다 효과적으로 전달하는 방식이다. 전달하고자 하는 카피에 재미와 오락, 감성을 담아 브랜드 인지도를 높이고 소비자가 기억하기 쉽고 오랜 여운을 남길 수 있다는 장점이 있다.

⑥ 빅모델 이미지형(Model & Talent)

유명인이 갖고 있는 개성과 특성을 브랜드에 잘 결합시켜 제품의 인지도와 호감도를 높이는 방법이다. 유명모델이나 인기 있는 모델이 갖고 있는 인기도와 화제성에 브랜드의 개성이 그대로 이어진다는 장점이 있다. 하지만 모델의 인기가 하락하거나 문제 발생 시 제품에도 큰 영향을 줄 수 있으므로 모델 선정에 유의해야 한다.

⑦ 시즐효과(Sizzle effect)

시즐이란 고기를 구울 때 나는 맛있게 구워지는 모습과 소리(지글지글), 혹은 찌개를 끓일 때 나는 식감을 자극하는 모습과 소리(보글보글)를 말한다. 음료류 광고의 '칙-' 하고 캔 따는 소리, 병따개를 딸 때 나는 경쾌한 소리, 컵에 음료를 따를 때 나는 시원하고 청량감 있는 소리, 또는 거품이나 물방울과 같은 청량감으로 보는 이로 하여금 식감을 자극시키고 소비자를 유혹하는 방법이다.

예시) 카스 맥주 광고: https://youtu.be/mlRXdmLCj4c

⑧ 비교광고(Comparison ad)

자사 제품과 경쟁사 제품을 비교하여 제품의 차별화된 장점을 부각시키는 방법으로 이 방법의 경우 자사 제품의 차별적인 장점이 분명해야 한다. 사용자가 직접 시연을 통해 비교하는 방법이나 제3자인 공인기관의 비교된 데이터를 활용하는 방법 등이 있으며, 탁월한 장점의 경우는 선두 제품과의 비교를 통해 소비자에게 강한 인식을 심어 줄 수 있다. 비교광고로 가장 유명한 브랜드는 코카콜라와 펩시의 비교광고가 있다.

예시) 나랑드 사이다 광고: https://youtu.be/Ta6Fmz3Wbvo

⑨ 유추형(Analogist)

제품의 성능이나 기능을 직접 보여 주기 힘들 때 다른 사물이나 의인화를 통해 비슷하게 빗대어 추측이나 유추하게 하는 기법이다. 예를 들어, 자동차의 경우 좋은 기름을 표현하고자 할 때 기름을 차의 '건강'으로 사람에 빗대어 이야기하거나 표현하는 것이다. 즉, 인간적 특성이나 생활을 잘 활용하면 이해를 더 빠르게 할 수 있다는 장점이 있다.

⑩ 상징성(Visual symbol)

일반적으로는 비둘기는 평화의 상징, 왕관은 왕위의 상징인 것처럼, 추상적인 의미나 가치 등을 어떤 유사한 물건이나 동물, 형상으로 구상화하는 시각적 표현으로 부모의 팔을 안전띠로 표현하여 안전벨트의 안전성을 표현한 노르웨이 적십자 광고가 좋은 예이다.

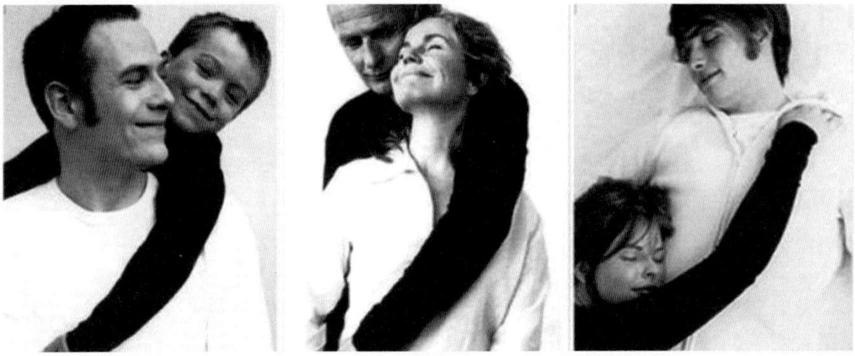

[그림 8-3] 노르웨이 적십자 광고

⑪ 참여형과 퀴즈형 광고

콘테스트나 퀴즈 등의 응모를 통해 참여자에게 상품을 제공하거나 신상품 네이밍 모집, 제품의 특성이나 이름 알아맞히기 등 이벤트에 참여하고 상품을 선물하는 방식으로 소비자의 반응을 직접 측정하거나 홍보하는 효과가 있는 방법이다. 미디어 발달로 SNS의 여러 채널을 통해 다양한 참여는 물론 즉각적인 의견을 표현할 수 있어 기업에서 마케팅으로 적극 활용하고 있다.

예시) 박카스 광고: https://youtu.be/bLNq8Mbrf1A

⑫ 포지티브(Positive)와 네거티브(Negative) 어프로치(Approach)

제품의 이점이나 장점을 긍적적으로 표현하여 소비자의 태도를 바꾸는 포지티브 방식과 공포나 위협 등으로 부정적인 접근을 통해 태도를 바꾸는 네거티브 방식의 표현이 있다. 공익광고에 많이 사용하는 네거티브 표현의 경우 표현 메시지가 강력할수록 불쾌감과 외면으로 역효과를 가져올 수 있으므로 표현과 내용을 주의해서 사용해야 한다.

예시) 담배 공익광고: https://youtu.be/_8ZjoqoZoUg

⑬ 휴먼 감성형(Human Approach)

인간의 감성에 호소하는 방법으로 남녀노소, 가족, 사람 간의 관계 등 모든 계층이 공감할 수 있는 사건이나 내용으로 소구하고 표현하는 방법으로, 제품은 물론 기업PR광고나 캠페인 전개 시 많이 사용하는 기법이다. 초코파이의 '정' 캠페인이나 박카스 캠페인, '사람을 향합니다'와 같은 SK텔레콤 기업광고, 유한킴벌리의 '우리강산 푸르게 푸르게' 등 많은 사례가 있다.

⑭ 코믹형(Humor Approach)

코믹하고 재미있는 소재로 소비자에게 유머감각을 자극하는 방법이다. 딱딱한 내용이나 어려운 내용을 알리는 방식에 비해 재미와 유머를 전달함으로써 친밀감과 기분 좋은 기억을 심을 수 있다는 장점이 있다.

예시) 팔도 비락식혜 광고: https://youtu.be/o5wBnUpV_xU

⑮ 아트광고형(Art Approach)

생활의 풍족함은 문화에 관심을 갖게 하고 삶의 여유는 예술에 관심을 갖게 한다. 기술의 장점이 우선시되던 시대를 지나 소비자가 원하는 생활양식에 따라 제품의 품격과 삶의 풍요로움을 은유적 가치로 표현하는 아트광고는 또 다른 소비자에게 제품 이상의 가치를 심어 준다.

예시) 애플 아이폰X 광고: https://youtu.be/h7CYQ3mmHaU

⑯ 리얼리티광고형(Reality Ad)

리얼리티 예능이 유행하는 것처럼 정교하게 짜여진 광고형식보다 실제 인물이나 사실적 상황을 실시간으로 묘사하는 방식이다. 재난 안전을 요하는 광고를 이 방식으로 제작할 경우, 현장감을 높이고 소비자의 관심을 높일 수 있다는 이점이 있다. KT의 5G 재난안전망 광고는 해양경찰과 권역외상센터의 이국종 교수, 아주대의료원 경기남부권역외상 의료팀이 실제 해상응급환자의 긴급구조 합동 훈련을 하는 모습을 그대로 담아 광고의 리얼리티를 살렸다.

예시) 2017 kt 5G 재난안전편: https://youtu.be/Umz6a_YrJuw

⑰ 패러디광고형(Parody Ad)

화제성 있는 광고나 영화, 연극, 드라마, 예능 등을 의도적으로 모방하는 방법으로 패러디한 작품은 그 대상과는 또 다른 새로운 의미를 갖는다. 등장인물의 특징이나 말투, 이야기의 흐름 등 패러디는 단순한 모방 차원이 아닌 새로운 의미로 재탄생한다는 점에서 표절과는 구분이 된다. 롯데리아의 '롱깨비 스틱'의 경우 드라마 도깨비의 스토리를 패러디함으로써 또 다른 유쾌한 반전의 재미 요소로 브랜드 효과를 본 광고 예이다. 이 외에도 다양한 유형의 패러디 광고가 있다.

예시) 버거킹 김영철 사딸라 광고: https://youtu.be/sCptN9888p0

⑱ 웹드라마(Web Drama)나 스토리텔링형(Storytelling)

한 편의 드라마를 보는 것처럼 만드는 방식으로 스토리를 구성해서 제품을 자연스럽게 알리고 흥미감과 몰입을 주는 광고형식이다. 2%의 드라마 형태의 광고를 시작으로 스토리를 통해 다양한 실생활과 제품을 노출시키고 한편이 끝날 때마다 다음편을 기다리는 기대효과를 통해 브랜드의 인지도 또한 상승시킬 수 있는 장점이 있다. 이러한 장점은 바이럴마케팅, 72초 광고와 같은 새로운 형식의 스토리텔링형 광고시장을 열었다.

예시) 2017완전사이다★ 짜증나고 답답할 땐 칠성사이다 광고: https://youtu.be/A27cGHc-dtU

⑲ UCC(User Created Contents), UGC(User Generated Content)형

평범한 SNS 일반 사용자가 광고의 형태가 아닌 자연스러운 자신의 아이디어를 여과 없이 리얼한 형태로 만드는 것을 UCC 광고 형태라 하고, SNS를 통해 재순환되는 방식이다. 이는 '콘텐츠의 크로스오버 현상'이라는 새로운 기법의 광고형식이라 볼

수 있다.

UCC는 사용자가 직접 제작한 콘텐츠를 말한다면 UGC는 제작뿐 아니라 자신의 방식으로 변형, 편집 유통까지 하는 사용자 중심의 생성 콘텐츠를 말한다. 예로는 삼성 디지털 카메라 VLUU광고로 아메리칸 퍼니스트 홈 비디오 형식으로 표현해 인기를 끌었다.

예시) 엘지 피지 광고(엘지 빡치게 하는 노래): https://youtu.be/zWW1ZaRPyuY

⑳ 이슈형(Issue)

사회 전반이나 화제성 뉴스 등 중요한 사건과 이슈를 활용해 광고를 하는 것으로 대표적인 이슈광고로 성공한 사례로는 베네통광고를 들 수 있다. 이 외에도 애국심 마케팅, 올림픽, 월드컵 등 행사나 민감한 이슈를 소재로 광고를 만들어 소비자의 관심을 높이는 광고 형태이다.

**표 8-2** 표현전략 3대 지표 자료

**[제일기획 성공 표현전략 3대 지표]**

**지표 1) 명확한 콘셉트**: 상품 정보와 소비자 욕구, 경쟁관계를 고려하여 전략적으로 판단한 경쟁우위를 확보할 수 있는 광고의 주장, 즉 소비자와 약속이다.
① 설명 없이 분명한 한마디의 심플한 주장 ② 목표고객의 욕구에 딱 맞는 주장 ③ 경쟁브랜드보다 뛰어나고 유니크한 표현 ④ 시대의 변화를 꿰뚫어 보는 선견지명

**지표 2) 감동적인 아이디어**: 훌륭한 주장도 좋지만 광고의 '맛'이 살아야 목표고객에게 강력히 지각시키고 기억시킬 수 있는 힘을 갖는다.
① 군더더기 없는 깔끔하고 심플(단순)한 것 ② 깜짝 놀랄 만한 의외성 ③ 커뮤니케이션 목적에 부합한 합목적적인 것 ④ 누구도 예상 못한 새롭고 독특한 것

**지표 3) 완벽한 아트**: 아무리 전략과 콘셉트가 좋아도 실제화하는 아트웍이 뛰어나지 않다면 그 빛을 잃고 만다. 아트웍은 광고의 성패를 좌우하는 마무리이다.
① 더 이상 뺄 것 없이 절제된 심플한 표현 ② 시각적 · 언어적 요소들을 유기적으로 시너지를 낼 수 있는 표현 ③ 대담하고 새로운 기법의 표현 ④ 변하는 시대감성을 리드하는 표현

**[대홍기획 성공 표현전략 3대 지표]**

**지표 1) 모든 광고는 전략에 기초를 두어야 한다.**

눈길을 끄는 아이디어로는 부족하다. 팔아야 한다. 팔지 못하는 광고는 광고가 아니다. 파는 광고를 만들기 위해서는 최적의 목표와 전략이 먼저 설정되고 빅아이디어는 전략의 토대 위에서만 탄생될 수 있다.

**지표 2) 한 가지 소구점에 집중해야 한다.**

소비자는 귀 기울여 듣지 않는다. 수많은 정보의 홍수 속에서 소비자의 눈길을 끌고 기억에 남기는 유리한 방법은 메시지를 한 가지 소구점으로 집약시키고 단순화 시키는 길 뿐이다.

**지표 3) 스타일을 고집하지 말고 깨부수어야 한다.**

스타일이나 정형의 틀을 벗어나라. 빅아이디어는 정형을 깨는 데서 탄생한다. 유행하는 광고스타일은 이미 낡고 진부한 것. 대중의 광고는 언제나 독특한 것이어야 한다.

출처: 이화자(2019), p. 119.

## 3. 매체별 특성과 크리에이티브 표현

광고매체는 광고주가 목표한 소비자에게 광고메시지를 전달하기 위한 매개수단이다. 4대 매체인 경우 앞서 말한 전략과 표현방법은 [그림 8-4]와 같은 과정을 거쳐 만들어진다.

적절한 매체의 선정은 경쟁광고주와 광고전략, 상품의 특성, 시장의 마케팅 요인과 매체특성에 따라 좌우되며, 선정된 매체에 따라 광고의 표현방식도 많이 다르다. 그 이유는 매체는 각기 독보적인 매체별 특성을 갖기 때문이다. 따라서 매체별 특성이 무엇인지 표현할 때 장점과 유의점은 무엇인지 다음과 같이 알아보고자 한다.

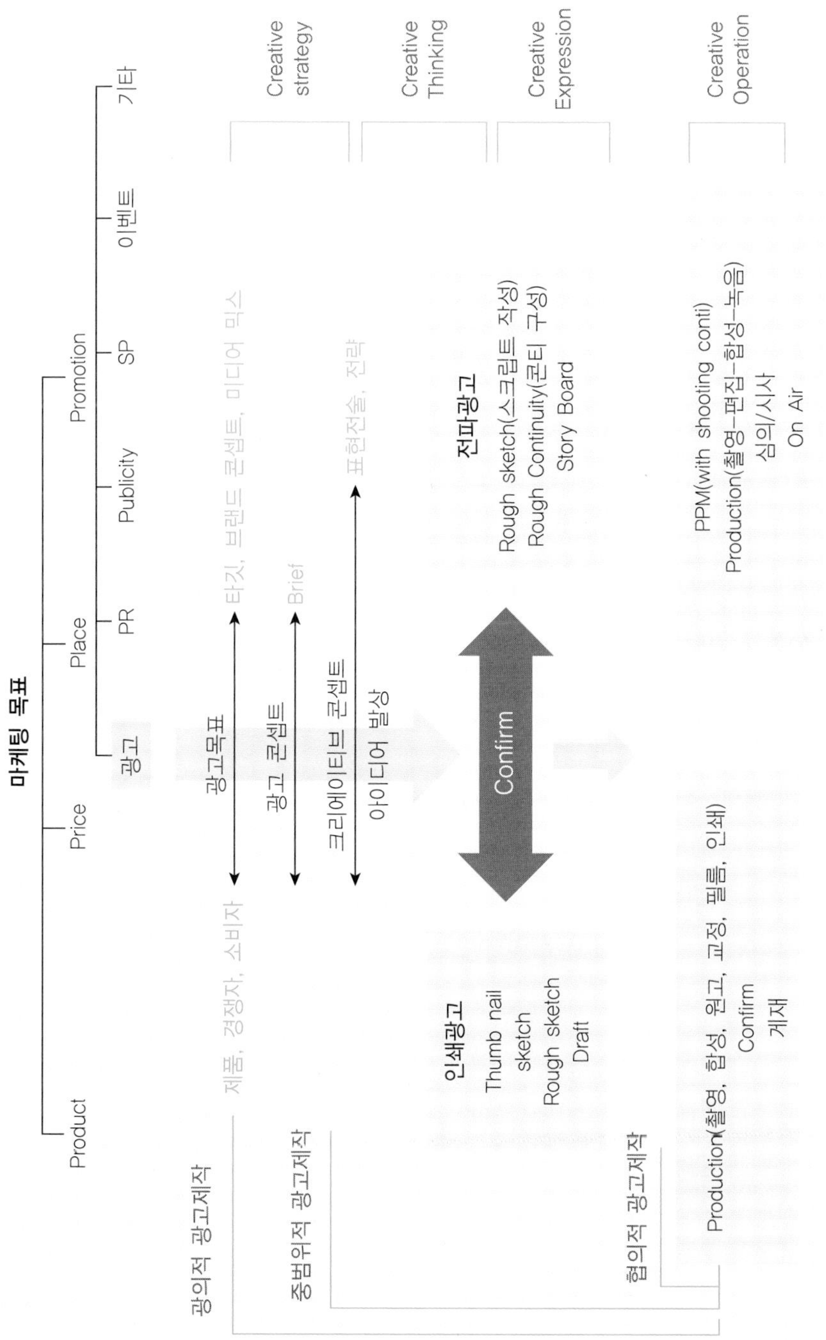


[그림 8-4] 4대 매체 기반의 광고제작 FLOW

## 1) 4대 매체 종류와 표현특성

대중적 특성을 갖고 있는 매스컴광고(4대 매체광고)는 전파방송매체인 TV, 라디오로 나뉘고 인쇄매체인 신문, 잡지로 나뉘는데, 그 특성을 살펴보면 다음과 같다.

### (1) TV 광고

TV는 가장 대중적인 매체로 소비자에게 친근하고 쉽게 접근할 수 있어 영향력이 큰 대중매체이다. TV 광고는 15초, 20초, 30초, 스폿인 5초 광고가 있으며 길게는 60초 광고로 극장광고로 많이 쓰이는 방영 길이가 있다. 광고비는 방영시간의 때와 길이에 따라 달라지며 다른 매체에 비해 비용이 비싸다는 단점을 갖고 있다. 이 외의 특성은 대중적인 친근감이 있어 공통의 인식 형성을 하기엔 적합하다는 장점과 TV의 특성인 시청각 매체로 광고메시지를 시각과 청각을 활용해 명확히 전달할 수 있다는 장점이 있다. 그리고 단시간에 넓은 지역으로 동시간대에 통일된 이미지를

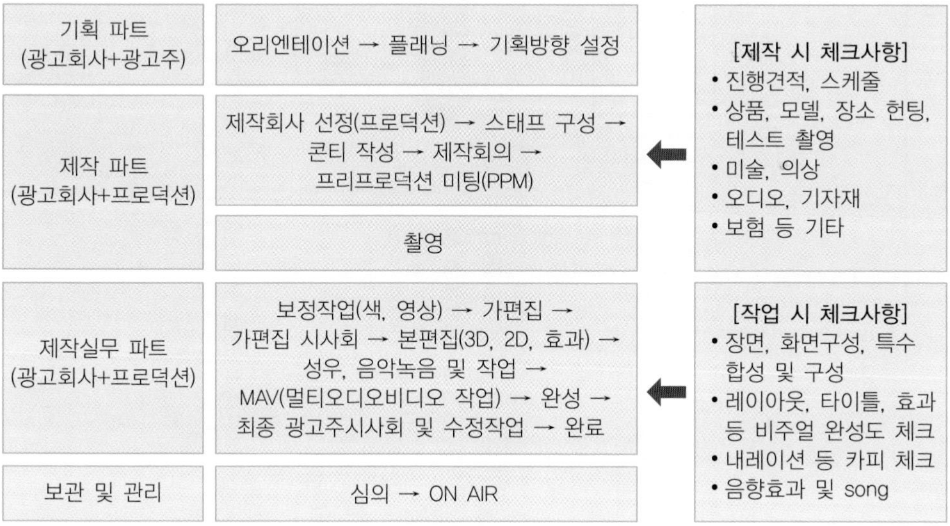


[그림 8-5] TV 광고 제작 프로세스 본 제작 단계별 고려사항

형성할 수 있다는 큰 장점이 있다.

종류로는 지상파TV 광고(전국, 지역광고), 프로그램광고(특정프로그램에 스폰서로 참여하고 그 프로그램 안에 광고메시지 삽입), 스폿광고(프로그램과 프로그램 사이에 짧게 들어가는 광고, 5초 광고의 경우 전략적으로 연속 제작해 15초를 활용하기도 한다), 로컬광고(지역광고로 월드와이드 광고의 경우 나라별 광고제작으로 많이 사용), 네트워크광고(전국방송광고), 케이블TV 광고(공중파와 다르게 특화된 채널로 광고운용이 조금 자유롭고 사용량 증가 추세), IPTV 광고(인터랙티브가 가능해 즉각적인 매출효과를 얻을 수 있다는 것이 장점) 등이 있다. 진행 프로세스를 살펴보면 [그림 8-5]와 같다.

TV 광고 특성상 시각과 청각을 활용하므로 효과적인 제작을 위해서 체크사항을 확인 해 보면, 시각적 미디어 임팩트를 위해, 첫째, 비주얼의 완성도 측면: 비주얼을 통해 전달하고자 하는 메시지를 잘 담았는가? 모델과 스토리는 잘 구성이 되었는가? 톤 앤 무드로 제품 이미지를 잘 반영하였는가? 화면구성은 적절히 잘 되었는가? 내용이 복잡하진 않은가? 혹은 너무 심심하지 않나? 재미를 위해 과한 장면은 없나? 조잡한 효과로 제품이미지에 손상은 없는가? 식상하지 않나? 새롭게 보이는가? 트렌드를 잘 반영했는가? 공감을 얻을 수 있는 구성인가? 등이다. 둘째, 키비주얼적 측면: 소구점을 나타낸 아이디어인 영상에서 기억에 남을 메인인 키비주얼이 있는가? 셋째, 메시지 측면: 제품을 기억할 만한 장면이나 메시지가 있는가? 광고의 톤 앤 무드가 제품의 개성을 잘 보여 주고 있는가? 등이다.

### (2) 라디오광고

**라디오광고**는 오감 중 청각만을 반영하는 매체이므로 다음과 같은 특성을 지닌다.

첫째, 상상력을 자극하는 다양한 표현이 가능하다. 목소리, 음향효과, 음악으로 자유로운 상상으로 제품을 느낄 수 있으며, 무드효과와 서정적 표현을 풍부하게 만들어 듣는 이로 하여금 마음을 파고들 수 있는 장점이 있다.

둘째, 제작비용이 적고 제작이 간단하다.

셋째, 개인적 매체이므로 소비자를 세분화하여 메시지를 전달할 수 있다.

효과적인 광고전달을 위해 체크해야 할 사항으로는 목표청중에게 제품을 잘 전달하고 있는가? 핵심적 메시지를 명확하고 전달력 있게 전달하고 있는가? 기억에 남을 메시지나 사운드, 음성, 음율이 있는가? 중심메시지와 청취자의 상상력을 자극하고 있는가? 등이 있다.

### (3) 신문광고

**신문광고**는 광고의 최초이며 오래된 매체로, 집중할 수 있다는 장점과 제품을 자세하고 구체적으로 담을 수 있다는 장점이 있다. 또한 전국적으로 동시에 광고를 통해 알릴 수 있다는 이점이 크다. 그 특징으로는 광고하고자 하는 메시지를 확실하고 정확하게 전달할 수 있고, 매일 나오는 매체 특성을 통해 속보나 시점광고를 내보낼 때 좋은 매체이다. 또한 정보의 보존력과 기록이 남아 보존에 용이하다. 신문광고의 세로 크기는 단으로 표시되며 1단은 가로 1cm, 세로 3.4cm를 기준으로 한다. 신문 전단은 컬러의 경우 3.4×15단으로 51cm이며, 신문의 가로길이는 37cm가 된다. 신문광고 중 가장 비싼 전면의 경우 사이즈가 15단으로 구성되어 있으며 1단(세로사이즈)의 사이즈는 3.4cm이다.

**표 8-3** 신문광고 사이즈 구분

| 구분 | 흑백 사이즈 | 컬러 사이즈 | 구분 | 흑백 사이즈 | 컬러 사이즈 |
|---|---|---|---|---|---|
| 1단 | 35×370mm | 34×370mm | 6단 | 210×370mm | 204×370mm |
| 2단 | 70×370mm | 68×370mm | 7단 | 245×370mm | 238×370mm |
| 3단 | 105×370mm | 102×370mm | 8단 | 280×370mm | 272×370mm |
| 4단 | 140×370mm | 136×370mm | 10단 | 350×370mm | 340×370mm |
| 5단 | 175×370mm | 170×370mm | 15단(전단) | 525×370mm | 510×370mm |

### (4) 잡지광고

**잡지**도 인쇄매체로 신문보다 자유롭게 지면을 쓸 수 있고 컬러로 자유롭게 크리에이티브를 표현할 수 있다는 장점이 있다. 잡지는 월간, 주간, 계간지로 나뉘며, 남성과 여성, 주부, 미혼, 어린이 등 구독층에 따라 실을 수 있다. 또한 전문지의 경우 요리, 섬유, 패션, 미용, 낚시 등 타깃에 맞춰 광고를 집중할 수 있다는 것 역시 큰 장점이다. 한편, 다양하고 폭넓은 표현과 소재를 다양하게 쓸 수 있다는 특성이 있다. 또한 컬러의 장점을 살려 상품의 재현, 가시적 효과를 누릴 수 있으며, 감성적 광고나 무드를 나타낼 때 적합하다. 신문보다 보존성이 우수하고 반복적인 회독률 또한 높다. 인쇄 제작 과정을 살펴보면 다음과 같다.

[그림 8-6] 인쇄 제작 과정

이 외에도 표현하는 데 서체의 특성을 활용해 표현하고자 하는 이미지를 극대화할 수 있으며 타이포그래픽의 경우 광고적 요소로도 큰 비중을 갖는다. 다만, 유의할 점은 디자인적 요소가 많은 자유 서체의 경우 산만하거나 분산된 시각으로 전체 디자인에 영향을 미칠 수 있으므로 잘 판단해서 사용해야 한다. [그림 8-7]은 종이 규격과 재단 방법이다.

| 판형 | mm | $m^2$ | 비고 |
|---|---|---|---|
| 국판 전지 | 535×939 | 0.597 | 국제규격으로는 규격외 판형이며, 우리나라에서는 규격 판형지로 사용 |
| 4×6판 전지 | 788×1091 | 0.859 | 국제규격으로는 규격외 판형이며, 우리나라에서는 규격 판형지로 사용 |
| A1지 | 594×841 | 0.550 | 한국공업규격(KSA5201), 국제표준규격(ISO216), 일본공업규격(JISP-0138) |
| B1지 | 728×1030 | 0.780 | KSA5201, ISO216 |

| 판형 | 책의 크기 | mm | 판형 | 책의 크기 | 크기(mm) |
|---|---|---|---|---|---|
| A0 | | 841×1189 | B0 | | 1000×1414 |
| A1 | | 594×841 | B1 | | 707×1000 |
| A2 | | 420×594 | B2 | | 500×707 |
| A3 | | 297×420 | B3 | | 353×500 |
| A4 | 국배판 | 210×297 | B4 | 4×6배배판 | 250×353 |
| A5 | 국판 | 148×210 | B5 | 4×6배판 | 176×250 |
| A6 | 문고판 | 105×148 | B6 | 4×6판 | 125×176 |
| A7 | | 74×105 | B7 | | 88×125 |
| A8 | | 52×74 | B8 | | 62×88 |
| A9 | | 37×52 | B9 | | 44×62 |
| A10 | | 26×37 | B10 | | 31×44 |
| 신서판 | 국반판 | 105×148 | 신서판 | 4×6반판 | |
| 18절판 | | 176×248 | 신4×6판 | | |

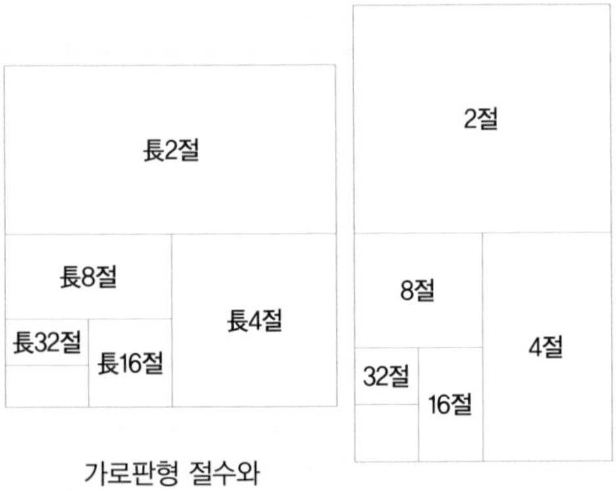


가로판형 절수와
세로판형 절수

1) 국전지 절수 내는 법

2) 4×6 전지 절수 내는 법

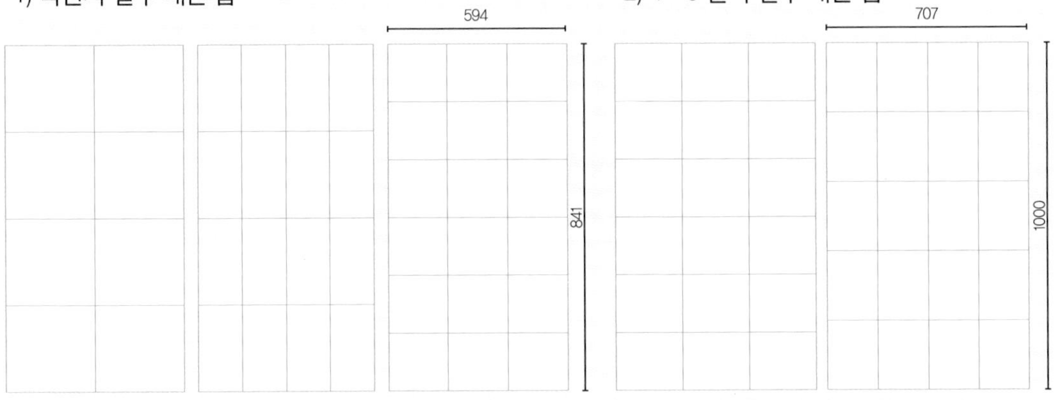


8절 양면 16쪽 인쇄 16절 양면 32쪽 인쇄 18절 양면 36쪽 인쇄 18절 양면 36쪽 20절 양면 40쪽 인쇄

[그림 8-7] 잡지 종이 규격 및 판형별 종이 재단 방법

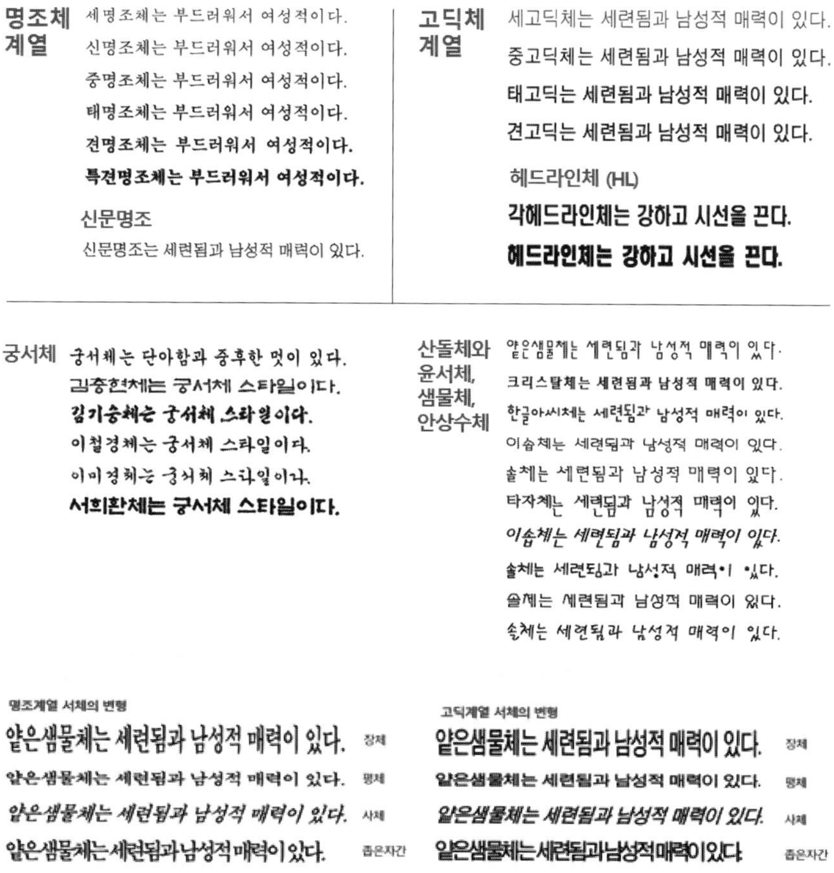


[그림 8-8] 서체 종류와 서체별 변형과 특징

## 2) SP광고의 종류와 표현특성

**SP광고**는 판매촉진광고로 구매시점에 소비자로 하여금 행동을 유도하는 세일즈형 광고이다. SP(sales promotion)는 소비자를 위한 콘테스트, 이벤트, 소비자 교육 등 수요를 증진 · 환기시키는 것과 점포를 대상으로 하는 점포 이벤트, 실연, 트레이드 쇼 등 중간판매자 지원이 있다. 그 밖에 판매원 교육이나 세일즈매뉴얼, 사내PR, 사내관련 홍보 등 판매와 연결되는 모든 광고활동을 말하며, 그 종류는 다음과 같다.

### (1) 옥외광고(빌보드, 네온, 전광판, 디지털 사이니지)

**옥외광고**는 가장 오래된 전통매체이면서 지금은 기술의 발달로 첨단매체이기도 하다. 집 이외의 공간에 노출되는 광고로 이전에 빌보드와 같이 고정된 형태에서 벗어나 사람들에게 뜻밖의 즐거움과 반가움을 주는 새로운 매체로 변화하고 있다. 옥외매체의 새로운 아이디어 접근은 제품과 신선한 경험을 통해 새로운 이미지와 관계를 형성시켜 준다.

디지털 사이니지의 경우 디지털 네트워크 기술과 디스플레이 기술이 접목된 것으로 정보다양성은 물론 엔터테인먼트, 프로모션, 광고의 혼합 역할을 한다. 이 외에도 공간예술과 마케팅, 문화예술, 도시디자인 등 그 영역도 다양해지고 있다. 앞으로 옥외광고를 위해 고려해야 할 점으로, 첫째, 모바일과 연계된 경험 제공, 둘째, 시각적 효과의 극대화시켜 자극을 줄 수 있는 표현, 셋째, 적정 수준의 소비자와 상호작용이 될 수 있는 메시지, 넷째, 문화적 관점에서 커뮤니케이션 등 매체가 갖고 있는 특성과 이용할 수 있는 기술력이 있으며, 앞으로는 소비자와 공감할 수 있는 메시지와 경험, 그리고 나눌 수 있는 가치를 둔 아이디어 등이 필요하다. 지금은 기술의 발달과 매체의 다변화로 옥외광고의 관심이 점점 높아지고 있으며, 콘텐츠 개발, 첨단 ICT 융복합 기술(홀로그램, AI, VR, AR 등)과 아트, 영상기술이 만나 새로운 크리에이티브를 선보이는 중요한 매체로 부각되고 있다.

### (2) 교통광고(버스, 지하철, 택시)

**교통광고**는 버스나 택시, 지하철과 같은 교통수단을 이용한 광고로 차내 광고와 외벽광고, 정류장 내 광고 등이 있으며, 차량 외부의 랩핑광고, 지하철 내부의 스크린도어광고, 버스정류장의 버스쉘터광고 등이 있다. 교통광고의 특성상 머무는 시간이 짧은 점을 감안하여 심플하고 간결한 비주얼과 흥미로운 디자인, 임팩트 있는 컬러 구성으로 가시적 효과를 높여야 한다.

### (3) 포스터

**포스터**는 거리나 점포, 지하철역, 기차역 등 옥외에 부착되는 매체로 홍보용 포스터와 공공장소에 부착되는 공익용 포스터 등이 있다. 특정지역에 집중적으로 부착하거나 장기간 부착함으로써 오가는 사람들에게 반복 노출효과가 좋다는 특성이 있다. 또한 매장 근처나 점포에 부착되는 것으로 판매에 직접효과를 기대할 수 있다. 지나가는 길목에 부착되는 매체로 시선이 머무는 시간이 짧다는 점을 고려해 심플하고 강렬한 메시지나 시각적 효과가 있는지, 빅아이디어로 눈길을 멈추게 할 수 있는지를 제작 시 유의해야 한다. 따라서 포스터는 단시간 빨리 눈에 띄는 것이 중요하므로 색상이 중요하며 시선을 자극할 수 있는 보색이나 원색을 조화롭게 구성하고 간결한 메시지로 효과를 극대화하여야 한다.

### (4) DM과 POP

DM(Direct mail)은 직접우송광고로, 우편으로 배달되는 오프라인 형태와 이메일, 모바일로 보내지는 온라인 형태로 구분할 수 있다. 이 방법은 고객을 선별해 개인별로 별다른 규제와 제약 없이 자유롭게 노출시킬 수 있다는 장점이 있다. 따라서 DM을 이용해 이벤트나 참여 소식, 초대장, 쿠폰, 리플릿, 소책자 등 노벨티를 제공하고 제품을 홍보할 수 있으며 고급화할 수 있다. 또한 POP(Point of Purchase)는 판매 접점 광고로 소비자가 물건 구매 시 소매점 입구, 천장, 벽면, 선반, 플로어, 카운터 등에 설치하여 제품 선택에 도움을 주거나 정보를 주는 광고유형이다. 매장별 사이즈와 형태에 따라 '데몬스트레이션 방식'이나 '계절별 프로모션 매대' 운영, '개별진열부스'운영 등으로 다양하게 판매유도를 할 수 있다. 소비자의 구매욕구를 자극하기 위해 자극적인 색채나 눈에 띄고 간결한 메시지, 인지도 높은 캐릭터 활용, 동영상 제작을 통한 영상홍보 효과 등 다양한 방식으로 광고효과를 높일 수 있다.

## 3) 뉴미디어의 종류와 표현특성

IT기술의 발달은 전체 미디어시장을 바꾸고 있으며 그 미디어를 주도하고 있는 Z세대(1996~2010년에 태어난 세대, Generation Z)는 '디지털 원주민'이라고 할 만큼 어려서부터 디지털 기기와 인터넷을 사용하며 모바일과 인터넷을 활용하여 소비문화를 주도하는 대표적인 세대이다. 이들이 이용하는 플랫폼으로는 유튜브, 구글, 아마존, 카카오톡, 페이스북, 네이버, 인스타그램, 트위터, 판다, 넷플릭스 등이 있으며, 이들 플랫폼을 활용한 다양한 콘텐츠가 생산되고 있다. 앞으로는 광고시장도 IT(Information Technology), 컨설팅 기업과 새로운 콘텐츠 기획 경쟁의 중심에 놓일 것이다. 따라서 IT기술을 적용한 새로운 아이디어만이 글로벌 시장을 주도할 것이다. 채널별 특성을 살펴보면 다음과 같다.

### (1) SNS(유튜브, 페이스북, 인스타그램, 구글, 트위터 등)광고

개인별 특정한 관심이나 활동을 통해 사람 간 관계망을 형성하는 온라인 서비스를 말하며, 위키피디아(Wikipedia, 2012)는 SNS를 "관심이나 활동을 공유하는 사람들 사이의 교호적 관계망이나 교호적 관계를 구축해 주고 보여 주는 온라인 서비스 또는 플랫폼"으로 정의하고 있다. **SNS**는 사용자의 사회관계망 구축과 타깃 마케팅의 중요한 도구이며, 커뮤니케이션의 중요한 수단이다. 하지만 개인의 프라이버시를 침해하는 부정적인 부분도 있어 면밀한 관찰과 주의 또한 필요하다.

### (2) 바이럴 마케팅(Viral Marketing)

**바이럴 마케팅**은 소셜미디어를 통해 소비자들이 자발적으로 정보를 만들고 찾아 직접 제작하고 확산한다는 점에서 볼 때 광고주에게 무척 매력적인 광고방식이다. 바이럴 마케팅은 인터넷, 웹, 소셜미디어, 모바일을 활용해 이미지, 문서, 동영상 등 다양한 형태로 제작 · 확산한다. 따라서 확산 효과를 누리기 위해 재미있고 유익해야 하며, 독창적인 호기심을 자극하는 주제와 퀄리티도 중요한 부분이다.

### (3) 카드뉴스

**카드뉴스**는 일반기사와 다르게 정보가 있는 글을 이미지와 함께 스토리 형식으로 구성하여 알리고자 하는 정보를 보다 감성적으로 주목할 수 있게 이미지화하는 방식이다. 인포그래픽, 이미지와 함께 기사나 통계자료, 정보, 동영상을 통해 읽는 사람으로 하여금 가독성과 몰입효과를 높이고 자유로운 방식으로 다양하게 정보를 준다는 점에서 새로운 형태의 뉴스이다. 주의할 점은 너무 간결하게 정보를 축약하다 보면 알맹이 없이 문장과 이미지만 남게 된다는 것이다. 따라서 정확한 정보량과 이미지의 관계를 고려하여 스토리와 퀄리티 있는 제작이 필요하다.

### (4) 1인 미디어

**1인 미디어**는 블로그와 SNS를 기반으로 빠르게 확산되어 왔으며, 카카오톡, 페이스북, 인스타그램, 네이버, 유튜브가 주를 이룬다. 10대의 이용 시간을 보면 동영상 기반의 유튜브 채널을 나머지 4개 채널을 합한 시간보다 많이 활용하는 것으로 나타났다. 1인 미디어는 인터넷상에서 개인 채널로 활용할 수 있다는 장점과 구독자 수에 따라 광고수입 등으로 수익화할 수 있다는 특징이 있다. 시청자가 참여, 공유, 확산할 수 있다는 점과 새로운 콘텐츠를 지속적으로 생산할 수 있다는 장점이 새로운 문화로 커뮤니케이션의 패러다임을 바꾸고 있다.

## 4. 크리에이티브 표현에 필요한 레이아웃 소개

디자인을 구성하는 요소로는 점, 선, 면 형태가 있으며 시각구성의 기본요소이다. 디자인의 영역은 〈표 8-4〉에서 보는 바와 같이 다양한 분야에서 쓰이고 있으며, 디자인 완성도에 따라 브랜드에 큰 영향을 주는 중요한 분야이기도 하다. 레이아웃에서 중요한 요소인 색채 또한 광고 콘셉트와 브랜드를 효과적으로 알리는 중요한 소재이기도 하다. 컬러의 명도, 채도 대비와 보색 대비를 활용한 이미지 효과는 보는 이에게 독창적인 이미지를 심어 준다. 다음은 구성요소로 본 표현방법이다.

표 8-4 디자인 분류

| 큰 분류 | 작은 분류 | 세밀 분류 |
|---|---|---|
| 프로덕트 디자인 | 가구디자인 | 가구디자인 |
| | 엔지니어링디자인 | 가전제품디자인 |
| | 용기디자인 | 용기디자인 |
| | 완구디자인 | 완구디자인, 문구디자인 |
| 환경 디자인 | 실내디자인 | 사무실, 상점, 리빙룸, 전시디자인 |
| | 실외디자인 | 스트리트퍼니처, 슈퍼그래픽, 공공시설, 조경디자인 |
| | 공공디자인 | 도시환경, 랜드스케이프, 커뮤니티 |
| 공예디자인 | 도자, 목칠, 금속공예, 칠보, 목구, 석공예, 염직, 주얼리 | |
| 건축디자인 | 실내건축디자인, 설외건축디자인 | |
| 의상디자인 | 패션디자인, 코스튬디자인, 액세서리디자인 | |

| 큰 분류 | 작은 분류 | 세밀 분류 |
|---|---|---|
| 시각 디자인 | 광고디자인 | 광고, 포스터, 캘린더 |
| | 편집디자인 | 신문, 잡지, 팸플릿, 카탈로그, 브로슈어 |
| | 포장디자인 | CD자켓 |
| | 사인디자인 | 네온사인, 사인보드, 야외광고판, 빌보드 |
| | 전시디자인 | 디스플레이, POP디자인 |
| | 게임디자인 | 게임디자인, 캐릭터디자인, |
| | 영상디자인 | 영상디자인, 애니메이션, 무대, 조명디자인 |
| | 멀티미디어 | 웹디자인, 스마트앱디자인 |

## 1) 이미지 중심의 표현 Picture Window Style Layout

이미지가 화면 가득히 채워지는 이미지 중심의 표현 스타일로 이미지 표현상 다양한 기법과 모든 표현 도구를 사용하여 시각적 흥미와 충격적 잔상을 남길 수 있는 강한 임팩트 비주얼 요소가 필수적이다. 이미지를 화면의 밖으로 나가게 배치하거나 크게 확대시켜서 독자를 압도하는 효과를 얻을 수 있다.

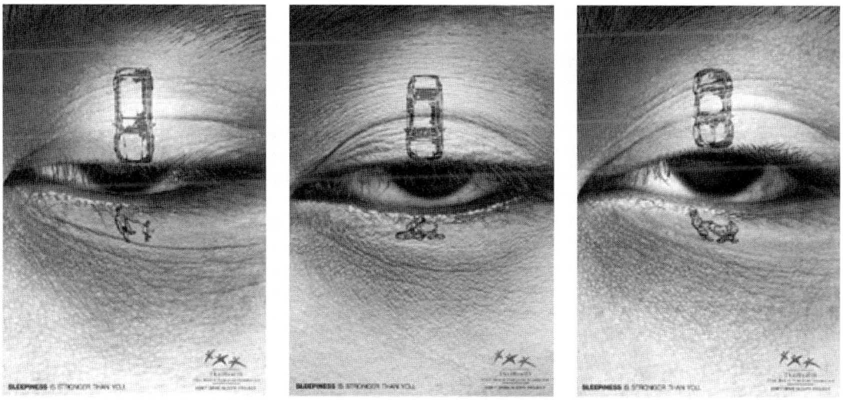

[그림 8-9] 태국건강증진재단 공익광고(2011)

## 2) 카피 중심의 표현 Copy Style Layout

전달하고 싶은 메시지의 양이 많거나 색다르게 표현하고 싶을 때, 또는 특별히 담고 싶은 내용 등을 표현하고자 할 때 적용하는 레이아웃으로, 이미지와 카피의 복합적 요소에서 벗어나 카피를 비주얼화하여 광고 메시지를 효율적으로 전달하는 방식이다. 이미지와 본문을 배치할 때 Head Line을 크게, 혹은 비주얼로 표현하여 Body copy 내용과 조화롭게 배치한다.

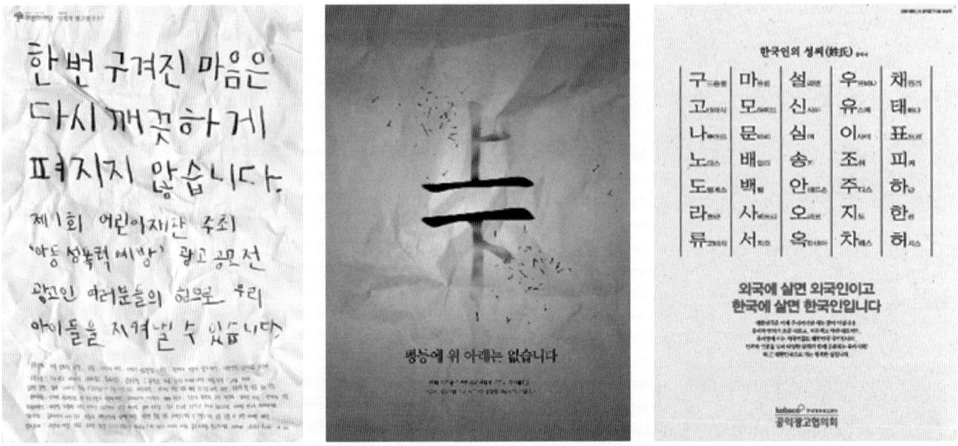


[그림 8-10] 한국어린이 재단, 공익광고협의회 공익광고 자료

### 3) 그리드형 표현 Mondrian Style Layout

몬드리안 기법으로 수직과 수평으로 면을 분할하며 각각 면의 크기는 자유롭게 표현한다. 사각형을 구성하는 선은 black 또는 원색을 주로 사용하며, 그 굵기는 균등하거나 때로는 다양하게 표현되기도 한다. 사각형 한두 개는 중간 톤이나 회색으로 채워지며 다른 사각형에는 text를 채우거나 여백을 처리하는 방식으로 잡지 레이아웃에 많이 사용된다.

[그림 8-11] 패션잡지의 다양한 레이아웃 사례

출처: 김영배(2009), pp. 288-289.

## 4) 게임형 표현 Rebus Layout

어떤 음절이나 단어들을 그 내용이 암시하는 그림이나 사진으로 대체해 마치 수수께끼처럼 풀어 가면서 읽도록 유도하는 방식으로, 소비자의 관심과 참여를 통해 광고제품 정보를 전달하는 데 보다 효과적인 방식이다. 아이들 제품에 많이 사용되는 기법이기도 하다.

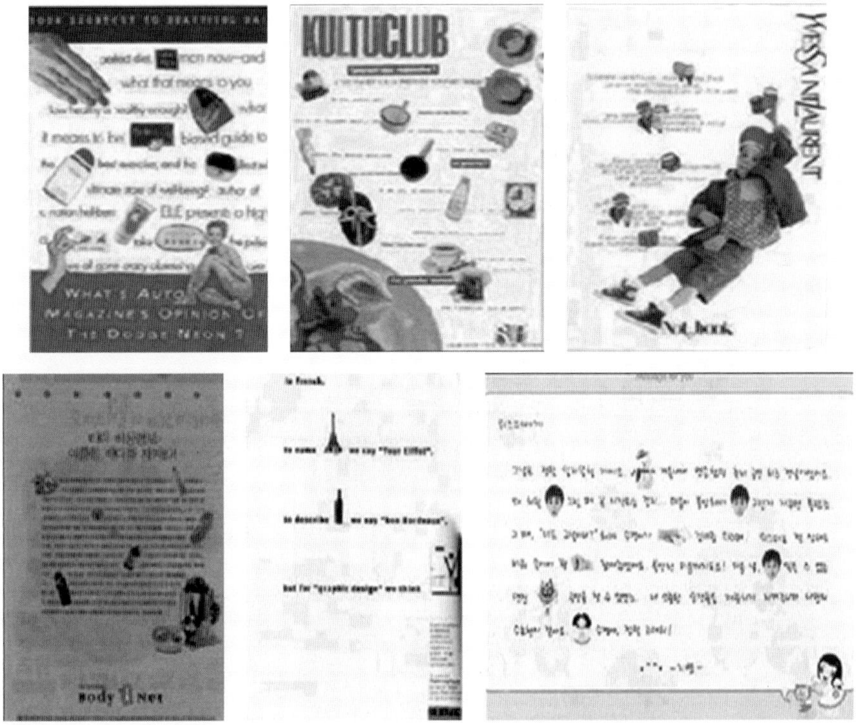


[그림 8-12] 잡지에 실린 게임 형태의 레이아웃 표현 예시

출처: 김영배(2009), pp. 297-298.

이 외에도 다양한 표현방법이 있다. ■

# 제9장

# 모바일 광고의 이해와 크리에이티브

**한규훈**(숙명여자대학교 홍보광고학과 교수)

1. 모바일 광고의 성장 배경
2. 모바일 광고의 주요 유형
3. 모바일 광고의 핵심 속성
4. 크리에이티브 가이드라인
5. 크리에이티브 코드에 따른 사례
6. 모바일 광고의 미래

◈◇◈

세상은 이미 모바일 대세의 시대가 되었다. '모바일 퍼스트(mobile first)'에서 '모바일 온리(mobile only)'의 환경이 도래했다는 말이 나온 지도 벌써 수년의 시간이 흘렀다. 21세기 들어 파란만장하게 전개되어 온 미디어 흥망성쇠의 흐름 속에서 가장 '흥(興)'한 매체가 모바일 미디어란 사실에는 누구도 이의를 달기 어려울 것이다. 모바일 미디어 사용의 일상화가 우리 사회와 문화 저변에 미쳐 온 영향은 새삼 거론할 필요도 없다. 근래 들어 새로이 생성되거나 변천의 과정을 거친 소비 트렌드와 커뮤니케이션 현상의 상당 부분은 모바일 환경에서 일어난 개인의 라이프스타일 변화와 직간접적으로 연관된다.

모바일 광고는 모바일 기기를 통해 전달되는 모든 형태의 광고를 지칭한다. TV 광고, 신문광고, 잡지광고, 라디오광고 등과 같이 다분히 광고매체에 따른 개념이다. 그러나 형태와 규격에 있어 제약이 컸던 전통적 매체와 달리, 모바일 미디어는 다양하고 확장적이며 부단히 진화하기 때문에 모바일 광고 또한 기존의 광고 패러다임과 획을 그을 만큼의 새로운 면모와 독보성을 지니고 있다. 수많은 사람이 일상의 대부분 시간을 휴대하고 콘텐츠에 대한 노출이 빈번히, 그리고 자발적으로 이루어지는 모바일 미디어는 광고매체로서 매력적일 수밖에 없다. 또한 현재로서는 누구나 소지하고 애용하는 스마트폰이 단연 독보적인 모바일 미디어라 하겠지만, 모바일 커뮤니케이션을 수행할 미디어 군단은 앞으로 더욱 다양하고 세분화된 형태로 변모할 것이다. 이는 모바일 광고의 잠재력이 무한하다고 평가받는 이유이기도 하다.

이 장에서는 이렇듯 광고시장에서의 위상과 중요성이 크게 높아진 모바일 광고에 대해 조금 더 깊이 고찰해 볼 것이다. 우선 모바일 광고의 전반적인 이해를 돕기 위한 개요를 성장 배경, 주요 유형, 핵심 속성의 주제로 나누어 설명하기로 한다. 이어 모바일 광고를 기획하고 제작하는 데 있어 지침이 될 크리에이티브 가이드라인과 주목할 만한 모바일 광고 캠페인의 사례들을 추려서 제시하고, 말미에는 모바일 광고의 미래에 대한 전망도 덧붙이고자 한다.

## 1. 모바일 광고의 성장 배경

제일기획이 발표한 자료에 따르면, 2018년 국내 총 광고비 중 디지털 미디어에 집행된 광고비가 4조 원을 돌파했고, 이러한 성장세에 따라 지난 반세기 동안 광고시장 규모에 있어 부동의 1위 매체였던 TV는 사상 처음으로 권좌에서 밀려났다. 일반적으로 매체별 광고비 집계에 있어 '디지털 광고'의 범주는 모바일 광고와 PC 기반의 온라인 광고를 포괄한다. 이 집계치에서 모바일 광고비의 전체 구성비는 23.9%에 달했는데, 이는 온라인 광고비의 비중(13.6%)을 크게 웃도는 수치였다. [그림 9-1]에 제시된 바와 같이, 모바일 광고의 국내 광고비 점유율은 최근 몇 년간 연 4% 내외의 꾸준한 신장세를 보이고 있다. 이 같은 지표 변화는 이미 정체나 하락세로 접어든 다른 매체와 비교했을 때 모바일 광고시장의 질풍 같은 성장과 수그러들지 않는 기세를 실감케 한다. 2019년의 국내 모바일 광고는 3조 원을 훌쩍 넘기는 거대 시장이 되고, 1위 광고매체의 타이틀도 유지할 것으로 예측된다. 이제 어느 품목, 어느 기업이든 광고 캠페인의 기획에 있어 모바일 미디어가 신흥 핵심매체로 우선적 고려 대상이 되고 있다고 단언해도 지나치지 않을 것이다.

그렇다면 모바일 광고가 이토록 급성장하게 된 이유는 무엇일까? 미디어, 소비자, 통신기술, 경제적 상황 등의 차원에서 여러 원인이 작용했을 테지만, 주요 요인을 다음과 같이 다섯 가지로 꼽아 보았다. 이들을 하나하나 살펴보고 현상의 인과성을 되짚어 보는 것이 최근의 트렌드를 이해하고 향후 모바일 광고의 미래를 예측하는 데 있어 도움이 될 것으로 보인다.

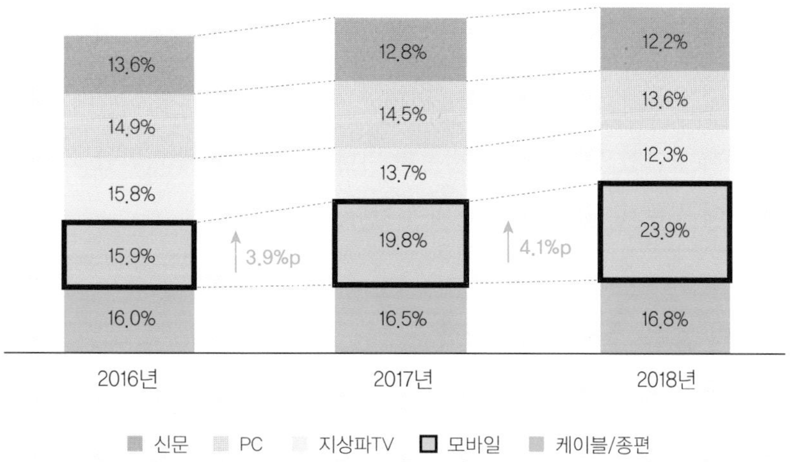


[그림 9-1] 주요 매체별 국내 광고비 점유율 변동 추이(2016~2018)

출처: 제일기획 블로그.

### 1) 스마트폰 이용자 및 이용시간의 급증

누구나 상식적으로 유추할 수 있는 첫 번째 배경이다. 인류 역사상 개인과 가장 밀착된 미디어이자 일 평균 사용시간이 가장 긴 미디어인 스마트폰은 남녀노소를 막론하고 소비자의 일과와 라이프스타일을 변화시킬 정도로 영향력이 막강해졌다. 광고의 침투 속성은 이런 매력적인 미디어를 그대로 내버려 둘 리 없다. 사람들이 많이 접촉하는 채널이라면 어떻게 해서든 비집고 들어가 타깃 소비자의 눈에 띄고자 하는 광고 고유의 노출 본능은 소비자와 가장 가까운 미디어를 추적해 자연스럽게 모바일 광고시장의 급성장을 야기했다.

### 2) 기술의 진보와 유틸리티의 확대

모바일 미디어의 이용 매력도를 높이는 기술 발달과 소프트웨어의 비약적 증가도 주요한 요인으로 볼 수 있다. 데이터 전송속도와 용량의 한계 극복은 과거에 역부족이었던 고화질 영상의 고속 전송을 가능케 했고, 이는 모바일 동영상광고를 위시한 디스플레이 광고시장의 지속적인 성장을 촉진했다. 또한 소비자가 '스마트한' 미디어를 이용해서 수행하고 즐길 수 있는 일들이 기하급수적으로 늘어남에 따라 매체의 존율도 급격히 높아졌으며, 이에 소비자의 미디어행동 분석에 기반한 모바일 광고의 새로운 접근이 꾸준히 시도되고 개발되어 왔다.

### 3) 기업의 효율 추구 경향 강화

미디어와 소비자 환경의 변화는 기업의 심리와 전략도 변화시켰다. 단기적 실리와 투자비용 대비 효과에 대한 기업의 집착 성향이 높아짐에 따라 전통매체를 통한 광고는 점차 외면받기 시작했고, 저비용 고효율의 기대감을 높이는 디지털 미디어가 전략적 선택 옵션으로 급부상했다. 이에 따라 마케팅 예산이 넉넉지 않은 수많은 중소기업들도 광고의 활용빈도를 늘리기 시작했는데, 그중에서도 특히 모바일 미디어가 비즈니스 리스크를 줄일 수 있는 합리적 광고매체로 인식되면서 모바일 광고시장이 성장하는 또 하나의 계기가 되었다.

### 4) 모바일 커머스의 급신장

TV, 신문, 라디오 등과 같은 전통매체를 이용한 광고의 상황에서는 메시지 노출로부터 구매행위에 이르기까지 긴 시간적 간극이 존재했다. 매체 내에서 즉각적인 상호작용이 일어날 수 있는 모바일 광고는 다르다. 이용자는 모바일상에서의 광고 노출이나 상품 검색을 통해 구매동기가 발생할 경우 즉시 쇼핑사이트로 이동해서 원하는 제품을 손쉽게 구입할 수 있다. 빠르고 편리한 모바일쇼핑의 이점은 자연스럽게 모바일쇼퍼의 증가와 모바일 커머스의 성장을 촉진했고, 이는 다시 모바일 광고의 효과에 대한 기대감을 높임으로써 기업의 광고비 투자를 늘리게 했다.

### 5) 빅데이터 활용의 적소

소비자 빅데이터의 활용 원리가 작동하기 좋은 최적의 매체는 스마트폰이다. 소비자가 스마트폰을 이용하면서 행하는 무수한 선택과 행위들은 이용자 개개인에 대한 정보로 수집되고 분류되어 소비자 공략을 위한 기초 데이터로 유효적절하게 쓰일 수 있기 때문이다. 빅데이터 분석에 의해 수용자를 정확히 타기팅 또는 리타기팅할 수 있는 첨단 알고리즘은 이미 모바일 광고에 적용되어 광고효과의 제고에 기여해 왔다. 또한 개별 프로모션에 대한 소비자 반응 데이터를 확보하기 용이한 점도 광고효과의 수시 확인을 바라는 광고주들의 니즈를 충족시킬 수 있었다.

모바일 광고는 새로운 형상으로 거듭 진화하며 광고시장의 최강자로 영원히 군림할 것 같은 기세를 보이고 있다. 최근만 하더라도 5G 서비스의 개시, 모바일 OTT(Over-The-Top: 인터넷을 통한 방송 콘텐츠 제공)의 활성화, 소비자 빅데이터의 전략적 활용, **사물인터넷**(IoT)과 **인공지능**(AI)의 발달 등으로 인해 모바일 광고시장은 다시 새로운 전기를 맞이할 채비를 하고 있다. 이러한 환경에서 모바일 광고의 속성과 메커니즘, 그리고 효과적 활용 방안에 대해 충분히 숙지하는 것은 오늘날의 마케터들에게 필연적으로 주어진 기본과제가 될 것이다.

## 2. 모바일 광고의 주요 유형

일반적으로 모바일 미디어는 디바이스(device) 차원에서 스마트폰을 비롯해 태블릿PC, 노트북, PMP, PDA, 스마트워치, MP3 플레이어, 휴대용 게임기, 전자책 등 다양한 기기를 포함한다. 그럼에도 모바일 광고의 유형을 논하는 데 있어서는 대개 스마트폰이 디바이스의 기준이 된다. 국내에서만 전 국민의 95% 이상이 사용하고 있고 잠시라도 곁에 없으면 불안할 정도로 거의 항시적으로 휴대하고 있는 스마트폰이 모바일 미디어의 대표주자라는 점은 당연해 보인다. 하지만 (적어도 이론적으로는) 모바일 광고와 소비자 간의 매개체가 되는 기기를 스마트폰으로만 국한해서 보기에 모바일 미디어의 범주는 상당히 넓고 확장적이다.

모바일 광고는 디지털 광고의 영역에서 다루어질 때 주로 온라인 광고와 결합되거나 비교되고, 이따금씩 잘못 혼용되기도 한다. 국내에서 '**온라인 광고**'란 개념은 PC를 통해 노출되는 모든 형태의 인터넷 광고를 지칭한다.[1] 비록 형태가 유사하고 디지털 광고로서의 속성을 상당 부분 공유하고 있다 할지라도 모바일 광고와 온라인 광고는 엄연히 구분할 필요가 있다. 노출매체 및 이용자 규모의 차이로 인해 광고규격, 광고단가, 광고판매구조 등에 있어서도 차이가 나고, 근래에 와서는 모바일상의 노출만을 위한 별도의 광고를 디자인하는 경우가 크게 늘어나고 있다. 그럼에도 불구하고 모바일 광고의 유형을 다룸에 있어서는 일부 온라인 광고의 형태와 중첩되는 경우도 적지 않다는 점을 미리 인지할 필요가 있다.

오히려 모바일 광고의 범주에 있어 혼란을 주는 요인은 '모바일'이 아닌 '광고'의 개념에 있다. 모바일 광고는 전통매체를 통한 광고에 비해 광고와 광고 외적인 프로모션 간의 경계가 모호하여 그 범위가 포괄적이고 상황에 따라 유동적이기도 하다. 이를테면, 스마트폰 이용 시 자주 접하게 되는 각종의 프로모션 정보는 광고인지 아닌지 구분이 불분명한 경우가 많으며, 동영상에 등장하는 **PPL**(Product Placement)식 제품 노출이나 기업 혹은 브랜드의 자체 **보유채널**(owned media)을 통한 광고성 정보 또한 광고로 볼 것인지의 여부가 애매한 경향이 있다. 그러나 디지털 시대의 마케팅에 있어 광고의 범주를 엄격히 규정하고 비광고 프로모션과의 뚜렷한 경계를 두어 구분하는 일은 어렵기도 하거니와 큰 의미도 갖지 못할 것이다. 단, 모바일 광고의 이해와 크리에이티브 실무에의 적용을 위해서는 형태 분류에 따른 고찰이 불가피하므로, '유료매체를 이용해서 지정된 형식에 따라 전달하는 설득 목적의 메시지'라

1 온라인 광고의 전달매체인 'PC'의 영역에 일반적으로 노트북은 포함되고 태블릿PC는 포함되지 않는다. 모바일 광고와의 구분과 관련해 단순히 보자면, 디바이스상에서의 인터넷 연결을 위한 인터페이스가 브라우저(browser) 기반이냐, 앱(app) 기반이냐에 따른 차이라고 보아도 큰 무리가 없을 것이다.

는 광고의 기본개념만을 전제로 하여 다음과 같이 유형별 특성을 제시한다.[2]

### 1) 디스플레이광고 Mobile Display Ad

**디스플레이광고**(또는 노출형 광고)는 수용자의 의도와 상관없이 웹이나 앱상에서 시각적 이미지와 함께 일방적으로 노출되는 모든 형태의 광고를 지칭한다. 따라서 그 범주가 상당히 넓고, 유형도 매우 다양하다.[3] 디스플레이광고의 전통적인 형식으로서 지금도 많이 쓰이는 유형으로는 배너(banner), 팝업(pop-up), 인터스티셜(interstitial) 등이 있다. 이들은 다시 노출형태, 크기(가로×세로), 노출위치, 광고비 산정방식 등에 따라 다양하게 세분류되며, 광고비 단가 또한 유형별 특성이란 기준 외에도 게재페이지, 광고기간, 노출시간대 등에 따라 천차만별이다. 초기의 배너광고는 정해진 배너의 틀 안에서 정적인 형태로 노출되고 인터넷 이용자의 배너 클릭을 통해 구체적 정보가 담겨 있는 랜딩(landing) 페이지로 이동되는 방식이었는데, 광고주와 마케터의 기대와 달리 클릭률은 매우 저조했다. 그러나 이후 디지털 데이터의 빠른 전송과 데이터 압축기술의 혁신에 따라 디스플레이광고는 새 전환기를 맞게 되었다. **리치미디어**(rich media)[4]의 기능과 세련된 기법이 적용되면서 동영상 재생형태가 증가하고 상호작용적 표현방식이 다양해졌으며, 그에 따라 광고 노출 시의 임팩트도 크게 향상된 것이다. 특히 스마트폰과 앱의 이용량이 폭증하면서 모바일 디바이스의 화면 규격에 최적화된 각종의 모바일 디스플레이광고 형태가 개발되었

2 이 장에서 유형화한 각각의 모바일 광고 형태는 채널이나 규격의 특성에 따라 다시 세분화될 수 있을 것이다. 이들 유형도 노출형식과 속성에 있어 매우 다양하지만, 이 장에서는 이를 다 설명할 수 없어 핵심적으로 알아두어야 할 내용만 다루기로 한다. 또한 제시한 유형들이 완선히 상호배타적인 것은 아니므로(이를테면, 디스플레이광고의 속성은 다른 유형에도 적용되는 경우가 많음) 유형화의 단일 기준보다는 각 범주의 차별성과 중요성을 고려한 구분임을 미리 밝힌다.

3 뒤에 이어서 제시되는 동영상광고, 인앱광고, 네이티브광고, 인게임광고 등도 디스플레이광고의 일종이라고 봐야겠지만, 이 장에서는 이들에 대한 별도의 설명을 위해 임의로 유형을 구분하였다.

4 '리치미디어'는 디지털 광고의 영역에서 주로 쓰이는 용어로서, 기존의 단순한 비디오와 오디오의 결합 형태에 고도화된 그래픽, 플래시, 쇼크웨이브, 스트리밍 등의 기능을 적용해 풍부하고 역동적으로 표현할 수 있는 미디어기술을 의미한다.

[그림 9-2] 모바일 디스플레이광고가 노출되는 다양한 위치와 크기

고, 그 진화와 발전은 끊임없는 현재진행형이다.

## 2) 동영상광고 Mobile Video Ad

**동영상광고**의 대대적인 성행은 최근의 모바일 광고 트렌드에 있어 특별히 주목할 만한 현상이다. 동영상은 비디오와 오디오 요소의 결합, 그리고 시간적 전개에 따른 다양한 상황 묘사 및 스토리텔링의 용이성으로 인해 가장 매력적인 광고메시지 전달 수단으로 인식되어 왔다. 동영상광고의 1차 아웃렛이 되는 매체는 전통적으로 TV였으나, TV 광고 효과에 대한 광고주의 의구심과 모바일 대세 현상, 그리고 데이터 전송속도의 획기적 개선과 함께 동영상광고의 노출경로는 대거 유튜브(YouTube)를 비롯한 모바일 채널로 이동했다. 최근에 성행하는 대표적인 모바일 동영상광고의 유형으로 **프리롤광고**(pre-roll ad)를 꼽을 수 있다. 프리롤광고는 이용자가 모바일이나 온라인, 또는 IPTV에서 선택한 VOD 영상이 재생되기 직전에 강제적으로 노출되는 방식의 동영상광고를 의미하며,[5] **푸시**(push)**형 광고**의 진화된 형태라 할 수 있다. 수

5 일반적으로 유튜브에 노출되는 프리롤광고는 5초, 네이버TV나 카카오TV 등에서 SMR(스마트미디어렙)을 통해 노출되는 프리롤광고는 5초 또는 15초 기본노출 후 광고 건너뛰기 버튼이 생성된다. 최근에는 건너뛰기 버튼의 생성 없이 아예 15초의 재생시간에 맞춘 광고도 많이 노출되고 있다.

용자가 모니터에 시선을 고정하고 있는 대기시간 중에 보여지므로 광고의 회피가능성이 낮고 주목성이 높아 광고주가 선호할 수밖에 없으며, 그에 따라 이용량도 크게 늘고 있다.

### 3) 검색광고 Mobile Search Ad

스마트폰 이용자 및 이용시간의 급증과 함께 모바일 검색기능의 사용률도 크게 증가하면서 모바일 **검색광고**는 PC 기반의 온라인 검색광고를 뛰어넘는 주목과 효과를 얻고 있다. 이용자 의도와 상관없이 일방적으로 노출되는 디스플레이광고와 달리, 검색광고는 이용자의 자발적 정보 요청에 따라 브랜드나 업체의 정보를 게시하는 풀(pull) 형식의 광고이므로 관심 수용자를 대상으로 높은 광고효과를 기대할 수 있다.[6] 또한 광고비가 클릭당 과금(Cost Per Click: CPC) 방식이나 가격입찰제에 따라 합리적인 선에서 책정되기 때문에 중소 광고주들에게 선호도가 높다. 광고효과의 모니터링도 용이한 편이어서 구매한 키워드의 노출 수, 클릭 수, 클릭률, 평균 클릭비용 등의 로그분석 데이터를 수시로 제공받을 수 있다.

### 4) 인앱광고 In-App Ad

기본적으로 스마트폰과 태블릿PC는 앱(app: 애플리케이션, 응용프로그램) 시스템에 의해 콘텐츠나 기능과 연결된다. 흔히 '모바일앱광고'라고도 불리는 **인앱광고**는 다양한 디지털 광고 유형 중에서도 모바일 광고에 특화된 형태이며, 모바일앱 접속

6 광고유형을 구분하는 여러 방법 중의 하나는 노출의 통제권을 누가 갖고 있느냐에 따른 기준을 적용하는 것이다. 광고메시지의 송신자(즉, 광고주)가 노출을 통제하는 형태를 '푸시(push)'형 광고라 일컬으며, 수용자의 의향과 상관없이 강제적으로 노출되는 모든 광고가 이에 해당된다. 반면에 광고메시지의 수신자(즉, 소비자)가 통제권을 갖는 형태는 '풀(pull)'형 광고라 지칭하는데, 이는 수용자의 자발적인 선택에 따라 광고가 노출되는 경우를 말하며, 검색광고가 대표적이다. 풀 방식의 광고는 과거 올드미디어시대의 일방적 커뮤니케이션 환경에서는 거의 존재하지 않았으나, 상호작용적 매체인 인터넷이 등장하면서 비로소 활성화되기 시작했다.

시 노출되는 모든 형식의 광고를 지칭한다. 인앱광고는 앱 개발자와 광고주를 연결하는 모바일앱 광고네트워크를 통해 노출되는데, 앱이 네트워크에서 광고를 요청하면 네트워크는 자체 알고리즘에 따라 지불액이 가장 높은 광고를 식별하여 실시간으로 이용자에게 전달하는 원리이다. 대부분의 무료앱은 수익 기반이 광고 노출이므로 앱 이용 시마다 지속적으로 등장하는 인앱광고의 노출량은 매우 많은 편이다. 광고에 스스로 노출되는 대가로 이용자에게 포인트 등을 제공하는 리워드앱을 통한 광고나 잠금화면광고도 이 유형에 속한다고 볼 수 있다.

### 5) 네이티브광고 Mobile Native Ad

**네이티브광고**는 광고가 아니라 마치 콘텐츠의 일부인 것처럼 자연스럽게 노출되어 수용자의 무의식적인 거부감을 줄일 수 있는 효과 높은 광고 형태이다. 기사형 광고(애드버토리얼)에 비해 더 다양하고 독창적인 형태로 광고를 노출할 수 있으며, 특히 모바일 SNS나 뉴스형/칼럼형 콘텐츠에 최적화되어 활용될 수 있는 장점이 있다. 페이스북, 트위터, 인스타그램 등과 같은 피드형 SNS가 주로 스마트폰을 통해 이용되면서 SNS 콘텐츠에 유입되는 모바일 네이티브광고가 크게 늘고 있다. 특히 옵트인(opt-in: 이용자가 사전에 정보 수신을 승인하는 방식)에 따라 전달되는 네이티브광고는 수용자로 하여금 메시지를 광고가 아닌 정보로 인식하게 함으로써 상대적으로 높은 노출효과를 얻을 수 있다.

### 6) 문자형 광고 SMS/MMS

**문자형 광고**는 초기 모바일 광고의 대표적인 유형이자 가장 단순한 형태이다. SMS(Short Message Service)나 MMS(Multimedia Messaging Service)를 통해 문자메시지로 전송받는 광고성 정보가 문자형 광고의 보편적인 형식이라 할 수 있다. 초기의 문자형 광고는 수신자의 의향과 상관없이 메시지를 일방적으로 전달하기 일쑤여서 마치 스팸메일처럼 수용자의 기피와 짜증을 유발하는 경우가 많았다. 그러나 광고주 입장에서는 무엇보다 초저비용 광고수단일 뿐만 아니라, 광고성 정보의 수신을 소비자(주로 해당 브랜드의 서비스 이용 경험이 있는 고객)가 사전에 허락하는 옵트인 수신 사례가 늘고 있고, 수신자 타기팅이 개선되면서 광고성 문자의 유용성을 지각하는 경우도 많아짐에 따라 문자형 광고의 효과 또한 다시 주목받고 있다.

### 7) 인플루언서 이용 광고 Mobile Ad Using Influencer

인기 유튜버나 블로거와 같이 대중적 영향력을 가진 사람을 제품 홍보에 이용하는 소위 '**인플루언서 마케팅**'이 국내에서 크게 성행하고 있다. 대중매체를 이용한 전통적인 형식의 광고는 비용 대비 효과를 보장하지 못하지만, 수백만 명의 팔로워를 거느린 인플루언서들은 정보에 대한 주목성과 추천효과가 상당히 높기 때문에 이들의 마케팅 활용가치는 날로 치솟고 있다. 무엇보다 주제 관심사에 따른 타기팅이 용이하고, 정보 전달에 있어 시간적 제약을 덜 받으며, 인플루언서의 전문성 신뢰에 따른 설득효과가 높다는 점이 이 접근의 장점이다. 특히 여러 SNS 중 소비자가 가장 많은 시간을 이용하는 것으로 알려진 유튜브의 주 시청매체가 PC에서 모바일 미디어로 이동함에 따라, 인기 유튜버를 제품 보증인(endorser)으로 이용한 모바일 광고가 효과적인 마케팅 수단으로 자리 잡으며 기업의 높은 관심을 끌고 있다.[7]

### 8) 위치기반광고 Location-Based Ad: LBA

GPS가 기본 탑재된 스마트폰의 이용자와 이용량이 늘면서 위치 기반 서비스(LBS)도 발전을 거듭했다. 이용자의 위치정보를 바탕으로 인근 매장이나 이벤트에 대한

---

7 과거에는 협찬 사실을 숨김에 따른 인플루언서의 진정성 문제가 끊임없이 제기되었지만, 최근에 와서는 제품 협찬 사실을 공개하고 정보를 제공하는 방식을 통해 윤리적 논란의 소지를 줄이면서 새로운 광고형식으로 인정받고 있다.

정보 노출, 쿠폰 발급, 선주문 및 선결제 등의 서비스 제공이 가능해진 것인데, 광고 메시지의 송수신도 위치정보 서비스의 일환으로 크게 주목받고 있다. 무엇보다 매장으로의 물리적 접근성이 높은 잠재고객의 자발적 검색에 따라 정보를 자동전송할 수 있고, 이용자 데이터에 의한 효과적 타기팅도 기대할 수 있기 때문에 브랜드숍과 지역상점들이 많이 활용하는 광고방식이다. 최근에 위치 기반 서비스와 연동된 SNS의 기능이 활성화되고 모바일 전단지 기능을 하는 앱이 개발되면서, 이용자가 사전에 제공한 정보나 빅데이터를 바탕으로 인근 지역에 있는 소비자들에게 맞춤형 광고를 노출하는 식의 정교화된 위치기반광고도 점차 늘어나고 있다.

### 9) 인게임광고 Mobile In-Game Ad

**인게임광고** 또한 모바일게임시장의 폭발적 성장과 함께 큰 주목을 받고 있는 광고 유형이다. 모바일게임을 실행하거나 게임에 접속되는 과정에서 노출되는 인게임광고는 핵심적 게임유저 연령층인 10~30대 소비자를 타깃으로 하는 경우가 많다. 주요 유형으로는 게임화면상에 배경이나 소품의 일환으로 브랜드(제품)를 노출시키는 PPL식 광고, 주로 무료로 제공되는 게임의 화면 일부에 돌출시키는 배너광고, 게임 로딩이나 레벨 전환 시 전체화면에 노출되는 인터스티셜(틈입형 광고) 등이 있다. 인게임광고는 이용자의 게임행위 시 화면몰입도가 높아 좋은 노출효과를 기대할 수 있으며, 소셜게임과 모바일 롤플레잉게임(MMORPG) 시장의 지속적 성장에 따라 앞으로도 계속 발전해 나가는 유형이 될 것으로 예상된다.

이 밖에도 다양한 기준이나 관점에서 모바일 광고의 유형은 더 세분화될 수 있을 것이다. 또한 우리 일상에서 모바일 기술이 적용되는 영역이 확장됨에 따라 새로운 모바일 광고의 형태도 속속 등장할 것으로 전망된다(이에 대해서는 이 장 후반부의 '모바일 광고의 미래' 부분에서 다시 다루기로 한다). 모바일 광고의 여러 유형 간에는 동질성과 차별성이 공존하고 변화도 꾸준히 진행 중이므로, 특정한 광고방식의 선택에

[그림 9-3] 모바일 광고의 유형에 따른 사례들
(상단 좌측으로부터 인앱광고-네이티브광고-위치기반광고-인플루언서 이용 광고-인게임광고)

앞서 해당 유형 광고의 실행여건과 트렌드에 대해 철저히 파악해 둘 필요가 있다.

## 3. 모바일 광고의 핵심 속성

디지털 미디어가 갖는 다양한 성격이 반영된 모바일 광고는 새로운 프로모션 접근으로서의 여러 가지 주목할 만한 특성을 가지고 있다. 이들 가운데는 디지털 광고가 보편적으로 지니는 속성에 따른 것도 있고, 모바일 미디어가 갖는 고유한 속성에 기인한 것도 있다. 효과적인 모바일 광고의 제작을 위해서는 이러한 특징들을 충분히 고려한 전략적 고민이 선행되어야 한다. 다음에서는 모바일 광고의 핵심적 속성을 12가지로 간추려서 설명한다.

### 1) 상호작용성 Interactivity

매체가 갖는 상호작용성은 올드미디어와 뉴미디어(디지털 미디어)를 구분 짓는 가장 중요한 속성 가운데 하나이다. 모바일 미디어는 그 태동부터 이용자의 능동성을 기반으로 하였고, 네트워크를 통한 광대한 콘텐츠에의 선택적 접속과 노출은 이용자의 확고한 권한이 되었다. 더욱이 디지털 미디어 시대의 소비자는 더 이상 피동적 수용자에 머물지 않고 미디어 콘텐츠의 생산자 및 확산자 역할까지 감당하면서 매체의 상호작용성과 그 영향력을 더욱 강화시켰다. 모바일 광고의 성패에 있어서도 미디어-소비자 간의 상호작용성이 관건이 되는 경우가 많으며, 특정 매체에 대한 마케팅 이용가치의 평가에 있어서는 상호작용성의 기술적 가용 범위 및 전략적 활용 가능성이 중요한 기준이 되기도 한다.

### 2) 신속성 Immediacy

이용자가 언제 어디서나 모바일 기기를 휴대하고 네트워크에 접속할 수 있는 유비쿼터스 환경은 미디어 콘텐츠의 전달에 있어 혁신을 가져왔다. 모바일 네트워크의 기반에서 소비자들은 빠르고 편리하게 정보를 수용, 생산, 유포할 수 있다. 또한 수면시간을 제외하고 거의 항시적으로 현대인과 밀착되어 있는 스마트폰의 이용 급증으로 인해 정보전달의 신속성(즉시성)은 모바일 광고의 더욱 두드러진 특성이 되었다. 신속성은 프로모션 메시지의 효과 제고와 커뮤니케이션 비용의 절감에도 긍정적인 영향을 미치며, 빠르고 수시로 이루어지는 정보 전달 및 수용자 피드백 과정을 통해 광고 노출의 효과도 원하는 시점에 점검할 수 있다.

### 3) 다양성 Variety

앞에서도 살펴보았듯이 모바일 광고의 유형은 매우 다양하다. 뿐만 아니라, 같은 유형 내에서도 광고의 규격이나 옵션이 다양하고 비정형적이다. 주요 포털사이트의 배너광고나 검색광고, 일부 동영상광고 등과 같이 규격화된 형태의 모바일 광고도 다수를 이루지만, 대체로 전통매체를 이용한 프로모션에 비하면 시공간의 제약에서 벗어나 훨씬 더 다양한 형식으로 표현을 시도할 수 있다. 무엇보다 모바일 플랫폼의 다양성과 신규 플랫폼의 지속적 등장, 노출효과의 향상을 위한 새로운 규격이나 기법 개발, 그리고 전통매체에 비해 확실히 덜 엄격한 표현 규제는 모바일 광고의 다변적 속성을 더욱 강화시키는 요인들이다.

### 4) 확장성 Expandability

모바일 광고는 형태 면에서 다양할 뿐만 아니라, 끊임없는 진화를 통해 새로운 유형의 모바일 광고가 지속적으로 등장하면서 그 영역이 확장되는 양상을 보여 왔다. 향후 모바일 광고는 갈래가 더 분화되고 범주는 더 확대될 것으로 예측된다. 이 같은 추세는 통상적인 매체경제학의 메커니즘에 기인하기도 한다. 다시 말해, 매체의 생존을 위한 수익구조 개선의 과제는 필연적으로 광고플랫폼 및 광고옵션의 확대를 촉진하고, 광고주의 관심과 광고비 투자를 지속시키기 위해 새로운 광고기법 창출의 노력이 자연스럽게 수반되는데, 이러한 현상은 모바일 광고를 비롯한 디지털 광고의 영역에서 가장 두드러지게 나타나고 있다.

### 5) 비용효율성 Cost-Effectiveness

모바일 광고는 광고제작 및 광고노출을 위한 투자비용 대비 높은 효과를 기대할 수 있다는 장점도 있다. 일부 메이저 포털이나 뉴스사이트의 배너광고, 인기 VOD에 삽입되는 프리롤광고 등은 전통매체의 광고비를 훨씬 상회하기도 하지만, 다양한 광고플랫폼과 옵션을 제공하는 모바일 광고의 특성상 광고주의 예산 형편에 맞는 채널 선택이 상대적으로 용이하다. 더욱이 특정 프로모션에 대한 소비자의 관심과 흥미가 바이럴 효과까지 창출할 경우 추가적인 노출비용 없이 메시지 도달이 확장될 수 있다는 점은 광고주 입장에서 분명 매력적이다.

### 6) 표적성 Target Directionality

데이터베이스와 시스템에 의한 커뮤니케이션 대상의 변별력이 개선되면서 온라인/모바일 프로모션의 타깃지향성도 크게 정교화되고 있다. 이러한 점은 모바일 광고의 효과에도 직접적으로 영향을 미쳐 구매, 매장 방문, 이벤트 참여, 추가정보 탐색 등의 행동적 반응 의향이 높은 수용자들에게 적시적소에 관심정보를 제공할 수 있는 효율적 접근을 가능하게 한다. 일례로, 위치 기반 서비스(LBS)를 이용한 업소 정보 노출은 인근 지역을 방문하는 소비자들에게 즉각적인 반응을 일으킬 수 있는 비용효율적 접근이 될 수 있다.

### 7) 통합성 Integrity

디지털 미디어의 무궁무진한 발전가능성을 예측케 하는 이유 중 하나는 다양한 영상효과와 오디오의 결합, 그리고 이용자와의 상호작용성이 만드는 창조영역의 무한성에 있다. 리치미디어의 강점을 활용한 각종의 크리에이티브 기법이 개발되고 소비자의 주목을 끌면서 기존의 전통매체에서는 불가능했던 새로운 메시지 전달방식이 가능해진 것이다. 브랜드에 대한 독특한 경험을 제공하기 위해 모바일 미디어의 개별 기능들을 통합적으로 활용하고 소비자의 수용상황에 최적화시킨다면 메시지 노출 시의 임팩트도 강화될 것이다.

### 8) 주목성 Getting Attention

스마트폰이나 태블릿PC는 화면의 크기가 상대적으로 작아 그 자체로 광고메시지의 전달에 썩 유리한 조건은 아니다. 그러나 도리어 작은 화면에 대한 이용자의 몰입도는 그 어떤 매체보다 높기 때문에 모바일 미디어의 사용 중 노출되는 광고에도 어느 정도 주목을 유지하여 효과를 거둘 가능성이 크다. 특히 선택한 동영상이 재생되기를 기다리고 있을 때, 모바일게임에 한창 몰입하고 있을 때, SNS에 올라온 게시글을 확인하고 있을 때 등은 이용자가 매체에 주의를 기울이는 타이밍이므로 이 시점에 노출되는 광고는 대체로 주목성이 높을 수밖에 없다.

### 9) 연계성 Connectivity

모바일 광고는 여타의 미디어와 창의적으로 결합하여 시너지효과를 창출하기에도 용이하다. 잘 설계된 크로스미디어 전략에 따라 온라인 채널뿐만 아니라 전통매체와도 유기적으로 연합할 수 있고, 오프라인(신문, 잡지, 현수막 등)에 게시한 QR코드를 통해 소비자를 브랜드의 사이트로 쉽게 유입시킬 수 있다. 모바일 미디어 내에서도 광고 페이지와 브랜드 페이지 또는 이벤트 페이지 간의 이동이 쉽고 빠르게 이루어질 수 있기 때문에 광고의 반응유발 효과가 크다. 또한 스마트폰이 가진 상시적 휴대성으로 인해 광고메시지가 안내한 행위를 온 · 오프라인을 가리지 않고 즉시 수행할 수 있는 장점도 있다.

### 10) 구매직결성 Direct Link to Purchase

전통적으로 광고 노출 후 구매행동에 이르기까지에는 인지, 저장, 회상(기억), 동기(행동의도) 등의 과정이 개입되면서 노출과 최종효과 사이에 상당한 시간적 간극이 존재했다. 그러나 모바일 미디어가 가진 쇼핑 기능은 이용자로 하여금 광고 노출 후 구매의향이 발생하면 동일한 디바이스를 통해 즉시 쇼핑사이트로 이동하고 그곳에서 해당 상품의 구매나 장바구니 보관이 가능하게끔 한다. 이 같은 단축 메커니즘은 소비자에게도 편익을 제공하지만, 무엇보다 광고주의 단기 매출 신장 및 광고효과 파악에 큰 도움을 줄 수 있다.

### 11) 비동시성 Asynchronism

모바일 디스플레이광고의 일부 유형과 모바일 검색광고는 수용자가 선택하는 시점에 최초로 또는 재차 노출될 수 있다. 기존의 방송광고는 노출의 일회성(특정 시점에 노출되고 그 시점이 지나면 소멸됨)이란 한계를 지녔다. 그러나 모바일 광고는 능동적 이용자들에게 있어 그들의 수용성이 높은 시점에 효과적으로 메시지를 도달시킬 수 있으며, 흥미로운 광고의 경우는 바이럴을 일으켜 개인의 SNS 공간에 공유되면서 2차, 3차 노출이 일어날 수도 있다. 또한 모바일 미디어의 유형과 광고플랫폼은 매우 다양하므로 하나의 메시지가 소비자와 만나는 접점이 다양한 형태로 다양한 시점에 형성된다는 장점도 있다.

### 12) 측정용이성 Ease of Effect Measurement

올드미디어시대에 광고효과의 측정은 항상 어려운 문제였다. 우선 시간과 비용이 만만치 않게 투여돼야 했고, 표본조사의 신뢰성에 대한 의구심 또한 쉽게 해소되지 않았다. 그러나 대부분의 모바일 광고는 이용자의 행위(transaction) 기록 및 저장이 시스템상으로 가능하므로 페이지뷰, 클릭, 이벤트 참여 등과 같은 광고반응을 쉽고 빠르게 측정하고 분석할 수 있다. 특히 광고플랫폼의 운영자가 신뢰성 높은 광고효과 데이터의 즉각적 또는 정기적 제공을 약속하는 경우가 많으므로 광고주 입장에서는 ROI(Return On Investment: 투자 대비 효과)의 수시 평가가 가능하다는 큰 이점이 있다.

[그림 9-4] 모바일 광고의 주요 속성

## 4. 크리에이티브 가이드라인

모바일 광고의 유형이 다양하고 각 유형이 갖는 차별적 특성과 기능도 다양하므로 각론 단위의 크리에이티브 실전 가이드를 하나의 장에서 일일이 제공하기란 어렵다. 따라서 '원론 수준'이란 단서를 달고, 모바일 광고를 전략적으로 기획하고 제작함에 있어 지침이 될 만한 크리에이티브 가이드라인을 20가지로 정리하여 제시하고자 한다. 비록 일반적인 내용도 다수 포함돼 있다 할지라도 각각의 포인트는 모바일 광고 크리에이티브에 대한 기본적 시야를 정립하는 데 있어 중요하고, 그럼에도 크리에이터가 종종 간과할 수도 있는 원칙일 것이다.

### 1) 변하지 않는 기본에 충실하라

환경과 패러다임이 바뀌면 소비자를 설득하기 위한 전략에도 많은 변화가 불가피하다. 과거에 당연시됐던 업무 프로세스와 접근법의 효력에 의구심이 생기고 비용효율성에 대한 집착이 늘어나면서 과업 수행에 있어 파격적인 변화를 시도하려는 사례가 늘고 있다. 물론 신기술과 가용한 자원을 전략에 효과적으로 적용하고 기존에 익숙했던 관행을 탈피해 혁신을 추구하려는 자세는 매우 중요하다. 그러나 모든 것이 대체나 폐기의 대상이 될 것은 아니다. 커뮤니케이션의 목표를 명확히 세우고, 아이디어 발상에 앞서 제품과 타깃 소비자를 이해하고, 광고표현에 있어 사회적 정서와 윤리적 규범을 고려하며, 광고효과를 분석해서 차기 캠페인 전략에 반영하는 등의 기본원리와 과정은 세상이 바뀌어도 크게 바뀌지 않았다. 유능한 플래너와 크리에이터라면 변해야 할 것과 변하지 말아야 할 것을 잘 구분할 줄 알아야 한다.

### 2) 경계를 따지지 말고 넘나들라

그래도 분명히 변한 것 중의 하나는 영역 간 경계가 허물어져 가는 현상이다. 여기에는 매체 간 경계, 광고와 비광고 프로모션 간 경계, 전문성과 역할에 있어서의 경계, 전략수립 프로세스에서의 단계 간 경계 등이 포함된다. 광고매체별 기능을 구분하고 비중을 나눔에 있어서의 전통적 접근(이를테면, TV 광고가 주력이고 다른 매체는 보조 역할 수행)은 현대 마케팅에서 효력이 급격히 감퇴되었으며, 이제는 광고와 만나 새로운 시너지를 창출할 수 있는 프로모션 옵션도 상당히 다변화되었다. 또한 전략과 크리에이티브를 절차상으로조차 분리하지 않는 경향이 생기고 있으며, 많은 광고대행사에서 전문부서 간의 벽을 허물기 위해 과감한 조직개편을 시도하는 사례도 늘고 있다. 이러한 변화 속에서 과거에 규정된 경계에 얽매이지 않고 시야와 보폭을 확장하려는 자세가 새로운 기본이 되고 있다.

### 3) 타 매체 및 타 프로모션과의 통합적 활용과 시너지를 꾀하라

어느 정도의 마케팅 예산을 가진 기업들에게 있어 모바일 광고는 그 자체로만 단독 활용된다기보다 전통매체나 온라인 미디어를 이용한 프로모션과 결합하여 쓰이는 경우가 다반사이다. 기업의 IMC 전략에서 모바일 광고는 주도적 역할을 수행할 수도, 보완적 역할을 수행할 수도 있는데, 요지는 모바일 광고의 기능 및 목표가 통합과 연계의 큰 그림에서 수립되고 추진되어야 한다는 점이다. ATL(Above-The-Line)과 BTL(Below-The-Line)을 포용하는 CTL(Cross-The-Line)이나 TTL(Through-The-Line)의 개념도 있듯이,[8] 모바일 광고는 전통매체 광고나 온·오프라인 프로모션 등과 유기적으로 연합하여 전략의 시너지효과를 추구해야 한다. 그리고 이를 위해 크리에이터가 AE/AP, 미디어플래너와 언제든 상호 간에 긴밀히 협의하고 협력할 수 있는 유연한 조직체계가 갖춰져 있어야 한다.

### 4) 소비자의 능동성과 네트워크를 활용하라

마케팅믹스의 4P(Product, Price, Place, Promotion)에 새롭게 부가된 다섯 번째 P로 'People'을 꼽는다. 실로 사람들(소비자)은 더 이상 수동적 객체가 아닌 마케팅 과정의 능동적 주체로 위상을 변화시키면서 21세기 들어 가장 중요한 마케팅자원으로 급부상했다. 소비자가 생산하는 정보는 기업이 대중매체를 통해 전달하는 상업적 정보보다 더 신뢰감을 주며, 정보가 자생적으로 발생하고 확산되는 구조이므로 기업 입장에서는 비용이 거의 들지 않는다는 장점이 있다. 특히 소셜 네트워크를 기반으로 소비자의 영향력이 크게 강화됨에 따라 모바일 광고의 크리에이티브 과정에서는 효과적인 '소비자 활용법'이 필수적으로 고려되어야 한다. 그러나 커뮤니케이션의 통제권 또한 소비자에게 있으므로 기업으로서는 상황에 따라 소비자 파워가 양날의 검으로 작용할 수도 있음을 인식할 필요가 있다.

8 마케팅에서의 'CTL'과 'TTL'의 개념은 마케팅 커뮤니케이션 목표의 달성을 위해 ATL과 BTL을 아우르는 다양한 프로모션 수단(광고, 판매촉진, 이벤트, 협찬, 언론홍보 등)을 상호유기적으로 결합하여 시너지를 추구하는 전략적 설계 및 실행과정을 의미한다.

### 5) 소비자의 모바일 행동에서 인사이트를 발견하라

좋은 아이디어의 단서는 대부분 멀리 있지 않고 타깃이 되는 소비자에게서 발견된다. 이 또한 시대가 바뀌어도 변하지 않는 광고 크리에이티브의 원리 중 하나일 것이다. 특히 일방향 커뮤니케이션이 지배하던 시대에 광고의 전달경로 역할만을 했던 전통적 매체와는 달리, 디지털 미디어 환경에서는 광고에 대한 소비자의 피드백과 행동적 반응이 즉각적으로 일어날 수 있기 때문에 미디어 이용과 관련된 소비자 행동을 사전에 깊이 탐구할 필요가 있다. 소비자는 모바일 환경에서 어떤 언어로 소통하고 어떤 정보를 추구하는지, 어떤 유튜버를 선호하고 어떤 콘텐츠를 공유하는지, 또 어떤 이벤트에 참여하고 어떤 품목을 쇼핑하는지 등과 같은 질문을 스스로 던지며 소비자를 꾸준히 탐구의 대상으로 삼아야 한다. 차별화된 마케팅의 시작점은 '여전히' 소비자 행동의 통찰을 위한 노력이다.

### 6) 소비자 데이터를 창의적으로 활용하라

빅데이터의 시대, 데이터 과잉의 시대이다. 중요한 것은 데이터의 양과 DB의 보유가 아니라 전략에 유용하게 쓰일 의미 있는 데이터를 발굴하는 데이터마이닝 능력, 그리고 그 데이터를 효과적으로 실전에 적용할 수 있는 애플리케이션 능력이다. 그러나 이 과정은 논리와 분석만으로 채워지지 않으며, 빅데이터 분석 툴과 인공지능이 수행할 수 있는 역할에도 한계가 있다. 결국 실무자의 남다른 통찰력과 창의력이 발휘돼야 데이터의 활용성과 가치가 제고될 것이므로, 크리에이터도 데이터 분석을 기반으로 한 인사이트 도출 과정에 참여할 것이 권장된다. 데이터는 소비자를 이해할 수 있는 객관적 정보가 되기 때문에 그 과정에서 크리에이티브의 방향성이나 다양한 아이디어의 소재가 추출될 수 있으며, 그것이 창의적으로 표현전략에 반영된다면 의도했던 소비자 반응을 얻을 가능성은 그만큼 높아질 것이다.

## 7) 바이럴될 수 있는 콘텐츠를 생산하라

소셜 네트워크 자체는 마케팅 목적으로 활용 가능한 인프라일 뿐이며, 만약 그를 통해 브랜드 메시지의 활발한 유통이나 긍정적 확산이 일어나지 않는다면 효용가치는 미미해질 것이다. **'바이럴효과'**는 모든 마케터의 소망이지만, SNS 콘텐츠의 범람과 소비자들의 무관심으로 인해 성공확률이 점차 낮아지고 있는 현실을 자각해야 한다. 일반적으로 바이럴되는 콘텐츠가 갖고 있는 표현코드로는 흥미(fun), 유용성(usefulness), 새로움(new), 보상(reward), 선의(goodwill), 충격(shocking), 유명인(celebrity) 등이 있지만, 무엇보다 브랜드(제품)의 속성과 시장목표에 부합할 수 있는 전략적인 메시지 반영이 중요하다. 소셜 네트워크를 이용한 모바일 광고는 궁극적으로 획득미디어(earned media)의 단계로까지 발전할 수 있어야 한다.[9]

## 8) 소비자의 행동반응을 유도하고 참여가 쉽게 하라

광고효과 및 소비자반응과 연관된 위계모델로 AIDA, AIDMA, AIDCA, AISAS 등 여러 이론이 제시되었는데, 단계별 요소의 차이는 있지만 모두 인지와 정서적 반응을 거쳐 행동단계에 도달한다는 점에서 공통적인 면이 있다. 실로 광고가 바라는 궁극의 효과를 거두려면 소비자로 하여금 머리나 마음에만 머물지 않고 행위(action: 앞서 제시한 모델들에서 두 번째 A는 모두 이것임)를 통한 능동적 관여를 이끌어 내야 할 것이다. 이런 깨우침에서였는지 최근 소비자의 참여를 갈구하는 SNS 이벤트들이 범람하고 있는데, 비단 구매나 이벤트 참여뿐만 아니라 부가정보 탐색, 정보 공유, 제품 시용 등의 행동적 반응을 유도할 수 있는 아이디어가 크리에이티브에 반영될 필요가 있다. 그리고 소비자가 제안된 행위를 수행하는 데 따른 불편이 적고 보상은

9 흔히 획득미디어는 유료미디어(paid media), 보유미디어(owned media)와 함께 트리플미디어(triple media)의 일종으로 분류된다. 획득미디어는 그 자체로 특정한 매체를 지칭하는 것이 아니라, 온라인/모바일 공간에서 소비자의 자발적 입소문을 통해 긍정적 효과가 발생한 지점의 매체를 의미한다. 실질적으로는 콘텐츠(광고 포함)에 대한 바이럴이 일어나는 소셜미디어를 가리키는 경우가 대부분이다.

크다고 지각할 수 있도록 표현의 설계를 면밀히 하는 것도 중요하다.

### 9) 광고 너머의 브랜디드 콘텐츠 및 플랫폼을 창조하라

성급한 누군가가 '광고는 죽었다'고 일찌감치 단언한 적도 있지만, 광고는 여전히 건재하고 앞으로도 죽을 일은 없을 것이다. 광고의 미래에 대한 비관적 견해는 광고 영역을 전통적 매체를 통한 전통적 형식의 광고로만 국한해서 보았기 때문이다. 광고는 끊임없이 진화하고 확장할 것이기 때문에 크리에이터도 광고와 광고 너머에서 폭넓게 아이디어의 판을 키울 줄 알아야 한다. 이제는 아이디어 발상의 지점이 광고가 아닌, 브랜디드 콘텐츠라는 더 큰 개념에서 세워질 필요가 있다. 또한 브랜드와 관련된 많은 콘텐츠와 소비자의 피드백이 활발하게 유통될 수 있는 창의적 플랫폼도 개발할 가치가 있을 것이다. 결국 소비자를 초대하고 그들에게 브랜드와 교류할 수 있는 매력적인 공간과 기회를 제공하는 것이 브랜디드 콘텐츠, 그리고 그에 속한 광고에게 부여된 막중한 임무라고 할 수 있다.

### 10) 소비자 관여를 연장시킬 수 있도록 창의적으로 링크하라

앞에서 모바일 광고의 특성으로 언급한 **'상호작용성'**은 마케터에게 양날의 검과 같다. 페이지가 펼쳐지는 순간 눈에 띄는 배너나 프리롤광고처럼 푸시형태로 광고가 강제 노출되는 시간을 지나면 노출 연장에 대한 선택권이 소비자에게 주어지기 때문이다. 여기서 낙관은 금물이며, 십중팔구 소비자는 광고를 건너뛰거나 어떻게든 벗어나는 길을 택할 것이다. 그래서 모바일 광고(특히 디스플레이광고와 동영상광고)의 성공을 위한 관건은 두 가지 방향으로 도출된다. 어떻게 최초 노출에서 임팩트를 줄 것인가, 그리고 어떻게 최초 노출에서 2차 노출로의 랜딩을 유도할 것인가. 물론 먼저 노출될 광고를 신선하고 흥미롭게 만드는 것이 중요하지만, 광고에서 안내하는 링크를 터치하게끔 유인하는 호기심 자극제도 필요하다. 핵심은 소비자를 브랜드의 공간에 어떻게 더 오래 머무르게 할 것인가에 대한 고민이다.

### 11) 새로운 앱이나 기존 앱과의 연동을 고려하라

모바일 환경에서 소비자를 브랜드에 오래 관여하게 하는 최선의 방법은 그들을 해당 브랜드의 전용공간으로 이끄는 것이다. 그러한 공간으로는 브랜드의 홈페이지, 블로그, SNS 페이지(유튜브, 페이스북, 인스타그램 등), 이벤트 페이지, 그리고 브랜드앱과 같은 것들이 있다. 이 가운데서도 특히 브랜드앱은 이용자 친화적인 인터페이스를 통해 스크린 터치가 익숙한 소비자들의 접근성을 높이고, 브랜드와 관련된 다양한 콘텐츠와 유용한 기능을 통합적으로 제공할 수 있는 장점이 있다. 그리고 이로 인해 브랜드 경험을 촉진하기에도 효과적인 경로가 될 수 있으므로 기업 입장에서는 활용을 적극 고려할 만하다. 접근방법으로는 전략적 설계 및 브랜드 속성에 따라 기존의 앱을 강화시키거나 신규 앱을 개발할 수 있을 것이며, 광고기획의 단계에서부터 앱과의 연동 및 크리에이티브 반영 여부를 고려할 필요가 있다.

### 12) 브랜드 매니저와 긴밀히 협력하라

앞서 제시한 여러 방안은 실상 대행사 실무자들의 판단만으로 추진되기는 무리이며, 오직 크리에이터의 능력만 갖고 성사되기는 더더욱 힘들 것이다. 결국 최종 의사결정권자이자 예산집행권자인 광고주의 합의와 투자지원이 뒷받침되어야 할 터인데, 매번 하달식 작업 요청이나 일방향적 업무 프로세스로는 실무자의 창의적인 기획이 그때그때 검토되고 수용되기 어려운 환경일 수밖에 없다. 그래서 패러다임 변화에 걸맞게 클라이언트-에이전시 간의 협력구조도 개편될 필요가 있으며, 특히 크리에이터가 브랜드 매니저와 수시로 직접 소통하고 협의할 수 있는 업무시스템이 조성돼야 현실적이고 확장적인 크리에이티브가 발현하기 좋은 여건이 될 것이다. 더욱이 시시각각 상황이 급변하는 모바일 마케팅의 경쟁 환경에서는 기동성 있게 대처하기 위한 과감하고 효율적인 업무체계의 구축이 절대적으로 중요하다.

### 13) 부화뇌동(附和雷同)하지 말고 자사의 특성에 맞는 전략을 고안하라

소위 '뒷북치는' 기업의 마케팅은 모바일과 온라인에서 특히 비일비재하다. 이러한 후발주자들은 미디어 테크놀로지와 프로모션 트렌드의 변화 속도를 따라가지 못하는 이유로, 또는 실패의 위험을 감수하지 않고 안전하게 타사의 성공전략을 차용하거나 모방하려는 경향 때문에 새로운 마케팅의 선발대에 합류하지 못한다. 성행하는 전략적 트렌드가 있다면 성급하고 무분별하게 수용하는 기업도 흔히 있는데, 일례로 최근 SNS 이벤트나 바이럴영상 제작의 수요가 급증했던 현상의 이면에도 이러한 후발기업들의 생리가 내재되었으리라 짐작할 수 있다. 안전을 위한 팔로우(follow) 전략은 선점효과의 포기는 물론이고, 자사의 속성이나 여건과 맞지 않는 접근을 도입하는 경우 오히려 부작용을 초래할 수도 있다.

### 14) 단기효과에의 집착을 경계하라

모바일 마케팅은 주로 매출 증대나 신제품 인지 제고와 같은 브랜드의 단기목표 달성에 적합하다고 알려져 있다. 그러나 단시일 내의 부스팅을 통한 고객 확보라든지, 여타 채널과의 연계 프로모션에 의한 브랜드관리 전략 등을 통해 모바일 광고는 기업의 중장기목표 도달에도 효과적으로 기여할 수 있다. 그런데 모바일 마케팅을 통한 소비자 반응이 신속하게 확인 가능하고 상대적으로 저비용 투자라는 특성 때문에 마케터들은 단기효과에만 집착하며 장기적 시야를 스스로 차단하는 경우가 많다. 이 같은 경향은 크리에이티브에도 직접적인 영향을 미쳐 한동안 눈에 띌지 몰라도 궁극적으로는 브랜드의 성장에 기여하지 못하는 광고가 양산되기 쉽다. 브랜드자산의 관리를 중시하는 기업이라면 모바일 광고의 기획 및 제작에 있어 전략의 큰 그림과 청사진을 항상 염두에 두어야 한다.

### 15) 마케팅에 활용할 만한 최신기술을 탐색하고 적용하라

디지털 마케팅에 있어 제품의 특장점 소구에 연연하기보다는 아예 독보적인 표현 방식을 택하는 것이 경쟁브랜드와의 차별화를 위해 더 현명한 접근이 될 수 있다. 이에 가장 근접할 수 있는 시도 중 하나는 바로 '기술의 앞선 적용'이다. QR코드 스캐닝을 통해 구현한 가상 스토어, 블루투스와 비콘(beacon) 기술을 이용한 공공캠페인 등 신기술을 창의적으로 활용해 성공한 사례들은 즐비하다. 제조기술의 발달로 인해 제품 간의 기능적 차별화가 점점 어려워지고 있는 시대에는 마케팅의 역할이 자연스럽게 더 커질 수밖에 없으며, 이때 신기술의 선도적 적용은 브랜드 차별화에 기여할 가능성이 높은 용감한 시도가 될 것이다. 크리에이터는 이처럼 창의성의 범주가 과거와 같이 광고 표현의 영역으로만 국한되지 않음을 유념하고, 최신기술에 관심을 가지며 그것의 전략적 활용 방안에 대해서도 고심할 필요가 있다.

### 16) 영상은 초반부에서 확실한 유인력을 갖도록 하라

앞서 광고유형 부분에서도 언급한 바와 같이, 최근 들어 동영상광고는 모바일 광고시장에서 가파르게 성장하며 대세로 자리 잡아 가고 있다. 특히 온디맨드(on-demand)로 영상을 찾아보는 소비자가 크게 증가하면서 비디오 재생 전 노출되는 프리롤광고도 활황을 맞이했다. 프리롤광고의 일정 시간 노출 후에는 건너뛰기 버튼이 생성되는데, 시청자가 노출 연장의 선택권을 가진 상황에서는 광고의 초반부가 중요할 수밖에 없다. 광고에 대해서만큼은 유난히 인내력이 약한 소비자로 하여금 단 1회에 한할지라도 광고를 끝까지 지켜보게 하기 위해서는 그럴 만한 '끌림'의 요소가 영상의 앞부분에 담겨 있어야 한다. 아무리 흥미로운 기법이나 감동적인 스토리로 전개되는 광고일지라도 건너뛰기가 선택되는 순간 생명은 중단될 것이기 때문이다.

### 17) 과도한 자극을 자제하라

모바일 환경에서도 전통매체의 인기 비히클(vehicle)에 나타나는 것과 같은 클러터(clutter: 광고 밀집) 현상이 빈번해짐에 따라 메시지 노출에 있어서의 자극의 수위도 점점 높아지고 있다. 모바일 광고를 제작할 때 크리에이터가 의도적으로 사용하는 자극에는 시각적 자극, 언어적 자극, 상황적 자극 등이 있는데, 어떤 자극이든지 정도가 지나치면 소비자의 일시적 주목을 끌지는 몰라도 궁극에는 외면이나 거부감을 얻기 십상이다. 특히 시각적 요소의 비중이 높은 디스플레이광고의 표현에 있어서는 노출만이 능사가 될 수 없는 효과성의 측면을 고려하여 자극의 수위를 조절하고 메시지의 창의적 노출방안을 위해 더 고민할 필요가 있다. 또한 리타기팅을 통한 맞춤형 광고도 노출의 빈도가 지나치면 수용자의 불편과 짜증을 유발하기 쉬우므로 적정수준의 노출량을 고려해야 한다.

### 18) 역지사지(易地思之)하라

'소비자의 입장이 되어 바라보라.' 식상하게 들릴지 모를 이 제언은 현업의 실무자들이 가장 지나치기 쉬운 지침이기도 하다. 브랜드 매니저든, 어카운트 플래너든, 크리에이터든, 근본적으로 소비자는 이들과 다르다. 소비자는 대개 광고를 기피하고자 하며, 헤아릴 수 없이 많은 정보와 콘텐츠에 둘러싸여 살고 있고, 우리 브랜드에 대해서는 애초에 큰 관심이 없었다. 그런 그들에게 이 광고가 보여진다면 어떻게 반응할까? 과연 의도한 대로 반응할지를 예상하기 위해 자신을 소비자의 처지에 놓고 시각을 달리 보면 어느 정도 냉정함과 현실감각을 찾을 수 있을 것이다. 나라면 이 영상에 노출되고 5초가 지나도 계속 광고를 볼 것인가, 눈앞의 현란한 배너에 한 번이라도 주목해서 메시지를 읽을 것인가 등과 같이, 타깃 소비자 관점에서의 가상경험과 평가를 통해 개선이 필요한 부분을 사전에 파악하고 수정할 수 있다.

## 19) 윤리의식을 견지하고 사회적 파급력을 고려하라

목표지향적으로 과업이 진행되고 과정보다 결과가 더 중시되는 치열한 마케팅 경쟁의 환경에서 실무자의 윤리의식은 종종 경시되는 경향이 있다. 또한 대학에서든, 회사에서든 기능 위주로만 교육과 훈련을 받아 왔다면 직무윤리에 대한 고심은 더욱 뒷전으로 가기 쉬울 것이다. 그러나 대중을 대상으로 하는 공적 커뮤니케이션에 있어 정직과 책임이 뒤따라야 한다는 사실은 아무리 강조해도 지나침이 없다. 특히 광고규제의 사각지대에 놓이기 쉽고 젊은 층이 타깃인 경우가 많은 모바일 광고에 있어서 마케터와 크리에이터는 광고의 사회적 영향력을 인식하고 도덕적 위험선을 넘지 말아야 한다. 소비자를 기만하는 정보, 지나치게 자극적이거나 선정적인 표현, 개인의 초상권이나 저작권 침해, 다른 광고의 표절, 부적절한 편견을 조장하는 메시지나 상황 설정 등은 사전에 스스로 제어되어야 한다.

## 20) 주인공은 결국 브랜드임을 잊지 말라[10]

광고효과에 있어 주종(主從)이 바뀌어 버리는 일은 크리에이터가 자주 범하는 중대한 과오 중의 하나이다. 예나 지금이나 광고 노출 후 일정 시간이 지나면 광고는 본 기억이 나는데 브랜드가 같이 연상되지 않는 경우가 비일비재하다. 스토리나 기법이나 이벤트에 가려 정작 주인공이 되어야 할 브랜드가 잊혀진다면 결과적으로 모두 실패한 광고들이다. 브랜드를 위해 광고가 존재하는 것이지, 광고를 위해 브랜드

10 '브랜드'의 개념은 폭넓게 봐야 할 것이다. 마케팅의 영역에서는 단지 (명칭, 로고와 함께) 상품이나 시비스에 드러낸, 그래서 누구나 브랜드라고 인지할 수 있는 브랜드뿐만 아니라, 소비의 대상이 되는 개별 프로그램, 사이트, 앱, 업소, 인물 등이 모두 브랜드의 범주에 속한다고 보는 것이 타당하다(이마트의 PB상품 라인인 'No Brand'도 엄연히 브랜드이다). 최근에 일부 중소기업 제품의 경우 SNS상에서 브랜드를 거의 드러내지 않고 제품의 성능만으로 소구하는 사례도 늘고 있으나, 여전히 모든 상품과 서비스는 소비자의 정확한 식별을 위해 간단하고 명료한 방식으로 정체성을 나타낼 필요가 있다. 다시 말해, 장기적 브랜드 관리의 중시 여부에 상관없이, 브랜드(또는 브랜딩)의 가치와 기본원리는 홍보를 통해 소비를 촉진하고자 하는 모든 대상에 두루 적용될 것이다.

가 존재하는 경우란 없기 때문이다. 그래서 크리에이터는 '작품' 욕심 이전에 광고(프로모션) 속에 브랜드를 어떻게 효과적으로 배치하고 드러낼 것인지에 대해 고민해야 된다. '이 광고에서 브랜드가 제대로 나타나고, 시간이 흘러도 소비자는 우리 브랜드의 광고라고 정확히 연상하겠는가?' 상식적이지만 간과되기 쉬운 이 질문은 여전히 크리에이티브 체크리스트의 최상위에 위치해야 한다.

표 9-1 모바일 광고의 크리에이티브 가이드라인(요약)

| | |
|---|---|
| 1 | 변하지 않는 기본에 충실하라. |
| 2 | 경계를 따지지 말고 넘나들라. |
| 3 | 타 매체 및 타 프로모션과의 통합적 활용과 시너지를 꾀하라. |
| 4 | 소비자의 능동성과 네트워크를 활용하라. |
| 5 | 소비자의 모바일 행동에서 인사이트를 발견하라. |
| 6 | 소비자 데이터를 창의적으로 활용하라. |
| 7 | 바이럴될 수 있는 콘텐츠를 생산하라. |
| 8 | 소비자의 행동반응을 유도하고 참여가 쉽게 하라. |
| 9 | 광고 너머의 브랜디드 콘텐츠 및 플랫폼을 창조하라. |
| 10 | 소비자 관여를 연장시킬 수 있도록 창의적으로 링크하라. |
| 11 | 새로운 앱이나 기존 앱과의 연동을 고려하라. |
| 12 | 브랜드 매니저와 긴밀히 협력하라. |
| 13 | 부화뇌동(附和雷同)하지 말고 자사의 특성에 맞는 전략을 고안하라. |
| 14 | 단기효과에의 집착을 경계하라. |
| 15 | 마케팅에 활용할 만한 최신기술을 탐색하고 적용하라. |
| 16 | 영상은 초반부에서 확실한 유인력을 갖도록 하라. |
| 17 | 과도한 자극을 자제하라. |
| 18 | 역지사지(易地思之)하라. |
| 19 | 윤리의식을 견지하고 사회적 파급력을 고려하라. |
| 20 | 주인공은 결국 브랜드임을 잊지 말라. |

## 5. 크리에이티브 코드에 따른 사례

국내외 모바일 광고의 성공 사례는 헤아릴 수 없이 많다. 그러나 여기에는 세 가지 애매한 지점이 있다. 첫째는 '성공'의 기준이 무엇이고 판단의 주체가 누구인가라는 점이다. 단지 조회 수(페이지뷰)나 이벤트 참가자가 많았다는 이유만으로, 혹은 광고주가 성공 사례라 홍보(자화자찬)한다는 이유만으로 그를 성공한 캠페인이라 엄밀히 규정하기는 어렵다. 또한 '광고'라 하기보다 프로모션 캠페인이라 지칭하는 것이 더 적합할 만한 사례들이 특히 모바일 광고의 영역에서 많이 찾아볼 수 있다. 실제로 모바일 캠페인에서는 광고(협의 개념의)가 브랜드 메시지를 직접 전달하기보다 소비자를 브랜드 체험이나 이벤트 참여의 공간으로 인도하는 관문 역할만을 수행하는 사례가 매우 많다. 마지막으로, 이게 딱 '모바일' 광고인가라는 의구심이 드는 사례도 적지 않다. 이는 많은 캠페인이 (PC를 통해 노출되는) 온라인 광고로도 동일하거나 유사한 형태를 띠며 전달되고, 크로스미디어 전략에 따라 모바일과 온라인 외의 다양한 매체가 해당 캠페인을 노출하는 경우도 많아서이기 때문일 것이다. 한마디로, 성공한 모바일 광고 사례의 객관적이고 명확한 선을 긋기란 꽤 어려운 일이다.

이러한 제약에 따라 이 장에서는 액면의 성과와 더불어 창의성과 기획력이 돋보인 크리에이티브에 우선 주목했다. 사례 선정의 1차 대상은 칸(Cannes Lions), 클리오(Clio Awards), 뉴욕 페스티벌(New York Festivals), 애드페스트(ADFEST) 등과 같은 해외 유수의 크리에이티브 어워드 수상작들에서 찾았다. 따라서 좁은 의미의 모바일 광고 사례라기보다는 넓은 범주에서의 모바일 프로모션 캠페인이 다수임을 미리 밝힌다. 서술방식에 있어서는 소수의 사례에 집중해서 다루기보다 성공적인 크리에이티브의 주요한 핵심코드를 도출하여 설명하고, 각 코드별로 속성에 잘 부합되는 사

례를 4편씩 선정해 제시하기로 한다.[11]

### 1) 참여와 보상 Participation & Reward

사람을 대상으로 하는 어떤 기획이든지 긍정적 반응을 유도하는 가장 확실한 방법은 사람들을 참여시켜 깊이 관여하게 하는 것이고, 그들에게 참여동기를 부여하기 위해 적절한 보상(또는 보상의 가능성)을 제공하는 것이다. 참여와 보상(다른 말로 '미끼와 대가'라고도 할 수 있겠다) 코드는 전통적으로 수많은 광고와 이벤트에서 활용되어 왔으며, 최근의 모바일 및 SNS 프로모션에 있어서도 주류의 접근방식이 될 만큼 그 효용성은 여전히 대단하다. 이 코드의 적용을 통해 성과를 얻으려면 다음 세 가지 원칙의 준수가 필요할 것이다. 참여의 대상이 브랜드와 관련되어 있어야 하고, 참여하기가 너무 어렵지 않으며, 보상이 매력적이어야 한다. 참여와 보상 코드는 대개 이벤트와 그를 중심으로 한 IMC 전략의 실행을 수반하고, 이 과정에서 광고는 주로 이벤트를 고지하고 참여를 유도하는 안내자 역할을 수행한다.

• [Volvo] Interception

슈퍼볼 광고타임 중 경쟁 자동차 브랜드의 CF가 방영되는 동안 볼보의 해시태그 이벤트에 참여한 참가자 대상으로 추첨을 통해 자동차 경품 증정(경쟁사 광고에의 주목 가로채기)

• [McDonald's] Pick n' Play

디지털 빌보드와 연동된 스마트폰을 통해 30초 이상 게임을 즐기면 인근 맥도날

11 각각의 사례가 반드시 해당 코드만 담고 있는 것은 아니며, 하나의 캠페인에 여러 코드가 내재돼 있는 경우도 있다. 또한 제시된 여섯 가지 코드가 모바일 광고 크리에이티브에 있어서의 모든 주요한 코드를 포괄하고 있지 않다는 점도 밝혀 둔다. 사례별 설명은 되도록 짧게 줄였다. 지면의 제한이란 이유도 있지만, 유튜브나 네이버 검색에서 해당 캠페인의 브랜드명과 타이틀을 입력하여 각 프로모션의 개요와 성과를 요약한 영상이나 설명자료를 어렵지 않게 찾을 수 있기 때문이다.

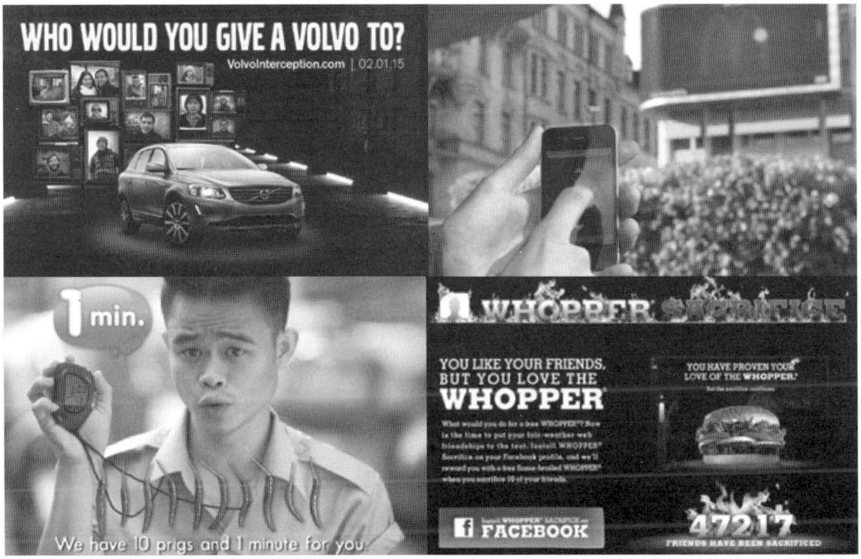


[그림 9-5] '참여와 보상' 코드의 캠페인 사례

드 매장에서 프로모션 메뉴로 교환할 수 있는 모바일 무료쿠폰 발급

• [Burger King] Whopper Sacrifice

페이스북 친구 10명을 언프렌드하여 희생(sacrifice)시키면 무료와퍼 쿠폰을 지급하는 이벤트를 통해 우정보다 더 강한 와퍼의 유혹과 매력을 우회적으로 소구

• [Lub d Hostel] One Sentence One Night Challenge / Spicy Challenge

발음하기 어려운 태국어 문장을 실수 없이 발음하거나 매운 태국고추 10개를 1분 안에 다 먹어 동영상으로 올린 호스텔 방문객에게 무료 1박의 숙박 혜택 제공

## 2) 흥미와 관여 Fun & Engagement

대상에 대한 수용자의 주목과 연상효과를 높이기 좋은 흥미(fun) 코드는 광고의 안전하고 효과적인 소구기법으로 인정받으며 예로부터 광고주와 크리에이터들에 의해 애용되어 왔다. 재미있는 콘텐츠를 선호하는 것은 사람의 본능이므로, 수없이 많은 상업적 콘텐츠가 범람하는 환경이라면 어떻게든 흥미로운 요소를 부가하여 일단 보는 이의 눈길부터 잡아야 할 것이다. 흥미를 주는 방법은 매우 다양하다. 유머러스하게 표현하거나, 엉뚱한 요소를 담거나, 놀라운 장면을 보여 주거나, 새로운 경험을 제공하는 등의 식으로 접근할 수 있다. 어떤 방법이든 단지 소비자의 흥미를 일으키는 데서 끝나지 않고, 그들을 관여와 몰입의 단계까지 유도하여 브랜드를 각인시키도록 해야 한다. 그리고 이러한 원리와 성공공식은 모바일 미디어를 이용한 캠페인 환경에서 특히 유효할 것이다.

- [ONLY] The Liberation

젊은 여성 타깃의 의류브랜드 ONLY가 제작한 하이브리드 콘텐츠(영화+뮤직비디오+게임+패션 카탈로그). 인터랙티브 비디오에 등장하는 인물의 의상 부위를 클릭하면 제품정보가 노출되고 구매사이트와도 바로 연결

- [Perrier] Secret Place

프로모션 사이트에 접속해서 파티에 초대된 60명의 캐릭터 중 하나를 선택한 후 Perrier 병에 담긴 비밀을 푸는 미션 수행(인터랙티브 게임 형태로 브랜드 수시 노출)

- [GEICO] Unskippable

유튜브에서 스킵버튼이 생성되는 5초가 지나기 전에 광고대사가 끝나고 등장인물은 정지상태가 되어 오히려 시청자의 몰입 유도(광고 건너뛰기 경향에 대한 역발상)

[그림 9-6] '흥미와 관여' 코드의 캠페인 사례

- [빙그레 바나나맛우유] 마이스트로우(My Straw)

다섯 가지 종류의 독특한 빨대가 바나나맛우유를 마시기 위해 사용되는 유쾌한 상황을 시리즈 광고로 제작하여 젊은 타깃층에게 소구. 마이스트로우 빨대는 G마켓과 연계하여 한정판으로도 판매

### 3) 스토리텔링 Storytelling

기승전결의 구성까지는 아니어도 이야기 전개를 위한 어느 정도의 시공간적 여유가 요구되는 스토리텔링은 물리적 제약(15초 CF와 같은)이 따르는 광고의 표현구조에 쉽게 적용하기 어려운 기법이었다. 그러나 온라인과 모바일시대가 도래하면서 상황은 달라졌다. 기껏해야 30초나 1분 수준이었던 영상광고가 러닝타임의 한계를 벗어나게 되었고, 인터랙티브한 노출환경은 수용자의 반응에 따라 스토리 전달의 시간

을 얼마든지 확장하는 것을 가능케 했다. 문학에서의 스토리텔링이 결국은 텍스트의 구조화인 데 반해, 모바일 환경에서의 **스토리텔링**은 훨씬 다양한 구성요소를 동원함으로써 창의적이고 다채로운 접근이 가능하다. 스토리텔링형 콘텐츠는 흥미나 공감 코드와도 잘 접목될 수 있으며, 내용이 신선할 경우 SNS를 통한 바이럴을 쉽게 일으켜 노출 확장의 효과도 기대할 수 있다.

- [Honda Civic] The Other Side(A Double-Sided Story)

두 제품(Civic과 Civic Type R)의 매력을 대비시켜 보여 주기 위해 동영상 재생 중 R 버튼을 누르면 동일한 남성 운전자의 상반되는 상황으로 스토리 전환

- [K Plus] Friendshit

친화력이 없는 소녀가 전학을 간 후 K Plus 앱을 소재로 한 대화를 통해 친구들을 사귀어 가는 과정을 유머러스한 스토리로 전개(K Plus는 태국의 모바일뱅킹 앱)

[그림 9-7] '스토리텔링' 코드의 캠페인 사례

• [CBC] Abla Fahita

Abla Fahita라는 가상의 중년여성 캐릭터를 인형으로 만들어 기자회견, TV쇼 등에 출연시키고 지속적인 에피소드 생성과 함께 SNS를 통한 바이럴 유도(CBC는 이집트의 방송국)

• [인천국제공항] Eight Delights of Transfer

라인스토어의 BT21 캐릭터를 이용해서 이들이 인천공항의 다양한 매력을 즐기는 모습을 여덟 가지 에피소드로 구성된 3D 애니메이션 스토리로 구현

### 4) 유용성 Usefulness

세상에 유통되는 수많은 정보 가운데 대부분은 소비자에게 그다지 중요하지 않거나 쓸모없는 것들이다. 광고를 포함한 상업적 콘텐츠도 여간해서는 소비자의 인식체계로 진입해서 폐기되지 않고 버티기 어렵다. 결국 소비자의 관심을 끌고 선택받기 위해서는 대상이 그럴 만한 이유를 가져야 하는데, '유용성'은 소비자의 채택을 유도하기에 가장 효과적인 코드 중 하나라 할 수 있다. 브랜드가 제공하는 콘텐츠가 이롭다고 느끼면 소비자는 (일시적으로라도) 그 브랜드를 가까이 하고 호감을 느낄 것이란 기대에 따라, 직접적인 브랜드 메시지 전달 대신 소비자에게 유용할 만한 콘텐츠를 제공하는 우회전략의 사례가 늘고 있다. 특히 모바일 테크놀로지의 눈부신 발전으로 인해 혁신적 기능이 가미된 다양한 브랜드 체험이나 서비스 제공이 가능해진 점, 그리고 소셜 네트워크를 통해 소비자가 자발적으로 콘텐츠를 제공하고 확산할 수 있는 환경이 만들어진 점도 유용성 전략이 높은 효과를 발휘하기에 유리한 여건을 제공한다.

• [L'oreal] Makeup Genius

안면인식기술과 매핑기술을 이용해 사용자의 얼굴을 스캔하면 로레알 화장품을 바른 이미지를 가상거울을 통해 확인할 수 있고, 모바일 구매 페이지로도 연동

• [Lowe's] Fix in Six

실생활에 유용하고 집에서 쉽게 실행할 수 있는 다양한 팁을 각 6초 분량의 단순하고 흥미로운 영상으로 제작하여 짧은 동영상의 공유 플랫폼인 'Vine'을 통해 공개

• [Cafca] Digital Lullaby

'Give comfort to moms'란 콘셉트하에 아이들이 좋아할 만한 캐릭터와 사운드로 우는 아이의 울음을 순식간에 멈추게 하는 애니메이션 영상 제공

• [Sunshine Aquarium] Penguin Navi

증강현실(AR) 기술을 이용해서 인근 지하철역에서 선샤인 수족관까지 펭귄의 안내를 받으며 즐겁게 이동할 수 있는 네비게이션 서비스 제공

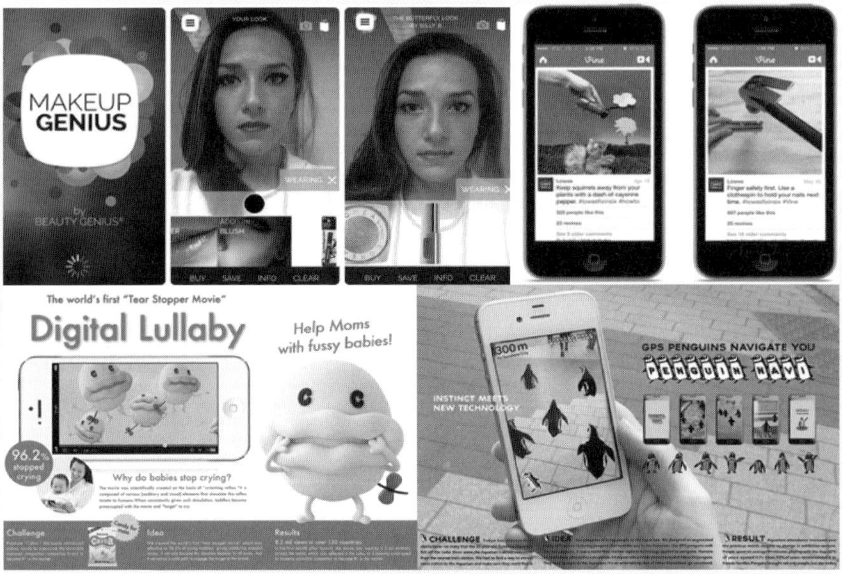


[그림 9-8] '유용성' 코드의 캠페인 사례

## 5) 손쉬운 창작 Easy Creation

사람은 누구나 창작을 할 수 있고, 내가 창조한 결과물에 대해 본능적으로 애착을 느끼는 경향이 있지만, 바쁜 일상 속에서 창작의 기회를 갖기란 쉽지 않은 일이며, 평소에 익숙지 않았던 창작의 과정이 그리 만만할 리도 없다. 그러나 기술의 진보는 다양한 창조 프로세스를 가능케 했고, 일부 단순한 콘텐츠는 디지털 알고리즘이나 인공지능의 힘을 빌려 신속하고 손쉬운 제작이 가능해졌다. 소비자는 창작의 과정에 본인이 직접 참여해서 만들어진 특별한 창조물에 대해 적극적으로 반응할 것이란 마케터의 예상은 틀리지 않았다. 참여자는 간단한 선택과 조작만으로 자신이 만든 결과물을 즉시 확인할 수 있고, 그 과정에서 브랜드에 대한 관여가 일어나게 된다. 국내외에서 다양한 시도가 이루어지고 있는 이 접근은 흥미 코드나 유용성 코드와 결합돼서 더 큰 효과를 발휘할 수도 있다.

- [삼성 갤럭시] Cube Movie

자신의 휴대전화 번호 뒤 4자리를 입력하면 1만 개의 가능한 스토리라인 중에서 나만의 영상스토리 하나가 자동조합되어 두 남녀의 이야기 제공

- [Carsales.com] AutoAds

Carsales.com(호주의 온라인 중고차 마켓 사이트)에 차량의 이미지와 기본정보를 등록하면 커스트마이징된 영상광고를 자동 제작하여 제공

- [Intel] The Museum of Me

인텔 페이스북 페이지를 'Like' 하면 이용자의 페이스북 친구 이미지와 이용자가 올린 게시물로 구성된 디지털 가상박물관을 구현하여 제공

[그림 9-9] '손쉬운 창작' 코드의 캠페인 사례

- [Google Chrome] All Is Not Lost (OK Go x Pilobolus)

유명 퍼포먼스 그룹 OK Go와 합작으로 제작한 인터랙티브 뮤직비디오. 알파벳별로 안무가 제작되어 이용자가 입력한 메시지에 따라 다양한 안무 퍼포먼스 전개

### 6) 공익을 위한 솔루션 Solution for Public Interest

권위 있는 국제광고제들의 수상작 면면을 살펴보면, 이미 오래 전부터 주요한 코드로 자리 잡은 **'공익성'**이 최근 들어 유난히 많은 프로모션에 반영돼 있음을 확인할 수 있다. 두 가지 이유로 볼 수 있는데, 첫째는 상대적 저비용과 소셜미디어를 통한 파급력의 이점을 갖는 온라인/모바일 프로모션을 이용해 비로소 적극적 캠페인을 집행하는 공익단체와 사회적 기업들이 많아졌기 때문이고, 둘째는 기업의 사회공헌(CSR) 활동의 일환으로 공익성 캠페인을 전개하는 사례가 늘어났기 때문이다. 어떤 경우이든 소비자는 **'착한 마케팅'**에 호의적으로 반응하는 경향이 뚜렷하므로 긍정효

과의 가능성 또한 매우 높은 편이다. 주목해야 할 사실은 이러한 목적의 캠페인에서 제시되는 대부분의 솔루션은 그 주역이 디지털 기술이라는 점이다. 자연스럽게 모바일플랫폼은 이런 공익성 캠페인에서 중요한 역할을 담당할 수밖에 없으며, 메시지가 전달되고 피드백이 발생하는 핵심경로 또한 대개의 상황에서 모바일 채널이 된다.

- [Baobeihuijia] Search for Missing Children

매년 20만 명 이상의 아동이 실종되는 중국에서 펼쳐진 미아 찾기 캠페인. 무료 와이파이를 검색하여 인터넷에 접속되기 전에 실종아동들의 사진과 신상정보 노출

- [Save Our Sons] The Most Powerful Arm

근육위축증(DMD)이란 희귀병을 앓고 있는 아동들을 위해 'Save Our Sons'의 페이스북 페이지에 접속해서 기부 및 청원 참여 의사를 밝히면 로봇팔이 용지에 대리 서명하여 과정을 간소화시키고 주목을 이끌어 동참 촉진

[그림 9-10] '공익을 위한 솔루션' 코드의 캠페인 사례

• [삼성전자] Look At Me

자폐증 환자가 스마트폰을 활용해 상대방과 눈을 맞추는 연습을 할 수 있는 앱을 개발하고, 실제 자폐증 환자인 소년이 'Look At Me' 앱을 이용한 훈련과정을 통해 변화하는 모습을 감동적으로 담은 영상광고 제작

• [Amnesty International] Bulletproof

사람을 죽이는 잔인한 게임들이 난무하는 상황에 맞서 사형수의 생명을 구하는 모바일게임을 제작하여 홍보하고, 앱 판매를 통한 수익금은 사형수 구명운동을 위한 기금으로 사용

## 6. 모바일 광고의 미래

불과 10년 전, 5년 전과 비교해 광고 패러다임은 디지털 중심으로 완전히 전환됐고, 모바일 광고는 디지털 광고의 다양한 유형 가운데서도 가장 성장세가 두드러진 황금영역이 되었다. 모바일 광고의 미래 또한 그 어떤 광고유형보다 낙관적이다. 스마트폰을 위시한 모바일 기기의 이용자와 이용량은 좀처럼 감소하지 않을 것이며, 전통매체나 온라인을 통해 유통되었던 콘텐츠가 모바일 환경으로 이동하거나 동시 탑재되는 현상은 더욱 일반화될 전망이다.[12] 또한 빅데이터 분석과 오디언스 바잉(audience buying)의 이용 확산에 따라 수용자 표적화는 더욱 정교해지고 있기 때문에 개인성이 강한 모바일 미디어가 갖는 광고매체로서의 매력도는 향후 더 높아지리라 예측할 수 있다.[13] 마케팅에서의 효율성과 ROI에 집착하는 기업이 늘수록 비용

12 이른바 'N스크린' 시대의 도래로 인해 주요 TV채널의 방송용 콘텐츠는 기본적으로 세 개 매체, 즉 TV, 온라인 미디어(PC 기반), 모바일 미디어를 통해 유통되는 현상이 보편화되어 가고 있다. 이와 같이 인터넷을 통한 방송 콘텐츠의 유통을 지칭하는 'OTT 서비스'는 이용자가 몰리는 모바일 환경에서 빠르게 활성화되고 있으며, 이는 곧 모바일 광고의 출구 확대를 의미한다.

13 매체전략의 집행에 있어 종래의 미디어 중심 구매방식(media buying)이 수용자 중심 구매방식(audience

대비 효용성(cost-effectiveness)이 대체로 높은 것으로 인식되는 모바일 광고가 더 주목받으리라는 예상 역시 장밋빛 전망의 근거 중 하나이다.

반면에 모바일 광고의 효과에 걸림돌이 될 수 있는 몇 가지 장애요인도 상존한다. 푸시형 광고에 대한 수용자의 거부감과 회피심리, 개인정보 침해에 대한 우려, 광고 범람에 의한 클러터 발생, 애드블록(AdBlock) 등을 통한 광고차단 기능의 이용 확대, 모바일 광고 이용기업의 급증에 따른 광고비 상승 등은 모바일 광고의 전략적 활용을 모색함에 있어 염두에 두어야 할 위협요인들이다. 또한 모바일 광고는 전통적 유료매체에 비해 비히클과 옵션이 상당히 세분화되어 있고 가변성이 높을 뿐더러, 거래제도나 규제에 있어서도 혼선이 많고 아직 정착단계에 이르지 못한 상태이다. 따라서 향후 모바일 광고시장에서 발생할 수많은 실무적 · 제도적 이슈는 쟁점화와 시행착오의 과정을 거친 부단한 변천이 예상된다.

모바일 광고의 영역은 무한하다. 계속되는 기술의 진보와 함께 앞으로도 새로운 형태의 모바일 광고가 잇따라 시장에 등장할 것이며, 이들은 적자생존의 과정을 거쳐 존속하거나 사라질 것이다. 지금도 우리는 어렵지 않게 그 변화상을 목격하고 예측할 수 있다. 이를테면, 시계, 안경, 팔찌 등과 같은 인체착용기구(wearable device)에 사물인터넷이 적용된 제품은 이미 상용화되기 시작했고 그 이용자와 활용범위가 확대되고 있는 추세이므로, 이 역시 모바일 광고의 새로운 개발영역으로 자리 잡을 가능성이 높다. 또한 소비자의 행위정보에 기초한 리타기팅광고나 맞춤형 광고 노출의 시스템은 고도의 빅데이터 분석과 함께 더욱 정교해지면서 모바일 광고의 생존력을 강화시킬 것이다. 아울러 모바일 플랫폼 운영자는 광고 유치를 위한 새로운 형태의 광고상품을 지속적으로 개발할 것이며, 모바일 커머스나 O2O(Online-to-

---

buying)으로 전환되고 있는 현상 또한 주목할 만한 변화이다. 성별, 나이, 거주지역 등으로 타기팅의 기준이 제한됐던 과거와 달리, 현대의 온라인/모바일 환경에서는 소비자의 행위, 관심사, 웹페이지 방문이나 구매 기록 등의 정보를 추적하고 분석함으로써 수용자 개개인에 대한 정밀하고 맞춤화된 광고 전달을 시도할 수 있다. 최근의 디지털 광고 프로세스에서 자주 거론되는 '프로그래매틱 바잉(programmatic buying)'은 이용자가 남긴 쿠키 정보를 바탕으로 디지털 알고리즘에 따라 실시간 자동입찰하여 광고매체와 광고주를 매칭하는 시스템을 의미하는데, 이 또한 수용자 표적화를 정교하게 구현시키는 혁신적 메커니즘으로 볼 수 있다.

Offline) 서비스와의 긴밀한 연계를 위해 광고노출의 시스템도 혁신적인 시도와 발전을 거듭할 것으로 보인다. 결국 모바일 광고는 끊임없이 진화하면서 현재뿐 아니라 미래에도 국내외의 광고생태계와 소비문화를 움직이는 주역이 될 것이라 전망된다.

지금까지 모바일 광고에 대한 개략적인 이해를 토대로 '모바일 광고의 크리에이티브'란 주제에까지 접근해 보았다. 그러나 이 주제는 모바일 광고 형태의 다양성과 차별성, 그리고 지속적인 변천과 확장성으로 인해 제한된 분량으로 다루기에는 한계가 컸고, 세세하고 전문적인 부분까지 포함하기 어려웠다. 이에 향후 모바일 광고에 대해 심층적으로 고찰하게 될 많은 저서와 학술연구에서 이 장의 미흡한 부분이 충분히 보완되고 업데이트된 정보와 다양한 인사이트가 제시될 수 있기를 기대한다. ■

## 제10장

# 크리에이티브의 미래 인공지능

**김소연**(경희대학교 국제학과 교수)
**황보 현우**(연세대학교 정보대학원 겸임교수)

1. 왜 인공지능 광고인가
2. 인공지능과 광고는 어디까지 왔는가
3. 인공지능을 활용한 광고제작
4. 시사점과 대응방안

◈◇◈

**인공지능**(Artificial Intelligence)이 4차 산업혁명의 핵심 기술로 대두되고 있는 가운데 인간의 고유 영역이라고 여겨졌던 광고 업계에도 인공지능 기술이 접목되고 있다. 특히 디지털 광고 업계는 인공지능을 도입하여 광고 노출 및 도달률을 높이려는 노력을 하고 있다. 인공지능은 머신러닝과 빅데이터를 기반으로 소비자의 관심사 및 소비패턴을 분석하고 이에 맞는 광고유형과 매체를 추천함으로써 광고 효율을 극대화할 수 있기에 각광받고 있으며, 최근에는 광고기획 및 제작 분야로까지 영향력을 넓혀 가고 있다. 이 장에서는 인공지능 광고의 출현 배경을 밝히고, 창의성과 인공지능의 관계에 대한 기존 연구 및 인공지능의 창작 사례를 살펴본다. 또한 광고분야 전반에서 활용되는 인공지능 유형 및 사례를 소개하고자 한다. 끝으로, 광고제작 분야에서 인공지능의 역할을 사례를 통해 알아보고, 향후 발전 가능성 및 위협요소에 대한 논의를 이끌어 내고자 한다.

## 1. 왜 인공지능 광고인가

소셜미디어 및 모바일 광고가 **세분화 타기팅**(micro targeting)이 가능해지고, 지비용 고효율 광고 수단으로 인식되고 있음에 따라 이에 대한 관심이 대폭 증가하고 있다. 하지만 소셜미디어 광고는 전통 매체 광고에 비해 광고제작 단가가 낮고 광고기간이 짧아 광고기획/제작자들이 시대의 변화에 신속히 대응하는 광고를 단기간에 만들어 내는 데 어려움이 따른다. 이에 따라 국내외 몇몇 광고제작 업체는 인공지능을 활용한 광고제작 기법을 도입하고 있는데, 아직 도입 초기인 만큼 인공지능 제작 광고의 가능성 및 크리에이티브에 대한 실무적, 학문적 연구는 미비한 상황이다. 이 절에서는 광고에서 인공지능 활용이 예상되는 분야의 구체적인 사례를 살펴보고, 여러 분야 중 하나인 광고제작에 있어 인공지능의 역할을 중점적으로 살펴보고자 한다. 향후 인공지능은 광고제작 분야에서 어떠한 역할을 담당하게 될 것인가? 인공지능은 과연 창의적일 수 있는가?

### 1) 창의성이란 인간의 고유한 능력인가

일반적으로, **창의성**(creativity)은 '새롭고 독창적인 것을 만들어 내는 능력' '전통적인 사고방식을 탈피하여 비일상적인 생각을 산출하는 능력'으로 산출물이 '적절하고, 적합해야 함'을 의미한다. 즉, 창의성은 독창성(originality)과 가치성(valueness)을 내포하는 개념이라고 할 수 있다. 이처럼 창의성이란 적합하며 독특하다고 인정받는 아이디어를 창출하는 능력으로, 광고의 핵심적 구성 요인이다(Lehnert, Till, & Ospina, 2014; Smith & Yang, 2004; White, 1972). 창의성 부문에서 높은 평가를 받은 광고가 대체로 광고효과도 높다는 것은 널리 알려져 있으며, 매체가 다양화됨에 따라 소비자의 눈길을 끌기 위한 창의적 광고의 중요성은 더욱 강조되고 있다.

미래학자 레이 커즈와일(Ray Kurzweil)은 기술 특이점이 오는 시기를 2045년으로 보며, 이 시기에는 초인공지능이 출현하여 컴퓨터 인공지능이 스스로 지식을 만들어 내는 수준의 창의성을 발휘할 것이라 예측했다. 하지만 일부 학자들은 인공지능은 과거의 데이터를 기반으로 결과물을 창출하기 때문에 창의적일 수 없다는 주장을 펼치기도 했다. 이에 따라 인공지능이 과연 창의적일 수 있는지, 만약 그렇다면 인간은 인공지능의 창작물을 어떻게 평가할 것인지에 관한 논의가 학계 및 업계에서 지속되고 있다.

창의성과 인공지능의 관계를 연구한 계산주의 심리학자 마거릿 보든(Margaret Boden)은 창의성을 조합적 창의성, 탐색적 창의성, 변형적 창의성으로 구분한다. **조**

**합적 창의성**(combinational creativity)은 친숙한 두 개 이상의 아이디어를 새로운 방식으로 결합함으로 생기는 창의성이다. 예를 들어, 말과 뿔이라는 다른 개념을 조합하여 생성한 '유니콘'이란 개념은 조합적 창의성의 산출물이다. 다른 두 유형의 창의성을 설명하기 위해 보든은 **관념 공간**(conceptual space)이라는 개념을 제시한다. 보든에 따르면 관념 공간은 '그 안에서 행해질 수 있는 것과 행해질 수 없는 것을 결정하는 법칙들과 원리들의 집합에 의해 규제되는 사고의 영역'이다. **탐색적 창의성**(exploratory creativity)은 관념 공간의 새로운 가능성을 심도 있게 조사하고 탐구하는 것에서 나타난다. **변형적 창의성**(transformational creativity)은 관념 공간을 구성하는 접근법, 제약, 조건 등을 변형함으로써 그 공간 자체를 변화시키는 창조방식으로, 새로운 패러다임의 제시 등이 이에 속한다.

보든이 제안한 세 가지 유형의 창의성은 인공지능에서 일부 구현되고 있다. 특히 조합적 창의성은 원료가 되는 아이디어(데이터)를 여러 가지 조합으로 결합해 재생산한 결과로, 인공지능이 조합적 창의성을 구현하는 것은 어렵지 않다. 그러나 어떠한 조합이 가장 독창적 가치를 지니는지 여부를 판단하는 것은 여전히 인간의 몫인 경우가 많다. 탐색적 창의성은 인공지능에 가장 적합하며, 신약 개발 등의 영역에서 인공지능이 창의성을 발휘할 수 있다는 장점이 있다. 하지만 탐색을 위해 필요한 배경지식들을 인간이 인공지능 체계에 입력해야 하기 때문에, 현재 인공지능의 탐색적 창의성은 상당 부분 인간에 의존하고 있다. 만약 인공지능이 규칙 체계를 정립하고, 인공지능을 스스로 설계할 수 있다면 한 단계 진보한 수준의 창의성을 발현할 수 있을 것이다. 이러한 노력의 일환으로, 구글은 머신러닝 알고리즘을 이용하여 특정 용도의 소프트웨어를 스스로 설계하는 인공지능 기술을 개발하고 있다. 변형적 창의성은 인공지능이 한 가지 관념 공간에서 얻은 배움을 다른 영역으로 확장할 수 있을 때 구현 가능하다. 변형적 창의성은 인간이 인공지능에 입력한 초기 규칙 체계를 변형시켜 새로운 체계를 지닌 인공지능으로 자신을 변형시킬 때 발휘되는데, 이 수준의 창의성은 아직 인공지능이 구현하기 어렵다.

이처럼 보든은 다수의 연구를 통해 인공지능이 새로운 것을 만드는 과정이 인간의 창조 과정과 매우 유사함을 시사했다. 실제로 보든은 인공지능으로 하여금 1,700여 점의 명화를 컴퓨터로 분석하게 한 후, 명작이라고 평가된 작품들을 관통하는 알고리즘이 있음을 밝히기도 했다. 이 연구에서 보든은 컴퓨터 알고리즘이 창의성 부분에서 높은 점수를 준 작품과 미술사학자들의 평가가 상당 부분 일치함을 증명했다. 이와 같이, 많은 학자는 인공지능의 창작 활동 메커니즘을 지속적으로 연구 · 개발한다면, 언젠가 인공지능이 인간과 유사한 수준의 창의성을 발현할 수 있을 것이라고 예측하고 있다.

### 2) 인공지능의 창작

인공지능은 음악을 만들고, 그림을 그리고, 책을 쓰는 등 인간의 창작 영역까지 그 활동 범위를 넓혀 가고 있지만, 창의성은 여전히 인간의 고유한 영역이라는 생각이 지배적이다. 실제로, 창의성은 인공지능 개발자들이 인공지능 알고리즘 개발 시, 가장 어려움을 겪는 영역 중 하나이다(Boden, 1998). 하지만 최근 인공지능 연구의 발달로 인해 음악 창작 등의 영역에서 인공지능은 괄목할 만한 성과를 내고 있다. 실제로 몇몇 인공지능 기반 기업이 소비자를 대상으로 인공지능이 창작한 음악과 세계적인 음악가가 창작한 음악 비교를 시도했는데, 대부분의 소비자는 음악의 퀄리티나 창의성 부문에서 인간과 인공지능 창작물의 차이를 인식하지 못했다(da Silva, 2003).

실제로 인공지능의 창작은 이미 진행되고 있다. 인공지능은 음악, 예술, 패션 및 영화를 포함한 창작 산업 분야에서 콘텐츠(contents)를 제작하는 데 활용되고 있다. 2018년 10월 25일, 크리스티 경매에서 한 작품이 43만 2,000달러(5억 원)에 팔렸다. '에드먼드 벨라미의 초상화(Portrait of Edmond Belamy)'라는 제목의 그림은 전세계 미술계를 놀라게 했다. 이 작품의 작가가 인간이 아닌 인공지능이었기 때문이다. 2019년 3월 6일, 런던 소더비 경매에서는 또 다른 인공지능의 작품인 '메모리스 오브 패서바이 I(Memories of Passersby I)'이 4만 파운드(6,000만 원)에 거래되기도 했다.

구글의 대표 인공지능 '딥 드림(Deep Dream)'은 반 고흐의 작품을 모사하는 훈련을 받았다. 딥 드림이 제작한 '별이 빛나는 밤'은 반 고흐 작품과 유사하기는 하지만 아직 예술적인 측면에서 볼 때 차이가 있다는 평을 받았다. 하지만 딥 드림의 작품은 경매에서 상당한 가격에 거래되었다.

2016년 칸 광고제(Cannes Lions)의 사이버 부문과 혁신-창조적 데이터 부문의 그랑프리를 수상한 ING의 넥스트 렘브란트(Next Rembrandt) 캠페인은 ING, 마이크로소프트(Microsoft)와 델프트 기술대, 렘브란트 하우스 미술관과 마우리츠 하우스 미술관의 데이터 과학자들이 인공지능 기술을 활용하여 17세기 바로크 시대 최고의 화가인 렘브란트의 작품을 재현한 프로젝트이다. 이 프로젝트를 위해 인공지능은 안면 인식(facial recognition)과 딥 러닝 알고리즘을 사용하여 렘브란트의 작품 346점을 3D 스캐닝하고, 이를 분석하여 렘브란트의 화풍을 학습했다. 이 알고리즘은 렘브란트 작품들을 분석한 후, 모자를 쓰고 흰색 깃이 있는 검은 색상의 옷을 입은 백인 남성의 초상화를 제작해야 한다고 결론 내렸다. 피사체를 결정한 뒤, 렘브란트 초상화들의 세밀한 부분들을 분석해서 유화의 질감과 붓터치까지 렘브란트 화풍을 그대

[그림 10-1] ING의 The Next Rembrandt

출처: 넥스트 렘브란트 프로젝트 홈페이지.

로 재현해 낸, 하지만 완전히 새로운 작품을 만들었다. 이는 인공지능을 활용해 다시 만들어 낼 수 없는 거장의 작품을 재현해 내었다는 점에서 의의가 있다.

일본의 한 문학상 공모전에서 인공지능이 창작한 소설이 일반 작가들의 소설과 경쟁하여 1차 심사를 통과하는 사건이 일어나기도 했다. 소설 제목은 '컴퓨터가 소설을 쓴 날'로, A4용지 3페이지 분량의 단편소설이었다. 인공지능이 스스로 스토리를 만드는 데 아직 한계가 있어 인간의 개입이 필요하긴 했지만, 1,450편의 소설이 경쟁하는 공모전에서 1차 심사를 통과한 것은 경이로운 일이 아닐 수 없다.

이 밖에도 인공지능 창작품은 예술의 일부로 자리 잡아 가고 있다. 예술은 인간의 창의성이 응축된 행위이기 때문에 인공지능이 절대 구현할 수 없을 것이라는 믿음이 깨지고 있는 것이다. 따라서 광고 학계 및 업계는 인간이 앞으로 인공지능의 창작물을 어떻게 평가하고 소비하게 될 것이며, 향후 인공지능이 광고분야에서 어떠한 역할을 하게 될 것인지에 대해 고민해 볼 필요가 있다.

## 2. 인공지능과 광고는 어디까지 왔는가

### 1) 광고분야에서 활용되는 인공지능 유형

광고분야에서 인공지능은 다양하게 활용되고 있다. 인공지능은 소비자가 제품 또는 서비스의 필요성을 인지하고(need recognition), 구매 가능 옵션에 대한 고민을 하고(initial consideration), 옵션들을 평가 및 비교하여(active evaluation), 구매 의사결정을 내리고(purchase decision), 구매 후 평가를 하는(post-purchase behavior) 고객 여정(consumer decision journey)의 전반에 걸쳐 활용 가능하다(Kietzmann, Paschen, & Treen, 2018). 예를 들어, 기업은 고객 데이터베이스 분석을 통해 제품에 가장 관심이 있을 만한 잠재고객 유형의 도출을 시도할 수 있다. 제품에 대한 고객의 관심도를 점수화하여 보다 세분화된 잠재고객층에게 타깃 광고를 노출할 수 있으며, 고객의 제품에 대한 효용을 분석하여 가격 변동제(dynamic pricing)를 시도할 수 있다. 또한 기업은 고객지원을 위해 음성인식(speech recognition), 자연어 처리(Natural Language Processing: NLP) 기술에 기반한 챗봇(chatbot)을 도입하여 고객을 지원할 수도 있다.

이 중, 광고효과의 극대화를 위해 실무에서 가장 많이 활용되는 인공지능 방법론은 추천 시스템(recommendation system)이다. 광고 공급자는 인공지능을 통해 고객의 선호도를 학습하고 분류함으로써 불필요한 광고 노출을 줄이고 타깃 고객의 필요에 부합하는 광고를 추천할 수 있다. 이처럼, 인공지능의 도입이 기업의 입장에서는 광고예산의 효율적 집행을 가능케 하고, 고객의 입장에서는 무분별한 광고 노출로 인한 피로도를 최소화할 수 있다는 장점이 있다. 나아가, 광고제작자들은 광고를 타깃층의 요구에 보다 효과적으로 일치시킴으로써 고객 맞춤형 콘텐츠를 제작 및 추천할 수 있게 될 것이다.

기술적으로 볼 때, 추천 시스템은 협업 필터링(collaborative filtering), 내용 기반 추천 시스템(content-based recommendation), 상황 인지 추천시스템(Context-Aware Recommender Systems: CARS), 신뢰 인지 추천시스템(Trust-Aware Recommender Systems: TARS) 등으로 구분된다. 실무에서는 어떤 추천 시스템을 적용할지 선택하는 문제도 중요하지만, 신규 사용자에게는 무엇을 추천할 것인가와 관련된 스타트 문제(cold-start problem)와 사용자 정보가 부족할 경우에 발생하는 데이터 희소성(data sparsity) 문제, 사용자의 데이터 조장으로 인한 왜곡(shilling attacks) 문제를 해결하는 것이 보다 중요하다(Hwangbo & Kim, 2017).

이와 더불어, 텍스트 기반 광고효과를 극대화하기 위해, 심층 학습에서 자연어 처리를 위해 사용되는 순환 신경망(recurrent neural network)과 재귀 신경망(recursive neural network) 등의 방법론을 사용하고 있다. 이 외에도 광고의 이미지 처리를 위해, 합성곱 신경망(convolutional neural network)과 컴퓨터 비전(computer vision) 등의 방법론을 사용한다.

## 2) 인공지능을 활용한 광고효과 극대화 사례

### (1) 프랑스 카날 플러스(Canal+) 방송국의 인공지능을 활용한 드라마 홍보

프랑스 카날 플러스(Canal+) 방송은 인공지능이 댓글을 작성하게 함으로써 드라마 〈젊은 교황(Young Pope)〉을 홍보했다. 소셜미디어상에서 복음을 전하는 교황의 이미지를 차용하여, 트위터나 페이스북에 올라오는 시청자의 포스팅에 답하고, 욕설이나 비도덕적인 글이 올라올 경우 그에 맞는 성경 구절을 찾아 답했다. 이와 같은 작업을 위해 IBM의 인공지능인 왓슨(Watson)에게 약 39,000개의 성경 구절을 학습시켰으며, 시청자들의 포스팅에 가장 적합한 성경 구절을 찾아 댓글을 달도록 했다. 결과적으로, 카날 플러스는 드라마 속의 주인공인 파이우스 13세(Pius XIII)의 소셜미디어 계정을 사용해 백만 명이 넘는 시청자들에게 성경 구절을 전했다. 인공지능을 활용해 별도의 인건비 없이 약 4백만 개의 댓글을 작성하며 드라마 홍보에 성공한 것이다.

[그림 10-2] 카날 플러스 방송국의 인공지능을 활용한 드라마 홍보: AiMEN
출처: makemepulse 홈페이지.

### (2) 쉐보레(Chevrolet)의 인공지능을 활용한 기업 홍보

'절대 포기하지 않는 정신'을 기업 철학으로 삼고 있는 쉐보레는 긍정적인 사고가 세상을 발전시키는 밑거름이라는 사실을 홍보하기 위해, 소셜미디어에 업로드된 게시물의 긍정성 평가에 따라 휘발유를 무료로 주유해 주는 주유소인 '긍정 펌프(Positivity Pump)'를 설치한 바 있다. 쉐보레는 IBM의 인공지능인 왓슨을 사용하여 페이스북, 트위터 등 소셜미디어에 제시된 콘텐츠의 긍정도를 평가한 후 이를 점수화하여, 긍정도 점수만큼 휘발유를 넣어 주는 이벤트를 실시했다. 쉐보레는 인공지능을 활용한 기업 홍보 이벤트를 통해 쉐보레에 대한 기업 인지도를 개선하고, 쉐보레의 기업 철학을 소비자에게 널리 알릴 수 있었다. 또한 쉐보레는 캠페인 과정에서 인공지능 기술을 적극 활용함으로써 첨단 기술을 선도적으로 적용하는 기업이라는 이미지 개선 효과도 거둘 수 있었다.

[그림 10-3] 쉐보레의 인공지능을 활용한 기업 홍보: Positivity Pump

출처: Richmond Times-Dispatch 홈페이지.

### (3) 메조미디어의 인공지능을 활용한 광고 캠페인

국내 디지털 마케팅 기업인 메조미디어는 인공지능을 기반으로 광고 캠페인 효과를 학습하여 최적의 캠페인 전략을 제시하였다. 메조미디어는 3,500만 개 이상의 자체 보유 데이터가 내장된 데이터 관리 플랫폼인 '데이터맥스(Data Max)'와 애드테크(AD-Tech) 플랫폼인 '미디어 매스(Media Math)'에 인공지능을 활용한다. 구체적으로, 메조미디어는 광고 캠페인의 노출 날짜와 요일, 시간, 광고크기, 광고유형과 광고 미디어별 소비자 반응과 같은 여러 항목을 인공지능을 활용해 분석함으로써 예산 대비 가성비가 높은 캠페인을 제안한다. 예를 들어, 인공지능을 활용한 데이터 분석을 통해 '수요일, 오후 3시, 서울시 거주자에게 크롬 브라우저를 활용해 모바일로 광고를 내보내는 경우가 광고효과가 가장 높다.'는 결과를 얻을 경우, 광고 캠페인에 적용하는 기법이다. 이를 활용한 대표적인 사례인 일동제약의 '지큐랩' 광고는 동일 비용으로 인공지능 기술을 활용하기 전보다 2배 이상의 클릭률과 광고노출 효과를 달성했다.

[그림 10-4] 인공지능을 활용한 일동제약의 지큐랩 광고 캠페인

출처: 유튜브 홈페이지.

### (4) LG전자 씽큐(ThinQ)의 상황인지형 광고

LG전자는 2018년 11월 자사의 인공지능 서비스 브랜드인 'LG 씽큐'(ThinQ)' 광고에 인공지능 기술을 접목한 상황인지형 광고를 적용하였다. 유튜브를 통해 제공되는 '오늘의 씽큐' 광고는 매일 다른 광고로 구성된다. 광고의 구성은 다음과 같다. 먼저, 첫 화면에 오늘 날짜와 날씨 정보를 제공한다. 이어서 영화, 맛집 등 날씨와 어울리는 정보를 제공한다. 사용자별 지역과 날씨, 관심사에 맞춰 총 24편의 기본 광고를 바탕으로 데이터를 조합해 약 300여 편의 각기 다른 광고를 제공한다. 예를 들어, 비가 오는 날에는 파전에 대한 정보가 나오고, 영화를 좋아하는 소비자에게는 영화 추천을, 음식을 좋아하는 소비자에게는 맛집 정보를 제공하는 식이다. 이를 통해 소비자에게 일률적인 광고가 아닌 개인에게 최적화된, 그리고 상황에 적합한 상황인지형 광고가 제공된다. 이는 빅데이터와 인공지능 기술이 결합될 때 가능한 것으로, 고객의 선호 및 과거의 구매 내역과 관련한 방대한 데이터와 더불어 초개인화와 관련한 고도화된 인공지능이 선행되어야 구현될 수 있다. 이러한 상황인지형 광고는 앞으로 광고학계가 주시해야 할 분야로 떠오르고 있다.

[그림 10-5] LG전자 ThinQ의 상황인지형 광고

출처: 유튜브 홈페이지.

### (5) 코오롱인더스트리의 인공지능 기반 플래그십 스토어를 활용한 광고 체험

한국의 대표적인 패션기업 중 하나인 코오롱인더스트리 FnC 부분은 도심 내 대형 복합쇼핑몰(COEX)에 위치한 세 개 브랜드의 플래그십 스토어에 인공지능에 기반한 광고 체험 기기를 도입하여 도입하여 고객의 광고 경험을 극대화하는 시도를 진행한 바 있다(Hwangbo, Kim, & Cha, 2017). 코오롱에서 인공지능 기반 플래그십 스토어를 구현하기 위해 사용한 기기로는 지능형 CCTV(smart CCTV), 지능형 옷걸이(smart hanger), 지능형 거울(smart mirror), 지능형 쇼윈도(smart show window), 지능형 선반(smart shelf), 지능형 쇼케이스(smart showcase)의 여섯 가지가 있다.

먼저, 지능형 CCTV는 동작 감지(motion detection), 사물 추적(object tracking) 및 얼굴 인식(facial recognition) 기술에 기반한 집객 관리(people counting)와 동선 분석, 관심 영역 분석 기능이 내장되어 있다. 지능형 옷걸이는 가속도계(accelerometer)가 내장된 비콘(beacon)을 바탕으로 사용자의 움직임을 추적하고, 이와 연계하여 디지털 화면(digital display)이 변화되는 구조이다. 지능형 거울은 증강 현실(Augmented Reality: AR) 기술에 기반하여 가상 피팅 서비스(virtual fitting service)를 제공하고, 지능형 옷걸이, 지능형 선반 등의 위치와 연계한 화면을 제공한다. 지능형 쇼윈도는 키넥트(kinect)와 비콘을 사용하여 얼굴 인식을 실시하고, 사용자 반응형 화면에 사용자의 성별과 나이에 기반한 제품 추천 기능을 제공한다. 지능형 선반과 쇼케이스는 가속도계가 내장된 비콘을 기반으로 상품의 위치를 추적하고, 적외선 터치스크린(infrared touch screen)을 통해 사용자의 관심 사항을 디지털 사이니지(digital signage)에 표시한다. 코오롱의 세 개 플래그십 스토어에 구현된 인공지능 기반 기술과 상세 기능 및 적용 솔루션은 다음 〈표 10-1〉과 같다.

매장에 방문한 고객들은 지능형 옷걸이 또는 지능형 선반에 있는 상품을 만지고, 살펴보며, 들고 이동하는 과정에서 주변에 설치된 디스플레이에서 소재, 가격, 리뷰와 같은 해당 상품과 관련한 상세 정보를 얻을 수 있다. 또한 고객들은 지능형 거울에 구현된 360도 촬영, 증강 현실을 적용한 가상 피팅을 통해 여러 상품을 동시에 비교하거나, 주변 지인들과의 커뮤니케이션을 통해 구매와 관련한 의사결정에 도움을

〈표 10-1〉 코오롱 플래그십 스토어에 적용된 인공지능 기반 기술

| 인공지능 기반 기술 | 기능 | 적용 솔루션 |
|---|---|---|
| 동선 분석<br>(movement analysis) | 매장 내 유동인구를 촬영하여, 특정 위치에 오랫동안 머물거나 주요 동선에 들어오는 등의 정보를 수집 | • smart CCTV<br>• smart watch |
| 비콘<br>(beacon) | 각 상품에 고유한 위치 측위 신호를 송출하여, 근접한 장비 및 고객의 스마트폰에서 해당 정보를 제공 | • smart hanger<br>• smart mirror<br>• smart show window<br>• smart shelf<br>• smartphone application |
| 가속도계<br>(accelerometer) | 사물의 이동을 감지하여, 고객이 상품을 집어 들거나 내려놓는 등의 동작을 인식 | • smart hanger<br>• smart shelf<br>• smart showcase |
| 동작 감지<br>(motion detection) | 터치 조작이 불가능한 장소에서 동작 감지를 통해 장비와의 interactive user experience를 제공 | • smart show window |
| 얼굴 인식<br>(facial recognition) | 얼굴을 인식하여, 나이/성별 등을 분석한 결과를 제공 | • smart CCTV<br>• smart show window |

받을 수 있다. 한편, 고객들은 스마트 쇼윈도에 구현된 증강현실 마네킹의 디스플레이를 직접 변경하거나, 반응형 디스플레이가 반영된 쇼윈도 브로슈어를 넘겨 보면서 재미와 즐거움을 느끼게 된다. 얼굴 인식이 반영된 쇼윈도의 게임화 기능은 매장 밖 고객의 발걸음을 멈추게 하고, 고객에게 새로운 경험을 제공함으로써 매장 안으로의 방문을 유도한다. 스마트폰 앱은 고객이 매장 근처를 지날 경우 쿠폰 또는 이벤트 정보를 발송함으로써 위치 기반 마케팅을 가능하게 한다. 고객들은 상품의 바코드를 스마트폰 앱에 갖다 대어 오프라인 매장에서 본 관심 상품을 온라인 쇼핑몰의 장바구니에 담거나, 온라인 쇼핑몰에서 보았던 관심 상품이 오프라인 매장 내 어디에 위치하고 있는지를 조회함으로써 **옴니채널 마케팅**(Omni-channel marketing)을 경험할 수 있다.

〈대기화면〉 〈360도 촬영〉 〈HOT ITEM〉 〈세일즈포스 추천코디〉

[그림 10-6] 코오롱인더스트리의 지능형 거울 구현 사례

[그림 10-7] 코오롱인더스트리의 지능형 쇼윈도와 증강현실 마네킹 사례

[그림 10-8] 코오롱인더스트리의 얼굴 인식 기술을 활용한 제품 추천 사례

## 3. 인공지능을 활용한 광고제작

### 1) 광고제작을 위해 활용되는 인공지능 유형

인공지능 분야에서 이미지 처리(image processing) 및 음성 인식(voice recognition) 기술의 비약적인 발전은 광고제작 단계에서 인공지능이 보다 주도적인 역할을 하는 것을 가능하게 하였다. 특히 최근 각광을 받고 있는 생성적 적대 신경망(Generative Adversarial Network: GAN)은 이미지 합성, 음성 합성 기술과 더불어 인공지능에 기반한 광고제작을 한층 용이하게 하고 있다. 생성적 적대 신경망은 구글 브레인(Google Brain)의 이안 굿펠로우(Ian Goodfellow)가 NIPS학회에서 발표한 이후 최근 10년간 인공지능 연구 중 가장 혁신적인 아이디어로 꼽힐 정도로 인공지능의 전 응용 분야를 휩쓸고 있다. 2017년 8월 미국 워싱턴대학교 연구진에 의해 버락 오바마 전 미국 대통령의 가짜 영상이 만들어진 이래로 GAN은 영상 합성, 음성 합성을 기반으로 한 광고제작과 음성, 동영상 기반 콘텐츠 생산에 폭넓게 활용되고 있다. 특히 진짜 같은 가짜를 쉽고 빠르고 만들 수 있다는 점에서 앞으로 광고업계에서도 폭넓게 활용될 기술이자, 가장 경계해야 할 기술로 손꼽히고 있다.

## 2) 인공지능을 활용한 광고제작 사례

### (1) 인공지능 제작 TV 광고

2016년 일본 광고 업계를 충격에 빠뜨린 사건이 발생하였다. 맥켄 에릭슨(McCann Erickson)의 일본법인인 '맥켄 에릭슨 재팬'이 일본 식품회사의 껌 브랜드인 클로렛츠(Clorets)를 주제로 제작한 인공지능 껌 광고 때문이다(Pottala, 2018). 당시만 해도 크리에이티브가 가장 중요한 영역인 광고제작은 인공지능이 넘볼 수 없는 인간만의 독보적인 영역이라는 인식이 지배적이었다. 새로운 것을 창작해 내는 것만큼은 기계가 흉내 낼 수 없다고 생각했기 때문이다. 하지만 이러한 통념에 의문을 제기하는 사건이 발생했다. 인공지능이 쓴 시나리오로 제작된 광고와 인간 광고 감독이 제작한 광고 간 선호도 투표가 진행된 것이다. 인공지능 제작 광고는 기존 광고 영상들을 수집한 빅데이터를 기반으로 광고대상인 껌의 제품 정보를 조합하여 제작되었다. 소비자들이 어떤 광고를 선호하는지에 대한 분석을 마친 인공지능은 소비자가 원하는 바를 정확하게 집어낸 빠르고, 화려하며, 직관적인 광고를 제작하였다.

[그림 10-9] 사람이 만든 광고와 인공지능 제작 광고 대결

출처: Mumbrella Asia 홈페이지.

[그림 10-10] 일본 클로렛츠사의 인공지능 제작 광고

출처: 유튜브 홈페이지.

반면에 인간 감독은 다소 감성적이고 은유적인 느낌을 강하게 주는 서정적인 광고를 내놓았다. 콘테스트 결과 인공지능 제작 광고는 46%, 인간 감독 제작 광고는 54%의 선호도를 얻어 근소한 차이로 인간이 승리했다. 하지만 이 프로젝트는 인공지능이 크리에이티브가 가장 중요한 광고제작의 영역까지 범위를 확대했다는 점에서 의미가 크다.

### (2) 인공지능 광고 스토리텔링

토요타(Toyota) 자동차는 2018년 11월 IBM의 인공지능인 왓슨(Watson)이 작성한 대본으로 제작한 렉서스 광고를 발표하였다. 이는 인공지능이 대본을 작성한 최초의 상업 광고로 평가된다. 오스카상 수상 경력이 있는 케빈 맥도널드(Kevin McDonald) 감독은 IBM 왓슨 팀과의 협력을 통해 지난 15년간 칸 광고제에서 수상 이력이 있는 토요타 자동차 광고의 영상과 대본, 음성 및 관련 데이터를 분석했다. 이를 통해 인공지능은 고객에게 '직관 주행(Driven by Intuition)'의 이미지를 어필할 수 있는 요소를 추출하고, 대본의 흐름과 줄거리를 만들어 냈다. 이 사례는 인공지능이 아직 전

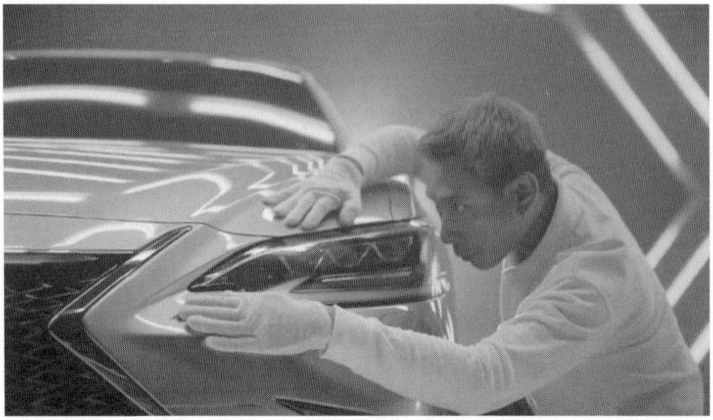

[그림 10-11] 토요타의 인공지능이 만든 광고 스토리텔링

출처: 유튜브 홈페이지.

문가들의 광고 크리에이티브를 완벽하게 대체할 수는 없지만, 인공지능이 스토리텔링을 위한 강력한 도구가 될 수 있음을 시사하고 있다.

### (3) 인공지능 제작 디지털 광고

중국 최대의 전자상거래 플랫폼인 타오바오(Taobao: 淘寶)는 알리바바(Alibaba)의 자체 개발 인공지능 플랫폼인 '루반(鲁班)'을 활용하여 중국판 블랙프라이데이인 11월 11일 광군제(光棍节)에서 사용할 약 4억 개의 배너광고를 제작한 바 있다. 알리바바는 초당 8,000장씩 만들어 낸 특별 배너를 활용해 사용자들이 타오바오 쇼핑몰에 접속할 때마다 항상 다른 유형의 디지털 광고를 노출시켰다. 인공지능이 제작한 디지털 광고는 20분에 1장의 광고를 만들어 낼 수 있는 100명의 디자이너가 무려 300년에 걸쳐 디자인해야 하는 분량을 만들어 낸 것이다. 최소한 광고의 질보다 다양성이 중요시되는 환경에서는 인공지능을 활용한 광고제작이 매우 유용하게 사용될 수 있음을 보여 주는 사례이다.

[그림 10-12] 타오바오의 인공지능을 활용한 디지털 광고제작 사례

## 4. 시사점과 대응방안

인공지능에 대한 두려움은 여러 가지가 있지만, 대부분이 컴퓨터가 인간을 닮는다는 것에 대한 예측 불가능함과 두려움에 기인하는 경우가 많다. 언젠가 인공지능이 인간의 일자리를 위협할 것이라는 두려움이 존재하는 것이다. 여전히 대다수의 학자는 사람처럼 생각하고 자유의지를 가진 인공지능을 만드는 것은 쉽지 않다고 이야기한다. 하지만 현재 인공지능은 머신러닝을 통해 사람처럼 새로운 것을 학습할 뿐만 아니라, 학습한 것을 토대로 새로운 것을 만들어 내기도 하기에 충분히 위협적이다. 인공지능의 학습 속도는 나날이 빨라지고 있으며, 산출물의 질 또한 지속적으로 향상되고 있다.

인공지능의 창작은 이미 시작되었다. 하지만 광고제작 분야에 있어서 인공지능 광고는 노출 빈도, 도달률 등의 데이터를 근거로 콘텐츠를 제작하는 경우가 대부분이라, 절대 수치적 효과는 높을지라도 아직 창의 부분에서는 사람 제작 광고를 따라오지 못한다는 평이 지배적이다. 인공지능 제작 광고를 론칭하고자 할 때, 인공지능 광고의 성공, 실패 여부의 최종 예측 및 판단은 아직 사람이 해야 하는 단계이다. 그러나 인공지능 제작 광고의 경우, 소비자의 피드백에 따라 수정이 용이하고 제작 기간이 짧다는 장점이 있다. 더불어, 인공지능 광고는 세분화된 세그먼트별 고객 타기팅을 가능케 한다. 따라서 현재 광고계에서 리드 타임이 짧고 단가가 낮은 소규모 디지털 캠페인이 증가하고 있는 추세임을 고려했을 때, 인공지능 광고제작 기술이 더욱 발전할 경우, 동일한 콘셉트하에 다수의 고객 맞춤형 디지털 광고 생산이 가능하리라 예상된다. 단기적으로 볼 때, 인공지능이 저비용 대량생산 광고제작에 있어서 인간보다 효과적일 가능성이 크다.

따라서 광고 업계 및 학계는 막연한 두려움 또는 기대에서 벗어나 광고분야에서 인공지능의 가능성을 이해하고 활용할 수 있어야 한다. 인공지능을 인간의 일자리를 대체할 위협적인 존재로만 여길 것이 아니라, 인간의 상상력을 확장하는 수단으로 사용할 수 있다면, 창작에 있어 인공지능의 다양한 활용법을 발견할 수 있을 것이다. 또한 광고제작 프로세스 중 인간에게 어렵거나 시간이 많이 소요되는 부문의 작업을 인공지능이 대신 수행함으로써 생산성을 높일 수도 있다. 이러한 긍정적인 진보는 창작에 있어 인간과 인공지능의 협업이라는 새로운 가치 사슬을 제안할 것이다.

하지만 인공지능이 초래할 부정적인 영향에 대해서도 경계를 늦추지 말아야 한다. 인공지능은 과거의 데이터를 기반으로 광고를 제작하므로 동일한 서사의 광고를 확대 · 재생산할 우려가 있다. 따라서 인공지능이 과연 진정한 의미의 창의적 광고제작이 가능할 것인지에 대한 의문이 남는다. 정책적으로는 인공지능 광고 심의 체제 및 표현 규제에 대한 고민이 필요하다. 예를 들어, 자극적인 콘텐츠가 도달률이 높아 인공지능 제작 광고에 주로 사용될 경우 인간은 이에 어떻게 대응할 것인가? 광고학계와 업계는 인공지능 제작 광고가 활성화되기 이전에 인공지능 제작 광고의 선정성, 폭력성, 반사회성 표현에 대한 체계적 자율 정화 시스템 구축이 필요함을 인지하고, 인공지능에 대한 기술적 접근 외에도 철학, 인문학 등 다채로운 사유를 지속해 나가야 할 것이다. ■

# 참고문헌

## 제1장 광고 크리에이티브


김동규, 이동수, 이귀옥(2010). 광고 크리에이티브 평가 및 순위 시스템에 관한 고찰. 광고연구, 85, 157-190.

김병희(2002a). 광고 창의성에 관한 현상학적 연구. 광고연구, 7(55), 183-207.

김병희(2002b). 광고 창의성의 개념 분석. 광고학연구, 13(4), 47-69.

김병희(2006). 광고 창의성 척도개발에 관한 이론적 논의. 한국광고홍보학보, 8(1), 28-66.

김병희(2014). 광고 창의성과 크리에이티브에 관한 연구 동향과 전망. 광고학연구, 25(8), 71-103.

김병희, 한상필(2006). 광고 창의성 측정을 위한 척도개발과 타당성 검증. 광고학연구, 17(2), 7-41.

김봉철, 최명일, 이진우(2014). 광고 창의성 평가에 대한 광고주, 광고 제작자, 소비자 간의 상호인식 연구: 상호지향성 모델의 확장 적용. 광고학연구, 25(1), 179-201.

김운한, 심성욱, 이현우(2013). 국내외 광고제 수상작의 크리에이티비티 표현 요소에 관한 연구. 한국광고홍보학보, 15(1), 116-154.

김정희(2009). 창의성과 내재적 · 외재적 동기 및 평가. 창의력교육연구, 9, 99-117.

김칠호(2012). 광고 크리에이티브에 대한 윤리적 지향 가치와 규제 인식이 광고 소구에 대한 태도에 미치는 영향. 한국디자인포럼, 36, 93-104.

김현숙, 한상필(2012). 광고의 창의성이 소비자의 신념편향에 미치는 영향에 관한 연구. 한국광고홍보학보, 14(1), 5-35.

오창일(2013). 광고 창의성의 생성과정과 유형에 대한 탐색적 연구: 광고 언어(카피)의 중의성을 중심으로. 광고 PR 실학연구, 6(3), 35-67.

오창일, 이현우(2006). 광고회사 크리에이티브 디렉터의 핵심역량에 관한 탐색적 연구. *Archives of Design Research*, 5-16.

유창조, 김광수, 김철민, 신강균, 이화자(2001). 광고 창의성의 구성 및 선행 요인에 관한 연구. 광고학연구, 12(3), 125-143.

유창조, 안광호, 김광식(2006). 광고의 크리에이티브 수준이 광고효과에 미치는 영향. 마케팅연구, 21(4), 23-48.

유현재(2010). 광고 크리에이티브에 대한 비교 문화적 접근: 한, 미 광고 실무자 및 광고 전공 학생들이 생각하는 크리에이티브한 광고. 한국광고홍보학보, 12(4), 126-161.

이시훈, 권오윤(2017). 미디어 혁명의 흐름과 함의. 서울: 한경사.

이영희(1995). 크리에이티비티의 정의에 관한 논의. 광고연구, 27, 119-136.

이철영(1999). 광고 크리에이티비티의 개념적 의미와 중요성에 대한 재고찰. 한국광고학회 가을 학술대회 발표논문집, 144-149.

이화자(2002). 광고, 그리고 창의성. 서울: 커뮤니케이션북스.

이화자(2019). 크리에이티브 네비게이터. 서울: 한경사.

전경원(2006). 창의성 교육의 이론과 실제. 서울: 창지사.

전종우(2016). 브랜디드 엔터테인먼트의 이용과 충족이 콘텐츠 유희성과 가치에 미치는 영향. 홍보학연구, 20(5), 1-21.

천현숙(2008). 광고 크리에이티브 원리와 공식. 서울: 커뮤니케이션북스.

최인수(1998). 창의성을 이해하기 위한 여섯 가지 질문. 한국심리학회지: 일반, 17(1), 25-47.

최일호, 최인수(2001). 새로운 생각은 어떻게 가능한가: 전문분야 창의성에 대한 학습과정 모형 접근. 한국심리학회지: 일반, 20(2), 409-428.

최승희, 이철영(2016). 사회심리 특성을 소구한 광고 크리에이티브에 대한 소비자 반응과 집단주의 성향의 조절효과 연구. 한국심리학회지: 소비자광고, 17(4), 795-824.

Amabile, T. M. (1988). A model of creativity and innovation in organizations. *Research in Organizational Behavior, 10*(1), 123-167.

Amabile, T. M. (1996). *Creativity and Innovation in Organizations*. Boston: Harvard Business Review Press.

Amabile, T. M., Hennessey, B. A., & Grossman, B. S. (1986). Social influences on creativity: The effects of contracted-for reward. *Journal of Personality and Social Psychology, 50*, 15-23.

Baer, J. (1997). Gender differences in the effects of anticipated evaluation on creativity. *Creativity Research Journal, 10*, 25-31.

Baldwin, H. (1982). *Creating Effective TV Commercials*. Chicago: Crain Books.

Basadur, M., Graen, G., & Wakabayashi, M. (1990). Identifying individual differences in creative problem solving style. *The Journal of Creative Behavior, 24*(2), 111-131.

Belch, G. E., & Belch, M. A. (2011). *Advertising and Promotion, an Integrated Marketing Communications Perspective* (9th ed.). Boston, MA: McGrawHill/Irwin.

Bell, J. A. (1992). Creativity, TV commercial popularity, and advertising expenditures. *International Journal of Advertising, 11*(2), 165-172.

Bernbach, W. (1970). *Some Things Can't be Planned: Exploring Advertising*. New Jersey: Prentice-Hall, Inc.

Bilton, C. (2014). 경영과 창의성 (*Management and Creativity*). (김사승 역). 서울: 커뮤니케이션북스. (원저는 2006년에 출판).

Boden, M. A. (1991). *The Creative Mind*. New York: Basic Books.

Boden, M. A. (1994). Agents and creativity. *Communications of the ACM, 37*(7), 117-121.

Burnett, J. J. (1968). A Strategic approach to managing crisis. *Public Relations Review, 24*, 475-488.

Busse, T. V., & Mansfield, R. S. (1980). Theories of the creative process: A review and a perspective. *The Journal of Creative Behavior, 14*(2), 91-103, 132.

Cropley, A. J. (2004). 창의성 계발과 교육 (*Creativity in Education & Learning*). (이경화, 최병연, 박숙희 공역). 서울: 학지사. (원저는 2001년에 출판).

Csikszentmihalyi, M. (1988). Motivation and creativity: Toward a synthesis of structural and energistic approaches to cognition. *New Ideas in Psychology, 6*(2), 159-176.

Csikszentmihalyi, M. (1996). *Creativity: The Work and Lives of 91 Eminent People*. New York: HarperCollins.

De Bono, E. (1992). *Serious Creativity: Using the Power of Lateral Thinking to Create New Ideas*. New York: HarperCollins.

Dichter, E. (1970). Creativity based on facts. In O. Kleppner & I. Settle (Eds.), *Exploring Advertising*. New Jersey: Prentice-Hill, Inc.

Dillion, T. (1975). The triumph of creativity over communication. *Journal of Advertising, 4*(3), 15-18.

El-Murad, J., & West, D. C. (2004). The definition and measurement of creativity: What do we know? *Journal of Advertising Research, 44*(2), 188-201.

Flandin, M. P., Martin, E., & Simkin, L. P. (1992). Advertising effectiveness research: A survey of agencies, clients and conflicts. *International Journal of Advertising,*

*11*(3), 203-214.

Getzels, J. W., & Csikszentmihalyi, M. (1964). *Creative Thinking in Art Students: An Exploratory Study*. Chicago: University of Chicago.

Gowan, J. C., & Olson, M. (1979). The society which maximizes creativity. *Journal of Creative Behavior, 13*(3), 194-210.

Griffin, W, G., & Morrison, D. (2011). 크리에이티브 아이디어 프로세스 (*The Creative Process Illustrated*). (권재식 역). 서울: 비즈앤비즈. (원저는 2010년에 출판).

Guilford, J. P. (1950). Creativity. *American Psychologist, 5*, 444-454.

Guilford, J. P. (1967). Creativity: Yesterday, today and tomorrow. *The Journal of Creative Behavior, 1*(1), 3-14.

Hallman, R. J. (1963). The necessary and sufficient conditions of creativity. *Journal of Humanistic Psychology, 3*(1), 14-27.

Heiser, R. S., Sierra, J. J., & Torres, I. M. (2008). Creativity via cartoon spokespeople in print ads: Capitalizing on the distinctiveness effect. *Journal of Advertising, 37*(4), 75-84.

Henke, L. L. (1995). A longitudinal analysis of the ad agency-client relationship. *Journal of Advertising Research, 35*(2), 24-30.

Hennessey, B. A., & Amabile, T. M. (1988). The conditions of creativity. *The Nature of Creativity, 22*, 11-38.

Hudson, S., & Hudson, D. (2006). Branded entertainment; A new advertising technique or product placement in disguise? *Journal of Marketing Management, 22*, 489-504.

Hurman, J. (2012). 상받은 광고가 11배 잘 팔린다 (*The Case for Creativity*). (이성복 역). 서울: 문예마당. (원저는 2011년에 출판).

Kim, J. J. (2006). Change paradigm of branded entertainment advertising. *Advertising Information*, 72-75.

Koestler, A. (1967). *The Act of Creation: A Study of the Conscious and Unconscious in Science and Art*. New York: Dell.

Kover, A. J., James, W. L., & Sonner, B. S. (1997). To Whom Do Advertising Creatives Write? An Inferential Answer. *Journal of Advertising Research, 37*(1), 41-53.

Lesner, W. J., & Hillman, D. (1983). A developmental schema of creativity. *The Journal of Creative Behavior, 17*(2), 103-114.

Lubart, T. I. (1994). Creativity. In R. J. Sternberg (Ed.), *Thinking and Problem Solving*. San Diego, CA: Academic Press.

Mansfield, R. S., & Busse, T. V. (1981). *The Psychology of Creativity and Discovery: Scientists and Their Work*. Chicago: Nelson-Hall.

Marra, J. L. (1990). *Advertising Creative: Techniques for Generating Ideas*. New Jersey: Prentice-Hall, Inc.

Moriarity, S. E. (1991). *Creative Advertising* (2nd ed.). Englewood Cliffs, NJ: Prentice-Hall.

Mumford, M. D., & Gustafson, S. B. (1988). Creativity syndrome: Integration, application, and innovation. *Psychological Bulletin*, *103*(1), 27.

Negroponte, N. (1999). 디지털이다 (*Being Digital*). (백욱인 역). 서울: 커뮤니케이션북스. (원저는 1996년에 출판).

Newell, A., Shaw, J. C., & Simon, H. A. (1958). Elements of a theory of human problem solving. *Psychological Review*, *65*(3), 151.

Ogilvy, D. (1985). *Ogilvy on Advertising*. London: Vintage.

Oldham, G. R., & Cummings, A. (1996). Employee creativity: Personal and contextual factors at work. *Academy of Management Journal*, *39*(3), 607-634.

Osborn, A. F. (1953). *Applied Imagination*. New York: Scribners.

Osborn, A. F. (1963). *Applied Imagination: The Principles and Procedures of Creative Thinking*. New York: Charles Scribner's Sons.

Plucker, J. A., Beghetto, R. A., & Dow, G. (2004). Why isn't creativity more important to educational psychologists? Potential, pitfalls, and future directions in creativity research. *Educational Psychologist*, *39*, 83-96.

Reid, L. N., & Rotfeld, H. J. (1976). Toward an associative model of advertising creativity. *Journal of Advertising*, *5*, 24-29.

Rhodes, M. (1961). An analysis of creativity. *The Phi Delta Kappan*, *42*(7), 305-310.

Schultz, D. E., & Tannenbaum, S. I. (1988). *Essentials of Advertising Strategy* (2nd ed.). Lincoln, IL: NTC Business Books.

Sternberg, R. J., & Lubart, T. I. (1996). Investing in creativity. *American Psychologist*, *51*(7), 677.

Sternberg, R. J., & Lubart, T. I. (1999). The concept of creativity: Prospects and paradigms. In R. J. Sternberg (Ed.), *Handbook of Creativity* (pp. 3-15). Cambridge, England: Cambridge University Press.

Torrance, E. P. (1965). *Rewarding Creative Hehavior: Experiments in Classroom Creativity*. Englewood Cliffs, NJ: Prentice-Hall.

White, G. E. (1972). Creativity: The x factor in advertising theory. *Journal of Advertising*,

*1*(1), 28-32.

White, A., & Smith, B. L. (2001). Assessing advertising creativity using the creative product semantic scale. *Journal of Advertising Research*, *41*(6), 27-34.

Woodman, R. W., Sawyer, J. E., & Griffin, R. W. (1993). Toward a theory of organizational creativity. *Academy of Management Review*, *18*(2), 293-321.

Young, J. W. (1975). *A Technique for Producing Ideas*. Lincolnwood, IL: NTC Business Books.

Veksner, S. (2016). 광고 크리에이터 성공백서 (*How to Make it as an Advertising Creative*). (류진한, 허정무, 김현정 공역). 서울: 한경사. (원저는 2010년에 출판).

http://biz.newdaily.co.kr/site/data/html/2018/09/04/2018090400070.html

http://www.effie.ro/campaigns/american-rom/

http://www.philkotler.com/quotes/

http://www.welovead.com/en/works/details/a7awhlwAh

https://adage.com/article/news/agency-future-survival-fittest/312949

https://en.wikipedia.org/wiki/Cannes_Lions_International_Festival_of_Creativity#cite_note-1

https://en.wikipedia.org/wiki/Creativity

https://news.samsung.com/kr/

https://www.adobomagazine.com/global-news/breaking-news-jfk-unsilenced-by-rothcoaccenture-snags-creative-data-lions-grand-prix-at-cannes-lions-2018/

https://www.adobomagazine.com/global-news/breaking-news-mccann-londons-xbox-design-lab-originals-the-fanchise-model-for-microsoft-takes-home-creative-ecommerce-lions-grand-prix/

https://www.campaignlive.com/article/plucky-pr-counters-chicken-fck-up/1485750

https://www.newworldencyclopedia.org/entry/Creativity#History_of_the_term_and_the_concept

https://www.samsung.com/sec/bespoke/event/projectprism/

https://www2.dubailynx.com/winners/2019/pr/entry.cfm?entryid=91&award=99&order=0&direction=1

## 제2장 상황분석과 크리에이티브 브리프

김규철(2013). 광고창작기본. 서울: 서울미디어.

김병희(2018). 전설의 광고들. 경기: 도서출판 이와우.

박성혁, 박동조, 이태환, 윤명훈, 김수현, 한경수(2004). 대한민국 일등광고의 20법칙. 서울: 디자인하우스.

이성구(1999). 광고·크리에이티브론. 서울: 나남출판.

조용석, 오창일, 이상훈, 김규철, 김혜성, 최환진, 박정래, 이현우, 이화자, 하봉준, 조삼섭, 김찬석, 김한주, 연일, 손상만(2007). 광고홍보 실무특강. 서울: 커뮤니케이션북스.

Altstiel, T., & Grow, J. (2008). 100전·99승 광고 크리에이티브 전략 (*Advertising Strategies: Creative Tactics from the Outside/in*). (김병희, 김유경, 이귀옥, 이상훈, 한규훈 공역). 서울: 커뮤니케이션북스. (원저는 2005년에 출판).

McConnel, B., & Huba, J. (2007). 시티즌 마케터 (*Citizen Marketers*). (우병헌 역). 서울: 미래의창. (원저는 2007년에 출판).

Newman, M. (2004). 잘 나가는 광고 만들기 (*Creative Leaps*). (정상수 역). 서울: 철학과현실사. (원저는 2003년에 출판).

Ogilvy, D. (2008). 나는 광고로 세상을 움직였다 (*Confessions of an Advertising Man*). (강두필 역). 서울: 다산북스. (원저는 1963년, 1987년에 출판).

## 제3장 디지털 시대의 광고 인사이트

문영숙, 김병희(2015). 소비자 인사이트: 심리타점의 발견과 적용. 서울: 커뮤니케이션북스.

Fortini-Campbell, L. (2001). *Hitting the Sweet Spot: How Consumer Insights Can Inspire Better Marketing and Advertising*. Chicago: Copy Workshop Press.

Lavidge, R. J., & Steiner, G. A. (1961). A Model for Predictive Measurements of Advertising Effectiveness. *Journal of Marketing*, *25*(October), 59-62.

McKinsey & Company (2018). *The Age of Digital Darwinism*. Apparel, Fashion & Luxury Group in McKinsey & Company.

중앙일보 홈페이지(https://joongang.joins.com/)

## 제4장 콘셉트 추출

김근배(2015). 끌리는 컨셉의 법칙. 서울: 중앙북스.
김동욱(2012). 결국, 컨셉. 서울: 청림출판.
박용후(2018). 관점을 디자인하라. 서울: 쌤앤파커스.
최장순(2017). 본질의 발견. 서울: 틈새책방.
다마키 신이치로(2012). 컨셉을 잡아라. (이랑 역). 서울: 중앙북스.
무라야마 료이치(2008). 파워컨셉. (강신규 역). 서울: 21세기북스.
정철화(2007). 삼성 & 도요타 창조경영. 서울: 무한.
허은아(2012). 메라비언 법칙. 서울: 위즈덤하우스.

Altstiel, T., & Grow, J. (2008). 100전 · 99승 광고크리에이티브 전략 (*Advertising Strategy: Creative Tactics from the Outside/in*). (김병희, 김유경, 이귀옥, 이상훈, 한규훈 공역). 서울: 커뮤니케이션북스. (원저는 2005년에 출판).
Drucker, P. F. (2001). 변화리더의 조건 (*The Essential Drucker on Management*). (이재규 역). 서울: 청림출판. (원저는 2001년에 출판).
Dyer, J., Gregersen, H., & Christensen, C. M. (2012). 이노베이터 DNA: 성공하는 혁신가들의 5가지 스킬 (*The Innovator's DNA*). (송영학, 김교식, 최태준 공역). 서울: 세종서적. (원저는 2011년에 출판).
HR Institute (2005). 좋은 컨셉은 어떻게 만들어지는가 (コンセプト思考のノウハウ.ドゥハウ). (양영철 역). 서울: 거름. (원저는 2002년에 출판).

https://blog.hsad.co.kr/2627?category=648459
https://blog.hsad.co.kr/2671?category=648459
http://weeklybiz.chosun.com/site/data/html_dir/2019/07/18/2019071801623.html?utm_source=facebook&utm_medium=sns&utm_campaign=biz

## 제5장 디지털 콘텐츠 크리에이티브

김병희(2018). 혼종 시대의 광고 크리에이티브 교육,무엇을 어떻게 할 것인가? 한국광고학회 2017 광고크리에이티브연구회 최종보고서.

박형곤(2019). AI의 사업적 적용 및 전개. 딜로이트 보고서.

이선구(2012). 소셜 네트워크 마켓 환경에서 소비자가 만든 광고(CGA)에 관한 연구. 광운대학교 대학원 박사학위논문.

이선구(2014). Creative Expression. 서울: 디자인사강.

이창훈(2019). 프랑스 광고 창의성의 한 양상: 논리의 유희적 활용. 프랑스문화예술연구, 68, 192-221.

장선경(2014). 디지털 시대, 광고대행사 크리에이터들의 역할변화. 고려대학교 대학원 석사학위논문.

Boulton, C. (2019). *10 Digital Transformation Success Stories*. CIO insider Feature.

Engström, H. (2019). I have a different kind of brain—a script-centric approach to interactive narratives in games. *Digital Creativity*, *30*(1), 1-22.

Gross, T., Cook, A. V., & Anderson, S. (2019). *A New Age of Storytelling: How Digital Reality Could Help Marketers Tell Better Stories*. Deloitte Insights.

Hernandez, R. (2012). *Big Ideas: Research Can Make a Big Difference*. Millward Brown: Point of View.

Jaffe, J. (2005). *Life After the 30-Second Spot*. Hoboken: John wiley.

Mick, D. G., & Buhl, C. (1992). A meaning-based model of advertising experiences. *Journal of Consumer Research*, *19*(December), 317-338.

Mũniz, A. M., & Schau, H. J. (2007). Vigilante marketing and comsumer-created communications. *Journal of Advertising*, *36*(3), 35-50.

Potts, J., Cunningham, S., Hartley, J., & Ormerod, P. (2008). Social network markets: A new definition of the creative industries. *A Journal of Cultural Economics*, *32*(3), 166-185.

Suttle, R. (2019). Goals & Objectives in Advertising; Reviewed by Michelle Seidel, B.Sc., LL.B., MBA.

http://branddiscover.co.kr/news/view.php?no=556

http://www.ciokorea.com/insider/38923#csidxc42b678363cb3e69ce450b7ce0abf0d
http://www.dentsu.co.jp/news/release/2017/0907-009356.html
http://www.econovill.com/news/articleView.html?idxno=259535
http://www.the-pr.co.kr/news/articleView.html?idxno=14036
https://adage.com/article/datacenter/ad-age-agency-report-2018-rankingsanalysis/313176
https://aws.amazon.com/ko/
https://inspirationfeed.com/top-6-best-platforms-for-digital-storytellers/
https://www.digitalistmag.com/future-of-work/2016/10/07/creativity-essential-part-oftransformation-04550073
https://www.gartner.com/en/research/methodologies/magic-quadrants-research
https://www.peterjthomson.com/tag/customer-experience
https://www.singlegrain.com/artificial-intelligence/how-ai-is-shaping-the-future-of-content-marketing-and-personalization/
https://www.tandfonline.com/doi/full/10.1080/14626268.2019.1570942
https://www.youtube.com/watch?v=Y1s3zB8zQXk

## 제6장 광고아이디어 발상법

김규철(2013). 광고창작자를 위한 새로운 아이디어발상법 제안. 디지털디자인학연구, 13(1), 555-564.
김동규(2003). 카피라이팅론. 서울: 나남출판.
김병희(2002). 광고 창의성의 개념 분석. 광고학연구, 13(4), 47-69.
김병희(2007). 광고카피창작론: 기본원리 편. 경기: 나남출판.
김병희(2014a). 아이디어 발상법. 서울: 커뮤니케이션북스.
김병희(2014b). 에디슨 발상법: 창의주성 개념에 의한 광고 아이디어 발상법의 탐색. 광고PR실학연구, 7(1), 7-31.
김병희, 한상필(2006). 광고 창의성 측정을 위한 척도개발과 타당성 검증. 광고학연구, 17(2), 7-41.
김병희, 한상필(2008). 텔레비전 광고의 창의성 척도개발과 타당화. 광고학연구, 19(2), 7-42.
김정우(2016). 광고의 스토리텔링의 기법. 서울: 커뮤니케이션북스.
박용원(1997). 광고비주얼의 아이디어발상을 위한 압축·확장법의 제안, 디자인학연구, 20,

185-196.

박용원(2002). 광고아이디어 발상을 위한 스프링법에 관한 연구. 디자인학연구, 15(1), 153-161.

박용원(2004). 광고 아이디어 발상. 서울: 안그라픽스.

서구원, 이두희, 이인호(2006). 광고 크리에이티비티 향상을 위한 브레인스토밍 실증연구. 광고학연구, 17(1), 77-100.

오창일(2001). 아무나 크리에이티브 디렉터가 될 수 없다. 서울: 청림출판.

위경환(2015). 위경환의 5 steps 아이디어 발상법. 서울: 시간의 물레.

윤일기, 최민욱(2011). 효과적인 광고아이디어 발상 모델의 제안: 네 가지 아이디어 발상법을 중심으로. 디지털디자인학연구, 11(2), 359-369.

이마이즈미 히로아키(今泉浩晃, 1994). 頭の使い方が問題なんだ. 東京: サンマーク出版.

이마이즈미 히로아키(今泉浩晃, 1998). 目からウロコ マンダラメモ學. 東京: オーエス出版.

이희복(2008). 이야기가 있는 광고. 서울: HS Ad.

정상수(2010). 스매싱: 아이디어가 막힐 때 돌파하는 힘. 서울: 해냄출판사.

차유철(2013). 차유철의 발상 노트. 미출간 원고.

차유철, 김병희, 이희복(2010). 생각창고: 광고로 배우는 창의학습. 서울: 대교출판.

차유철, 정상수, 이희복, 신명희(2009). 광고와 스토리텔링. 서울: 한경사.

최윤슬, 한상필, 유승엽(2015). 디지털 스토리텔링 광고의 인게이지먼트 속성이 온라인 구전에 미치는 영향: 공감의 매개역할을 중심으로. 광고학연구, 26(5), 189-212.

한국문화콘텐츠진흥원(2010). 디지털 스토리텔링.

Baker, S. (1979). *Systematic Approach to Advertising Creativity*. New York, NY: McGraw-Hill.

Baker, S. (1999). 광고 크리에이티브(2판) (*Systematic Approach to Advertising Creativity*). (고동화 역). 서울: 나남출판. (원저는 1979년에 출판).

Caples, J. (1957). *Making Ads Pay*. New York: Dover.

Caples, J. (1983). *How to Make Your Advertising Make Money*. Englewood Cliffs, NJ: Prentice-Hall.

Eberle, B. (2008). *Scamper: Creative Games and Activities for Imagination Development*. Waco, TX: Prufrock Press.

Fog, K., Budtz, C., & Yakaboylu, B. (2008). 스토리텔링의 기술 (*Storytelling Branding in Practice*). (황신웅 역). 서울: 멘토르. (원저는 2005년에 출판).

Foster, J. (1999). 잠자는 아이디어 깨우기 (*How to Get Ideas*). (정상수 역). 서울: 해냄. (원저는 1996년에 출판).

Kim, B. H. (2012). Creotaxis in advertising: A migratory response elicited by creative advertising. *Proceedings of the 2012 International Advertising and Integrated Marketing Communications Conference*. CA: Anaheim.

Kim, B. H., Han, S., & Yoon, S. (2010). Advertising creativity in Korea: Scale development and validation. *Journal of Advertising*, *39*(2), 93-108.

Maxwell, R., & Dickman, R. (2008). 5가지만 알면 나도 스토리텔링 전문가 (*The Elements of Persuasion*). (전행선 역). 서울: 지식노마드. (원저는 2006년에 출판).

Ogilvy, D. (1963). *Confessions of an Advertising man*. New York: Dell.

Osborn, A. F. (1949). *Your Creative Power: How to Use Imagination*. New York: Charles Scribner's Sons.

Rohrbach, B. (1969). Kreativ nach regeln-Methode 635, eine neue technik zum lösen von problemen. *Absatzwirtschaft*, *12*(19), October, 73-75.

Rossiter, J. R., & Lilien, G. L. (1994). New brainstorming principles. *Australian Journal of Management*, *19*(1), 61-72.

Valladares, J. A (2000). *The Craft of Copywriting*. New Delhi: Response Books.

Young, J. W. (1975). *A Technique for Producing Ideas*. Lincolnwood, IL: NTC Business Books.

Young, J. W. (2005). 아이디어를 내는 방법 (*A Technique for Producing Ideas*). (신인섭 역). 서울: 커뮤니케이션북스. (원저는 1940년에 출판).

Wikipedia (2019). http://en.wikipedia.org/wiki/6-3-5_Brainwriting

## 제7장 광고아이디어 발상 모델과 적용 사례

김병희(2008). 인쇄매체 광고의 흐름과 특성. 정기현 외. 한국의 광고 2(pp. 159-185). 경기: 나남출판.

김동규(2003). 카피라이팅론. 경기: 나남출판.

김영주(2002). 다양한 브레인스토밍 활동 프로그램을 통한 초등학교 영재아의 창의성 신장. 특수교육총연합회.

박영택, 김성대(1999). 브레인스토밍과 그 파생기법들에 관한 비교연구. 대한산업공학회 추계학술대회논문집.

박용원(1997). 광고비주얼의 아이디어발상을 위한 압축 · 확장법의 제안. 디자인학연구, 20,

185-196.

서구원, 이두희, 이인호(2006). 광고 크리에이티비티 향상을 위한 브레인스토밍 실증연구. 광고학연구, 17(1), 77-100.

윤일기, 최민욱(2011). 효과적인 광고아이디어 발상 모델의 제안. 디지털디자인학연구, 11(2), 359-369.

정경주(2009). 고든법 기반의 창의성 계발학습을 위한 디자인교육방법 연구. 부경대학교 교육대학원 석사학위논문.

천현숙(2009). 광고 크리에이티브의 원리와 공식. 서울: 커뮤니케이션북스.

Valladares, J. A. (2000). *The Craft of Copywriting*. New Delhi: Response Books.

## 제8장 크리에이티브 제작과 표현

강진숙(2010). 1인 미디어, 블로그의 확산과 이슈. 통신정책연구, 16(22), 31-43.

김영배(2009). 광고 크리에이티브 지침서 아이디어 짜내기. 서울: 미학사.

김운한(2016). 브랜디드콘텐츠. 경기: 나남출판.

서범석(2010). 현대광고기획론. 서울: 커뮤니케이션북스.

송기인(2014). 커뮤니케이션 광고기획 방법. 서울: 커뮤니케이션북스.

이재현(2012). 멀티미디어. 서울: 커뮤니케이션북스.

이화자(2019). 크리에이티브 내비게이터(디지털시대의 광고제작 이론과 실제). 서울: 한경사.

천연숙(2010). 카피라이팅의 원리와 공식. 서울: 커뮤니케이션북스.

Blake, G., & Bly, R. W. (1998). *Elements of Copywriting: The Essential Guide to Creating Copy that Gets the Res*. New York: Longman Publishing Group.

Boyd, D. M., & Ellison, N. B. (2008). Social network sites: Definition, history, and scholarship. *Journal of Computer-Mediated Communication*, *13*, 210-230.

Nadin, M., & Zakin, R. (1994). *Creating Effective Advertising Using Semiotics*. New York: The Consulant Press, Ltd.

https://dict.naver.com/

https://terms.naver.com/

https://terms.naver.com/entry.nhn?docId=1526243&cid=42171&categoryId=42180

## 제9장 모바일 광고의 이해와 크리에이티브

나스미디어(2017~2019). NPR(Netizen Profile Research) 보고서.

제일기획(2019). 2018년 총광고비 분석과 2019년 전망. Cheil Magazine, 2019(3월호). blog.cheil.com/magazine/36948.

최환진, 조용석, 한규훈, 박승배, 엄남현, 김찬석, 김효숙, 지준형, 이상열(2016). 트리플미디어 마케팅과 광고기획. 서울: 중앙북스.

Rowles, D. (2017). *Mobile marketing: How Mobile Technology is Revolutionizing Marketing, Communications and Advertising* (2nd ed.). London: Kogan Page Publishers.

Scott, D. M. (2015). *The New Rules of Marketing & Pr: How to Use Social Media, Online Video, Mobile Applications, Blogs, News Releases, and Viral Marketing to Reach Buyers Directly* (5th ed.). New Jersey: John Wiley & Sons.

## 제10장 크리에이티브의 미래 인공지능

김병운(2016). 인공지능 동향분석과 국가차원 정책제언. 정보화정책, 23(1), 73-93.

조용수(2015). 똑똑한 기계들의 시대: 인공지능의 현주소. LGERI 리포트. http://www.lgeri.com/uploadFiles/ko/pdf/ind/LGBI1364-02_20150729130728.pdf

최선주(2019). 특이점의 예술. 서울: 스리체어스.

Boden, M. A. (1998). Creativity and artificial intelligence. *Artificial Intelligence, 103*(1-2), 347-356.

Boden, M. A. (2004). *The Creative Mind: Myths and Mechanisms*. New York: Routledge.

da Silva, P. (2003). *David Cope and Experiments in Musical Intelligence*. Melbourne: Spectrum Press.

Hwangbo, H., & Kim, Y. (2017). An empirical study on the effect of data sparsity and data overlap on cross domain collaborative filtering performance. *Expert Systems with Applications*, *89*, 254-265.

Hwangbo, H., Kim, Y. S., & Cha, K. J. (2017). Use of the smart store for persuasive marketing and immersive customer experiences: A case study of korean apparel enterprise. *Mobile Information Systems*, *2017*, 17.

Kietzmann, J., Paschen, J., & Treen, E. (2018). Artificial intelligence in advertising: How marketers can leverage artificial intelligence along the consumer journey. *Journal of Advertising Research*, *58*(3), 263-267.

Kurzweil, R. (2007). 특이점이 온다 (*The Singularity is Near*). (김명남, 장시형 공역). 서울: 김영사. (원저는 2006년에 출판).

Lehnert, K., Till, B. D., & Ospina, J. M. (2014). Advertising creativity: The role of divergence versus meaningfulness. *Journal of Advertising*, *43*(3), 274-285.

Peters, M. (1998). Towards artificial forms of intelligence, creativity, and surprise. *Proceedings of the Twentieth Annual Conference of the Cognitive Science Society*, 836-841.

Pottala, M. (2018). *Artificial Intelligence: Artificial Intelligence in sports*. Centria-ammattikorkeakoulu.

Smith, R. E., & Yang, X. (2004). Toward a general theory of creativity in advertising: Examining the role of divergence. *Marketing Theory*, *4*(1-2), 31-58.

White, G. E. (1972). Creativity: The x factor in advertising theory. *Journal of Advertising*, *1*(1), 28-32.

https://m.makemepulse.com/the-young-pope-aimen-37ab94d8bf83

https://www.mumbrella.asia/2016/06/mccann-japan-creates-first-ad-made-by-artificial-intelligence-in-campaign-for-clorets

https://www.nextrembrandt.com/

https://www.richmond.com/business/local/website-created-by-martin-agency-for-chevrolet-calculates-your-positivity/article_39e6fb32-31ad-51fa-aeb3-83156524aaf5.html

https://www.youtube.com/watch?v=cOO7lFdmVk8

https://www.youtube.com/watch?v=CV5KvMust0Y

https://www.youtube.com/watch?v=oS6Cn1fUvaE&feature=youtu.be

https://youtu.be/l91ehyqFca8

# 찾아보기

## 인명



## 내용

## 저자 소개

**윤일기**(Yoon, Il Ki)

현재 남서울대학교 광고홍보학과 교수이다. 서울대학교 산업디자인과를 졸업하고 PR광고 석사, 중앙대학교 대학원 광고홍보학과 박사과정을 졸업했다. 종합광고대행사 오리콤 자회사인 덴츠영앤루비컴코리아에서 크리에이터, BOB커뮤니케이션즈에서 이사로 근무하였으며, 대학에서 광고디자인, 영상광고 이론과 실무, 크리에이티브 발상 등을 가르치고 있다. SNS 광고 대행을 주로 하는 교수기업 ㈜비씨컴을 운영하고 있으며, 사진과 디지털 아트작업에 관심이 많아 사진 개인전 5회와 다수의 국제 초대전에 참여했다.

**남고은**(Nam, Kristen Ko Eun)

현재 계명대학교 광고홍보학과 교수이다. 미국 캘리포니아 주립대학교(CSU Pomona) 시각디자인과를 졸업하고 홍익대학교에서 디자인과 석사, 동 대학원에서 광고홍보학 전공으로 박사학위를 받았다. 디지털 광고제작, 비주얼 커뮤니케이션, 창의적 문제해결방법론 등을 강의하고 있다. HS애드에서 제작팀 아트로 재직하였으며, LG전자, LG생활건강, SPC 등 기업의 다양한 브랜드 광고를 진행하였다. 광고 크리에이티브, 디자인적 혁신 및 사고, 데이터의 시각화가 주요 관심분야이다.

**김규철**(Kim, Kyu Cheul)

현재 서원대학교 광고홍보학과 교수이다. 국민대학교 시각디자인과에서 학사 · 석사를 졸업하고, 동 대학 테크노디자인대학원에서 디자인학 박사학위를 취득했다. 광고회사 제일기획에서 15년 동안 근무하면서 GD · AD · CD로 일했다. 저서로『생각 있는 광고이야기』(이퍼블릭코리아, 2006),『광고창작기본』(서울미디어, 2013),『대한민국 공공디자인 왜 문화정체성인가』(미세움, 2014), 에세이집『사랑한다면 따귀를 때려라』(나노미디어, 2014) 등이 있고, 광고와 공공디자인 관련 논문이 다수 있다. 현재는 한국동양예술학회 부회장으로 활동하면서 동양예술에서 창의성은 도대체 어떤 의미로 작동하였는지에 대한 쓸데없는 의문을 품고 있다.

**이희준**(Lee, Hee Jun)
현재 대구가톨릭대학교 언론광고학부 광고홍보전공 교수이다. 건국대학교를 졸업하고 미국 일리노이대학교(UIUC)에서 광고학 석사학위를 취득하였으며, 연세대학교 커뮤니케이션대학원에서 광고학 전공으로 박사학위를 받았다. 제일기획, HS애드 등에서 광고기획자(AE)로 다년간 재직하였으며, 지금은 뉴 미디어를 활용한 광고, 브랜드 커뮤니케이션의 효과 등의 분야에서 연구자의 길을 걷고 있다. 한국광고학회 최우수 연구논문상(2017), BK21 플러스 우수연구자 교육부장관 표창(2018) 등을 수상하였다.

**구승회**(Koo, Seung Hwe)
현재 신라대학교 광고홍보학과 교수이자, 일반대학원 문화예술경영학과 교수이다. 성균관대학교에서 광고학 박사학위를 받았으며, LG애드 카피라이터 출신이다. 자연현상과 인간에 대한 따뜻한 시선으로 '구박'이란 이름의 사진가로도 활동하고 있다. 부산시와 기초자치단체 등에서 광고와 브랜딩에 관한 정책을 자문하고 있다. 『아시아의 글로벌 브랜드』(공역, 시그마프레스, 2006), 『문화예술과 마케팅』(신라대학교 출판부, 2014)을 비롯한 여러 저·역서를 출간하였고, 「브랜드의인화의 유형과 효과에 관한 분석」(2018)을 비롯한 브랜드 커뮤니케이션에 관한 다수의 논문을 발표하였다.

**이선구**(Lee, Seon Koo)
현재 숭의여자대학교 영상디자인학부 교수이다. 광운대학교에서 광고학 박사학위를 받았으며, 제일기획, 대홍기획에서 크리에이티브디렉터로 근무하였고, 한국광고학회, 한국광고PR실학회에서 활동 중이다. 보건복지부, 경기정신광역센터, 국가청소년위원회 등의 캠페인 제작 및 광고홍보자문을 하였다. 『미디어스토리텔링』(디자인사강, 2015), 『MCN과 1인미디어』(디자인사강, 2018) 등의 저서가 있으며, 콘텐츠 생산자 문화와 심리 연구에 주로 관심을 두고 있다.

**최승희**(Choi, Seung Hee)
현재 전북대학교 산업디자인학과 강의초빙교수이다. 홍익대학교에서 광고학 박사학위를 취득하였으며, 광고대행사 오리콤에서 아트디렉터로 근무하였다. 대학에서 광고디자인 이론과 실무, 브랜드디자인, 편집디자인, 미디어아트 등 시각영상 관련 학문을 담당하고 있다. 뉴욕페스티벌 금상(2001) 수상 및 파이널리스트 다수, 대한민국광고대상 디자인부문 대상(2013) 등을 수상하였다. 한국브랜드디자인학회에서 우수연구자상(2017)을 수상했으며, 대한민국미술대전 디자인부문 초대작가로서 개인전 및 다수의 그룹전, 국제 초대전에 참가하였다.

**이경아**(Lee, Kyung A)

현재 광고부티크 리즈컴의 대표로 재직 중이며 한양대학교 광고홍보학과 겸임교수로 있다. 홍익대학교에서 광고학 박사학위를 취득하였으며, 한국광고학회, 한국광고PR실학회 평생회원으로 활동 중이고, 서울시, 경기도, 대전시 등 여러 정부기관의 광고홍보 심사위원과 자문위원으로도 활동하고 있다. 공공기관 광고대행과 다수의 프로젝트를 기획 · 제작 중이며, 광고 관련 다수의 논문을 발표하였다.

**한규훈**(Han, Kyoo Hoon)

현재 숙명여자대학교 홍보광고학과 교수로 재직 중이다. 광고대행사 코래드에서 CF 프로듀서로 경력을 쌓았으며, 미국 조지아대학교에서 광고학 박사학위 취득 후 현업에 복귀하여 제일기획 어카운트플래닝(AP)팀과 브랜드마케팅연구소에서 일했다. 학계에 몸담은 이후로는 숙명여자대학교 홍보실장, 한국광고홍보학회 회장, 대한민국 광고대상 심사위원장 등을 역임했고, 여러 기관에서 홍보자문위원으로 활동했다. 지금까지 다수의 광고, PR, 마케팅 관련 연구논문을 발표했고, 최근 수년에 걸쳐 다양한 산학협력 프로젝트도 수행한 바 있다.

**김소연**(Kim, So Yean)

현재 경희대학교 국제학과 교수로 '마케팅원론' 및 '소비자행동론'을 비롯한 마케팅 관련 강좌를 강의하고 있다. 미국 컬럼비아대학교에서 경영학 석사(MBA)를 마쳤으며, 보스턴대학교에서 경영학 박사학위를 취득했다. 소셜미디어상 소비자 행동에 대한 다수의 논문을 국내외 학술지에 발표하였으며, 최근에는 인공지능 기반 데이터 분석 연구 논문들을 해외 유수 학술지에 발표한 바 있다.

**황보 현우**(Hwangbo, Hyun Woo)

현재 하나금융그룹의 벤처캐피털인 ㈜하나벤처스의 경영전략본부장/상무이다. 또한 연세대학교 정보대학원 겸임교수로서 비즈니스 빅데이터 분석 트랙 석 · 박사 과정 학생들을 대상으로 '데이터 분석과 전략'을 강의하고 있다. 연세대학교 사회과학대학 행정학과(행정학사)와 행정대학원(행정학석사) 및 정보대학원(정보시스템학박사)을 졸업하였다. 인공지능에 기반한 데이터 분석 연구를 통해 Expert Systems with Applications(ESWA), Electronic Commerce Research and Applications(ECRA), Sensors 등 해외 정상급 학술지에 10여 편의 논문을 발표하였다. 또한 2018년 영국 IBC가 선정한 비즈니스 인텔리전스 분야 '세계 100인의 전문가'에 선정된 바 있다.

광고지성총서 06

# 디지털 시대의 광고 크리에이티브
Advertising Creative in the Digital Age

2020년 1월 10일 1판 1쇄 인쇄
2020년 1월 20일 1판 1쇄 발행

지은이 • 윤일기 · 남고은 · 김규철 · 이희준 · 구승회 · 이선구
최승희 · 이경아 · 한규훈 · 김소연 · 황보 현우
펴낸이 • 김진환
펴낸곳 • (주) 학지사
04031 서울특별시 마포구 양화로 15길 20 마인드월드빌딩
대표전화 • 02)330-5114 팩스 • 02)324-2345
등록번호 • 제313-2006-000265호

홈페이지 • http://www.hakjisa.co.kr
페이스북 • https://www.facebook.com/hakjisa

ISBN 978-89-997-2006-2 93320

정가 20,000원



이 도서의 국립중앙도서관 출판시도서목록(CIP)은 서지정보유통지원시스템 홈페이지(http://seoji.nl.go.kr)와 국가자료공동목록시스템(http://www.nl.go.kr/kolisnet)에서 이용하실 수 있습니다.
(CIP 제어번호: CIP2019045424)